大学智慧

——你不能不知道的事

DAXUE ZHIHUI

NI BUNENG BU ZHIDAO DE SHI

主　编　魏　强　代德伟　刘祥蓉

副主编　卢　江　刘　静

哈尔滨地图出版社

·哈尔滨·

图书在版编目(CIP)数据

大学智慧:你不能不知道的事/魏强,代德伟,刘
祥蓉主编.—哈尔滨:哈尔滨地图出版社,2009.10
ISBN 978-7-5465-0154-3

Ⅰ.①大…　Ⅱ.①魏…②代…③刘…　Ⅲ.①大学生
—入学教育—手册　Ⅳ.①G645.5-62

中国版本图书馆 CIP 数据核字(2009)第 184172 号

哈尔滨地图出版社出版发行
(地址:哈尔滨市南岗区测绘路2号　邮政编码:150086)
哈尔滨理工大学东区印刷厂印刷
开本:880 mm×1 230 mm　1/16　印张:16.75　字数:430千字
2009年10月第1版　2009年10月第1次印刷
ISBN 978-7-5465-0154-3
印数:1~1 000　定价:49.80元

前言

——写给大学生朋友

翻开这一页,祝贺你迎来了人生最为美好的大学年华!

在这段璀璨的年华中,你应该结交到许多让你受益终生的朋友,了解到许多让你震撼的思想和支撑人生成败的观念,获得足够快速和有效的学习方法,以及良好的学习、生活习惯,塑造出迷人的魅力……并在信息不对称的环境中,有一个独特、透彻的视角,去伪存真、明辨是非,以及一个更高层次的责任和远见……

如果你没有做到这些,那你一定度过了一个糟糕的大学时代,至少是很有缺憾的大学时代,并且这种缺憾和损失将无法弥补……

我们坚持读书到现在,直至踏入大学校门,那么现在是你思考上大学真正原因的时候了。

而这本书存在的原因及可能达到的效果,很大程度上是由你来决定的。如果你只是想借着这本书去解决大学里面实际遇到的一些困难和问题,比如如何当选班干、如何入党、如何解决各类困惑和矛盾、如何通过课程顺利毕业,那么这本书能100%地帮到你。如果你想更深入一些,学会如何与人交往、如何处理感情、如何培养良好的学习习惯、如何做事,那么这本书能90%地帮到你,剩余10%需要你的努力和坚持。而如果你还想进一步了解大学的内涵,锤炼自己的人格品质,并期望通过自己的努力来帮助自己身边的人,且有更为远大的理想来承担更多的社会责任,那么这本书虽然只能70%的帮助你,但它的价值却实现了……

简单地说,上大学不是终点,只是人生一个新的起点。走好了这一段路,辉煌人生的大门会向你敞开;走不好,你会荒废宝贵的青春,辜负父母的心血。这条跑道上,高手如云,虽然大家智慧相当,能力相近,但是,大家的未来却会千差万别,仅在毕业找工作中就会显露端倪——有脱颖而出、如鱼得水的;有落寞平淡的;还有败走麦城、毕业就失业的……当中的区别究竟在哪里?关键的问题是:就业生存之路该如何铺垫;一条由知识改变命运的希望之路该如何迈进;一个有价值的人生又到底需要怎样规划和把握……有一点肯定的是,没有纯粹的运气,也没有纯粹的技巧,对于大学生来说更没有解决不了的难题。

大学的成功，在于50%完美规划＋30%重要理念＋5%技巧先机＋15%努力。这本书，会带给你85%的成功要素，还有15%需要你努力地参与和实践。

不说废话，不说假话，书中每个完整的章节都精彩，每个穿插的故事、例子都经典；不简单地说教，不只是告诉你该如何做，而是手把手教你具体一步一步地做，直至你轻松适应并掌控大学生活。让这本书成为在校大学生的必备宝典；通过这本书，让一个对大学一无所知或理解不深刻的人，变成一个可以指导别人的高手。从这一愿望出发，我们团队尽心竭力，编写了此书。在编写时力求内容实际、客观，实用、有效，并兼顾广度和深度。

本书在编写过程中得到了很多人士的大力支持和帮助，特别是华为技术有限公司的郑洪波，哈尔滨前程职业培训学校的商禄，日本东京工业大学理化研究所的李吒，哈尔滨工程大学的魏荣，哈飞汽车工业集团有限公司的韩再冰，哈尔滨森鹰窗业有限公司的韩静，《芥菜子》杂志总编亚松、编辑包良，黑龙江大学的曹铮等等，对他们真诚的指导和付出表示衷心的感谢！

最后，希望当如水的岁月消逝的时候，作为大学生的你不要有太多的遗憾。如果这本书能最大程度地减少你的缺憾，帮助你走向成功，那将是我们莫大的欣慰！

2009 年 10 月

魏强、卢江写于哈尔滨

目录

MU LU

入 学 篇

生 活 篇

能力篇

资料篇

购 物 篇

入学篇

　　大学已不再是一个美好未来的保证，除非你快速适应大学，并拥有了真才实学！

　　我们常常羡慕甚至嫉妒一些已经成功了的人，而绝不去仔细想一想他走过的路。所以我们依然羡慕成功的人，我们依旧平庸得只会为别人喝彩。

相同的开端不同的归宿，不尽相同的过程，是棋局，也是人生。

第 一 章 认 知 疑 难

一、与你相关的大学老师职责介绍

辅导员:负责发展和培养党员、选拔班干、评定奖学金、推荐免试研究生、评优奖惩、勤工助学等日常管理工作(是大学里唯一你遇到任何问题都可以跟他联系的人,类似高中班主任＋教导主任)。

班主任:很多大学没有。如果有一般是负责小班级的学习督促和协助辅导员做日常管理工作。

任课老师:仅是教授你某一门课程,一般只会接触一个学期。

教学秘书:所有成绩都会汇集到他那里,每学期的课表及期末考试安排由他来做,一般班级的学习班长会与之联系较多。

学院副书记、副院长:一般不会接触到,除非犯较大错误后。

楼长:负责该宿舍楼的安全、卫生及日常管理工作。

二、学位和学历有何不同,怎么获得

学历:简单说就是你求学的历程,最终的证明就是你的"毕业证书"。比如你未来的"哈尔滨理工大学本科毕业证书"就说明你在哈尔滨理工大学有过本科学习历程,并且所有科目成绩均合格。毕业证书是你所在大学颁发的。

学历由低到高分为:大学专科学历、大学本科学历、硕士研究生学历、博士研究生学历。

学位:是指你在某一专业领域达到了一定的水准,你的论文得到国家学术委员会的认可(具体检验过程是由你所在大学的学术委员会进行的),论文答辩合格后,会获得学位证书,它是国家统一颁发的。

学位由低到高分为:学士学位(本科毕业答辩合格者授予此学位)、硕士学位(硕士研究生毕业答辩合格者授予此学位)、博士学位(博士研究生毕业答辩合格者授予此学位)。

博士后是一种比博士更高的学历吗?

博士后并不是一种比博士更高的学历,只是博士毕业以后不直接参加工作,而是继续留在学校或研究所做一段时间的研究工作,这段时间就称为博士后,等研究工作圆满结束,就叫博士后出站。因此,博士后与博士拥有的都是同一学位——博士学位。

三、学分制/学年制

学年制:就是用时间来限制,到时间就毕业(我们常说的大一、大二、大三、大四就是基于学年制下的描述)。

学分制:每一门课程都有1～6不等的学分,毕业必须修满规定的学分总数(如果你两年修满学分,两年就可以毕业;如果你6年才修满学分,6年才能毕业)。

四、生活费多少合适

以哈尔滨为例(消费高的区域每档提高20%左右,消费低的区域每档降低15%左右)。

最省状态:200～300元/月

中等状态:300～600元/月

饱和状态:600～1000元/月

以中等状态花费为例(月合计花费 450 元):

吃(月 300 元左右):

大学食堂主、副食品花样繁多(多数是食街形式),早餐 1～2 元即可;正餐一般有荤有素的 3～5 元食得饱,5～7 元食得好;偶尔宵夜 2～3 元即可。

其他(月 150 元左右):

日用品、书籍、文具、电话费、上网费及市内的交通费等(注:衣服等大件由家长特别支付)。

建议:绝不能超过饱和状态!如果家长是想把钱给足了好让学生全力投入学习那就失算了。因为这些钱花出去也是需要时间的!而且娱乐过多成瘾(目前很多学生的自控能力经不起考验),在浪费金钱和虚耗光阴中,还会形成一种奢靡的生活习惯,在毕业工作时不能吃苦耐劳,因为由俭入奢易,由奢入俭难。

五、要不要迁户口,如何办理

建议迁户口(即使你的家与学校在同一城市,也建议迁,你不迁学校也不会反对),主要考虑的是,毕业后如果你找到工作,户口在学校会很容易迁往你的单位或你单位所在的城市,如果从家乡往单位迁就不一定那么顺利了。而且这些手续在毕业时会全部由学校统一办理,省时省事。

户口迁移手续:

1. 凭录取通知书及本人户口本到户口所在地派出所办理迁移证。

2. 入学报到时把迁移证交给学校户口管理部门(入学报到流程告诉你具体如何做)。

六、大一新生到校外租房好不好,父母要不要陪读

如果没有特别的原因,不要到校外租房子,这样会严重影响与同学之间的沟通和交流,影响团队协作意识的培养,学校的很多信息也传达不畅。大学期间是孩子锻炼独立生活能力的最佳时机,所以建议父母非极特殊原因,不要陪读。特别是还有打算让孩子出国深造的家长,更该让孩子在此期间学会自立。

如果学校无法为你提供学生宿舍,校外租房时应注意:

1. 距离校园越近越好。

2. 事先了解租房小区的治安和房东的一些具体情况(一定要核实房产证与房东身份证是否一致)。

3. 了解你的合租者,两人以上合租为宜。

4. 与房东的租房协议越具体越好。

5. 将你租房详细情况告知辅导员及同学。

七、大学里的勤工助学

学校为一些想既要锻炼自己又能挣点生活费的同学提供了各样的勤工助学岗位。勤工助学岗位一般有"食堂后勤"、"图书管理"、"宿舍管理"、"办公室助理"、"假期值班"及一些临时事务等等,酬劳一般分为两种:一种是长期工作,固定地按月发放"工资"(一般是一百元到四百元不等);一种是按时间结算,4～20 元/小时。一人可以兼职几项勤工助学的工作。

如果你想参与勤工助学,可以在刚开学时就向辅导员递交申请(家庭经济困难的同学入学要注意:一定要先跟学校联系或按学校的要求,做好证明文件,报到时走"绿色通道"办理"入学贷款",如果在家乡把特困证明开出来,入学后争取勤工助学的机会就非常大)。如果没有校内的勤工助学机会,可以自己到校外去找,比如家教(大城市 20～25 元/小时,可保证基本生活。具体介绍见第二章),肯德基、麦当劳等快餐店服务员,假期搞营销等。

八、大一想了解自己的专业怎么办,专业不满意怎么办

学校开学初一般会有统一的专业介绍,如果还想进一步了解自己的专业,可以咨询本专业的院系主任或具体的专业课老师,也可以向辅导员咨询。

如果对专业不满意:

1. 转专业

可以尽快联系自己的辅导员了解转专业细则,果断行动,越快越好,因为一般大学只在大一期间可以转专业。

2. 导向专业

如果不能够转专业,也不必过于气馁,事实上只有很少的一部分人会执著于自己喜欢的专业(而且毕业工作时只有不到30%的人会真正从事自己所学专业的工作)。之所以不喜欢自己的专业很大程度上是因为不了解本专业,而之所以觉得自己喜欢其他专业,很大程度上也是因为不了解那个专业。由于这山看着那山高的缘故,多数人对自己所学专业不够满意,所以在这种情况下,你要做的是,如何让自己喜欢上这个专业。首先深入了解自己的专业,特别是以后就业的途径和岗位;其次有机会的话拜访这个行业里做得不错的老师和师兄,向他们了解和学习;然后借鉴第四章中《引发学习兴趣的三种方法》让自己对本专业感兴趣,因为只有对专业感兴趣了,你才有可能学到知识。

3. 考研转向

如果你做不到上述两点,可以考虑读研究生时重新选择自己真正喜欢的专业。这样的话,在四年大学生活中,对本专业的学习底线是及格过关,把剩余时间拿来学习真正感兴趣的专业,特别是考研涉及的专业课,然后在大四考研时选择自己喜欢的专业。

由于本书的读者有可能是高中即将毕业的学生,所以,对于高中生来说,为了避免上述情况,请在高中阶段,就要对自己大学要学的专业有所考虑和了解。

九、国家奖学金及贷款

1. 国家奖学金(国家出资)

金额:每人每年8000元。

条件:除了具备一定的政治素质之外,一般要求大二以上学生(含大二),综合表现特别是学习成绩特别优秀的学生(上一学年至少获得一次学校特等或一等奖学金),一般都是综合排名第一、第二的学生。

2. 国家励志奖学金(国家出资)

金额:每人每年5000元。

条件:除了具备一定的政治素质之外,一般要求大二以上学生(含大二),家庭困难,学习成绩优秀(上一学年至少获得一次学校三等或以上奖学金),没有违纪处分。当然,还需要你主动提出申请。

注:同一学年内,不可以同时获得国家奖学金和国家励志奖学金。

3. 国家助学金(国家出资)

金额:一等助学金标准为每人每年3000元,二等助学金为2000元,三等助学金为1000元。

条件:除了具备一定的政治素质之外,一般要求家庭困难、生活俭朴、学习上进,没有违纪处分,无迷恋网吧、旷课、酗酒等不良行为。当然,还需要你主动地申请,并提供相应的证明材料。

注:申请并获得国家助学金的贫困学生,可以同时申请并获得国家奖学金或国家励志奖学金。

4. 校内奖学金(学校出资)

金额:一般来说,特等1500元/学期(比例为总人数0.1%);一等750元/学期(比例为总人数

2%）；二等 400 元/学期（比例为总人数 5%）；三等 200 元/学期（比例为总人数 10%）；单项 200 元/学期（比例为总人数 2%）。

条件：除了具备一定的政治素质之外，没有违纪处分，没有补考挂科。然后按照综合成绩排序。

5. 国家助学贷款（银行出资）

学生申请贷款时，应由本人向学校贷款审定机构提出申请，提供本人及家庭经济状况的必要资料（一般包括本人书面申请、家庭经济情况调查表、街道或乡级以上的家庭经济困难证明、担保人的担保书及本人的现实表现等），承诺有关还贷的责任条款，提供还贷担保人。目前各高校学生贷款实际额度一般在每年 1000 元以上。

（1）如何申请国家助学贷款

适用对象：高等学校中经济上确实困难的全日制本、专科学生和研究生。

申请国家助学贷款的学生应具备以下条件：

①具有完全的民事行为能力（未成年人须由其法定监护人书面同意）；

②诚实守信，遵纪守法，无违法违纪行为（如果是班级干部或特长生会受到青睐）；

③学习成绩较好，能够正常完成学业（在申请国家助学贷款时，银行是比较看重学业成绩的，所以一定要好好学习，争取拿奖学金，最起码不能有补考）；

④在校期间所能获得的收入不足以支付完成学业所需基本费用（包括学费、基本生活费）（注意，千万不可完全指望国家助学贷款，一是名额有限、数额有限；二是需要带利息偿还，而且时间有限制。最好自力更生，只要肯努力，学费、生活费都能挣回来）；

⑤严格遵守国家、经办银行以及国家助学贷款的各项规定，承诺正确使用所贷款项并按规定履行还贷义务；

⑥符合中国人民银行公布的《贷款通则》中规定的其他条件。

申请程序：银行不直接受理在校学生的贷款申请。申请贷款的学生，须在新学年开学前后 10 日内凭本人有效证件向所在学校指定部门（一般为学生处）提出贷款申请，领取并如实填写《国家助学贷款申请表》、《申请国家助学贷款承诺书》等有关材料。国家助学贷款的利率按照中国人民银行公布的法定贷款利率和国家有关利率政策执行。学生所借国家助学贷款利息的 50% 由国家财政贴息，50% 由借款学生个人负担。借款学生和经办银行应在签订借款合同时约定还款方式和还款时间。采取灵活的还本付息方式，可提前还贷，或利随本清，或分次偿还（按年、季或月），具体还款方式由贷款人和贷款银行商定并载入合同。还款时间最迟在毕业后第一年开始。学生所贷本息应当在毕业后 4 年内还清。经贷款银行同意，国家助学贷款可以办理延期，但逾期国家不再给予贴息。

（2）学生贷款偿还形式

①学生毕业前，一次或分次还清；

②学生毕业后，由其所在的工作单位将全部贷款一次垫还给发放贷款的部门；

③毕业生见习期满后，在两到五年内由所在单位从其工资中逐月扣还；

④毕业生的工作单位，可视其工作表现，决定减免垫还的贷款；

⑤对于贷款的学生，因触犯国家法律、校纪，而被学校开除学籍、勒令退学或学生自动退学的，应由学生家长负责归还全部贷款。

十、医疗保险

首先一定要参保，费用不高，保障很大。在校期间可以到校医院就诊，直接就可以享受医疗保险。如果在假期出现意外需要去医院，时间允许的话先与校医院电话沟通一下，会得到一些提醒，同时不要忘记把所有票据都保留好，开学后找校医院协助报销。

十一、大学与中学的不同

十大不同：

1. 没有人强迫你学习。

2. 没有人可以真正关心你的生活。

3. 没有人阻止你的脚步，无论你要去哪里。

4. 没有固定的群体。

5. 你自己主宰生活，可以选择随波逐流或堕落，因为那样最容易；也可以选择振作，但会略带艰辛，不过很多人会为你骄傲，包括你的父母和本书作者。

6. 面对问题时，在怨天尤人和匹夫之勇之外你还有另一种选择：智慧！

7. 娱乐：在大学，你可以娱乐自己，也可以娱乐别人。娱乐自己的人，往往毕业后能找到一份安逸的工作，成为一个乐观的人，过衣食无忧、稳定的日子；娱乐别人的人，毕业后往往会不稳定，东跳西跳，直至找到统领一方，名利双收的职位；最糟糕的是，把娱乐别人当做娱乐自己的一族，毕业后往往风光一时，却难长久，最后落得寂寞收场。

8. 大学可以谈恋爱，甚至可以娶妻生子。但是如果你还想毕业后扬帆远航，最好还是不要急于把锚先抛下。

9. 毕业可能就会失业，而不是升学。

10. 如果你不主动，可能一无所获。

总体来说，中学是一条小溪，一般不会遇到大的险滩和激流。大学是江河，弄好了，你会成为一名水手；弄不好就会被拍在沙滩上或淹死在暗流里，而你是最终的决定者。

另外，大学将完成你人生中的4个第一次及5个最后一次。

4个第一次：

【第一次】放下高考的重担，开始追逐自己的理想、兴趣。

【第一次】真正地离开家，独立参与团体和社会生活。

【第一次】学理论的同时，有机会亲身实践。

【第一次】不再由父母安排一切，支配所有属于自己的时间。

5个最后一次：

【最后一次】系统性地接受教育。

【最后一次】能够全心建立你的知识基础。

【最后一次】可以将大段时间用于学习的人生阶段。

【最后一次】可以拥有较强的可塑性、集中精力充实自我的成长历程。

【最后一次】拥有相对宽容的，可以置身其中学习知识和为人处世之道的理想环境。

总之，大学是不同于中学的人生关键阶段。在这个阶段里，所有大学生都应当认真把握每一个"第一次"，让它们成为未来人生道路的基石；在这个阶段里，所有大学生也要珍惜每一个"最后一次"，不要让自己在不远的将来追悔莫及。

第二章 解决大学里的几个重要问题

一、如果你想当班干

千万不要错过三个良机。

第一良机:临时负责人

刚入学时,如果条件允许,可以提前几天来,找到负责自己的辅导员,看看有没有什么工作需要做(一般新生开学会有很多工作需要做),然后一旦有了任务就出色地完成,争取能展现出才华,成为班级"临时负责人"(这个职位可以直接跟辅导员自荐。大多数的"临时负责人"都可能成为班长),如果班级"临时负责人"这个位置已经没有了,可以辅助班级"临时负责人"做些事情,为将来成为班级团支部委员或班干部打下基础。

第二良机:军训负责人

在军训开始前,如果能展现一定的军人气质,落落大方地接人待物,主动与老师、教官沟通,成为班级军训召集人或是负责人,为同学服务,能与同学广泛接触,赢得大家的好感与拥戴,为之后成为班干部铺路。

第三良机:班级干部选举

如果已错失前两个良机,就一定要把握好这最后的机遇。核心思想是毛遂自荐,真诚表现。

首先主动找到辅导员老师递交自荐信(参考附表范文),同时表明心迹:"希望能有机会为班级做点事情……考虑到初高中时的表现,有信心能扮演好角色,做好班级的工作……"并真诚询问班级有没有什么事情需要做的,如果有,马上去出色地完成;如果没有,礼貌地转身离去,然后隔几天再来问,总会遇到有事情需要你协助的一天。

然后要与班级"临时负责人"(或者班长)沟通:"……最近时间比较自由,如果班级有什么事情,我可以帮助你……"如果由班级"临时负责人"跟老师推荐,成功几率会增大。更主要的是,班级干部日后会是一个团队,你们需要有团队合作的意识。

最后,当然最重要的是要实实在在地赢得班级同学的好感,有事情发生时,吃苦在前,敢于承担责任,主动为同学分忧,礼让同学,多关心和帮助他们。只有真诚地赢得他们的信任,在选举时同学才会把宝贵的一票投给你。

整个过程,如果不是发自内心,不是真诚地想一直持续下去,而只是想获得班干头衔,行事为人就不免会给人以虚伪和功利的感觉,而任何虚伪和功利都不会伪装太久,毕竟路遥知马力,日久见人心。

二、如何当好班干

1. 四个重要原则

先管好自己,再管理同学;先要求自己,再要求同学;先考虑同学,再考虑自己;先利益同学,再利益自己。

❀对自己:

(1)学生以学为主。如果你的学生干部工作影响学习,建议你先把学习搞好。学习不好的学生干部,往往很难在同学中树立威信。这和业务不强的领导,很难在工作中使人信服一样。

(2)班干部不是"老百姓",是干部。应该以身作则。班干部应具有的品质和能力:①能负责;②能吃苦耐劳,不计较个人得失;③坦诚豁达(如果别人有误会你的地方,你要努力得到大家的理解,不可以灰心,也不要有报复心理。容忍、宽容一个不理解你的人,换来其他十个人的理解和尊重,是值得的);④表里如一(不要在老师面前一个样,在同学面前一个样);⑤乐于助人;⑥工作积极主动;⑦做事公正公平有原则(对人平等,不对自己的朋友偏心,不能盲目维护同学,如果不对,要委婉表达,引导更正);⑧松严有度(该严时要严,不该严时不可严,管理要有分寸,要懂得给别人机会);⑨学习成绩突出;⑩有良好的心理素质;⑪礼让贤人(对于比自己更出色的同学不能排挤,而要尊重,并当着同学面表扬,提供给他施展的机会);⑫有组织协调能力;⑬不断追求新目标,积极进取;⑭务实作风,不好高骛远;⑮工作有计划,善反思,会总结;⑯有特长(没有就培养)。

(3)不要把自己看成是领导,更不能摆架子,要把自己看成是志愿者和服务者。一个成功的领导者,必然是一个诚心诚意的服务者和志愿者。不要把社会上的官本位的一套搬进教室。别人越看重你时,你越不要把自己当回事;别人不看重你时,你越要把自己当回事。

(4)成为同学和老师甚至校方沟通的桥梁。踏上工作岗位后你会发现,沟通能力是非常宝贵的。

(5)民主。班级工作,要讲民主和透明,要让大家一起参与决定,要充分发挥大家的积极性来完成。

(6)不搞形式主义。不要为搞活动而搞活动,为了宣传而宣传。要把学习之余的精力花在替大家排忧解难上。

(7)谦让。学生干部往往会在很多方面都获得优先的机会。要把这些机会留给大家,不要独占。

※对工作和他人:

(1)学会聆听

与普通同学或其他班干接触、沟通或要解决某个具体问题时,一定要学会聆听。聆听是与人沟通的一门艺术。通过聆听,了解对方的需要和感受,然后再表达对他的肯定和赞赏,给予情感上的关爱。在这个基础上,再要求对方承担自己责任,对不负责任的行为批评指正,树立自己应有的权威。

(2)不能打退堂鼓

一旦选上班干部,就要负责!班干部能力的激发和培养正在于工作遇到困难之时,正在于面对棘手问题之时。也正是因为你面对了普通同学不曾面对的问题,解决了普通同学不曾解决的问题,一路走下来,才会造就出你与普通同学真正的不同之处。你的坚持是你未来找工作受到用人单位青睐的原因之一。

(3)作风正派,办事公正,是非分明

制度是公平公正处理事务的保障。班干应该与同学一起制定制度,用制度来约束行为和管理事务(这将会是你积累未来管理方面知识的财富),比如班级值日、寝室值日、班级评优的推选程序(这些学校都有,但你要在不违背学校的原则下,在班级具体化。比如,评优的推选)。

下面是一个班级制定制度推选的实例(分系列评优 6个评优名额):

A. 学术系列(2个名额)

学习成绩:_____(0~5分);学习成绩进步鼓励:_____(1~5分);参与科研程度:_____(0~5分);科研成果:_____(0~5分);校级学术参与:_____(0~5分);院级学术参与:_____(0~5分);校级学术获奖:_____(0~5分);院级学术获奖:_____(0~5分);带动班级学术、科研:_____(0~30分);论文:_____(5~15分);英语四级:_____(0~5分);英语六级:_____(0~5分);计算机二级:_____(0~5分);计算机三级:_____(0~5分);其他考的证书(口语、第二学历、导游证等):_____(0~20分);同学评价(人品、热心与否、班级认同等角度):_____(20~50分)(由全班同学打分,然后取平均值)。

总分:_____

B. 实践活动系列(2个名额)

班干服务班级得分:_____(0~5分)(由全班同学打分,然后取平均值);同学服务班级得分：_____(0～5分)（由全班同学打分，然后取平均值。或者，由于班干需要取得同学配合的机会多一些，也因此感受同学服务班级的程度大一些，所以班干评价的权重可以适当加大）；班级活动参与度：_____(0～20分)（比如扫雪等）；校级活动参与：_____(0～5分)；院级活动参与：_____(0～5分)；校级活动获奖：_____(0～5分)；院级活动获奖：_____(0～5分)；社会实践（家教、兼职等）：_____(0～10分)；带动班级实践、活动：_____(0～30分)；好人好事等：_____(0～30分)；同学评价（人品、热心与否、班级认同等角度）：_____(20～50分)（由全班同学打分，然后取平均值）。

C. 综合系列（2个名额）

学术得分＋实践活动得分

注意：

①以上评优方式只是提出一个思路，具体指标等需要根据实情再讨论制定。良好标准是：制度能被大家广泛接受，且执行简单有效，能持久坚持，能推动班级向好的方向发展，形成良性竞争又互相帮助的局面。

②让每个人都能找到自己的归属和努力的方向，并把努力付出当做唯一渠道。

③每学期让每个同学把本学期涉及的"学术"及"实践活动"都列出来，班级干部把每次活动都有谁参与（比如体育班长组织的篮球赛，把参与者、拉拉队队员都记录下来）、贡献如何等也都记录清楚，然后一起汇总。也就是说每学期末，替每个人总结这一学期的收获，表扬先进，树立榜样。这样自然会督促到后进者（暂时后进者不要不好意思，也不要试图不让大家知道，其实大家都看在眼里。用身边的人和事教育身边的人最为有效）。告诉同学，以后毕业时，会把四年的这些都整理完后交给每个人，记录下大学四年都做了什么，是否会有遗憾；也作为人生历程的一个记载献给未来的回忆（对于班干来说，这个工作量并不大，却很有意义）。

2. 七个小技巧

（1）班上有号召力的人，在不违背原则的情况下，要和他处好关系，那么，你干什么都会有人拥护；相反，跟他们成了死对头，班级事务你会很难推进。如果那些人你不喜欢接近，哪怕你很讨厌他们，也绝不能显示出来，至少不要与他们在非原则的事情上对立。

（2）要"民心所向"，你要了解同学最喜欢些什么，在搞活动的时候要有针对性。

（3）上面下达任务后要适当合理地分配给其他班干一些工作，一起完成。

（4）与其他班干一起制定简单、有效的制度来管理班级难办的事，事半功倍。

（5）在老师那里及其他同学面前多提同学的贡献和优点（不要担心这些话传不到他们耳朵里）。

（6）不要总给老师打报告。因为报告打多了，老师会烦腻，同学也会疏远你，而且，这恰恰说明你没有独立解决问题的能力，就是说，你不是一个称职的班干部。

（7）对嫉妒你的人，千万别跟他们计较，不要过多理睬，更不能吵起来，要维护自己的公众形象。

3. 两类冲突的解决

（1）当同学之间发生激烈冲突怎么办

第一步：制止（把同学拉开）

"现在不是看谁更厉害（你们两都很厉害），而是看谁更有风度……"

"都冷静点，事情闹大了对谁都没有好处……"

"再闹下去，保卫处、派出所就该来了……"

"我知道你们都有很多话要说，咱们先冷静一会再说，行吗？"

"大家不是来给你们评理的，而是来看热闹的，咱不能让大家看热闹……有多大矛盾咱自己解决不了？"（跟周围的同学说："大家都忙自己的吧，别看了，更别添乱了……"）

如果现场太混乱，你制止不了，就立即与保卫处和辅导员老师联系。

第二步：劝慰

把双方拉走后,与其他班干做好分工,一人陪护一方,让他们先冷静一会,然后再进行安抚和劝慰。

第三步:视情况上报

如果矛盾是误会,比如只是酒后一时冲动,眼前已经解决,或者即使没有完全化解也不会发生问题。这种情况下就可以不必报告老师。但是,如果事情并没有化解的趋向,并且预感到会发生更严重的冲突,则需要及时报告辅导员老师。因为如果一旦发生恶性事件,产生不良后果,有责任不说,良心难安(家长和老师都会觉得你失职,觉得你如果及时反映至少会有避免恶果的机会)。当然,话说回来,你跟老师汇报时也要有一定的技巧……可以请求老师帮助化解矛盾,同时请老师对他们之前并不激烈的矛盾冲突免于惩罚(可以批评教育,不要行政处分即可),因为虽然你有责任和义务,但如果纯粹站在一个"泄密者"的角度,以后就会较难在班级开展工作了。

第四步:反思

反思为什么会有这样的矛盾,以后怎么去回避类似的矛盾。总结此次的经验,下次该如何做,如何有效地调解等。

反思和总结——这是你作为班干成长和进步的重要途径,是区别普通班干和优秀班干的重要之处。

(2)当同学和学校冲突时怎么办

学校和学生没有本质上的矛盾和对立,而且从大方向上讲两者的目的应该是一致的或相近的。有的矛盾有时也只是对事物的看法和处理方式不同罢了。站在同学的立场上和老师对着干,或站在老师的立场上和同学对着干,很多情况下是两头不讨好。作为学生干部,你是校方和同学们之间的使者,要有使者的交际艺术,增进两者之间的沟通。才能够在双赢的基础上把事情办成。

具体建议:

①有和老师或校方不同的想法,应该在和同学谈及之前尽量先与老师沟通。告诉老师,你的这个想法还没有和任何一个人谈起,想听取老师的意见和指导。

②提高自己的游说艺术。义正词严,在鼓舞情绪的时候会有良好的效果;但是在解决矛盾和问题的时候则多显力不从心。"动之以情,晓之以理"的交流和沟通会收到意想不到的效果。

③选择正确的维护利益的方式。要始终清醒地知道主要分歧是什么,要解决的问题最低的底线是什么。并且这些能得到大多数同学的认可,这时候,再去争取,得到面包加奶酪最好,得面包次之,最少也要得到馒头。至于枝节问题,比如情绪冲动的时候老师或是校方代表说了什么话,做了什么举动(当然排除肢体冲撞等行为),不必过多计较。因为有时候老师说的话和做的一些事情也是因为他们所处的位置所决定的。其实校方和老师有时的决定也是不得已,他们也身处于大环境之中,身不由己。在这种时候,要理解他们,不要在小事上多计较。

④学会换位思考和看待问题,并引导同学接受你的思维方式。把冲突引向矛盾利于解决的方向。

⑤要学会和各种人打交道,对各种人有容忍心。很多人,你喜欢也罢,不喜欢也好,都要成功地和他打交道。即使你厌恶的人,在你和他打交道的时候也不要让他感到你对他的厌恶。这不是说做人要两面三刀,而是说要有对不同人的容忍心。首先,你的主观感受不一定是全对的。你所厌恶的,不一定真正值得厌恶。其次,每个人都是在自己独特的成长环境中形成了自己的性格。有些人形成了你看不惯的性格,不是你能够左右的。所以,对这样的人,应该落落大方,也不妨与其谈笑风生。反正,你心目中知道与之的距离就可以了。

附1:就业面试,明辨真假班干

现在很多大学生在就业简历中为了增加优势,冒充班级干部。让我们来看一下人事部门的面试谈话。

人事部:看你的简历,你是班长啊?

学生:是的。

人事部:你们班级多少人啊?

学生:46 人。

人事部:你们班级在系里面排第几啊?

学生:中等偏上吧。

人事部:哦,那么好啊!你都做了些什么工作让班级那么好啊?

学生:……(汗!)也没有特别的,就是督促他们学习什么的……(人事部此刻非常关注对方的表情和语言……)

人事部:你们班级人那么多,同学之间有没有过什么矛盾啊?

学生:偶尔有。

人事部:如果有矛盾,你作为班长是不是要进行调解啊,能给我举个具体例子吗?

学生:……(更加汗!支支吾吾。因为他没有真正调解过,无法坦然准确回答。)

人事部:(作为专业人士,已经足够他们判断了……而且他们的问话内容会千变万化,很多问题会很细致,没有当过班干的角色,或做得不合格绝不能坦然快速地回答,真伪立现)……

面试结束,假班干和不合格的班干结局已定!!

附2:我们靠什么来解决问题

工作中遇到的问题很多,我们到底要靠什么来解决?

靠人性?靠说服?还是靠监督?

下面是一个足够经典的例子。

1770 年,英国政府宣布澳大利亚为她的领地。为达到殖民的目的,招募私人船主向澳大利亚运送罪犯。船上拥挤不堪,营养与卫生条件极差,最终导致死亡率极高,平均达到12%,有的甚至高达37%。这么高的死亡率不仅使经济上损失巨大,而且在道义上也引起了社会强烈的谴责。面对这件棘手的事情该如何解决呢?仅靠人性的结果已经出来了——12%!英国政府随后选择了说服教育,召集所有船主陈诉利害,申明人权,说服一番,船主也频频点头……1年以后,数据反馈上来,还是12%!在无奈之下,英国政府在每艘船上都派驻一名官员监督……结果1年以后,数据反而更加恶劣了,原来一部分官员被船主收买,最终与船主同流合污,另一部分正直的官员则被船主扔到海里,诡称他们暴病而亡……

最后一位国会议员的提议解决了问题。

施行一种简单易行的制度:改变付费方式——不按上船时运送的罪犯人数付费,而是按下船时实际到达澳洲的罪犯人数付费(同时参考这些人的健康状况,做得好还有奖金),然后一切就开始变得不一样了。当按上船时的人数付费时,船主拼命多装人,而且不给罪犯吃饱,把省下来的食物在澳洲卖掉再赚一笔,至于有多少人能活着到澳洲与船主无关。当按实际到达澳洲的人数付费时,装多少人与船主无关,能到多少人才至关重要。这时船主就不想方设法多装人了。要给每个人一点生存空间,要保证他们在长时间海上生活后仍能活下来,要让他们吃饱,还配备医生,带点常用药。罪犯是船主的财源,当然不能虐待了。这种按到澳洲人数付费的制度实施后,效果立竿见影,之后的死亡率都降到了1%以下。

面对棘手问题该如何解决的另一个生动例子发生在当今的美国。

华为总裁任正非发现美国人在下大雪后,家家户户都很自觉地出来扫雪,根本不需要领导动员。难道美国公民道德意识真的有这么高吗?详细了解之下,发现原来并非一开始就那么顺利,拖拖拉拉扫雪或干脆逃避也是常有的事,令政府头疼不已,后来采取对不及时扫雪的进行罚款的制度,结果费时费力,效果仍然不佳,直到一条法律的出台才很好地解决了问题:行人若在谁家门口摔倒,谁就要一直陪护并承担所有医疗费用!

　　以上两个例子不言而喻,想要真正解决问题,绝不能仅靠人性、说服教育或是监督,必须依靠良好的机制和制度!需要提醒的是,并非有了好的机制、制度就一定能解决问题。

　　首先,好的机制和制度在某些时候还需循序渐进。

　　北宋大将种世衡为当今的我们上了一堂精彩的管理课。当时西夏国经常侵扰秦岭边境,很多年来,派去多位将军均不能安守,最后派种世衡去,他经过详细分析发现,问题出在官兵战斗力不强,又不能时时处处跟随百姓出城保护,百姓更是没有什么反抗能力,所以不论官兵还是百姓一遇西夏部队,就只好仓皇而逃。如何解决呢?

　　种世衡分三步实施。首先,颁布命令:谁能射中城墙上的银子,银子就是他的。射中的人果然得了银子,一时间官兵百姓纷纷练习射箭,箭术得到很大提高,射中银子已经不是很难。种世衡接着实施第二步,在银子重量不减的情况下,增加厚度而减少横截面,这就大大提高了射中的难度,一段时间以后,官兵百姓的箭术得到了更大的提高。随后种世衡实施第三步,颁布命令:今后,箭术达到一定标准可以减免赋税三年,同时如果犯罪,箭术达到一定标准可以减免。再之后,边境景象便是——西夏人一听说快要接近秦岭地区,就闻风而逃……

　　试想如果没有种世衡在第一、二步中建立信任,由易到难地设立箭术目标,让达到目标成为可能,而直接推行第三步,效果还能不能这么好呢?

　　再有,靠机制、靠制度还需排除"好心的破坏,善意的毁灭"。

　　孔子对其两个学生截然不同的态度可以为我们很好地说明。

　　孔子学生子贡在外地碰见了一些沦为奴隶的鲁国人,于是出钱把他们赎出来带回了鲁国。当时的鲁国有一项政策,凡是赎回在外为奴的鲁国人,可以凭票据到国库全额报销。子贡觉得是救人之举,并不想得到回报,没必要报销,当时就把票据撕毁了。被他救赎的鲁国人非常感动,逢人就夸赞子贡。一时间大家都认为子贡品德高尚,很是尊敬。然而孔子知道后,非但没有表扬子贡,还气得不愿再见子贡了。

　　孔子的另一个学生子路,有一次,抢救了一个落水者,被救的人千恩万谢,最后说:我也没有别的,这头牛你牵走吧。子路也不客气,真的就牵走了。孔子知道后,却对子路大加赞许。

　　同样是做好事,孔子的态度为何这般不同呢?

　　原来对于子贡免费赎奴事件,孔子说:这件事你的做法对你自己而言并没有错,但却因为你的行为,破坏了国家的政策,以后就没有人再愿意去赎回鲁国人了。后来果然,大家赎回鲁国人后就不像以前那样可以心安理得地拿去报销了,最后,在国外见到为奴的鲁国人就再也没有人肯去赎回了。对于子路救人事件,孔子说:从此以后,鲁国人将争先恐后地拯救遇险的人了。果然,孔子的话很快得到了验证。

　　孔子的思想是做得"好"未必做得"对",关键看你的行为对一个好的机制是破坏还是维护……企业亦是如此,如果建立起了一个好的机制,之后最关键的就是忠实的执行。否则,即便是出自好心善意的违背都可能给机制带来无法挽回的损失。

　　期望这几个故事能对我们有所启发。树立机制、制度管理理念,用我们的智慧制定简单而又有效的制度,然后忠实地执行,也许我们不久就会发现曾经困扰我们的问题,已经不再是问题了……

三、如果你想入党

　　首先,了解入党程序。第一步,提交入党申请(范文见附件);第二步,被选拔发展成为入党积极分子(参加学校党校学习,考试合格颁发证书);第三步,满一年后,被选拔发展成为预备党员(需要再次参加学校党校学习,考试合格颁发证书);第四步,满一年后,提出转正申请,通过后就成为正式党员了(党龄从成为预备党员那天算起)。

　　其次,了解入党条件。需要在政治上、思想上符合《党章》的要求。在此前提下,由于竞争激烈,还需要有足够的积极表现或突出成绩。如果你已经是班级干部,入党可能性会大一些,但也不能掉以轻心。如果不是班级干部则需要更多努力，具体要做好以下3个方面：

1. 做好学生的本职工作

学习上一定不能有补考或挂科（所谓挂科就是该课程补考还未通过，必须重修），纪律上一定不能有任何违纪处理记录。

2. 主动接受组织的考察

首先，要端正入党的动机。出发点不能是为了以后好找工作才想入党。原因是你不能本末倒置，党员之所以好找工作，并不是因为党员的身份，而是因为企业和单位认为能在人才济济的大学入党，说明是很有思想很有能力的，所以才比较青睐。如果你只是为了入党而入党，没有切实的觉悟提高和能力提高，一旦进入单位，会很快露出马脚，让单位人觉得如今社会什么人都能入党，自己不被看重不说，还损害党员声誉，累及其他党员。所以，你想入党首先并不是为了好找工作，而是想提高觉悟，提高层次。如果你总能站在班级的角度去思考问题，去处理问题，并把班级没建设好当作是自己的责任而去努力，你就会是班长；如果你能站在学院的角度去思考问题，认为学院学生学风不好，风貌不好是自己的责任而去努力，你就会是学院学生会主席……这个过程中，你也必然会锻炼出超强的能力，塑造出优秀的品质，毕业后成为企业竞相聘用的人才！

然后，主动向党组织靠拢。辅导员有考察和培养党员的责任，所以最好是刚开学就向辅导员递交入党申请书并表明态度："想以更高的标准来要求自己……出于目前思想上的觉悟，希望能够加入组织……"随后主动、经常地向党组织汇报自己的情况，以便党组织有针对性地进行帮助（思想汇报三个月写一篇）。

最后，以行动争取加入党组织。在辅导员及班级那里多争取一些为同学服务的机会，在工作中接受组织的考验、考察。

3. 打好群众基础

群众基础是持久成功的关键。你必须对班级负责，对同学负责，拥有良好的群众关系。如果你过高估价自己；不能恰当地处理同学间的关系，不够尊重他人的意见和建议；做事不踏踏实实，热衷于形式；在各种利益关系上处理失衡，缺乏应有的牺牲精神你就会很难打好这个基础。

要以真诚和务实来建立关系，宁可"雪中送炭"不要"锦上添花"。在班级多做一些力所能及的工作，可以不卑不亢地多和班长沟通："……最近我时间比较宽松，如果班级有什么事情，愿意参与。"如有同学出于嫉妒而对你冷嘲热讽，不要介意，不要理睬，微微一笑，或者大方地说"想做点事情还真不容易，我就是想为班级做点事情，我觉得这样的人越多越好。"这样一般情况下，同学不但不会对你有想法，还会觉得你很会处理事情，很成熟。随后，如果有一些通知一类的事情，就可以主动揽过来，挨个寝室一个不拉地通知大家（即使不是班级干部也不要难为情，除了你自己不会有人多想的）；如果有以班级名义参加的活动，没有人愿意参加，自己就主动参加。多关心同学，尤其是当同学有了难题，或是最近心情不好，主动与之多沟通。一些小的得失不要太计较，凡事诚恳，凡事主动会让你赢得同学，从而打牢群众基础。

四、要不要参加社团

一定要参加社团组织，但时间段要把握好。

大一、大二期间一定要参加几个社团，学会在一个有主题的团体中受欢迎地存在，这对你很重要。同时这也是你结交志趣相投的朋友、进一步学习与人交往、训练团队合作的好时机。

建议：数量不要贪多，毕竟你的精力是有限的，与其泛泛地加入一堆，不如高质量地加入几个。一般，2～3个比较合宜，这当中又要区分，比如有一个仅是学习某一项技能的，一个是结交志趣相投朋友的（比如书法协会、文学协会等），另一个则是你想锻炼能力的，尽可能当上会长。如果时间能安排开，还建议你参加一个义务志愿者协会，让年轻的我们学会并愿意做一些没有任何回报的志愿性工作。

社团工作在大三、大四就一定不要再做了(最多做到大三上学期)。大三、大四这段时间必须全力以赴地做好就业准备。

五、要不要加入院、校级学生会

推荐度排名：
1. 院级学生会 ★★★★★ (5星推荐)
2. 班级干部 ★★★★ (4星推荐)
3. 校级学生会 ★★ (2星推荐)

解释：(1)先要努力争取成为班级干部，能有机会为你的大学同窗服务，并与之保持良好关系，会成为你一辈子的骄傲与财富！

(2)院学生会以学院为基础，获取信息更全面，锻炼机会也更大，离学院老师尤其是辅导员更近，受教诲的机会也会更多，而且与班级工作紧密相连，所以非常值得争取。可以大一入学就去院学生会竞争当干事，然后一步步努力，不过最晚到大三上学期就应该"退休"。

(3)一般来说，由于时间、精力有限，做好前两个学生干部角色就可以了。大学并不是干部级别越高越好。做好任何一个干部角色都足以使你得到锻炼了，否则再高的头衔也用处不大。

六、违反了校规校纪/行政处分怎么办

不记录档案的处分有(由轻到重)：口头批评、点名批评、通报批评。

记录档案的处分有(由轻到重)：警告、严重警告、记过、留校察看、开除学籍(劝退、勒令退学)。

强烈建议大学期间不要有处分，特别是记录档案的处分，除非你觉得日后你自己有为这样愚蠢行为埋单的能力。不能评优、入党不说，在竞争激烈的求职过程中也会有重大挫折。考公务员自不必说，政审一关就过不了。企业也一样，有学生隐瞒自己的处分，在与单位签约报到后，单位在档案中发现劣迹，随即便被开除了。所以要常常约束好自己的言行，不可一时糊涂留千古之恨。

✱一旦违规正确做法：

1. 与人冲突时保持冷静和克制，切不可做第一个动手的人，这在量罚时是非常关键的细节。

2. 如果有同学、班干介入劝阻，要顺着台阶赶紧下来，大事化小，小事化了，双方冷静下来，事情就过去了。纷争就此结束，你与处分就算擦肩而过了，如果继续挑动是非，带来更大冲突，甚至造成严重后果，那你就麻烦大了。

3. 如果老师来到，一定要克制言行，迅速停止纷争，听从老师的调解、安排。你要牢记，这时你的言行就已进入"呈堂证供"了，一分的冲动就会跟着十分的后悔。

4. 在事情缓和以后，向老师承认错误，愿意马上改正，并表述事情并不大，只是一时冲动，双方不会再有纷争。

5. 请求老师从轻处罚，并虚心接受批评教育(引导到不记录档案的处理)。如果老师给你机会，一定珍惜！千万不要再发生纠葛(至少你可以不去主动、不去回应)。

6. 如果老师态度坚决，则要表示顺服，暂时听从安排。

7. 马上和自己的辅导员老师联系一下，看能不能挽救，如果不能，你就只能"自作自受"，接受批评并反思错误。

8. 根据情节和你参与的程度，你会有行政处分。之后你要做的就是争取撤销处分。具体步骤：(1)找到辅导员表示知错就改，态度要诚恳。并虚心向教师请教今后努力的方向。(2)保证之后各科成绩至少合格，也绝不能再做违纪的事情。(3)支持班级工作，愿意为班级服务，为班级做点力所能及的事情。(4)多与班级同学接触，热心帮助同学，如果有同学的认可，能够评优的话，就又多了撤销处分的可能。更主要的是，如果有一个同学匿名举报你表现不佳甚至还有劣行，而考察属实的话，你的努力就算是完了。(5)一年后写撤销处分申请。

生活 篇

生，容易；活，容易；但加在一起——生活就不容易。

在一些表现欲很强的人面前，做一个忠实的听众才是最明智的选择。在众人滔滔不绝的场合，做一个微笑的听众也许更能打动别人。在咒骂或嘲笑别人的时候，请小心有一天你自己也会因为相同的原因而成为被咒骂或嘲笑的对象。

走自己的路，听别人的劝。

第三章　生活中的难题

一、想家怎么办

新生难免想家,有四种缓解想家的方法。

1. 快速适应大学生活,投入到学习及学校的各项活动中去。尽可能多地安排事情做,不要使自己有太多空闲的时间。

2. 多与同学交往,寻找友谊,互相启发,互相帮助,就不会陷入思乡情绪中不能自拔。

3. 周末的闲暇时间里,翻翻影集,看看家人照片,给父母写封信,可以主动改变自己的心境。

4. 可以适当访一访老乡,叙一叙乡情,排遣思乡之情。

二、失眠怎么办

失眠在高校学生中比较常见,且往往因处理不当而长期不能痊愈,对学习与生活造成严重影响,让学生倍感痛苦。早期的轻度失眠,除了平时加强锻炼,养成规律的作息习惯,培养乐观、豁达的心境外,可以参照下面的方法自我调理,严重者要及时到校医院接受治疗(吃安眠药物能得到缓解,但是这一方法是最不提倡的)。

❋对付失眠十二招:

1. 晚间散步

长期患失眠症的同学可以在晚间散散步,地点最好选择校园里,距离不要太长。散步可以放松肌肉,使身体发热(不是发烧),通常当体温降下来时,人也就会感到困乏想睡觉。

2. 睡前洗个热水澡

人在入睡时体温低,而白天体温是最高的,根据这个理论,人在睡觉前两三个小时洗个热水澡可以帮助入睡,因为洗澡能将体温升高,等到了你的睡觉时间,你的体温也就降了下来。

3. 睡前不喝咖啡、不抽烟、不饮酒、不玩游戏

咖啡、可口可乐和巧克力都含有使人兴奋的咖啡因,因此睡觉之前不要喝、吃这些东西。此外抽烟也容易使人兴奋,因此一定要改掉睡觉之前抽烟的习惯。一些人为了放松自己喜欢睡觉之前喝点酒,以为这样可以帮助入睡,其实不对,要知道酒精抑制了你的中枢神经,也破坏了你的睡眠,过几个小时后,由于酒精的刺激你还会醒来感到头痛,长期下去对你的健康有百害而无一利。对于睡前玩游戏,你也许不会受游戏中明亮闪烁屏幕的影响,但是过于兴奋会让你在该睡觉时大脑还在高速运转。

4. 睡前吃点东西,食疗医治

睡觉前一两个小时吃一片面包和一点水果,或者喝一杯牛奶。但是不要吃太甜的东西,因为甜品容易使人紧张。或者往一杯冷开水中倒入食醋一汤匙饮之,可以催眠入睡并睡得香甜。或者在床头柜上放上一个剥开皮或切开的柑橘,失眠者吸闻其芳香气味,可以镇静中枢神经,帮助入睡。另外,适量洋葱捣烂,装入瓶内盖好,临睡前放在枕边嗅闻其气,一般在片刻之后便可入睡。

5. 睡觉之前要使心平静下来

有些同学一天到晚都很忙,到了晚上躺在床上才想起来要把白天所发生的事情细想一遍。这么做的结果当然不利于睡眠。正确的方法是在睡觉前的一两小时抽出十几分钟集中精力把白天的事情想一想,做出该如何处理问题的决定之后将第二天要做的工作简单地做个计划。这种方法可以帮助你减少烦恼、放松大脑,使你能够一上床就很快入眠。一旦出现失眠不必过分担心,越是紧张,越是强行入睡,结果越会适得其反。过分焦虑,对人的睡眠及健康的危害更大,要始终保持

平常而自然的心态。

6. 寻求并消除失眠的原因

原因消除,失眠自愈,对因疾病引起的失眠症状,要及时求医。

7. 做睡眠操

睡前,身体平躺在床上,周身放松,排除杂念,平心静气,以后按以下顺序进行:①双手来回搓手心手背。②双手在面部上下搓。③双手在头顶来回搓。④双手在腹部交叉搓。⑤双手在腰间上下搓。⑥右手搓左胳膊,从腕至肩部向上搓。再从肩至腕部、顺肘外向下搓,上下来回,之后再用左手,按以上顺序搓右胳膊。⑦双手搓腿。从脚踝到大腿,向上搓,之后四指用力再向下搓、先左后右。⑧搓脚心。一手在脚心,一手在脚背,来回搓,用力适当,先左后右。注意,做完每项动作后,都要求打两次"哈欠",多者不限。全套做完需20～30分钟,片刻即可入睡。

8. 选择合适的睡姿

睡眠姿势要以舒适为宜,且因人而异。但睡眠以侧卧屈身为佳,这种睡眠姿势有利于全身放松,睡得安稳。

9. 大自然催眠

学会倾听大自然的声音,如:雨声、虫鸣等等。睡觉之前,听录有大自然声音的音乐。可以一边听大自然的声音,一边放慢呼吸,想象一下你置身于大自然当中,你吸进的是森林当中或是海边的清新的空气。放松全身,尽快进入"音乐中"的大自然世界。

10. 诱导睡眠

诱导人体进入睡眠状态,有许多具体方法,例如:放松功,已在民间流传,可以借助。此外,再介绍两种简而易行之法:①闭目入静法。上床之后,先合上双眼,然后把眼睛微微张开一条缝,保持与外界有些接触,虽然,精神活动仍在进行,然而,交感神经活动的张力已大大下降,诱导人体渐渐进入睡意朦胧状态。②鸣天鼓法。上床后,仰卧闭目,左掌掩左耳,右掌掩右耳,用指头弹击后脑勺,使自己听到呼呼的响声。弹击的次数到自觉微累为止。停止弹击后,头慢慢靠近睡枕,两手自然安放于身体两侧,便会很快入睡了。

11. 不要补觉

如果你在夜里醒来过了15分钟还不能重新入睡,那就打开收音机或MP3、MP4,等有了睡意再关掉。记住:不管你在夜里睡得好不好都要在第二天早上按时起床,即便是周末也不能试图补补觉,因为这种做法对克服失眠症没有任何帮助。

12. 不要养成赖床的习惯

你只有真地感到困了时再上床睡觉,如果你在床上躺了15分钟还不能入眠,那就起来做些单调而轻松的事情,譬如:看看书、看看电视或者用纸折叠小星星。切记:不要做让自己激动的事情。有了困意就上床,到了床上又不困了的话就再起来做上述的事情,直到上了床能够很快入睡。要养成每天都准时起床的习惯。

✱高效睡眠四要点:

1. 睡好子午觉

所谓"子午觉",就是指人在子时、午时段,应该暂且丢弃一切杂念,安然入睡。"子午觉"最重要的作用就是调整阴阳,它能够使人的肌体得到充分的休息和恢复,从而焕发精神,增强免疫能力。子时大睡,午间小歇。一般来说,子时是指晚上11点至凌晨1点,此时人体阴气最盛,而阳气衰弱。午时则指中午11点至下午1点,此时阳气最盛,阴气衰弱,此时如不能睡,可静坐20分钟,闭目养神,也非常有益身心。

2. 困了需要睡觉时,要么睡20分钟,要么睡1.5小时。

20分钟的小睡只让你进入第一个睡眠阶段,避免你进入更深的睡眠,使你醒来时精神百倍,而1.5小时则是一个完整的睡眠周期。

3. 睡觉要关窗,不能开风扇、不能开空调

人生病很多都与此有关,因为人在睡眠之中,气血流通缓慢,体温下降,此时特别容易受风寒。

4. 掌握最基本的催眠放松方式

在睡觉时,先做两次深呼吸,随着呼吸让思想放松,然后在心里默默引导自己:我全身的肌肉都松弛下来了,我感到非常的轻松。我身体中所有的压力和紧张、所有的恐惧和忧虑通过身体每一个细胞发散出去了,感到非常的健康和放松……嘴角两边紧绷的肌肉放松了,眼角两边紧绷的肌肉也放松了,整个脸部的肌肉都放松了(然后依次引导从脚底到颈部放松:脚底板的肌肉放松了,脚面和脚踝的肌肉放松了,小腿、大腿……)。一般情况下,你还没有默导完,你就进入梦乡了。

三、如何与老师交往

在大学里,如果没有几个老师做朋友,会使你的大学生活黯淡无光。年轻的时候,特别是成长时期身边需要有几个智者(88.1%大学生表示大学教师对自己一生都有影响)。

与大学老师交往:

核心 = 尊重 + 沟通

❀尊重:

一定要尊重!能真正尊重老师的人一般也都能自重(尊重绝不是表面语言上的"老师好,老师再见"而已)。

❀沟通:

大学老师绝非如你想象中的个个优秀,他们也都会各有不足。但他们一般情况下绝无害你之心(即便是抓你考试作弊或是严厉惩处你的违纪行为时),相反的,他们都会无私地、毫无保留地传授给你知识,教导你做人。(不成熟的同学经常会有这样的体会:与哪个老师关系比较融洽,喜欢上哪门课,哪门成绩就好,这种爱屋及乌利于你的学习;但如果与哪个老师关系不和谐也会殃及那门课,这种殃及池鱼只会对自己造成伤害)。

具体要遵循8点:

1. 树立良好的形象,给老师留下美好的第一印象。

2. 主动与老师多交流

在日常学习和生活中遇到问题及难题,可以主动找老师,把他当做朋友 + 长辈,坦诚地沟通交流,既能帮你解决问题,又能增进你们的感情。

3. 为老师分忧

在力所能及的时候,多做点事,为老师分忧,千万不要因为懒惰,而不愿意做事。毫无怨言,积极主动地为老师办一些事情,也许会占用你的部分娱乐时间,有些事情表面上也难以积累经验,但实际上却会让你抑制浮躁,变得踏实,磨炼毅力,培养出良好的执行能力,日后会受益无穷。(不要为偷懒而高兴,不要为逃课而沾沾自喜,没有比这更愚蠢和无知的了……)

4. 尊重老师的劳动

老师几乎是把所有的知识无私地、毫无保留地教给学生,如果他们希望得到什么回报的话,就是希望看到学生成才、成熟,在知识的高峰上越攀越高。学生要尊敬老师,见到老师礼貌地打声招呼。有句话说:师生如父子。上课认真听讲,不破坏纪律,把老师留的作业保质保量地完成。有些同学作业写得马虎、潦草,单是让老师辨认字迹都要费很多工夫,给老师增添了很多额外的工作量。经常这样,老师怎么会高兴,怎么会喜欢你呢?每个人都希望别人尊重自己,如果你跟别人说话,他爱理不理的,你会喜欢这个人吗?尊敬老师,尊重老师的劳动,是师生和谐相处的基本前提。

5. 勤学好问,虚心求教

做学生时,经常发现"那个老师并不怎么样","他的水平太低了",等长大以后才知道这种看法和想法是多么肤浅。就像作弊者从来都认为老师发现不了,其实,老师只要往讲台上一站,谁在下

面干什么都一目了然。老师的学问、阅历肯定是高于学生的,所以,要向老师虚心求教,好学好问不仅直接使学习受益,还会增多、加深和老师的交流,无形中就缩短了与老师的距离,每个老师都喜欢肯动脑筋的学生。其实,向老师请教问题往往是师生间交往的第一步。

6. 正确对待老师的过失,委婉地向老师提意见

心理学的研究发现,人们会对没有缺点的人敬而远之。其实,根本不可能存在没有缺点的人。老师不是完美的,如果他有的观点不正确,或误解了某个同学,甚至"架子"比较大,或是太严厉,这都是可能的。发现老师的不足要持理解态度,向老师提意见语气要委婉,时机要适当。如果老师冤枉了你,就当面和老师顶起来吗?不行,这样不但无助于问题的解决,还会恶化师生的关系。暂且忍一忍,等大家都心平气和时再说。不管怎么说,老师是长者,作学生的应该把他们置于长者的位置,考虑一下老师的自尊心和威信。

7. 犯了错误要勇于承认,及时改正

有的同学明知自己错了,受到批评,即使心理服气,嘴上也死不认错,与老师搞得很僵。有的人则相反,受过老师一次批评,就特别怕那个老师,认为老师是对自己有成见。这都是没必要的。错了就是错了,主动向老师承认错误,知错就改就是好学生。老师不会因为谁有一次没有完成作业,有一次违反了纪律就认为他是坏学生,就对他有成见。相信老师是会全面、客观地评价学生的。

8. 不卑不亢,保有独立人格

不能因为老师年纪比你大,地位比你高而无原则地妥协,所谓不卑不亢,就是要你面对老师时脸是微笑着的,语气是尊重的,但腰却是笔直的,不能卑躬屈膝。所谓保有独立人格,就是你要有你独立的思想和品格,不能老师云,亦云。如果对部分问题理解不一致,而他又无法有力说服你,就不必苟同,要敢于大胆表述自己的观点。

四、如何与同学交往

对于大学新生来说,同学之间的关系(尤其是同一寝室同学的关系)是困扰大家的一个比较严重的问题。在入学后的第一个月,寝室里几个同学亲密无间,大家生活也整齐划一。到了第二个月,由于同学们分别来自不同的地域和不同的家庭,他们在思想观念、价值标准、生活方式、生活习惯等方面都存在着明显的差异,彼此之间出现了不少冲突。

对于这种现象怎么办呢?做好如下3点:

1. 懂得什么是爱

一个好的班级或寝室,一定是充满"爱"的。恨能挑起争端,爱能消除纷争。要学会爱别人和接受别人的爱!

●**爱**:爱是恒久忍耐,又有恩慈;爱是不嫉妒,爱是不自夸,不张狂,不做害羞的事,不求自己的益处,不轻易发怒,不计算人的恶,不喜欢不义,只喜欢真理;凡事包容,凡事相信,凡事盼望,凡事忍耐!

●**不嫉妒**:同寝或同班同学取得了成绩,要真心祝福。你身边人的水平也就是你的水平。同学赢得了荣誉,成了班干、党员,收获了友情、爱情,也要祝福他。同时可以向他虚心地学习,反省自己的不足。如果学不来也不必自恼(你有你的特点和长处,需要慢慢发现),更不必转移怒气到别人身上,变得敏感、排斥,变为可怕的嫉妒!

●**不自夸,不张狂**:不要总显摆自己(无论是财富还是外表)。古人说:十分伶俐使七分,就够了,否则"若要十分都使尽,远在儿孙近在身",聪明反被聪明误,凡事要留有余地,不可锋芒毕露,要适可而止。自夸和张狂反显你的不足和欠缺内涵,谦虚和低调会赢得更多的青睐和友谊。

●**不求自己的益处**:施恩不望报,望报不施恩。真心诚恳地对待同学而不是为了获取某些益处,如果只是为了益处,一旦益处落空,就容易产生矛盾。

●**不轻易发怒**:有人冒犯自己,如果涉及原则问题,正色纠正即可,不必轻易动怒。一旦动怒,也不可犯罪,也不可含怒到日落。意思是,不可因怒气引诱去犯罪,也不能没完没了地生气,最多生气到太阳落山,然后就要调整回来,不应该继续生气伤害自己及他人了。

●**不计算人的恶**:不要用自己的敏感去揣测别人,然后怀恨在心。不数算别人的恶,而要数算别人的好。滴水之恩,涌泉相报,把同学有意无心的伤害随风忘却。

●**不喜欢不义,只喜欢真理**:清华、北大的老校长们教导我们凡事要有原则,孜孜追求真理。

●**凡事包容,凡事忍耐**:"将相额头能走马,公侯肚里好撑船!"忍得一时之气,免去百日之忧。请同学细细品味,爱包罗万象,能为我们解答一切!

2. 同学交往三个准则

(1)学会包容别人

很多同学没有住校经历,上大学之前一个人生活自由自在,突然要和几个人共用一个寝室,就必须包容别人的生活方式。如果别人的生活方式有碍于你的生活,就需要委婉地提出意见,并适当地进行自我调整,如调整作息时间等。要知道,看别人不顺眼,首先是自己的包容修养不够。

(2)主动交往、学会分享

要想处理好同学之间的关系,还要做到对人宽、对己严,切忌以我为中心,在平时的生活中,主动与同学打招呼,主动和同学讲话,主动帮助别人。此外,要主动去做些公共工作,以增加同学们的好感。更重要的是懂得与同学分享,分享你的美食、好的书籍、光盘、杂志,包括你的好的学习方法和经验等等;分享你同学的成功、快乐包括痛苦……

(3)讲究技巧

在与同学相处时应坦诚相待,但在给同学提意见时,必须动脑筋,讲究方法和技巧。需要注意的一点是,给别人提意见一定不能当着众人的面,以免使对方难堪、丢面子。

3. 排除同学交往四个心理

(1)面子心理

大学生的许多人际冲突,都是发生在没有什么原则问题的小事情上,往往是一次无意的碰撞、不经意的言语伤害或区区小利等等,本来只要打个招呼、说声抱歉,也就没事了,但双方都"赌气",不打招呼,不道歉,而是出言不逊,结果争吵起来。更有甚者,一个不让,一个拔拳相向,头破血流,事后懊悔不迭。双方都在用不适当的方法维护自尊,即典型的面子心理在作祟。仿佛谁先道歉就伤了面子,谁在威胁面前低了头,谁就是孬种,于是矛盾层层升级,以悲剧而告终。

(2)冲动心理

不能只有匹夫之勇。大学生处于特定的生理发展期,自制能力较弱,遇事容易冲动,或者有些同学认为自己做事爽快,实则也是冲动表现。像骑车相撞以及类似的许多事情,是大家都不愿意发生的,有时也很难断定谁是谁非,双方谦让一下就相安无事了,即使自己有理,也可以忍让一点,好言相对。然而有的人往往一时冲动,气势汹汹,把事情搞糟。

(3)狭隘心理

同学之间坦诚相待、互通有无,这样有利于增进彼此友情,减少不必要的摩擦、冲突。但是,如果你和同学交流时遇到意见分歧,或对方有错误时,你是措辞生硬,蛮横指责,还是站到对方的立场上想一想,委婉地让对方接受你的意见,会产生完全不同的效果。另外,培养幽默感也有助于把本来紧张的局面缓和一下;几句俏皮话能使一个窘迫的场面在笑话中化解。

(4)封闭心理

大学生人际和谐的表现之一是乐于与人交往,然而有的大学生由于种种原因则形成不同程度的封闭心理,阻碍其正常人际关系的形成。有的是因为性格内向,情感冲动的强度较弱,外露表现不明显,被人误认为封闭,实际上他们是情感深沉,能帮人到底;有的是整天忙忙碌碌,被紧张的学习所累,始终处于疲倦状态,自然也就很少有高涨的热情,只要紧张气氛松弛了,他们的热情一般能很快被调动起来;有的则是因为心灵上的创伤所致。如过去曾赤诚待人,结果却遭致欺骗、暗算,因此对人渐存戒心,不轻易表露自己的思想感情;或者学业、生活屡屡受挫,世界在其眼中被蒙上了一层灰暗的色彩,失去了信心,失去了对生活的追求,自以为是看破红尘,新的事物、新的活动难以再激起他的热情,看不到自己改造世界的力量,只想消极混世,了此一生。对于心理封闭的同学,最重要是要努力改变自我,自强不息。同时,大家要以更大的热情关心他、帮助他,不能简单予以责备,甚至孤立他。

附3:吃亏不讨好的人

看看你的生活中有没有吃亏不讨好的事情,想想为什么。也许下面的故事能给你启发。

月初,老板召集员工开会:"虽然近期我们成本增加了,但在大家努力之下,我们的业绩也大大提高了,所以考虑到诸位的辛苦,我决定,把大家的基本工资从1000提高到1500……"一阵掌声之后,散会了,大家对老板满怀感激与尊敬,工作更有力量和信心了。

月底,老板再次召集员工开会:"有件事情很抱歉,因为公司成本增加太多,超出了预算,所以大家的基本工资只能从1000提高到1300……"一阵沉默和小的骚动后,散会了……大家并没有涨工资的感觉,反而觉得降了200元,纷纷改变了对老板的看法,抱怨此起彼伏:"我都以1500的预期,提前把钱花出去了……""涨工资的事我都跟我老婆说了,无端少了200元,回去怎么跟她解释啊……""明明公司业绩有那么大的增长,老板也太黑了……"之后的工作,有部分人表现了明显的不满与懒散。

另一个老板是这么做的:

月初,老板召集员工开会:"虽然近期我们的业绩大大提高,但与此同时,我们的成本也在增加,更主要的是外部的竞争压力越来越大,公司必须准备足够的资金来开发新的项目和领域,做好应对准备……所以我要抱歉地跟大家说,大家的基本工资要被迫从1000降低到800……我知道很难接受,但我希望大家能够和公司一起挺过这一段时期……"一阵沉默和小的骚动后,散会了,大家个个义愤填膺,纷纷对老板骂不绝口:"明明公司业绩有那么大的增长,老板也太黑了……""回去怎么跟老婆说……""老板没一个好东西……"之后的工作,有部分人表现了明显的不满与懒散,甚至有一些人离职了……也有一部分人依旧努力工作(老板都看在眼里)。

月底,老板再次召集员工开会:"这一段时间,我很感动,大家并没有因为工资打折而工作打折……特别是XXX(依旧努力工作的人)工作更加尽心尽力……感谢大家与公司同患难……我决定,虽然公司面临开发新项目和领域的资金压力,面临更大的竞争压力,这些由公司来想办法,大家的工资不降低了,并提高到1300……我相信,你们是公司赢得竞争的最关键力量……"一阵掌声之后,散会了……大家都有切实涨工资的感觉,纷纷为错怪老板而略有不安,对老板赞赏有加,因为工资打折而工作打折的人还有一丝羞愧……之后的工作大家更有力量和信心了……(老板也挖掘出了一些坚定的优秀员工……而在未来,当公司遇到更大困难,需要再次降低工资时,员工会如何表现呢?)

这个例子所说明的道理显而易见:

1. 不要轻易承诺。

2. 有承诺就一定要想办法兑现(指的是好的承诺,至于怒气中的狠话,就不要让它兑现了。)

3. 需要承诺时,能做到10分也只承诺7分,这样即使只做到了9分也会皆大欢喜,否则承诺10分,只做到了9分,结局如何就不好说了。

4. 恋爱更是如此,两情相悦时,没有兑现承诺会被对方忽略。但你们不可能永久两情相悦,当有一天稍有不愉快或误会时,没有兑现承诺会被对方乘十倍地放大……旧账翻出来不说,还要给你扣上说话不算话(即使有算的时候)、欺骗、谎言、不稳重、不成熟等一堆帽子。

5. 不要轻易评论你的老板(老师或同学),尤其在事情没有完全清楚之前。

6. 做被老板或老师暗中观察也看好的人。

7. 厉害的老板都很有招,要小心。

8. 老板不好当,但还是当老板好。

五、遇到各类矛盾怎么办

1. 如果寝室里有了矛盾怎么办

(1)寝室相处备忘录

①时刻想着他人。集体生活中要相互照顾,相互体谅。早起晚睡时要尽量避免发出声响,以免妨碍他人的休息。

②尊重他人。使用别人的东西,如暖水瓶、脸盆、水杯、电话、电脑、雨伞等时,一定要争得主人的允许;如果主人不在应该留言、留条或事后打招呼解释原因,求得谅解。不要过于大大咧咧,要考虑到对方的感受。

③宽容忍让。当别人不小心弄坏了你的东西,不要太过于计较,要学会宽容待人;你若弄坏了别人的东西,要向人家道歉。

④互相帮助。如果有人生病或身体不适,应该相互关心照顾;离家在外孤单一人,难免会有思乡之情,如果能得到室友的体贴和照料,定会倍感温暖。

(2)如何化解矛盾

①改变不了的:同学关系(不可能调班)、寝室关系(也不太可能调寝,别的寝室一般不会主动接受)。

②能改变的:自身的不良习惯,不良嗜好,以自我为中心(凡事都要听自己的,围绕自己转)自私自利。

③可协调的:部分作息的安排,没有对错好坏之分的习惯,在互相体谅、互相忍让、互相帮助中互相调整。

④能提高的:自身修养、心态及胸怀(如何提高修养、调整心态、开阔胸怀,详细参考提高篇)。如果有不能做到这些,或者对此不以为然的同学,不要与之生气计较,即使改变不了他也不必气馁,至少不必与之直接冲突,带来更大的抵触和麻烦。

⑤避免3个大忌:第一,不能冷嘲热讽,挖苦取笑,不能刻意孤立他,要记住马加爵的教训。第二,劝解要公正客观,不可拉偏架,刻意偏向一方,这样会激化矛盾。第三,矛盾争执中,不可有过激的言行,这时最应该清醒,给自己几分钟缓和时间,然后再想想说点什么,不可在受教育这么多年以后只剩下匹夫之勇。

最后,如果实在是解决不了这个矛盾,可以跟辅导员老师申请调寝室,但你事先最好找到能接纳的寝室。

2. 如果同学要求你考试时让他抄袭怎么办

很多同学因为抹不开面子,又怕别人说自己"不够意思"而左右为难。

答案是一定不要!因为一旦被抓,你和他都会受到严厉的处分。如果因此而被开除,他对你除了歉意,绝不会有感谢,他父母及老师也都会批评你,因为这不是真正帮助他的方式。

正确做法:

第一步:要有委婉托词

你这让我很为难,论感情我应该"帮"你,可是我做不到,因为我天生考场胆小(尤其学校处罚又那么严厉,万一出事咱俩后悔都来不及),如果我怕你生气而随口答应你,让你感觉有了保障而不去想别的办法,等到了考场我又实在做不到,反倒是害了你,更加损害我们的感情了。所以,请你一定要原谅我,我真的没法在考场上给你帮助。

第二步:要有真正的帮助

考场上让你抄袭,对我而言最省事,但我觉得这不是真正帮你的方式,我也做不到,但我愿意花更多的时间来真心地帮助你。你哪个地方不明白我给你仔细讲讲,这几天你就别忙别的了,我晚上自习给你也占个座,咱俩一起补习补习,让你靠自己就能过关(如此仁至义尽,如果对方不接受,也绝不会有人觉得你不够意思了)。

3. 同学总爱占你小便宜怎么办

大家可以回想一下,小时候是否会为了一块糖,经常和小伙伴弄得面红耳赤;大一些,为一个玻璃珠子或是变形金刚又会与伙伴争吵得不可开交;再大一些,为一张歌碟、一本书大打冷战,甚至情谊断绝也在所不惜。回首往事,是否觉得当时真是幼稚可笑?如果能回到从前,是否会为了那份友谊而慷慨大方一些呢?

大学里也一样,往往挑动心扉的是那挂在床头的袜子,被试用的化妆品,寝室冷落的一把扫把,一个水壶,被欠的一顿饭钱、一本书钱,或是一句有意无意的话语。而这些计较,等到我们工作以后,换了一个经济视角和心理成熟度后,互相会用深情的拥抱来化解曾经的幼稚和无知……

谨记:吃亏是福!(以后在生活中慢慢体会)

4. 同学出言伤你怎么办

首先保证自己绝不背后议论别人是非。在背后只公正说别人的好处,不评论别人的缺点。而对于别人的出言相害,我们要知道,有时候,别人的言行是很难理解的。批评和侮辱,跟泥巴没什么两样。就像我们过马路时衣服上被溅到泥点。如果我们当时立即去抹,一定会搞得一团糟。所以明智的人通常把衣服挂到一边,专心干别的事,等泥巴晾干了再去处理它,就非常容易了,只需轻轻弹几下就没事了。

面对同学的言语伤害,最好的办法是先把让我们恼火的事搁在一边,晾一会儿。等我们冷静下来后,再去对付它们。如果你现在就去质问他,你会更生气,矛盾会更严重。等情绪的水分都蒸发掉了,再来想这件事。到那时,如果你还打算讨伐他,再去礼貌地找他。不过"晾干水分"后,你也许会发现那"泥点"也淡得找不到了!

5. 与同学起摩擦怎么办

只要不涉及原则问题,退一步,忍一句;大事化小,小事化了。(参考如何与同学相处一节)

毕达哥拉斯说过:"愤怒以愚蠢开始,以后悔告终。"先哲也告诫我们:"好胜者必败,恃壮者易疾。"

范例:有人骑车撞掉了一位同学的书本,反而挑衅:"瞎了眼啦!"该同学没有与之一般见识,只是漫不经心地从地上拾起书本,边拍打灰尘,边笑着说:"我零点五的视力,戴有眼镜,但能看见这不平的路。"周围同学闻言,都会心地笑了……

6. 同学借钱怎么办

借钱原则:借急不借穷,借急不借商。如果别人确有急事可以适当借钱解围,但若是想吃得更好,穿得更美,或借来做生意、买股票之类的,坚决捂紧钱袋子。不然,万一对方亏了,你能把他怎么样呢?亲朋好友间,如果有求学或重病确需借钱的,毫不犹豫一定要借,即使这笔钱三年五载都不能还回来,还是得借。这笔钱对你来说只是一个数字,而对借钱的人来说,就是改变命运的机会,就是挽救生命的希望。

如果同学借钱不还怎么办:

一级赖账者:他可能假装忘了欠你钱这件事。你可以侧面要回来:"你能借我点钱吗?"

二级赖账者:总推说暂时没钱,下个月,然后再下个月。"我知道你有难处……但你能否给我一个还款计划,我好做一下安排,因为我确实需要这笔钱……"

三级赖账者:就不还。"我觉得我们俩就可以协调这个问题,我不希望辅导员老师介入……"

如果以上三招均无效,又不是一笔你可以坦然放手的小钱的话,跟他打过招呼后请求辅导员老师的帮助。记得事先一定要跟他打声招呼,免得他拿做把柄,激化矛盾。

7. 被同学误会怎么办

以各种方式直接解释说明。比如,在晚上有空闲时直接找到他:"我来找你,因为我很在乎我们之间的友谊……有些事情,等你全面了解了状况之后,再决定对我的态度,我坦然接受。但这么不明不白地失去你,我很难过。"如果见面不方便,可以电话说、短信说、信件说,总之,把误会说清楚。

附4:俞敏洪在北大的演讲

各位同学、各位领导:

大家上午好!(掌声)

非常高兴许校长给我这么崇高的荣誉,谈一谈我在北大的体会。(掌声)

可以说,北大是改变了我一生的地方,是提升了我自己的地方,使我从一个农村孩子最后走向了世界的地方。毫不夸张地说,没有北大,肯定就没有我的今天。北大给我留下了一连串美好的回忆,大概也留下了一连串的痛苦。正是在美好和痛苦中间,在挫折、挣扎和进步中间,最后找到了自我,开始为自己、为家庭、为社会能做一点事情。

学生生活是非常美好的,有很多美好的回忆。我还记得我们班有一个男生,每天都在女生的宿舍楼下拉小提琴,(笑声)希望能够引起女生的注意,结果后来被女生扔了水瓶子。我还记得我自己为了吸引女生的注意,每到寒假和暑假都帮着女生扛包。(笑声、掌声)后来我发现那个女生有男朋友,(笑声)我就问她为什么还要让我扛包,她说为了让男朋友休息一下(笑声、掌声)。我也记得刚进北大的时候我不会讲普通话,全班同学第一次开班会的时候互相介绍,我站起来自我介绍一番,结果我们的班长站起来跟我说:"俞敏洪你能不能不讲日语?"(笑声)我后来用了整整一年时间,拿着收音机在北大的树林中模仿广播员的播音,但是到今天普通话还依然讲得不好。

人的进步可能是一辈子的事情。在北大是我们生活的一个开始,而不是结束。有很多事情特别让人感动。比如说,我们很有幸见过朱光潜教授。在他最后的日子里,是我们班的同学每天轮流推着轮椅在北大里陪他一起散步。(掌声)每当我推着轮椅的时候,我心中就充满了对朱光潜教授的崇拜,一种神圣感油然而生。所以,我在大学看书最多的领域是美学。因为他写了一本《西方美学史》,是我进大学以后读的第二本书。

为什么是第二本呢?因为第一本是这样来的,我进北大以后走进宿舍,我有个同学已经在宿舍。那个同学躺在床上看一本书,叫做《第三帝国的兴亡》。所以我就问了他一句话,我说:"在大学还要读这种书吗?"他把书从眼睛上拿开,看了我一眼,没理我,继续读他的书。这一眼一直留在我心中。我知道进了北大不仅仅是来学专业的,要读大量大量的书。你才能够有资格把自己叫做北大的学生。(掌声)所以我在北大读的第一本书就是《第三帝国的兴亡》,而且读了三遍。后来我就去找这个同学,我说:"咱们聊聊《第三帝国的兴亡》",他说:"我已经忘了。"(笑声)

我也记得我的导师李赋宁教授,原来是北大英语系的主任,他给我们上《新概念英语》第四册的时候,每次都把板书写得非常的完整,非常的美丽。永远都是从黑板的左上角写起,等到下课铃声响起的时候,刚好写到右下角结束。(掌声)我还记得我的英国文学史的老师罗经国教授,我在北大最后一年由于心情不好,导致考试不及格。我找到罗教授说:"这门课如果我不及格就毕不了业。"罗教授说:"我可以给你一个及格的分数,但是请你记住了,未来你一定要做出值得我给你分数的事业。"(掌声)所以,北大老师的宽容、学识、奔放、自由,让我们真正能够成为北大的学生,真正能够得到北大的精神。当我听说许智宏校长对学生唱《隐形的翅膀》的时候,我打开视频,感动得热泪盈眶。因为我觉得北大的校长就应该是这样的。(掌声)

我记得自己在北大的时候有很多的苦闷。一是普通话不好,第二英语水平一塌糊涂。尽管我高考经过三年的努力考到了北大——因为我落榜了两次,最后一次很意外地考进了北大。我从来没有想过北大是我能够上学的地方,她是我心中一块圣地,觉得永远够不着。但是那一年,第三年考试时我的高考分数超过了北大录取分数线七分,我终于下定决心咬牙切齿填了"北京大学"四个字。我知道一定会有很多人比我分数高,我认为自己是不会被录取的。没想到北大的招生老师非常富有眼光,料到了三十年后我的今天。(掌声)但是实际上我的英语水平很差,在农村既不会听也不会说,只会背语法和单词。我们班分班的时候,五十个同学分成三个班,因为我的英语考试分数不错,就被分到了A班,但是一个月以后,我就被调到了C班。C班叫做"语音语调及听力障碍班"。(笑声)

我也记得自己进北大以前连《红楼梦》都没有读过,所以看到同学们一本一本书在读,我拼命地追赶。结果我在大学差不多读了八百多本书,用了五年时间(掌声)。但是依然没有赶超上我那些同学。我记得我的班长王强是一个书癖,现在他也在新东方,是新东方教育研究院的院长。他每次买书我就跟着他去,当时北大给我们每个月发二十多块钱生活费,王强有个癖好就是把生活费一分为二,一半用来买书,一半用来买饭菜票。买书的钱绝不动用来买饭票。如果他没有饭菜票了就到处借,借不到就到处偷。(笑声)后来我发现他这个习惯很好,我也把我的生活费一分为二,一半用来买书,一半用来买饭菜票,饭票吃完了我就偷他的。(笑声掌声)

毫不夸张地说,我们班的同学当时在北大,真是属于读书最多的班之一。而且我们班当时非常地活跃,光诗人就出了好几个。后来挺有名的一个诗人叫西川,真名叫刘军,就是我们班的。(掌声)我还记得我们班开风气之先,当时是北大的优秀集体,但是有一个晚上大家玩得高兴了,结果跳起了贴面舞,第二个礼拜被教育部通报批评了。那个时候跳舞是必须跳得很正规的,男女生稍微靠近一点就认为违反风纪。所以你们现在比我们当初要更加幸福一点。不光可以跳舞,而且可以手拉手地在校园里面走,我们如果当时男女生手拉手在校园里面走,一定会被扔到未名湖里,所以一般都是晚上十二点以后再在校园里面走。(笑声掌声)

我也记得我们班五十个同学,刚好是二十五个男生二十五个女生,我听到这个比例以后当时就非常的兴奋(笑声),我觉得大家就应该是一个配一个。没想到女生们都看上了那些外表英俊潇洒、风流倜傥的男生。像我这样外表不怎么样,内心充满丰富感情,未来有巨大发展潜力的,女生一般都看不上。(笑声掌声)

我记得我奋斗了整整两年希望能在成绩上赶上我的同学,但是就像刚才吕植老师说的,你尽管在中学高考可能考得很好,是第一名,但是北大精英人才太多了,你的前后左右可能都是智商极高的同学,也是各个省的状元或者说第二名。所以,在北大追赶同学是一个非常艰苦的过程,尽管我每天几乎都要比别的同学多学一两个小时,但是到了大学二年级的结束时候我的成绩依然排在班内最后几名。非常勤奋又非常郁闷,也没有女生来爱我安慰我。(笑声)这导致的结果是,我在大学三年级的时候得了一场重病,这个病叫做传染性侵润肺结核。当时我就晕了,因为当时我正在读《红楼梦》,正好读到林黛玉因为肺结核吐血而亡的那一章,(笑声)我还以为我的生命从此结束,后来北大医院的医生告诉我现在这种病能够治好,但是需要在医院里住一年。我在医院里住了一年,苦闷了一年,读了很多书,也写了六百多首诗歌,可惜一首诗歌都没有发表过。从此以后我就跟写诗结上了缘,但是我这个人有丰富的情感,但是没有优美的文笔,所以终于没有成为诗人。后来我感到非常的庆幸,因为我发现真正成为诗人的人后来都出事了。我们跟当时还不太出名的诗人海子在一起写过诗。后来他写过一首优美的诗歌,叫做《面朝大海,春暖花开》,我们每一个同学大概都能背。后来当我听说他卧轨自杀的时候,号啕大哭了整整一天。从此以后,我放下笔,再也不写诗了。(掌声)

记得我在北大的时候,到大学四年级毕业时,我的成绩依然排在全班最后几名。但是,当时我已经有了一个良好的心态。我知道我在聪明上比不过我的同学,但是我有一种能力,就是持续不断的努力。所以在我们班的毕业典礼上我说了这么一段话,到现在我的同学还能记得,我说:"大家都获得了优异的成绩,我是我们班的落后同学。但是我想让同学们放心,我决不放弃。你们五年干成的事情我干十年,你们十年干成的我干二十年,你们二十年干成的我干四十年。"(掌声)我

对他们说："如果实在不行,我会保持心情愉快、身体健康,到八十岁以后把你们送走了我再走。"(笑声掌声)

有一个故事说,能够到达金字塔顶端的只有两种动物,一是雄鹰,靠自己的天赋和翅膀飞了上去。我们这儿有很多雄鹰式的人物,很多同学学习不需要太努力就能达到高峰。很多同学后来可能很轻松地就能在北大毕业以后进入哈佛、耶鲁、牛津、剑桥这样的名牌大学继续深造。有很多同学身上充满了天赋,不需要学习就有这样的才能,比如说我刚才提到的我的班长王强,他的模仿能力就是超群的,到任何一个地方,听任何一句话,听一遍模仿出来的绝对不会两样。所以他在北大广播站当播音员当了整整四年。我每天听着他的声音,心头咬牙切齿充满仇恨。(笑声)所以,有天赋的人就像雄鹰。但是,大家也都知道,有另外一种动物,也到了金字塔的顶端。那就是蜗牛。蜗牛肯定只能是爬上去。从低下爬到上面可能要一个月、两个月,甚至一年、两年。在金字塔顶端,人们确实找到了蜗牛的痕迹。我相信蜗牛绝对不会一帆风顺地爬上去,一定会掉下来、再爬,掉下来、再爬。但是,同学们所要知道的是,蜗牛只要爬到金字塔顶端,它眼中所看到的世界,它收获的成就,跟雄鹰是一模一样的。(掌声)所以,也许我们在座的同学有的是雄鹰,有的是蜗牛。我在北大的时候,包括到今天为止,我一直认为我是一只蜗牛。但是我一直在爬,也许还没有爬到金字塔的顶端。但是只要你在爬,就足以给自己留下令生命感动的日子。(掌声)

我常常跟同学们说,如果我们的生命不为自己留下一些让自己热泪盈眶的日子,你的生命就是白过的。我们很多同学凭着优异的成绩进入了北大,但是北大绝不是你们学习的终点,而是你们生命的起点。在一岁到十八岁的岁月中间,你听老师的话、听父母的话,现在你真正开始了自己的独立生活。我们必须为自己创造一些让自己感动的日子,你才能够感动别人。我们这儿有富裕家庭来的,也有贫困家庭来的,我们生命的起点由不得你选择出生在富裕家庭还是贫困家庭,如果你生在贫困家庭,你不能说老爸给我收回去,我不想在这里待着。但是我们生命的终点是由我们自己选择的。我们所有在座的同学过去都走得很好,已经在十八岁的年龄走到了很多中国孩子的前面去,因为北大是中国的骄傲,也可以说是世界的骄傲。但是,到北大并不意味着你从此大功告成,并不意味着你未来的路也能走好,后面的五十年、六十年,甚至一百年你该怎么走,成为了每一个同学都要思考的问题。就本人而言,我觉得只要有两样东西在心中,我们就能成就自己的人生。

第一样叫做理想。我从小就有一种感觉,希望穿越地平线走向远方,我把它叫做"穿越地平线的渴望"。也正是因为这种强烈的渴望,使我有勇气不断地高考。当然,我生命中也有榜样。比如我有一个邻居,非常的有名,是我终生的榜样,他的名字叫徐霞客。当然,是五百年前的邻居。但是他确实是我的邻居,江苏江阴的,我也是江苏江阴的。因为崇拜徐霞客,直接导致我在高考的时候地理成绩考了九十七分。(掌声)也是徐霞客给我带来了穿越地平线的这种感觉,所以我也下定决心,如果徐霞客走遍了中国,我就要走遍世界。而我现在正在实现自己这一梦想。所以,只要你心中有理想,有志向,同学们,你终将走向成功。你所要做到的就是在这个过程要有艰苦奋斗、忍受挫折和失败的能力,要不断地把自己的心胸扩大,才能够把事情做得更好。

第二样东西叫良心。什么叫良心呢?就是要做好事,要做对得起自己对得起别人的事情,要有和别人分享的姿态,要有愿意为别人服务的精神。有良心的人会从你具体的生活中间做的事情体现出来,而且你所做的事情一定对你未来的生命产生影响。我来讲两个小故事,讲完我就结束我的讲话,已经占用了很长的时间。

第一个小故事。有一个企业家和我讲起他大学时候的一个故事,他们班有一个同学,家庭比较富有,每个礼拜都会带六个苹果到学校来。宿舍里的同学以为是一人一个,结果他是自己一天吃一个。尽管苹果是他的,不给你也不能抢,但是从此同学留下一个印象,就是这个孩子太自私。后来这个企业家做成功了事情,而那个吃苹果的同学还没有取得成功,就希望加入到这个企业家的队伍里来。但后来大家一商量,说不能让他加盟,原因很简单,因为在大学的时候他从来没有体现过分享精神。所以,对同学们来说在大学时代的第一个要点,你得跟同学们分享你所拥有的东西,感情、思想、财富,哪怕是一个苹果也可以分成六瓣大家一起吃。(掌声)因为你要知道,这样做你将来能得到更多,你的付出永远不会是白白付出的。

我再来讲一下我自己的故事。在北大当学生的时候,我一直比较具备为同学服务的精神。我这个人成绩一直不怎么样,但我从小就热爱劳动,我希望通过勤奋的劳动来引起老师和同学的注意,所以我从小学一年级就一直打扫教室卫生。到了北大以后我养成了一个良好的习惯,每天为宿舍打扫卫生,这一打扫就打扫了四年。所以我们宿舍从来没排过卫生值日表。另外,我每天都拎着宿舍的水壶去给同学打水,把它当做一种体育锻炼。大家看我打水习惯了,最后还产生这样一种情况,有的时候我忘了打水,同学就说"俞敏洪怎么还不去打水"。(笑声)但是我并不觉得打水是一件多么吃亏的事情。因为大家都是一起同学,互相帮助是理所当然的。同学们一定认为我这件事情白做了。又过了十年,到了一九九五年年底的时候新东方做到了一定规模,我希望找合作者,结果就跑到了美国和加拿大去寻找我的那些同学,他们在大学的时候都是我生命的榜样,包括刚才讲到的王强老师等。我为了诱惑他们回来还带了一大把美元,每天在美国非常大方地花钱,想让他们知道在中国也能赚钱。我想大概这样就能让他们回来。后来他们回来了,但给了我一个十分意外的理由。他们说:"俞敏洪,我们回去是冲着你过去为我们打了四年水。"(掌声)他们说:"我们知道,你有这样的一种精神,所以你有饭吃肯定不会给我们粥喝,所以让我们一起回中国,共同干新东方吧。"才有了新东方的今天。(掌声)

人的一生是奋斗的一生,但是有的人一生过得很伟大,有的人一生过得很琐碎。如果我们有一个伟大的理想,有一颗善良的心,我们一定能把很多琐碎的日子堆砌起来,变成一个伟大的生命。但是如果你每天庸庸碌碌,没有理想,从此停止进步,那未来你一辈子的日子堆积起来将永远是一堆琐碎。所以,我希望所有的同学能把自己每天平凡的日子堆砌成伟大的人生。(掌声)

最后,我代表全体老校友向在座的三千多位新生表一个心意,我代表全体老校友和新东方把两百万人民币捐给许校长,为在座同学们的学习、活动和成长提供一点帮助。(掌声)

六、几种生活遭遇上的应对

1. 面对粗鲁或不礼貌

没有人喜欢被粗鲁或不礼貌地对待。对这种情形,我们通常的应对是以其人之道还治其人之身。这是不对的。一个有教养,受过高等教育的人应该有礼貌。

一个著名日报的编辑讲述了这样一个故事:

某一个晚上我和我的一个朋友,走到附近的一个报摊。他买了一份报纸,客气地对卖报纸男孩道谢。那个卖报男孩甚至没有抬头看看,理也没理他。

"他不高兴,是不是?"我评论道。

"噢,他并不是每晚都那样。"我朋友回答。

"那么,你为什么还要对他那么客气?"我问。

"为什么不呢?"我的朋友说,"我为什么要让他决定我如何行事呢?"

2. 被不公平地对待

几乎每个人都时不时地受到不公平的对待,这会给我们带来痛苦和压抑。作为一个受过高等教育的大学生并不意味着我们对别人对待我们的方式没有感觉。但是,作为一个大学生,我们可以选择我们的反应方式。

一个大学校长的女儿被不公正地处罚。她本可以大闹一场,或者心怀怨恨。但是她二者都没做。她一句话就把这事化解了:"噢,是的,我曾做过许多应该被处罚的事,却没被处罚。所以,还不错。"

能够像这个女孩一样对待不公平的事是明智之举,也是一种涵养。

3. 面子受伤

每当有人对你说了让你没面子的话时,你会有愤怒的反应。你可以带着这个伤害和怨恨过一生。但你也可以宽宏大量地说:"某某说的话让我很没面子,但是她还可能说出更伤害我的话。要是她像我自己一样了解我,她本可以再多说十倍,但仍然没说错!"

4. 被冒犯

当别人冒犯我们时,我们很容易发怒并做出错误的反应。但是应该记住,我们种什么就会收什么,我们对待他人的方式最终会反馈回来。如果我们态度友善,饶恕他们,我们以后也会被友善和饶恕。

有一次,奥戈将军骄傲地对卫斯理说:"我从不饶恕!"

"那么,我希望,先生,"卫斯理说,"你从不犯罪。"

正确的做法是:等冒犯过去以后,单独找到那个人,把事情纠正过来(这之前绝不能告诉其他人,我们必须给他一个道歉的机会,或者,如果是误会,给他一个解释的机会)。当然你的目的并不是要他道歉,而是纠正事情,恢复与他的关系。

最后一个可能困扰你的问题是,如果别人反复冒犯你,反复得罪你,是否该原谅他呢? 答案是应该,但我们可能做不到。那就在你能承受的范围内原谅他,然后远离他。

5. 被人"顶撞"

当有人对我们说了愤怒或刻薄的话时,我们很想用同样的方式反击。这样只能使不好的情况变得更糟。如果我们能控制自己,用温柔地回答来应对,情况会好得多。

在一次圆桌会议上,气氛异常热烈,一位女士对一个领导愤怒地说:

"我想让你知道,我绝对不同意你的说法!"

这位领导面对这个女士,停顿了片刻,带着友好的笑容说:

"我还是喜欢你!"他克制住了自己。紧张的气氛放松了下来。

随后,当会后一起往外走时,这位女士笑着转向他说:

"我也喜欢你!"

……

回答语气柔和,使怒气消退;言语暴戾,触动怒气。

6. 遭指责

指责可以是对的,也可以是不对的。如果是对的,我们需要汲取教训;如果是不对的,我们不应该受它的困扰。

一个智者说:"当你是对的时候,你完全有资格控制你的脾气。当你是错的时候,你也没有资格发你的脾气。"

7. 犯错误

每个人都会时不时地犯错误,我们经常试图为自己找借口开脱,或者把自己的错误归咎于别人。一个错误再加上一个错误的反应,会使事情变得更糟糕。反过来,如果我们承认自己的错误,并用正确的方式道歉,我们甚至可以因我们的错误得到尊重。

爱丁堡大学教授布兰克正在一个教室里讲课,要求学生解释书中的意思。这时一个人站起来开始解释,但是,他拿书的手错了。教授大发雷霆:"把你的书拿在右手里,坐下!"

学生举起他的右手。这只手从手腕被截肢了。这位教授犹豫了片刻,然后他走到学生跟前,满脸内疚,说:"我从没听说你的情况。你能原谅我吗?"结果,这位教授不但没有失掉他的尊严和面子,反而受到了整个班级学生的尊重。

七、要不要做家教,如何获取这样的机会

如果有实力,无论家庭经济情况如何,都建议可以有这方面的经历。(大一、大二最好,因为高中内容还没有忘。)

如何获取这样的机会? 有三种渠道:

1. 找学校的勤工助学机构了解家教信息。

2. 直接到大型商场附近拿张纸，上面写"家教——本人"。或在某小区张贴"家教信息"。

3. 找家教中介公司。

✿安全注意：

1. 找家教中介公司时一定要防止上当受骗。要选择信誉良好的中介公司，如果学校内部有这样的中介公司一般会稳妥一些。常见中介欺骗手段是这样的：先交50元左右的费用，然后让你等消息，然后就没动静。你去找一次让你等一次，几次下来，你自己就疲惫了，就放弃了……正中中介之计。

2. 如果找到家教工作，在做家教的过程中也要注意安全。如果是女生，不要太晚去，如果地点过于偏僻要留个心眼，可以找个同伴，确认没有危险后，同伴记下地址后可以先离开。在预感到会有伤害时，可以告诉对方：我同学知道我来这里做家教，我们一会儿约好了一起出去，到时候我没到，他们会担心而报警的。

八、如果学生证、身份证丢了怎么办

这些东西考试时需要。学生证丢了直接找辅导员老师填表办理即可。身份证丢了一般需要先找辅导员老师开证明，然后到学校保卫处办理，有时还需到学校所在的派出所办理，会麻烦一点。

九、如何对父母尽孝道

大多数大学生来自农村，即使生活费节省一点，加上学费，一年下来也是一笔不小的数字。这些高额的教育费用，全由父母的血汗积累，可能有时还需四处借一些。所以每一分钱都蕴涵着父母无比的艰辛与对你们的爱。他们做这一切首先希望的是你以后能生活得好一些，而不是自己能得到多少回报。

所以，不要忘记他们满是皱纹的脸；不要忘记那双模糊而浑浊，却充满期待的眼睛。

孝顺的第一步是在大学里好好读书，不受不良风气的影响，不坠入懒惰、迷茫的陷阱，把自己变成能自食其力的人。

至于第二步，来看下面的故事：

有一个女孩大学毕业后，奋斗多年终于小有成绩，认为该孝敬孝敬父母了，就不远千里，把母亲接来，让母亲好吃好喝，又陪母亲购物，为她买昂贵的衣服，但是母亲却坚决不要，女孩最后很生气，强硬地买了下来。第二天，她发现她母亲跑去掉换了一件便宜的衣服，生气的女孩又跑去买了回来塞给火车上的母亲。后来她父亲打来电话跟她说，她母亲为这件衣服哭了好几天，一直也没舍得穿……又说，她母亲在家省吃俭用，省下一点钱，想补贴她在城里买房，房子那么贵，给她省点买砖的钱，有点算点，也好让她的压力小一些……女孩在泪流满面中顿悟：

原来孝顺，不是看你付出了多少，而是你尊重了多少。付出只是孝的载体，而尊重才是孝的灵魂……也许我们也有类似的孝顺盲点，明明一份好好的付出，父母却不接受，最终两头伤心。希望我们在有能力实现第二步时，能像那个女孩一样了解到孝顺的真谛。

十、如何理财

你不理财，财不理你。并不是要等到你工作以后才需要学习理财，事实上你现在学习就已经有点晚了，有很多功课需要补（如果你还没有入门，建议你买本《小狗钱钱》，让它当你的启蒙老师，非常不错）。

很多大学生，在校园里成为富翁，或者说他们在校园里养成的习惯已经注定他们日后的成功。无需以身体为代价的付出，好的理财习惯也许就会让你成为百万富翁，所以以下内容值得你关注。

你在大学里首先应该回避的是成为月光族,然后把握好大学生理财的两个核心词:开源、节流。即:一是弄清楚钱是怎么花的;二是如何获得钱,并让钱生钱。具体请关注如下三点:

1. 大学13种"节流"方法

(1)避免盲目地攀比消费。要弄清消费的目的,把钱花在刀刃上(主要是为了满足实际需求,而不是为了让别人看见,让别人羡慕,以满足自己的虚荣心)。

(2)避免盲目冲动地消费。有意识地控制自己的消费,不要简单地因为喜欢就消费。(购物之前,一定要先填饱肚子。人的天性中就有购物的欲望,很多人喜欢逛街,看见喜欢的东西就买下来。如果记录自己的消费支出,很快就会发现你的支出中有很大一部分都是花在了不必要的东西上。)

(3)养成节俭的习惯,不要看不起小钱。泰山不让细土故能成其大,江河不择细流方能就其深。量变到质变的过程是一种积累!对于非必需性支出,可以选择替代性支出方案。如选择矿泉水或白开水等代替饮料,通过缓慢积累获得长远的财富增加。

(4)生活中节约用水用电。这一点既是现实的节约方式,又是一种良好品德的培养。

(5)把握消费时机,在需要添置必需衣物的时候要学会稍稍"超前"准备。在很多大商场换季衣服都会低折扣销售。所谓的新款在刚刚上市的时候往往标出高价,但是在季尾销售时的价格会是先前的几分之一。所以,避开商家的销售高价期,学会"按时"消费会给自己节约一笔不小的数目。

(6)学会二手交易。别人用过的课本、参考书等,以相对便宜的价格买入,节约了资金,而知识并不会因此打折。大学生们可以利用校园网来发布交易信息。也可以利用现有的电子商务网站发布并获得信息。最直接的渠道是大四学生离校期间,校园里到处都有毕业生拿出自己的旧书本、旧用品甚至旧衣裤出卖。有些大学生在大学四年里几乎都是从网上或高年级同学那里以3~4折的价格买来的二手书,有朝一日等你成了毕业生,你也可以把你的旧货卖个好价钱,让它们继续"发挥余热"。

(7)避免买书又不看。读书人爱书是一件好事情,但是你买的书你都看了多少呢?我们在书店会以学习的名义,买下一堆并不便宜的书,然后束之高阁。这样不如买一本就细细研读一本。(有时"书非借不能读",借书也不失为学习的一种好办法。)

(8)最大限度地利用免费资源。学生身份是一种宝贵的资源,可以享受到许多方面的优惠,如对不太常用的参考书,与其去书店买不如去学校图书馆借。学生身份在校外许多场所同样可以享受很多优惠:假期火车票的减价优待,去博物馆或科技馆参观可以打折甚至免费等。

(9)减少不必要的聚会。刚进大学,朋友、老乡之间喜欢找机会聚会。但这种摆排场的聚会不要过于频繁,事实上过于频繁的聚会并不会额外增加你们的友谊。

(10)记账越勤,理财越行。记账是理财的根本,对付乱花钱最有效的办法就是记账。月初规划好当月开支,比如伙食标准、日常用品等。细心一些的同学,可以每天临睡前花几分钟记一下当天的所有开支。一个月下来,就很清楚哪些钱花得不应该。

(11)不随便办信用卡。现在信用卡热已经席卷大学校园,虽然透支额度一般只有2000元左右,但对大学生而言,仍旧是一个不小的诱惑和一笔不小的债务。这把双刃剑,如果冲动地使用,不但会使得生活成本增加,而一旦还不上钱,还将影响你的信用记录,为以后的贷款购房、购车带来很大麻烦。(建议绝大多数控制能力不是很好的大学生最好不要办信用卡,哪怕它积分购物多么诱人。)

(12)合理利用银行卡。有些家庭生活优越的大学生经常是"寅吃卯粮",刚刚开学没几天就花完了半学期的生活费。这个时候家长就要采取适当的方法来"约束"一下孩子了。合理利用银行卡,相对可以限制住没有独立生活的经验,自己又管不住自己,盲目消费的孩子。

一是利用母子银行卡。具体做法就是,家长持主卡,子女持附卡,主卡和附卡共用一个账户,家长凭主卡存款,子女凭附卡取款或消费,家长既可以通过小金额多批次的存款来有意识地控制子女在校消费总额,也可以通过即时的账户发生额和余额查询来监控子女的日常开支。

二是利用银行与电信部门联合推出的"账户信息即时通",通过发送手机短信监控子女账户收支。家长可以通过自己的手机随时随地掌握子女账户资金的变动情况,包括余额上限、余额下限、单笔发生额、借方累计发生额、贷方累计发生额以及交易时限等等,一旦出现非正常交易即可及时进行查询和处理。

三是通过网上银行实行约期转账。即客户可以提前一次性地预先设定转账的日期、金额、账户,届时银行会根据客户的约定自动办理转账手续。这样可以避免柜面频繁办理的麻烦。

四是通过设定专用商户进行消费制约。针对子女存在的不成熟消费心理,银行还可以根据家长的意见,有意识地锁定银行卡账户的部分金额,将这部分锁定的金额设计成不能取现、只能在部分与学习工作密切相关的场所如食堂、图书馆、计算机房、医院、校园超市等指定的专用商户消费,杜绝非理性的消费和盲目攀比现象。目前有个别银行在医院、超市等专用商户刷卡消费方面已具有成熟技术,只要客户需要即可办理。

(13)妥善保管现金及各种银行卡,注意密码的保存和保密工作,防止银行卡丢失或被盗。

2. 大学11种"开源"渠道

最新的观念是无论家庭经济状况如何,都有必要进行社会实践活动来获取经验与金钱。在选择增加自己收入的课外职业的时候,大学生可以尽量发挥自己的优势,包括专业优势,做到学以致用。具体开源有如下11个渠道。

(1)奖学金

各个大学都设有数目不菲的奖学金制度,努力学习,争取获得奖学金,既获得了知识,又得到一笔收入,这是大学生"最本分"的"赚钱"方式。

(2)协助老师搞研究

这也可以称为"助学",可以利用自己的专业和专长来协助老师进行科学研究,不过不要太关注当前赚的一些小钱,重要的是学习和经验积累。

(3)做家教

(4)撰稿

自由撰稿人是目前大学生中比较普遍的课余职业。对于一些文笔流畅、才思敏捷的学生来说,为报纸杂志甚至某些网站当撰稿人也是一个很不错的选择。"妙笔生花"带给他们的是相当可观的生活费。当然,要分得这杯羹也并非易事。这需要学生有一定的文采或相关的专业知识背景。现在的撰稿人除了中文系那些文采飞扬的学子之外,经济和法律等热门专业的学生也很受欢迎。有些报纸和杂志的专业版面需要他们有相关的背景知识来写专题文章,自由撰稿人要写的也并非单纯的抒情文章。

(5)翻译

能做翻译的主要是外语专业的学生或者非外语专业外语水平较高的学生。翻译的报酬有高有低,口译相对较高,笔译较低。经常会有一些小型公司,需要翻译一些资料或者外事会场服务。由于一些公司规模不大,没有专职翻译人员,大学生因此受到关注。外语有优势的同学在假期还有机会接待一些外宾,领着他们游山玩水,参观名胜古迹,事实上成为导游,这当然也给自己带来一笔收入。

(6)销售

现在有很多化妆品公司在各高校校区设代理点,也就是由大学生来担任代理人,进行直销。相对而言,高校直销品都有一定的价格优势,解决大学生的"囊中之涩",也吸引了相当多的校园顾客。另外,在大学生中做推销的也不乏其人。推销是一项极刺激和极富挑战性的工作,很适合那些有较强成功欲的学生。利用课余和节假日到市区大商场、超市做促销,或者自己拿货上门推销,既能锻炼人,又有一定收入。可是现在做上门推销越来越难,很多小区和写字楼都明确告示"推销勿入",门口保安严密地盘查,着实挡住了不少推销人员的进入。

(7)兼职教师

兼职教师与家教不一样,他们一般都是去一些缺乏师资力量的民办学校或者社会上的各种培训班向几十人的大班级授课。比较容易找到这种机会的主要是英语、计算机和法律等热门专业的优秀学生。

(8)兼职工作

大学生做兼职工作的范围很广,有的在报社兼职做记者,有的在公司兼职做办事员,也有的在诸如麦当劳、肯德基等服务行业兼职做服务生。大学生一般多选择在假期找兼职工作,以更好地安排自己的学业。获得兼职工作信息的渠道也是多种多样的,除了学校的勤工助学机构,还可以通过熟人介绍或者社会上的正规中介机构,网络也是一个非常重要的信息来源渠道。需要注意的是要提防黑中介,避免上当。

(9)利用网络

可在淘宝、易趣上开网上小店。在网上开店可免房租、装修、税收,只需要身份认证,是一种投资较少、运营便捷的投资方式,在店铺里卖些有特色的小玩意,或者将自己闲置不用的书籍、衣物等二手物品出售,这样投入不大,也是盘活物品赚零花钱的方式。有学生在 BBS 上发帖子专门制作光盘。刻录机是他的"小投资",在给同学们转录文本及音像的时候每张收取 2～15 元不等。一年多的"网络从商"让他获得一笔可观的收入。

(10)投资

如果每个月的生活费还有剩余,可以考虑做基金定投或债券等基本的投资品,树立价值投资的理念。但炒股还要量力而行,对于自控能力不强的学生来说,炒股将影响心情、睡眠,最后影响其正常的学习生活。投资的另外一条途径是合伙做小生意,主要顾客群也就是学生,这种投资基本上都是贩卖一些生活必需品,如化妆品、衣服鞋袜和体育健身用品等。

(11)想挣大钱就学习

目前做家教、打零工甚至炒股票的大学生越来越多。不少学生由于过于热衷于社会实践,导致多门功课不及格,甚至被退学。大学生想挣大钱,倒不如多花时间在功课上,得个奖学金"名利双收"。与其在外奔波风吹日晒,不如坐在舒适的自习室学习,更惬意。而满腔热情投入学习的一个直接好处,就是使你没有过多的时间去校外消费,无形中又帮你省了一笔巨大的开销。

✸建议:大学期间兼职,有得也有失。

得:主要在于获得收入和丰富社会阅历两个方面。通过付出自己的知识和劳动,得到相应的经济收入,既能缓解自身和家庭的经济压力,又能减轻自己的心理、精神负担,尝到自食其力的甜头。同时,做兼职能使自己走出校园、接触更为真实和广阔的社会,既能锻炼人际交往的能力、处理实际问题的能力,又能更多地了解社会,提高自己的心理承受能力和适应能力。

失:则在于时间和心灵两个方面。做兼职必然要占用一些时间,而这些时间可能是用来做自己更想做的事情的,比如学习、读书、充实自我,或者更多地和同学们在一起,增进友谊,等等。除了花费时间和精力之外,过重的兼职负担还可能造成心理疲劳,使心灵得不到足够的放松和休息。

因此,大学生兼职一定要适度,不能片面地看到兼职的积极作用,置过度兼职的负面影响于不顾,在学业之外使自己背上沉重的工作负担。家庭经济条件不太好,需要做很多兼职才能缓解经济困难的同学,不妨尝试通过其他途径获得经济资助,比如申请助学贷款、助学金、学费减免等,还可以通过在学业上和班级里的出色表现为自己赢得奖学金。总之,应该善待自己,学业为先,适度兼职。

3. 理财附加知识

(1)不要欠债。

（2）留一些钱备急用。

（3）不要为别人签字担保。

（4）不要贪求发财，不要认为金钱全能。

（5）正确地看待财富，切莫把财富当做根本追求。

我们不会记得宋朝时某个良田万亩、房屋千间的大地主，也不会记住明朝时黄金万两的大丝绸商，却能记得千金散尽的李白，潦倒一生的杜甫或者欠了一屁股债的张大千，还有权钱尽失却心忧国民的孙中山。

学会理财的目的并不是要最大化地追求财富，而是合理地规划财富。事实上钱权并不能给你带来真正的幸福和平安。

1921 年，世界上最能赚钱的 9 个成功的生意人聚集在芝加哥的滨水饭店。他们包括最大独资公司的老板、华尔街最成功的投机商、最大独立钢铁公司的总裁、最大公用事业公司的总裁、最大天然气公司的总裁、美国最大的小麦投机商、纽约股票交易所总裁、国际安居银行总裁和一个总统内阁成员。

25 年后，那些拥有不凡的财富和权力的人在哪里呢？

埃瓦·库哥——最大独资公司的老板，死于自杀。杰西·里沃茂——华尔街最成功的投机商，死于自杀。查尔斯·瓦巴——最大独立钢铁公司的总裁，破产身亡。撒母尔·伊苏——最大公用事业公司的总裁，因犯罪流亡国外，死的时候身无分文。豪沃得·赫普顿——最大的天然气公司的总裁，精神错乱。阿瑟·卡藤——最大的小麦投机商，破产，死于海外。理查德·威特尼——纽约股票交易所总裁，因欺诈罪被关在重犯监狱。里昂·弗莘瑟——国际安居银行总裁，死于自杀。阿尔伯特·法奥——总统内阁成员，因渎职罪入狱，终获赦免，死在家里。

附5：如何培养积蓄意志力

有积蓄是许多人的梦想。坦率地讲，花一块钱比存一块钱要爽多了，那么怎样才能保证自己有足够的意志力把钱按期存起来呢？下面是你可以考虑的五个办法。

1. 存小钱，常存钱

你是不是告诉自己，至少有100（500或1000）块钱才值得存入银行？这就有点像对自己说，只有拥有一整天的时间才值得去锻炼。

何不试试每天只存一两块钱呢？大多数人每天都能剩出几块钱来（例如不喝饮料，和别人合伙坐出租车，少买点杂志报纸），你可能很容易就忽略这些小钱，但一年后，你就可以节省数百元钱。

2. 阅读个人博客或好的理财书籍

通过阅读别人分享的小技巧和成功经验来学习理财，好的博客或好的理财书籍深入浅出，会让人对储蓄和理财变得乐观而振奋（一些让人昏昏欲睡的博客和书就别看了）。

3. 建立一个储蓄日志

管钱的一个好办法是建立一个花钱日志，写下你的花费，让自己清楚地知道所有的钱都花到哪里去了。（它的好处很明显，只是偶尔让你觉得结果有点可怕！）

另一个办法正好相反，即建立一个储蓄日志。每当你把钱放进银行户头（或把几块钱放到床底下的果酱瓶里），记下日期和你存了多少钱。这是一个挺不错的可以激励存更多钱的方式。你也可以使用自己的日历或是日记本来做记录。

4. 为自己设立一个具体目标

一个非常明确的目标可以让你的省钱计划更加易行。如果你知道自己需要2000块去买一个新的电脑，或者决心要存下3000元以做应急之用，那么明确最终目标能够让你保持干劲。

你也许因为要存钱而不能去旅游或去逛街，但你因此收获了安心、安全感和自由。想象银行存折里的数字一直增加,你是不是感到自己的生活压力减小了?你是不是会为自己实现目标而自豪?

5. 把你的储蓄自动化

如果你发现自己省钱的激情在减弱,只要想办法让储蓄变成一个自动的流程。让你的银行在每月的第一天自动把账户里的100元(200或500)转到储蓄账户中。这样不需要动一根手指钱就存了起来,你轻而易举就一头扎进储蓄罐里了。

附6:绝不能让流水浪费金钱

节约绝不仅仅影响你的生活,很有可能,在未来,你能否节约还决定你是否会被世界五百强企业录取。

绝不能让流水浪费金钱

控制成本、降低质量损失是一个企业的核心工作,而控制成本的核心就是绝不能让流水浪费金钱。

成本意识很差的人,会经常在不经意中造成细水长流般的浪费,俗称"流水人",一个企业,如果"流水人"多了,是很难长期立足的。

世界500强企业,多是利润丰厚、财大气粗,一个员工的浪费对于整个公司来说不过是九牛一毛,然而,令很多人不理解的是,他们反而比一般的企业更加强调节俭、强调控制成本。以松下为例,该公司始终严格规定,内部使用的信封正面贴有一张画着几条横线的纸。第一次使用时,收信人名写在第一行,第二次使用时,收信人名写在第二行,同时把上次的收信人名划掉。在松下,写张便条或者记点什么东西,如果用了新纸,马上就会受到批评。即使是公司董事长使用的笔记本,也是用电脑用过的纸订起来的。而公司里用不着的电灯一定要熄灭,否则就要受到行政部的处分。假如某个员工连续三天忘记熄灭电灯,人事部将会考虑辞退此人……

如此严格的控制看似不起眼的成本,近乎无情地杜绝"流水人",这对刚起步、资金周转困难的小企业都显得杯水车薪,何况对于一个如此强大的世界500强的企业呢,是不是有点小题大做……松下对此的解释是:只有节俭的员工才会更看重自己的企业,即便是你在小处节俭,聚少成多,也是很可观的,何况企业中有那么多的员工,这在很大程度上甚至可以形成赚钱和赔钱的本质区别……或许这正是他们之所以成就为世界500强的原因之一吧。

下面的例子更生动。

威克几经面试,幸运地成为世界500强之一的福特公司员工,这里工作环境好,报酬丰厚,升迁的机会也颇多。威克工作十分努力,也做出了一些成绩。年终的时候他被上司召见,心中不免荡漾起一丝希望,在上司办公室,他充满期待,静候佳音。

"威克,你这一年的工作情况很好。不过,公司为了控制成本,要紧缩人事,这是件不得已的事,想必你能谅解。按照规定,你可以领取三个月的失业金,相信你很快就能找到更好的工作。"

他被这突如其来的决定惊呆了,有些不知所措,甚至怀疑自己是不是听错了,于是他鼓起勇气问:"您是说我被炒鱿鱼了吗?我到底犯了什么错?难道因为我工作不努力或者能力不够吗?"

"请不要激动,公司能从几百个应聘者中选中你,完全可以看出,你个人的能力是没有问题的,工作也非常努力。但遗憾的是,你并没有把自己当做是企业的一员。"说着,上司拿出一份资料:"据我的观察和记录,你在一年中的出差成本比同类员工高出30%。从你报销的单据可以看出,你从来没有乘坐过比出租车更为方便和快捷的地铁交通,也从来没有吃过旅馆为每位住宿客人提供的免费早餐。另外,你在办公用品方面的领用率也几乎是别人的两倍,而你拿给我的工作报告也都是打在崭新的打印纸上的……"

按照普通人的想法,威克工作十分努力,又有能力,浪费点又有什么关系呢?但从福特公司的角度来看,却完全相反。福特能连续多年雄踞世界500强前列,其成功的秘诀就是"质优价廉",正是靠这点,他们才得以战胜对手,赢得顾客的青睐。这就要求企业必须严格控制成本,否则公司盈利的目标就无法实现。所以,福特公司怎能容忍一个浪费金钱如流水的"流水人"存在呢?

一个企业,不仅会有"流水人",也会有"流水事"。这些"流水事"包括有漏洞的程序,有漏洞的设计,有漏洞的生产,有漏洞的物流,有漏洞的销售,有漏洞的服务等等,往往一"流"惊人。如果频繁的"流水人"办"流水事",统计起来浪费的金额更是巨大。

我们都有类似的经历,打点滴时,瓶中的药液都是一滴一滴地往下流,关注它的时候觉得很慢,毫不察觉它的减少,但一旦转移注意力,往往在一觉之间,就会忽然发现瓶中药液已经荡然无存,赶紧忙不迭地叫喊护士……回顾一个企业,把它想象成一个大水袋,是否到处都有一些看不见的针眼,每天都在细水长流呢,如果我们不去做点什么,任凭它流下去,不管水袋里有多少水,总有一天它会干涸的。要保护好这个"大水袋",唯有依靠企业的每一个人,用心去堵住那些流水的针眼,才能使企业不断发展壮大。

学习篇

此刻打盹，你将做梦；而此刻学习，你将圆梦！

在只有一次面试机会的情况下，证书是学生唯一的砝码。学生时就得学好英语，你别无选择。交际能力与处理社会事务的能力比课本上的知识更加重要。少了他们，你可能寸步难行。

幸福存在你心中，存在于你对自己的看法和你所做的事。

第四章 轻松搞定学习

一、搞定军训

军训是大学入学第一课,是检验你的毅志、品质、耐力、体力等综合素质最重要的一课。军训一般 20 天左右。每天都是机械性的动作,每个动作虽本身并不累,但长时间 + 阳光直射 + 简单机械动作 + 可能的大雨倾盆,会使人觉得枯燥难耐。但它记入学分,如果军训没有通过就会影响你的毕业。

如果你确实身体有问题,不适合参加这种强度的训练。可以有两种选择:一是参加明年新生的训练(非常不主张)。二是,由医院出相关证明,本人写申请,然后交给辅导员,并提出请求"因为身体原因,确实无法参与正常训练,请求每天跟着队伍,虽不参与训练但为队伍服务,做一些后勤保障工作……"一般都会得到允许,不过军训成绩只能为中等或及格。

建议:军训虽苦,但苦中有收获。这段时间的一起摸爬滚打、风雨与共,会与很多同学拉近距离,是绝佳的与同学熟悉、打成一片的机会;也是锻炼自己、锤炼作风的绝佳时机。这一期间大家往往会建立起很好的感情,以致在教官临走时多数会有难舍垂泪一幕……所以,能坚持者,请务必坚持!

参加军训九大注意事项:

1. 做好准备工作

出门前要认真检查军训服装,如:军帽、帽徽、臂章、腰带等。

2. 装束一定要合适

腰带要适当紧一点,走起路来会更有精神劲儿;袜子最好穿棉制运动袜,鞋子里面再垫一块软鞋垫,这样脚后跟会舒服一点。

3. 注意补充水分

以运动饮料、茶水和盐水最佳,不要拼命喝白开水或矿泉水。

4. 注意补充营养

军训后体力消耗极大,这个时候不要亏待自己,多吃一些肉类、蛋类食品,最好还多喝点汤菜类,同时注意补充各种维生素。

5. 注意防病

大雨或大汗淋漓后不要急于喝水,稍微休息片刻再补充水分,以免突然加重肠胃负担而造成不适。

6. 注意防晒

怕晒的女生出门前半小时就要涂抹防晒霜,因为防晒霜也需要时间吸收。防晒霜要随身带,一般是两个小时就要涂一次。正确的步骤是先用吸油面纸擦干净脸,再涂防晒霜,不过军训汗出得多,只要教官让你休息你就涂;涂抹含有防护 UVA 功能的防晒霜防晒效果会比较好。

7. 不要硬撑

军训中讲"坚持再坚持",但如果实在支持不下去,一定要休息,不要硬撑,防止出意外,特别是体质较差的同学。

8. 按时作息

军训期间按时作息,养精蓄锐,为军训打下良好的硬基础。

9. 注意沟通

军训生活中要学会与同学沟通,有困难要学会虚心向同学和老师请教。如:着军装、走军步、站军姿、叠军被等。

二、上课、考试介绍，以及如何通过考试

上课：最初的课程都是基础课或公共课，之后会有必修课和选修课之分。课程表每学期初公布。

必修课：是必须要学的，必修课主要是基础课、公共课（比如大学英语、高等数学、毛泽东思想概论、邓小平理论、体育等），一般都是很多班级一起上，也称大课。还有就是你的专业课，一般都是小班级上课，也称小课。

选修课：有一些课程是可以自己选择的，可以根据自己的兴趣、爱好或者实用性来选择（比如音乐赏析、电影赏析、企业 CI 设计等），称为选修课（类似于高中的第二课堂）。

考试：一般大学没有期中考试，只有学期末课程都结束后统一考试（也就是期末考试）。一般会在放假前一个月内陆续考完。多数情况一周考几门，隔一周又连续考几门，直至放假。如果没及格，需要下学期一开学就补考，如果补考还没通过，就需重修，也就是重新上课学习这门课（这会很麻烦，如果课程跟新开课程撞车，就只好一直往下推，会影响你的正常毕业）。

如何通过考试：一般每门课程最终的成绩都分为两部分：平时成绩（最多占 30%）＋期末成绩（最少占 70%），而过关的条件就是加起来 60 分（百分制）。不要小瞧这"60 分"，它好比一个"分水山气"，会难倒大批天之骄子。平时成绩的考评依据是：上课出勤率＋平时作业成绩。所以有事不能上课需要找辅导员开请假条（不算旷课），平时作业不要忘记（应该不会太多）。至于期末考试，这是重点。老师出题的思路是以绝大多数都能够及格的基础来设计试卷和设定试卷的难度的。要让绝大多数学生及格，老师出题的范围就不会脱离自己主要讲授的内容，这是我们复习的最根本的一条。如果你一学期都没有学习了，那么在期末复习的时候，你就必须要讲究点策略了，不能眉毛胡子一把抓，到时候还是不及格的多。进行策略性复习，合理分配时间，你就会全部及格。

对于以背诵为主的科目，技巧在于抓住成绩优秀同学的思路。如何抓住呢？抄笔记！不要懒到连抄笔记都不干，跑去复印笔记，如果这样，及格就是奇迹了。拿别人的笔记，用心地抄上 2 遍（不多不少，就 2 遍），保证你能及格。当然，你别心不在焉地抄，看一眼写一笔。要看的时候不要写，写的时候不要看。认认真真，找个好本子，这也会是你没有荒废大学的见证。

对于以计算公式为主导科目，技巧在于三点。第一，抓好课堂笔记，看懂教科书目录。抓好课堂笔记，拿来同学的笔记抄一遍就可以了。看懂教科书的目录，如何才算看懂呢？了解各章节之间的关系和知识点分布。这个是你必须要知道的，因为这里科目推理、推导是得分的主要手段，如果你了解知识点的分布，在你答题的时候就可以纵横捭阖，自如地运用那些公式了。弄懂每一个章节中的例题和公式，你也就离及格不远了。第二，博闻强记。实在理解不了的，就背下来。到答卷的时候，综合知识点，实在不会把公式写上，也能得到一个印象分数（这些分数往往是你及格的关键积分）。第三，做一些习题。

另外，要提高考前冲刺效率。尤其是当你对这门功课投入精力不是很足时更需格外努力。期末时，老师会指导复习并答疑，所以一定不要错过。最好准备一点问题，在老师答疑时请教一下，可以得到更多的指导。然后结合之前的作业，主要是具体的例子和习题复习。此外，最好能借来历年试卷，了解题型，反复把上几届试题吃透。最后，考试过程中，切记一切题目都要答得满满的，实在不会的，想与之接近的复习题做法，总之不能留有空白（能写多少写多少，千万别在考场里打坐。妙笔生答案，有的时候你会写着写着，答案就慢慢从你笔下流出来了），不能字迹潦草（老师都是希望你们及格的，看到清清楚楚的卷子，会到处找分给；潦草、污秽的卷子，会到处找分扣）。

最后再强调一遍：及格不是偶然的，没有播种就不要想着收获！每一科至少要给自己一个星期的时间备考，梳理的时候从重要概念开始，理解不了就背下来，可以重点参考陈光的《吸英大法》

中提到的记忆方法,会特别有帮助。然后复习例题和习题。这是独立学习能力培养的重要过程,慢慢习惯后,几乎所有课程都类似,很快你就可以笑对考试了。更重要的是,你学习和接受新知识的能力会极大地增强。

三、如何对待学习

大学的学习成绩不是唯一重要的,但它是第一重要的。不可成为"兼职学生"(如果读大学的时候花在兼职工作或花前月下的精力比花在学习上的更多,把学习下降到次要的地位的大学生就只能说是兼职的学生了)。如果将来找工作,单位发现你原来在从事学生这份职业的时候都很不称职,你怎么能期望别人把好的工作机会给你?

大学生和一个技校生有何区别?如果仅是一张纸的区别,那就是没有区别,在假证无处不在的时代,那张纸已经没有多少价值了。现在的社会,是文凭贬值的社会,是注重能力,重视实际效果的社会。在很多地方,尤其是经济较发达的地区,技校生的就业情况已经比一般大学生要好了。单从就业的角度来讲,技术学校比如某些热门专业的高职高专,其就业前途和入门的门槛比很多大学都要高。这可以说是一种社会的进步,我国传统,学而优则仕,读书求的是功名富贵;在现代则给大学生尤其是名校大学生笼罩了大量的光环,大多也是建立在对将来出人头地、名利双收的期待上。无需讳言,当下大学扩招,降低了进大学的门槛,也稀释了大学里面的教育养分,直接导致教育的效果下降。大学生找不到工作已经毫不稀奇了,研究生、博士生扎堆也很常见。民以食为天,如果读了书连自己都养不活,读书有什么用?还不如去职业或技术学校里面学门手艺,不要在大学里面学些不知有没有用,也许永远都没有用的东西;或者早早地出去工作,多积累工作经验,以后找工作就方便了很多。这些都不错,这些都很实在,能够这么做的人至少不会饿死。但是话说回来:大学毕竟是一个相对于社会来说教育资源相对集中的地方,如果你早入社会摸爬滚打受千辛万苦,还不如把同样的辛苦花在学习上,尽可以多学几样,尽可以选你认为更加实用的东西学。大学是最好的实验场,至少失败了顶多补考,不至于家破人亡,破财伤身。比起技术学校,大学的知识更加全面。诚然,也许某些方面不如技术学校的实用,可是做人目标可以稍微放长远些。在大学不仅仅学就业的本领,大学教育最大的目标是培育人格,简单来说,认识自己是什么样的人,该有什么样的目标,该走什么样的路。这些话有些大而空,似乎没用,但是毕业五年以后,大学生和技术学校学生在人生发展上的差别就显现出来了。各位可以看看世界500强里面的高级员工,有几个是技校出身?而且大学生们学的那些知识,并不是没有用,只是暂时没有明显作用。这就是大学造就的思维的广度、深度与技校的不一样。

1. 学习目标

一级目标:要成绩合格

不管你以怎样的方式,是突击学习过关还是扎实学习过关,总之,必须成绩60分以上。(成绩不合格甚至中途退学也有成功的,但比例超低……你如何肯定自己一定会是分子而不是分母?如果不靠文凭,不靠学校的知识,那么需要比其他方面高得多的能力来做补充。如果有人想走这条绕开大学的路,奉劝三思,看看自己是否真的才满而溢不需要大学教育,可以靠其他方面弥补了就可以成功。另外,在学校学习相对于在社会上打拼,已经是最轻松的拼斗了,赢得这样拼斗也是一种能力。)

二级目标:培养学习能力

大学里所学的知识可能已经落后或被淘汰很多年了,当你们走上工作岗位,都需要重新再学习。但它们作为基础知识依然很重要,更主要的是你需要通过学习它们而培养出适合自己的快速学习、理解能力,包括寻找并利用有效信息和资源,及时地让自己适应新领域的能力。

三级目标:系统分析的能力

让我们从一个例子来看大学到底该培养怎样的系统分析能力。

一家英国公司招聘，考官给每个人发了一张试卷，上面只给了一道看起来简单的题目：英国每年买几个高尔夫球？没有其他数据，要求在45分钟内完成。

以下是一个大学生的内心世界：一看到这个无厘头的题目，我几乎傻眼了。后来仔细一想，发现这道题不是要我答出一个确定的数字，而是需要一个思考的过程，中间涉及一些基本的数学及经济管理方面的知识。

所谓的"英国买"其实就是英国进口。进口的数量与市场需求有关，市场需求与人口有关。英国有多少人口，这个我脑子里要有数。可以假设16岁至70岁之间有多少英国人，其中最有可能打高尔夫球的30岁至45岁之间有多少人。为了使数据精确，我还在答题纸上写明了如何进行抽样调查。写完步骤后，我再假设50万人口在打高尔夫球，这些人当中经常打的有多少人，这些人估计每年要用多少球，其他的人会多久打一次，需要用多少球。这些数字加起来就是英国总的市场需求。最后我写下一组数字，并满意地交了答卷。（一个月后，该同学收到这家公司的录用通知。）

社会需要的正是大学生这种系统分析的能力（这种能力需要在大学期间经过系统的思维训练，需要有丰富的理论知识，需要有更高的角度和层面）。不管在什么行业工作，所面对的问题都是纷繁复杂而且瞬息万变的，如果没有系统分析、独立思考的能力，就算把所有的书本吞进肚子，就算大学期间每次期末考试得第一名，也绝对不可能在工作中脱颖而出。

2. 学习方法

（1）磨刀不误砍柴工

在大学，你只能主动学习！《圣经》云：既寻找，便得到。反过来，你不寻找，就得不到。这个心理准备一定要先做足。先讲做不做然后才能讲怎么做的问题。怎么做，是事半功倍还是事倍功半，在于你的刀磨得怎么样。

磨刀三步骤：

第一步：规划自己的大学生涯（详见第五章）。

第二步：选择并熟练掌握最为适合自己的学习方法。

①计划学习法

这种方法就是在每一个学习阶段中制定相应的学习任务、学习步骤、学习时间，并按照计划一步步实现学习目标。这种学习方法一定要做到明确、合理、科学。比如：这个学期我要完成通过英语六级的目标，就要明确需要完成英语听力、阅读、写作等分解任务，并合理安排内容及学习量。学习时间依任务而排，紧凑而有弹性。有时你有事情比较急，要占用计划中的时间，那么计划就需要有可调整的余地而不会捉襟见肘，所以弹性需要要慎重考虑，它会影响后续计划的执行，从而影响到整个计划，并波及你的自信心和持之以恒的决心。这种学习方法的关键是，订好计划后就要坚定自己目标，努力按计划执行，否则"订计划"就成了"纸上谈兵"。

②讨论学习法

这种方法就是在学习过程中有意识、有目的地与身边的人经常进行讨论争辩，以扩充、理解、记忆和掌握知识。讨论的形式可以多种多样，可以是两三个人之间的经常性的无拘无束的交流，也可以是同学之间在课间、饭前饭后、休息时间的题材广泛的讨论，同时在学友之间也可以组织有关的学术团体定期或不定期地围绕一些专题展开集体讨论（这应该是大学的常态，如果有类似的组织学术探讨的经历，在未来找工作时会受格外的青睐）。这种学习方法需要注意三个重要原则——自由、平等、尊重。讨论中可以自由地发表自己的想法和意见。讨论中双方是平等的，没有身份和地位的区别。要尊重讨论的对方，即使你不认同对方的观点，你可以提出不同意见，但不能嘲笑对方。

③质疑学习法

古人云："前辈谓学贵知疑，小疑则小进，大疑则大进。"孔子鼓励学生"每事问"。爱因斯坦在回答他为什么可以做出科学创造时说："我没有什么特别的才能，不过喜欢寻根刨底的追究问题罢了。"所谓质疑学习就是通过对现有事实和知识的深入细致思考,不断提出疑难问题,又不断予以回答和解决,从而进一步加深对这一事实或知识的理解掌握并发展知识、创新知识。质疑并不是随便怀疑,而是有根据地提出疑问,它是一种发现问题的能力,在平时要有意识地去培养和发展。不必担心自己的问题太简单而被他人嘲笑,复杂都是由简单构成的。走出第一步,随着学习的不断积累和深入,才会慢慢提出更复杂的问题。也不必顾忌老师的权威而不敢提出不同意见,这样会让你慢慢丧失质疑的能力和意识,丧失大学的精髓。

④联想学习法

联想学习法就是在记忆、理解和掌握知识点的过程中不是把这一知识点同其他的知识点割裂开来,而是努力拓展自己的思路、深入去发现这一知识点与其他知识点之间的内在的多种联系,借助于已知的知识点去理解和掌握新的知识点。这种联系运用得越普遍、越广泛,对正在学习的知识点来说就理解得越深刻,记忆越牢固。联想的具体手法很多,有对比联想、接近联想、类似联想、因果联想、横向联想、纵向联想等。

第三步:反思、总结(最为重要)。

(2)课堂学习四招

①充分预习

预习好比你要驾车出门旅行前仔细看行程地图一样,可以事先知道哪段路好走,哪段路难行,哪里有加油站,哪里有诗画般美景。准备好这些你再出行,不仅胆壮踏实,而且也会得到超出预期的收获。预习中主要记住那些你看不懂的,这些作为听课主要解决的问题。

②认真听课

如果某门课程的任课教师非常优秀,那就做个乖学生吧,逃课就免了。集中注意力,跟随老师的思路,抓住学科精华和特点,认真听课。如果别的班级的老师更有水平,而且确实符合自己的胃口,那就跑到别的班级混班。在课堂上要尽量抓住机会跟老师交流,甚至要敢于礼貌地提出质疑,跟老师辩驳。越是有学问的老师,往往越是虚怀若谷,你可以在他面前放心大胆地阐述自己的观点。很多问题可能在你脑海里困扰了很久,在你表述出来以后,老师三言两语就为你讲清了,很多你坚持已久的观点也可能会在老师轻描淡写的分析之后被你摒弃或者得到修正。在这种时候,你不但会切实感受到老师的魅力,更能享受到与其进行思想碰撞所带来的乐趣。

③学会记笔记

到了大学,上课与高中有了很大的不同。大学老师不再像高中老师一样拿着粉笔在黑板上写出学生需要掌握的知识,而是使用PPT来辅助教学。不少大一新生觉得这种形式特别好,上课可以不用做笔记了,下课就直接用U盘找老师拷贝PPT教案,这样比上课认真抄写的效率高多了,在考前复习一下这学期收集的PPT笔记来应付考试就足够了。这样真的足够吗?其实不然。首先这样"不劳而获"的知识成果让新生们在上课时懒得开动脑筋,这样势必造成他们对知识的不良消化。其次,抄笔记是一个主动学习的过程,能够培养自己的学习能力,让我们的学术道路走得更好、更远。

如何做好笔记呢?可以遵循如下四步:

第一,选好笔记本。找一个固定的本子,否则随便拿一些零散的纸做笔记,其命运自然不堪设想。活页式笔记本是一个很好的选择。它具有伸缩的弹性,记录很乱的笔记可以抽出来重新整理;若有其他有用的资料,也可以放在适当的位置。

第二,注意笔记格式。在笔记本的首行应写好课程、每个章节的名称及老师的名字,最好表明记录笔记的日期。在记录内容时,注意字迹的清晰和整齐,以免日后自己都看不懂或不忍看。行与行之间要留少许空白,方便修正错误、增补资料;在开始一个新的章节时,与上一节也要预留出一定的空白,方便知识点查找与章节总结。养成这些记录的好习惯对于你未来的工作也是受益匪浅的。

第三,选择笔记的记录内容。首先是老师的PPT;其次是老师反复强调的内容。这往往是学习的重点、难点所在。接下来就是自己认为重要的或难以理解的问题,尤其是难以理解的问题,在课下要请教老师和同学。

第四,整理笔记。通过整理笔记不仅可以对所记录的内容进行补充和修改,还可以使自己的知识条理化、系统化。在课后先将课堂上记录的笔记阅读一遍,然后对笔记的内容进行修正和补充,使之正确完整。然后把所记的内容分门别类地进行整理。还可以用图表的形式把各种知识分门别类地放在应有的位置上,这样做既可以使知识记得清楚、提取方便,又可以培养自己比较和归纳的能力。随着笔记本电脑的普及,现在许多新生用笔记本电脑记录课堂笔记。如果是在课堂上用,作者很不赞同,它会左右你很大一部分注意力,让你无法专心学习。如果是课后用它整理,比较可取,但注意文档保存,注意安全备份即可。

④及时温习

无论你觉得课堂学得多通透,适时温习是必须的功课,除非你只是想应付了事,并不想它真正成为你的知识库存。事实上,及时温习既简单又省时。三次有效温习,即可让它永远成为你的知识库存! 一般可以在晚上某一个固定的时间温习今天的讲义以及三天内的讲义,温习的时候,可以先试着不看书,把老师上课的内容回忆一遍。回忆得越多,证明之前的学习效果越好。然后看教材、看讲义、看一些被推荐的参考书,重点改进模糊的内容。持续下去,每一部分的讲义你只要都在三天内温习三遍,它就会永远地保存到你的知识记忆宝库中。

附7:世界著名大学校长对大学学习的看法

耶鲁、牛津、早稻田……在这些蜚声世界的著名学府里,学校是如何培养学生的学习精神的? 学生在这些著名学府里将会学到什么? 来看看这些校长的看法。

耶鲁大学校长莱温教授:参加课外活动培养领导能力。

牛津大学第一副校长麦克米伦教授:质疑精神与分析能力很重要。

早稻田大学校长白井克彦教授:学习不能闭门造车。

柏林工业大学校长库茨勒教授:理工科学生需要想象力和经济头脑。

哥伦比亚大学校长柏林格教授:大学生要有全球化眼光。

莫斯科国立罗蒙诺索夫大学校长萨多夫尼奇教授:本科生学习宜博不宜专。

萨多夫尼奇说,学生学习自然科学必须注意三个方面的问题:"一是纯粹理工科的学生,主要障碍是知识面过窄,对整个自然科学没有一个全面的理解;二是学习实用知识的学生,主要障碍是他们学的东西过于实用化、模式化;三是对人文科学生来说,主要障碍是他们没有足够的动力,害怕学习自然科学。"

附8:引发学习兴趣的三种方法

1. 兴趣暗示法

戴尔·卡耐基有句名言:"假如你假装对工作感兴趣,那么这种态度会使兴趣变成真的。并且消除疲劳。"这种经验可以很好地应用在学习的兴趣培养上;如果你对学习或是某一门课不感兴趣,你就可以培养自己假装对它感兴趣,并坚持下去,必定会有很好的效果。

比如对数学,在学习之前,首先进行热身运动,摩拳擦掌,面带笑容,看着数学,大声说:"数学,从今天开始,我要喜欢你啦!""可爱的数学,我要对你产生兴趣了。""数学,我会满怀兴趣地学好你!"每次学习数学之前都大声暗示自己,坚持三个星期,甚至更长一些时间,这些语言就会深入潜意识,一旦进入潜意识,你对数学的兴趣就真正建立起来了。很多对学习没有兴趣的同学,一拿起书就会产生不愉快的情绪,甚至厌烦、恐惧,从而关闭了自己的灵性之门,导致学习效率低下,甚至无效。当进行摩拳擦掌、面带微笑自我暗示时,就会产生一种愉悦感,厌烦、恐惧的情绪都被冲散,心灵之门渐渐打开，要学的知识就容易吸收进来了。

同样，在学语文时，暗示自己："学好语文很快乐，我对语文充满兴趣。"在学工程力学时，暗示自己："学好工程力学很快乐，我对工程力学充满兴趣。"此法可适用于任何一门课程。当你快乐地学习的时候，你已与兴趣结缘了。

作为学生，学习是自己的职责，在我们不可以改变课程的情况下，那么只好改变自己。改变自己对待学习的态度，痛苦也是学，快乐也是学，我们为何不去选择快乐地学呢？

2. 增强自信法

人往往因为自信而成功，也往往因为缺乏自信而失败。19世纪的思想家爱默生说："相信自己'能'，便攻无不克。"拿破仑甚至讲："在我的字典里，没有'不可能'这个词。"正是没有这个词使他南征北战，横扫欧洲大陆。

事实上有许多学生正是缺乏学好某门课的信心，产生了畏惧心理，丧失了兴趣，所以要建立起学习的兴趣，可以从增强自信心入手，具体有如下几个步骤：

(1)想象自己曾获得成功的事情，努力回味那种成就感，以获得对学习的兴趣。

(2)令人愉快的事物总能激发兴趣。所以尽量想愉快的事情，如"我今天将再学会10个单词"，"今天又学会了方程式的解法"，让自己知道今天超越昨天，树立起"每天多做一点，就是成功的开始"的信念。

3. 兴趣迁移法

面对不喜欢的科目时，也可以运用这种兴趣迁移法，利用自己对其他科目的兴趣来带动不感兴趣的那些科目，训练时遵循下列做法：

(1)问自己愿不愿意把这门课学好，用肯定的语言来回答自己，比如"我一定能将数学学好"，"这些单词我很快就会背了"。这样反复默念，形成一种潜意识。

(2)进行身心放松训练。尽量坐舒适，慢慢做三次深呼吸，放松心情，不要感受到压力。

(3)想象自己上喜欢的课时的情景，让心情快乐起来。

(4)想象自己上喜欢的课时的情景，然后把这种愉快心态迁移到不喜欢的课程上，让自己面对不喜欢的科目时也有一种轻松、愉快的心情。

(5)立即开始学习。

$$勤奋努力 + 正确方法 + 讲究效率 = 成功$$

这就是爱因斯坦列下的著名成功公式。他把勤奋看成是成功的首要因素。市场竞争的机制决定了优胜劣汰，不勤奋学习就无法适应新的社会生产力发展的需要。勤奋不能只是一朝一夕，要持之以恒，永不停息。当然，时代发展到今天，无须我们"悬梁刺股"，更不用"映雪夜读"，但前人的勤奋精神，永远是值得我们学习的。一个具备勤奋精神的学生，即使头脑不太聪明，但仍有可能取得较好的成绩。一个具备勤奋精神的学生，将来走上社会，即便没有背景，没有靠山，但仍有可能取得较大的成功。考查一下社会上所有的杰出成功者，无一不是具有勤奋精神的人。当社会选拔人才的时候，一个具备勤奋精神的人，会是最受青睐的人。

附9：让你拥有超常记忆力的30个小习惯

如果明白了记忆机制，并能够控制记忆力的话，我们大概就能够轻松应付学校的考试。如果能够掌握更多的知识的话，或许就能过上更加丰富多彩的生活。

最新脑科学研究证实，人是通过海马体记忆的，通过针对性的锻炼，能促进海马体的活性，就可以从根本上增强记忆力。此方法来自于一本叫《海马记忆训练》的书，这是日本连续五年销量第一的记忆书。如果把他推荐的方法中的一些变为我们的习惯的话，那么效果将是我们难以想象的。

现在把书中介绍的30个小方法摘录下来，试着把这些方法变为你的生活习惯，并长期坚持。

也许就能帮助你达到你想要的结果。

一、唤醒身体

1. 每当桌上满是食物的时候,就闭着眼睛吃饭。2. 经常用手指分辨硬币(或象棋子也不错)。3. 戴上耳机上下楼梯。4. 捏住鼻子喝咖啡。5. 放开嗓子大声朗读。6. 闻咖啡看鱼的图片。

二、寻求脑刺激

7. 到餐馆点没吃过的菜。8. 把自己的钱花掉。9. 专门绕远路。10. 用左手端茶杯。11. 听不同类型的歌曲。12. 每天睡觉6小时(23:00前睡觉,5:00起床)。

三、积极锻炼左右脑

13. 去陌生的地方散步。14. 判断自己是右脑型还是左脑型。15. 用直觉作决断。

四、补充脑营养

16. 每天吃点甜食。17. 吃早餐。18. 多咀嚼。

五、越运动脑子越好

19. 每天快走20分钟。20. 一天十次"手指操"。21. 每季度学一项新运动。

六、改善脑活性,激发灵感

22. 记住每次成功的感觉。23. 每天出门前对着镜子里的自己微笑并说:我肯定能行。24. 写100个自己喜欢的东西,每天拿出来看看。

25. 站在对方的立场看问题。26. 一想到就说出来。27. 每周给自己半小时的无聊时间。28. 每周看一到两次自己通常不看的节目。29. 每天找个时间专门背一些东西。30. 做个好的倾听者。

四、如果考试被抓怎么办

现在的学生越来越搞不清楚到底是分数重要还是品格重要……建议千万不要心存侥幸去作弊,即使你看到身边有同学侥幸"过关"也不必羡慕。常在河边走,湿鞋是早晚的事,即使不在大学期间,也会在工作中露出马脚。这种懒惰带来的侥幸于你有害无利。

✽如果一旦被抓,怎么办?

先来告诉你监考老师的整个心理:

作为监考老师他的职责是维护纪律,维护考试的公平,至少在他及巡考老师眼中是这样的,如果考场乱哄哄的,有很多人作弊,说明他监管能力很糟糕,他很失职,很没面子。站在讲台的监考老师可以洞察一切(可以自己找机会上讲台看看),你的一切行为活动都在他的眼里。所以,当他发现某人有作弊行为时,他会用他的方式来提醒你(可能是在你身边刻意停留,或用眼神警告你,或语言警告),如果你态度良好迅速改正也就罢了;如果你的作弊行为严重,他觉得不处置会引起更大范围的作弊效仿,他一般会果断采取行动(或没收你的资料,或把你调到另一个位置,或直接让你交试卷),如果你配合,让他维护了正常考场秩序,杀一儆百,起到了制止了更多的作弊效仿,目的达到(他的目的并不是一定要抓住违纪),他也就不多追究了(如果监考老师认定你作弊,你就惨了,该科肯定挂科不说,还有会放入档案的严重行政处分),如果你当时狡辩,那就等于你现场向他提出了两个尖锐问题:第一,他看到的作弊行为是假象,他需要证明(这个本身很荒谬,之前说了他能洞察一切,狡辩的同学可能也不知道,只要2个监考老师认定你作弊,即使没有实物证据,作弊也成立,另一个监考老师站哪边,需要怀疑吗?所以这个问题是砸自己的脚)。第二,他没有威严,我不怕你,如果我成功大家就可以大胆效仿我。(这个太危险了,他就是要向你开刀以证明他的威严和维护接下来的秩序的,所以他一定会证明给你看,他有足够的威严,并现场惩戒给还有想作弊的同学看……)你狡辩得越激烈你就砸自己越厉害……

巡考就更不用说了,我想大家应该知道该怎么做了吧。

✽正确做法:

1. 用行动和语言表示出知错,马上改正。

2. 如果被要求交试卷，先微笑道歉，表示"知道错了，保证……"如果老师给你机会，一定珍惜！不要再有作弊行为；如果老师态度坚决，则要表示顺服，交卷走人（态度仍要温和有礼，千万别在教室与老师纠缠）。在教室外面等候，等考试结束，同学走尽，赶紧前去找监考老师道歉："不该破坏纪律……让老师为难……"

3. 如果监考老师一定要算你违纪，可以和自己的辅导员老师联系一下，看能不能挽救，如果不能，你就只能"自作自受"，接受作弊后的惩罚并反思。一般认定考试违纪都会有行政处分，之后你要做的就是如何撤销处分。具体步骤：参见本书第二章《违反了校规校纪怎么办》。

五、如何对待四、六级

英语四级一定要过，这是一般的工作都需要的条件，如果你想获得好一点的工作那么英语六级就是必须要通过的了。

如何学习：

1. 如果是自学

根据自身情况列一个学习计划，然后坚定地执行！英语学习没有特别的捷径和技巧，需要的就是一鼓作气的决心和一定时间内的持之以恒。举个例子，如果给你一车火柴，让你把一壶水烧开，你怎么烧？（火柴是你的时间和精力，那壶水就是英语）如果是一根火柴接一根火柴点燃来烧这壶水，或是猛烧一会歇一会，这样的话，再给你五车火柴你也把水烧不开（这就是很多人很多年学英语都学不好的原因），正确做法是放一堆火柴一起烧，快烧完接着第二把，用不了一车火柴，水很快就烧开了……一旦烧开，这壶水的性质就变了，之后你怎么烧随便。

2. 报班学习

各类四、六级培训班可以报名，可以有效帮助你学习。

六、如何对待计算机二、三级

与英语四、六级类似，一般的工作都需要计算机二级，如果你想获得好一点的工作，那么计算机三级就是必须要通过的了。

如何学习：

如果在这之前对计算机软、硬件方面了解不多或掌握得不系统，建议报补习班学习。

七、如何对待电脑软件的学习

无论是出于课程作业、毕业论文还是工作以后的基本技能考虑，有一些软件大学生是必须要会的，具体包括系统软件 XP、文档软件 Word、电子表格 Excel、幻灯片软件 PowerPoint 及你专业相关的一些软件。最好还要会一点图形设计软件 Photoshop、网页设计软件等。

如何学习：如果有一定电脑基础，可以买本书或借本书来自学。如果没有，而且在学校的课堂也无法有效补课的话，可以考虑报一个信誉良好的辅导班。这种学习上的投入在未来你会发现还是很值得的（是找工作时的优势；也会是工作后能力突出的一个重要支撑；更重要的是，你未来的评职也是有这类计算机软件考试的）。需要提醒的是，学习时做一下笔记以备后用，学会以后多在学习生活中实践；否则，学得快，忘得也快。

八、如何对待第二学位

如果你已经决定不考研，几千元的费用也不是大问题，建议你学一个第二学位。第二学位一般在本校就可以读，打听一下会很容易找到，需要注意的是第二学位要与你第一学位专业跨度大一点，这样你学的基础知识才比较全面，以后的求职范围才会更广阔，这也是获取第二学位的一个初衷。

九、如何参与科研

科研无论对你学术的提高还是日后找工作都有极为重要的作用,很多人无法提高只是因为他不知道该如何获取这样的机会……

✱如何获取机会:

1. 了解老师的科研信息,打听有没有当助手的机会。

通过向高年级师兄、师姐打听信息,特别是已经在实验室跟老师干活的师兄、师姐(大三、大四部分优秀本科生学生及研究生都有进实验室的机会)。

2. 主动联系本专业的导师。

3. 学好自己的专业课,与专业课老师直接沟通,看是否有机会。

4. 与自己的辅导员老师沟通,请他帮自己找机会。

5. 参与专业性强的社团。

6. 可自己申请科研项目及资金。

与学校科研处联系,向学校方面申请科研立项,获准立项的项目将得到经费支持(为培养大学生的科技创新意识和创造能力,越来越多的高校有这样的政策)。

✱建议:大学生做科研首先要具有科学的精神和方法,要善于创新,勤于动脑;然后了解科研的基本步骤和操作流程,进行资料记录、备份和总结。

选老师:如果自己有选择的机会,建议选一个有责任心的老师,否则可能会什么也学不到。跟老师做项目,至少要学会如下三条中的之一:

1. 能从项目本身上学到东西;

2. 项目有一定实际应用价值;

3. 要在项目过程中学会团队精神。

十、如何对待课外学习

知识涉猎不一定专,但一定要广!多看看其他方面的书,金融、财会、贸易、税务、法律书籍等等,为日后做一些积累,以后的用处会更大,会少交许多学费!

1. 要不要听讲座

听讲座尤为重要,一个好的专家的一场精彩报告足以影响你的一生!

通过听讲座不可能学到系统的知识,但是,一场好的讲座或许可以让听众获得一种新的思维方法,对于某一个具体的问题得到更深入地理解。同时,对于听讲座一定要有所取舍,绝对不可以不分良莠照单全收。做讲座的人可能学富五车,也可能只是个学术骗子;举办讲座的单位可能是为了弘扬文化,也可能只不过是为了商业炒作。

要特别关注校内各种论坛,尤其是大师级的论坛。大学越好,讲座的数量就越多,质量也越高。学习没有界限,如果你就读的大学没有足够的讲座,不妨在现实条件允许的情况下多去别的大学旁听。

2. 如何利用图书馆

学校图书馆是你近在眼前的宝藏。大学四年没有安心在图书馆好好看过几本书,就无疑错失了在大学遨游书海的机会!

虽然大学的图书馆藏书量比较有限,新书比较少,但值得你读的已经足够了。作为补充,你可以一方面买书,另一方面通过朋友从别的学校的图书馆找书,也可以去社会图书馆办证借书。比如你的学校在哈尔滨,你可以办一个哈尔滨市图书馆借书证,或者黑龙江省图书馆借书证(免费的,只需要50元的押金)。

去图书馆借书还需要有个取舍的标准。诺贝尔文学奖获得者大江健三郎说:"要多读好书,只有不读坏书。"在图书馆借书不要太过功利,不要以为只有跟考试相关的书籍才值得一看。

下面了解一下图书馆的图书分类,以方便借书(见表4-1:分五大类,22个基本类,基本类又叫一级类目,往下展开又分为二级类目,依此类推)。

表4-1　图书分类表

五大部类	22个基本类	
马克思主义、列宁主义、毛泽东思想、邓小平理论	A	马克思主义、列宁主义、毛泽东思想、邓小平理论
哲学、宗教	B	哲学、宗教
社会科学	C	社会科学总论
	D	政治、法律
	E	军事
	F	经济
	G	文化、科学、教育、体育
	H	语言、文字
	I	文学
	J	艺术
	K	历史、地理
自然科学	N	自然科学总论
	O	数理科学和化学
	P	天文学、地球科学
	Q	生物科学
	R	医药、卫生
	S	农业科学
	T	工业科学
	U	交通运输
	V	航空、航天
	X	环境科学
综合性图书	Z	综合性图书

3. 如何利用互联网

大学生需要了解到互联网是工具而不是游戏。拥有一个正确的对待互联网的态度,它就会是你有力的好助手,否则它就会是夺走你青春和意志的最强悍的强盗(好的网址详见本书第十二章)。

4. 多读课外书

大学期间,除了读教科书以及辅助的参考书外,更需要多读一些课外书,除提高能力水平、开阔视野、帮助明辨是非、增长知识类的课外书外,尤其需要多看那些思想哲学、人文历史类的课外书,读书过程注意精读和速读。

笛卡儿说:"阅读优秀的书籍,就是和过去时代中最杰出的人们——书的作者——进行交谈,也就是和他们传播的优秀思想进行交流。"西汉史学家刘向说:"书尤药也,善读之可以医愚。"读书是与历史上的伟人大哲、思想巨匠对话的最好方式。读其书,观其志,听其教诲,学其经验,明其道理,从而见贤思齐,摆脱愚昧,提高修养,获得智慧与进步。所以说,读书品自高。如果把频繁的喝酒应酬或是网络聊天、打游戏的时间放在读书上面,相信不久你就会感到获益匪浅。(好的书籍推

5. 多参与社会实践

在不影响主业的前提下,克服惰性,走出校园,参加一些正当的社会实践是很有必要的。具体的途径可参见本书中"如何理财"里的开源章节。需要注意的是,一旦参与了一项工作,第一出发点一定是:把这项工作做好! 而不是为了锻炼,或者挣钱。如果你的思想集中在如何把这项工作做好,当事情结束后,你必然会有收获。如果你的思想总在判断做这件事是否能够锻炼到自己,或者能否有足够收益,那么无论什么工作你都会很快感觉到无趣和锻炼有限,而且回报甚低,很快会打起退堂鼓,最终一事无成。你需要了解到,无趣和单调是任何工作的常态,但其中往往隐藏有智慧和价值。

6. 多向高年级学生请教

应该多向高年级师兄师姐请教和学习,也许他们本身做的并不是很好,但经历过遗憾,有过成功与失败,他们往往有好的建议给你们,供你借鉴。

十一、大学应该考的几个证书

证书部分地代表了大家的能力,代表了大家在大学期间没偷懒,代表了一种追求上进、不甘平凡的生活态度。下面是各项证书对就业的帮助程度排名及说明(仅供参考)。

各项证书排名:

NO. 1:英语证书

NO. 2:计算机证书

NO. 3:学校证书

NO. 4:第二外语证书

NO. 5:财务类证书

NO. 6:专业资格证书

NO. 7:兼职实习证明

NO. 8:发表论文、专利证书

NO. 9:竞赛获奖证书

NO. 10:毕业证、学位证、第二学位证

NO. 1:英语证书

大学英语四、六级证书(CET-4,CET-6):极其重要;专业八级:只有英语专业学生才有资格考,但很多职位要求,如翻译或者外籍主管的助理;大学英语四、六级口语证书:证书不重要,能力重要,面试的表达重要;英语中高级口译:含金量很高;托福(TOFEL):只有少数企业会问到是否考过托福,同时会担心你工作不久后,可能会出国溜掉;雅思(IELTS):少数英联邦国家企业会注意到你考过雅思,但绝不是必要条件;剑桥商务英语(BEC):证书说明了你的英语能力,还有你在大学里很好学,懒惰的同学不会去学,或者学了也考不过的,这是企业关注的。

小结:四六级证书最重要,其他有比无好;至于口语,关键看面试时的表现。

NO. 2:计算机证书

Office 操作是基本技能,不需要证书。全国计算机二级证书:有些大城市申请户口时的必要条件,如上海市。此外还有三级和四级(证书越高级越好,一般考二级是底线,三级就够了)。

其他如:ACCP(Aptech Certified Computer Professional,计算机软件设计工程师)、MCSA(Microsoft Certified Systems Administrator,微软认证系统管理员)、CCNA(Cisco Certified Network Associate,思科网络安装和支持工程师),以及名目繁多的专项技能计算机证书,则与未来具体的工作选择相关,不是每个企业都会看重,有的甚至不知道这些证书。经统计,在招聘信息中,18.6%的招聘信息中提到了计算机,但提及具体证书的不到0.1%。更多的描述是模糊的,例如:"从事 java 编

程两年经验""熟练电脑操作"。对很多同学来说,如果从大二开始学习 java,到大四时可以算做三年经验了。关于计算机技能的各种培训很多,但被企业认同的证书却不多,关键看实际操作技能。

NO.3:学校证书

包括:奖学金证书、三好学生、优秀毕业生、优秀学生干部证书等。

奖学金证书非常重要,有的招聘主管看不懂学生提供的各种复杂算法的 GPA(Grade Point Average 平均成绩点数),但一看是否有奖学金,就对这名学生有一个大概印象了。奖学金证书被很多企业列为筛选简历的必要条件,没有奖学金,就没有面试机会。学生干部经历非常重要,如果再有一个"优秀学生干部"的证书,就更能起到证明作用了。三好学生、优秀毕业生等,在申请户口时候可以加分(上海),非常重要。还有一项不算证书——党员身份,却在申请公务员或应聘中学教师的时候,作用较大。

NO.4:第二外语证书

会一门第二外语,将大大增加进入相关企业的机会。时下比较热门的第二外语:

日语(世界 500 强中 87 家日本企业)

法语(世界 500 强中 36 家法国企业)

德语(世界 500 强中 35 家德国企业)

韩语(世界 500 强中 13 家韩国企业)

其他如葡萄牙语、西班牙语、意大利语、阿拉伯语等,因为中国与南美国家的经济往来增多,与阿拉伯国家的石油项目合作,前景看好。还有,学习德语和法语,不仅是为找工作,还可以在申请到德国或法国留学时起到作用。

NO.5:财务类证书

注册会计师(CPA):共五科,每科报名费 80 元左右。

注册金融分析师(CFA):需要相关方面 3 年以上工作经验,考证难度很高(考证费用 2 万~3 万元)。

特许公认会计师(ACCA):ACCA 被称为"会计师界的金饭碗"。英国立法许可 ACCA 会员从事审计、投资顾问和破产执行的工作,有资格直接在欧盟国家执业(考证费用在 2 万元以内)。希望从事财务工作,或者以后要做职业经理人的,财务知识必不可少,财务类证书和财务知识会使你早日成功。

NO.6:专业资格证书

很多时候,要看专业和行业情况,如:律师资格证书,适用于未来立志于当律师的同学;CAD 工程师认证证书:多用于机械、室内装饰、建筑行业;以及有证书才有上岗资格的,比如导游资格证书、报关员证书、教师资格证书、心理咨询师证书等,如果应聘时已拿到这些证书,会有较大的优势。

NO.7:兼职实习证明

应届生因为没有经验,所以工作难找。但是,具有了相关的兼职实习经验,就成了"有工作经验"的应届生,具有优势,脱颖而出。

参加一些知名企业的实习生计划,更有可能直接留在公司工作,如:宝洁有 80% 实习生留下成为正式员工,GE 留下比例为 50%、IBM 留下比例为 50%,等等。有相关企业兼职实习经历及证明,求职时极具优势。

NO.8:发表论文、专利证书

对于研究生来说,做过相关项目,撰写过有质量的相关论文,被 EI/SCI 收录,这些发表论文的证明,在寻求相关工作的时候会有极大的帮助。

另外,本科生或研究生在申请出国的时候,如果发表过高质量的论文,就更容易获得国外教授的青睐。还有专利证书,在申请户口中起加分作用。专利申请分为发明、实用新型和外观设计三种类型，发明专利较难，但实用新型和外观设计专利还是非常容易申请的。拥有专利和申请专利都可以获得户口加分，而且企业对专利证书也很重视。

NO.9：竞赛获奖证书

大学里或者社会上的各种竞赛的获奖证书也非常受青睐。比如辩论赛、挑战杯、ACM竞赛、各类编程比赛等等。通过参加竞赛锻炼能力，获得证书，找到工作的例子遍地都是。

NO.10：毕业证、学位证、第二学位

这是最重要的证书，之所以排名第10，是因为这是学校已经为你设定好的计划，并不是你主动追求的，并且绝大多数人都会获得。无非存在三点区别：一是名牌院校和普通院校的区别；二是热门专业和冷门专业的区别；三是专科、本科、研究生的区别。

专业背景是企业最最看重的，很多职位只给限定专业毕业同学面试机会。具有第二学位，跨学科辅修某些专业，使自己成为复合型人才，也是很多企业所看重的。

十二、大学生要不要考驾照

如果经济允许的话，建议考驾照。无论是未来的工作还是生活都肯定能派上用场（大学生毕业后刚入职时以万能工角色等待定岗，多一门技术会多一项优势。再一个很重要的原因就是因为上大学有寒暑假，工作后只有周末和“五一”、“十一”等节假日了，学车都是要连续的6周的时间）。

✽注意事项：

1. 绝不要花钱买驾驶证。

除了买来的驾驶证不一定是真的以外，你需要的也不只是一纸证书，而是真正的驾驶技术。证书无法帮你驾驶，如果你只要驾驶证，则强烈建议你不要在大学期间学习，这笔钱对学生来说是很大的数额。

2. 如何选择驾校。

(1)要选择正规驾校，有名气，有实力的。你去一趟驾校实地考察一下，看看场地，看看有多少台车，有多少人在练车，私下问一问学员，就一切真相大白了。

(2)要选择离学校近或有通勤的驾校，这样能保证练车，否则容易懒散慢慢就不去了。

(3)要选择“包教、包会、包拿证、包有证练车”的驾校。（重点在包会、包拿证）

3. 一般情况下选择C1照即可。

4. 省钱方式。

可以找几个同学一起报名，或参加学校专门针对学生的报名团，这样可以享受团体价，省下几百元。但如果在省钱和能切实练好车的选择之下，千万不要选择省钱（很多学生图眼下便宜，结果花了更多的钱去“有证练车”或是以伤害自己车为代价练车）。

十三、如何制订大学里的学习计划

凡事预则立，不预则废。大学中尤其要防止被动和无目的的学习。毫无计划的学习是散漫疏懒，松松垮垮的。很容易被外界的事物所影响。

一个好的学习计划能促使自己实施行动，避免懒惰。并有利于学习习惯的形成。也能提高学习效率，减少时间浪费。每一步行动都很明确，也就不用总是花费心思考虑接下来该学什么。

学习计划10个要点：

1. 计划要考虑全面

学习计划不是除了学习，还是学习。学习有时，休憩有时，娱乐也有时，所有这些都要考虑到计划中。计划要兼顾多个方面，学习时不能废寝忘食，这对身体不好，这样的计划也是不科学的。

2. 把大石头放前面

一个大学讲师在上课的时候带了一袋沙子、一袋小鹅卵石、几块大石头和一个木桶，问有没有人能把这几种不同形状的东西都装进木桶。一个热心的学生自告奋勇走上讲台随手抓起沙袋就往木桶里倒,然后把小鹅卵石也放了进去,但是轮到大石头的时候,他发现木桶里的空间已经不够了。讲师遗憾地摇了摇头。他把木桶清空了,先把那几块大石头放进木桶,再把小鹅卵石放进去,然后倒入沙子。最后他摇了摇木桶,只见这三种不同形状的东西配合得天衣无缝,把木桶挤得满满的。

在你的具体计划中,记得要把"大石头"放前面。以下是就是放置"大石头"的几个建议(以具体每周为例),用好它会让你的效率翻倍提高。

(1)列一张任务清单。在每周开始前(星期天的晚上或者星期一的早晨)写下你想在这一周完成的重要的任务。记住是写重要的任务。

(2)保持简单。刚刚开始为下一周做计划时,只需要写4～6个"大石头"。不要一开始就列出10多个大石头,如果未完成它们,就只会打击你的自信心。以后你就要判断自己每周应该能完成多少重要的事,不要超负荷。

(3)放置"大石头"。检查你的周程安排(如果你没有,开始制定一个),先把已经有预约的事情列出来,然后把你的"大石头"放进去。最好把它们放到一个你绝对能有时间去完成的时候,而非最忙碌的时刻,也不要放太少的时间,要让自己有时间去完成。

(4)留些空间。每天早晨,检查你的"大石头",不要让自己的日程安排太紧凑。紧凑的日程安排只会让安排的事情混淆,把已经订好的事情往后推迟。

(5)尽早完成。如果可以,把"大石头"放在早晨做,尽量不要放到傍晚或者晚上。因为傍晚和晚上只会让你产生拖延的想法。

(6)感到自豪。如果你的"大石头"都完成了,为自己鼓掌!

3. 长远计划和短期安排

在一个比较长的时间内,比方说一个学期或一个学年,你应当有个大致的计划。因为实际中学习生活变化很多,又往往无法预测,所有这个长远的计划不需要很具体。但是你应该对必须要做的事情心中有数。而更近一点,比如下一个星期的学习计划,就应该尽量具体些,把较大的任务分配到每周、每天去完成,使长远计划中的任务逐步得到解决。

有长远计划,却没有短期安排,目标是很难达到的。所以两者缺一不可,长远计划是明确学习目标和进行大致安排;而短期安排则是具体的行动计划。

4. 安排好常规学习时间和自由学习时间

常规学习时间指按学校规定的学习时间,主要用来完成老师布置的学习任务,消化当天所学的知识。而自由学习时间指除常规学习时间外的归自己支配的时间,你可以用来弥补自己学习中欠缺的,或者提高自己对某一学科的优势和特长,或者深入钻研一件有意义的事情。

自由学习时间的安排是制订学习计划的重点。抓住和合理利用自由学习的时间,对自己的学习和成长都会有极大的好处。所以我们应该提高常规学习时间的效率,增加和正确利用自由学习时间,掌握自己的学习主动权。

5. 对重点突出学习

学习时间是有限的,你的精力也是有限的,所以学习要有重点。在这里,重点一是指你学习中的弱科,二是指知识体系中的重点内容。只有抓住重点,兼顾一般才能取得更好的学习效率。

6. 从实际出发来制订计划

制订计划,不要脱离学习实际,要符合自己现在的学习压力和水平。有些同学制订计划时,满腔热情,计划得非常完美,可执行起来却寸步难行。这便是因为目标订得太高,计划订得太死,脱离实际的缘故。

因此要从实际出发,如何做才能从实际出发?实际可以分成三个方面:

(1)知识能力的实际:每个阶段,计划学习多少知识?培养哪些能力?

（2）时间的实际：常规学习时间和自由支配时间分别有多少？

（3）教学进度的实际：掌握老师教学进度，妥善安排常规学习时间和自由支配时间，以免自己的计划受到"冲击"。

7. 注意效果，及时调整

每一个计划执行结束或执行到一个阶段，就应当回顾一下效果如何。如果效果不好，就应该找找原因，进行必要的调整。

这里是一份简单的回顾列表：

（1）是否完成了计划中的学习任务？

（2）是不是按照计划去执行任务的？

（3）学习效果如何？

（4）如果有任务没有完成，那是什么原因？（安排过紧、太松？）

回顾之后，要记得补上缺漏，重新修订计划。你也可以通过日记来记录一天的学习计划进度，便于改进和回顾。

8. 计划要留有余地

制订计划不要太满、太死、太紧，要留出机动时间，使计划有一定的机动性。毕竟现实不会完美地跟着计划走，给计划留有一定的余地，这样完成计划的可能性就增加了。

9. 脑体结合，文理交替

学习对脑力消耗非常大，所以不要长时间学习，要适当休息。而且在安排学习计划时，不要长时间地从事单一活动。学习和锻炼可以交替安排，因为锻炼时运动中枢兴奋，而其他区域的脑细胞就得到了休息。比方说：学习了两三个小时，就去锻炼一会儿，再回来学习。安排科目学习时，也要文理交替安排，相近的学习内容不要集中在一起学习。

10. 提高学习时间的利用率

早晨或晚上，或一天学习的开头和结尾的时间，可以安排着重记忆的科目，如外语。心情比较愉快，注意力比较集中，时间较完整时，可以安排比较枯燥，或自己不太喜欢的科目；零星的、注意力不易集中的时间，可以安排做习题和自己最感兴趣的学科。这样可以提高时间利用率。

十四、如何让一天有 38 小时

当你开始努力进取时，往往会感叹"要是一天要再多几个小时就好了"。如果你愿意按照以下 8 步来合理地安排时间，你的一天就会有 38 小时。

1. 调整睡眠

有些人每天只睡 3 到 5 个小时就可以，但另外一些人需要多于 9 小时才感觉休息好了。重点在于休息的效率和质量，以下几点值得关注。（可以参考第三章中的《失眠怎么办》）

（1）睡好子午觉

子时觉，即晚上 11 点到 1 点期间一定要睡觉，这两个小时的睡眠质量相当于其他 6 个小时的睡眠（这一时间是人体自我修复的最佳时间，耽误后无法弥补）。午时觉，即中午 11:30 分到下午 1:30 分之间，一定要休息 20 分钟或 90 分钟。

（2）小睡的时间

如果感觉困，可以立即小睡一会，根据对人睡眠深度的研究，小睡时间只能有两个选择，20 分钟或者 90 分钟。适应之后你会惊奇地发现，小睡 20 分钟确实比睡 30～80 分钟更有效更清醒。

（3）掌握一点自我催眠的方法

学一点简单的自我催眠方法能让你快速高效地进入睡眠。以下是一个简单的自我催眠：在睡觉时，先做两次深呼吸，随着呼吸让思想放松，然后在心里默默引导自己：我全身的肌肉都松弛下来了，我感到非常的轻松。我身体中所有的压力和紧张、所有的恐惧和忧虑通过身体每一个细胞发散出去了,感到非常的健康和放松——嘴角两边紧绷的肌肉放松了,眼角两边紧绷的肌肉也放松了,整个脸部的肌肉都放松了(然后依次引导从脚底到颈部放松:脚底板的肌肉放松了,脚面和脚踝的肌肉放松了,小腿、大腿……)。一般情况下,你还没有默念完,就进入梦乡了。

这样晚上睡着6.5个小时就足够足够了,你的睡眠质量大大提高的同时,时间也会大大节省。

优化睡眠　节约的时间=约2.5小时

2. 优化食谱

人在消化和排泄上花费的能量最多。以饮食形式进入人体的一切直接影响了人的精力,同时也影响必要的睡眠时间(一般胖人需要更多的睡眠)。

更合理(也更正确)地吃蔬菜、水果、谷物、肉类和油脂的混合食品,会使你每一天每一个小时都发生改变。

优化食谱　节约的时间=约1.5小时

3. 多线工作

如果同时能做两件事,那一天下来就能做更多事情。至少你可以把锻炼身体融入平时的活动里。

多线工作　节约的时间=约2小时

4. 使自己井然有序

你真应该让自己变得有条理,因为它节约时间并且减轻压力,并会对你未来参加工作带来莫大的好处。去了解一个适合自己的时间管理方法所花费的投资很大程度上是值得的。你不但会变得更积极,也会变得轻松、精力充沛,还会又一次增加一天中的时间。

使自己井然有序　节约的时间=约2小时

5. 提高打字速度

在这个电脑时代,是我们交流的主要形式,尤其是你未来工作的时候。那么假设你现在每分钟输入40个汉字,如果提高到60个,那就节约了33%的打字时间。提高到80个每分钟就节约了50%。可能每天能节约半小时甚至45分钟。这样下来,一年十年就能省下巨量的时间。

我强烈建议大家花点时间(每天几分钟)来提高打字速度。去一趟电子大市场,你会发现有足够多的打字软件供你选择。

提高打字速度　节约的时间=约0.75小时

6. 提高阅读速度

和打字一样,提高阅读速度同样会提高效率和节约时间。平均下来我们每天都要阅读一到两个小时,这个时代需要我们不停地阅读。事实是,大多数人的阅读习惯不够好。他们阅读速度慢,经常为了了解某些东西反复阅读。结果是要么不再读(读得太慢又无法领会内容只会让你不舒服),要么是在阅读上花了不必要的时间。大家可以参考《如何养成阅读的习惯》、《学会聪明的阅读》来提高阅读能力。

提高阅读速度　节约的时间=约0.75小时

7. 使用音频学习

在你的MP3、MP4里除了音乐,再拷贝一些英语听力、高数讲解,或是你自己总结出来的课程要点录音,或是其他一些好点子,在你走路或跑步时倾听。听是个绝好办法,同样会影响你的生活。

使用音频学习　节约的时间=约1.5小时

8. 善用软件

选择正确的软件能节约大量时间。当然,不是所有软件都会节约你的时间,有些就很耗时间,比如扫雷、QQ,比如 CS ^_^。找到那些于你有益的软件吧,它会是你的朋友。

善用软件节约的时间=约0.5小时

9. 看电视的时间减半

我不否定所有电视节目,肯定有些节目能让人娱乐一下,休息一下,但我不能理解一个人可以花一生中大部分时间,只是为了做没意义的事情。注意一下自己在看什么节目,还有为什么看?如果你一天看四个小时,那减半就节约了两小时。

看电视的时间减半　节约的时间＝约2小时

10. 向别人求助

最后的规则是找人帮助自己。

首先,人们是乐于帮助你的,别不信。另一个可能性是和别人互助。比如你需要清扫工作,那你可以找一些英语不好需要帮助的人,作为交换对方帮你做清扫。这样你节约了时间,对方也受益,结果是双赢。这样的机会很多只要你努力发现。当然有人求助的时候也要乐于帮忙。

向别人求助节约的时间＝约0.5小时

把这些加起来,每天就可能会多14个小时。当然你会有不同的看法,不过我希望能试验一下。时间是这个星球上最珍贵的商品,在一些方面节约时间,那你就可以花时间去做其他的事,那些对你最重要的、有目的的和感到高兴的事。如果大家都这么做,也许,会改变中国。

十五、大学学习的深度和态度

大学生要在深度上与别人拉开距离。需要探索更深层次的东西,而不能仅停留于表面。而对于学习的态度,则要特别注重谦卑。谦卑是智慧之大成,只有保有谦卑才能不断前行。连牛顿都说他只是运气好,在真理的海边上有幸拾到了几个小石子。爱因斯坦则更谦卑,说自己只是真理海洋边上徘徊的无知小孩,一无所获。事实上越是领域中的领头人,越会觉得自己缺乏知识智慧。所以,作为大学生的我们更要时刻提醒自己所学太浅,很多东西只停留于表面,绝无骄傲的资本。

例1:

如果现在让大家重新学习《狼牙山五壮士》,相信有很多人不愿意,因为觉得学过,浪费时间没必要。如果你现在能回答如下问题,你可以不用学了:

(1)班长叫什么? 副班长叫什么?

(2)故事哪一年发生的?

(3)存活了几个? 都是谁?

如果都不能回答,你就该了解谦卑,并在今后的学习中有更深入的思考了。

答案是:班长叫马宝玉,副班长葛振林。1941年9月。葛振林、宋学义被山崖上的树枝挂住,幸免于难,1978年,宋学义因病逝世。2005年,葛振林因病逝世。

也许你会觉得这个问题并不重要,但它确实能提醒你类似的遗漏。

从上大学开始,对知识的学习和掌握不要停留于表面,看上去很了解,却往往只知其一,不知其二。再比如下面的三句话:

(1)百善孝为先,万恶淫为首

这句话,很多人的理解是:善中孝最大,行善先行孝;恶中淫为最,避恶先避淫。其实是太断章取义了。原话是:"百善孝为先,论心不论迹,论迹贫家无孝子;万恶淫为首,论迹不论心,论心天下无完人。"("百善"中的"心":指心意。"迹":指锦衣玉食、好吃好住的供奉结果。"万恶"中的"心":指淫的念头、想法。"迹":指最终行淫的结果事实。)

正确的理解是:百善中孝是最重要的,所谓孝顺是看你对父母有没有孝的心意,有没有尽心,而不是看锦衣玉食、好吃好住的供奉结果,如果单以结果论断,那么贫寒之家就没有孝子了。万恶中没有比淫更败坏恶劣的,所谓淫主要是看你有没有淫的结果事实,而不是淫的想法、念头(窈窕淑女,君子好逑。路遇一个美女,多看几眼,有点想法,不算什么),如果以念头论断,那普天之下就没有君子完人了。所以,孝,不是锦衣玉食般的供奉,是有无心意,有无尽心;淫,不是要你连"坏"

想法都不能有,而是绝不能有坏的事实。

(2)民可使由之,不可使知之

原句:"子曰:兴于诗,立于礼,成于乐。子曰:民可使由之,不可使知之。"(《论语·秦伯》)这是孔子的话。意思是说,国家统治人民,指使驱赶他们去做事就行了,不要让他们明白他们在做什么。这句话在现在看来,绝对是封建统治阶级几千年来一直在玩弄人们的愚民权术。它被千百年来中国的大小封建统治者奉为至宝,抹杀了多少真理与人民的创造性,但是这样的一条愚民之术,真是孔子这位致力于教化人民的教育家的本意吗?原来,这又是后人别有用心地断章取义,刻意在句子的中间用一个不恰当的"句读"使这句话产生了歧义的缘故。我们结合上下文的语境,很容易就能得出这句话正确的分句方法:"子曰:兴于诗,立于礼,成于乐。民可,使由之;不可,使知之。"孔子的整句话就是说,诗、礼、乐这三样东西是教育民众的基础,一定要抓好,如果人民掌握了,让他们自由发挥,如果人民还学不来这些东西,我们就要去教化他们,让他们知道和明白这些东西。这才是"有教无类"的大教育家孔老先生的本意。

(3)无毒不丈夫

原句:量小非君子,无毒不丈夫。这句话是中国众多以讹传讹的话中最搞笑的一个例子。这无毒不丈夫,就跟我们的古人崇尚的价值观大大背离了。大丈夫,自然是说那些坦坦荡荡胸怀宽广的男人,什么时候恶毒阴损,暗箭伤人这种前缀也能放在前边来形容大丈夫了?原来,这句民间的谚语本来应该是"量小非君子,无度不丈夫",这样一个充满阳刚之气,胸怀坦荡的男人形象就跃然纸上。

例2:

深入思考会让你受益匪浅。一起来看覃彪喜先生写的见微知著:

每天都有很多件小事从我们的身边悄悄溜走。看到一则广告,听到一则新闻,这在我们日常生活中是再普通不过的一件事情。可是,只要你善于思考身边的这些看上去似乎毫无意义的小事,你会发现,生活就是一本最好的教科书。

宝洁公司对于大学生来说绝对不会陌生,大学宿舍里到处可见宝洁公司的产品:舒肤佳、玉兰油、碧浪、汰渍、激爽、佳洁士、护舒宝,等等。而洗发水这一类产品,宝洁公司就推出了6个品牌:飘柔、沙宣、海飞丝、潘婷、伊卡璐和润妍。就算你没有使用这6个品牌中任何一种洗发水,你身边肯定会有人使用,你也肯定看过这些产品的广告。可是,你有没有想过这样一些问题:宝洁为什么要推出这么多个洗发水品牌呢?这些品牌之间又有什么区别呢?或许你会觉得这些问题非常无聊,跟自己的学习和以后的工作一点关系都没有。但是,我却因为思考这个无聊的问题而获得了一份工作。

大学期间我并没有系统地学过经济学方面的任何理论,但对于身边的经济现象却非常感兴趣。有一次买洗发水的时候我突然产生了一个问题:宝洁公司为什么不集中精力做一个洗发水品牌呢?那样的话不知道可以节省多少广告费用。过了一段时间,我在宿舍里听到同学谈论喜欢什么洗发水,我才恍然大悟:宝洁如果只推出一种洗发水品牌,就算把这个品牌做得无可挑剔也肯定会有些人不喜欢,但如果同时做多个品牌,大部分消费者总能从这些品牌中找到一个中意的。这应该叫做多品牌战略吧?

那么,这些品牌之间的区别在什么地方呢?带着这个问题,我开始有意识地观察宝洁的广告。很快,我发现飘柔强调的是发质的柔顺,海飞丝专注于去屑,潘婷突出的是营养,而沙宣给人的印象是专业,走美容院路线。

很久以后,在一次面试的时候,主考官问了我这样一个问题:请结合具体案例谈谈多品牌战略在日化行业的应用及其利弊。我几乎不假思索就谈出了我对于宝洁公司多品牌战略的理解,并谈论了这一战略对于创业型公司的价值和挑战,还谈到了品牌的覆盖面问题。这些都是我平时慢慢积累起来的一些想法,没有经过任何理论的论证,但是面试官却非常满意,很快就决定聘用我了。

后来我又去过一家广告公司应聘高级策划师，策略总监让每个参加面试的人都设计一句中国联通的核心广告词，也就相当于是品牌核心价值。对于中国移动和中国联通这两大品牌，我平时一直留意二者在广告上的差异。中国移动最大的优势是网络的稳定，它的技术明显比联通更胜一筹，所以它的广告词为"移动通信专家"，强调自己的专业性，以此来暗示中国联通在技术上是不够专业的。而中国联通最大的优势是资费便宜，但是对于一个移动通信品牌来说，过于强调自己价格便宜无异于让品牌掉价，使人觉得联通就是"廉通"，这显然不利于品牌的长远发展。所以联通强调自己是后起之秀，一定能够迎来出头之日，于是它的广告词被设计为"一切即将改变"，随后又变成了"引领通信未来"，期望能够在广大受众心中引起共鸣。

跟我一起参加应聘的人先后设计出了广告词，有人写着"因为有梦，所以鹰击长空"，也有人写着"连通爱，连通脉搏，联通新世界"，看上去都文采飞扬朗朗上口，但都跟我的思路迥然不同。为了突出联通是年轻的后起之秀这一特质，我设计的广告词是："让我们享受年轻。"没有任何文采可言，但我还是满怀信心地交了上去。最后，面试我们的总监说，我是这些人当中唯一懂得广告的人。可事实上，我可能是那群人当中唯一没有过广告行业工作经验的人。一个完全没有广告行业工作经验的人，仅仅凭着自己平时看到电视广告或者公交站台广告时习惯性的思考，应聘上了那家大型广告公司的高级策划师。

可能你觉得我对身边每件小事如此在乎，生活一定会非常累。可事实却完全相反。当我从超市买了洗发水出来，我可以什么事也不想地回到宿舍，也可以沿路思索洗发水的品牌战略。当我坐在公交车上看到车外的公交站台广告或者其他公交车的车身广告，我可以心不在焉地瞥一眼，然后忘得一干二净，或者只记住广告上全智贤的性感Pose和姚明的憨厚一笑，也可以用接着坐公交车的时间去揣摩那个广告的创意，去尝试着修改那个广告的文案内容。同样是走回宿舍，同样是接着坐车，少想一个问题根本就不会让自己更轻松一些。我想，对于一个喜欢思考的人来说，如果用这些时间来考虑更深层的东西，应该会从这种思考中得到一种快乐和满足吧。

不管你将来从事的是技术、市场还是别的什么性质的工作，如果能够养成一个勤于思考身边小事的习惯，你所能得到的将远远不止是一份日化或者广告行业的工作。你应该看到过交警站在路边检查车辆的场景，因为有些车辆不按规定缴纳相关费用，所以交警只好在路上对过往的车辆进行逐个检查。可你有没有想过这样一个方案：通过摄像机将过往的车辆拍摄下来，并通过连接到电脑而自动识别出其车牌号码，然后马上连接数据库，判断出这个车牌号码是否已经缴纳相关费用，如果没有，就立即发出报警声，交警便赶紧进行拦截。这个方案看上去有点儿理想化，但是，前几天一则新闻说北京的交警已经拥有这种装备了。我想开发出这套设备的人最初肯定也是从日常生活中产生了一个想法，然后将这个想法付诸实施，变成了实实在在的产品。

只要你善于思考，生活中可以让你发现这种市场空缺的机会实在太多。如果你同时拥有文曲星和手机，你是否考虑过将这两个产品合二为一从而让手机拥有电子词典的功能？很多家长对现在的中小学教育非常不满，反而希望孩子能够从小学习四书五经琴棋书画，那你是否考虑过要开设一所复古的私塾或者书院？孕妇往往需要一定的运动量，但如果没有专业的健身指导，运动的效果可能不甚理想，甚至可能出现危险，那你有没有考虑过毕业以后开一家专业的孕妇私人保健顾问机构？如此等等，不一而足。如果缺乏这样一种思考，你或许就永远只能在别人的公司打工，根据别人安排的工作计划按部就班地完成；但如果你能通过一件小事敏锐地把握住宝贵的商机，你或许就找到了一座宝藏，你的人生也将因此而变得辉煌。

附10：哈佛西点的劝勉

作为闻名于世的学府，哈佛大学培养了许多名人，他们中有33位诺贝尔奖获得者、7位美国总统以及各行各业的职业精英。究竟是什么使哈佛成为精英的摇篮？哈佛学子接受了什么样的精神和理念？这些问题吸引着成千上万的人去探知其中的答案。

哈佛图书馆墙上的20条训言似乎已经给出了答案。短短数语,引人深思,给人启迪。

1. 此刻打盹,你将做梦;而此刻学习,你将圆梦。

人的时间和精力都是有限的,所以,要利用时间抓紧学习,而不是将所有的业余时间都用来打瞌睡。

有的人会这样说:"我只是在业余时间打盹而已,业余时间干嘛把自己弄得那么紧张?"爱因斯坦曾提出:"人的差异在于业余时间。"一位哈佛的老师说,只要知道一个青年怎样度过他的业余时间,就能预言出这个青年的前程怎样。

2. 我荒废的今日,正是昨日殒身之人祈求的明日。

闻名于世的约翰·霍普金斯学院的创始人、牛津大学医学院的教授、被英国国王册封为爵士的威廉·奥斯勒在年轻时,也曾为自己的前途感到迷茫。一次,他在读书时看到了一句话,给了他很大的启发。这句话是"最重要的就是不要去看远方模糊的事,而是做手边清楚的事。"

对此,哈佛提醒学生说"我荒废的今日,正是昨天殒身之人祈求的明日"。明天再美好,也不如抓住眼下的今天多做点实事。

3. 觉得为时已晚的时候,恰恰是最早的时候。

4. 勿将今日之事拖到明日。

5. 学习时的苦痛是暂时的,未学到的痛苦是终生的。

6. 学习这件事,不是缺乏时间,而是缺乏努力。

7. 幸福或许不排名次,但成功必排名次。

8. 学习并不是人生的全部。但既然连人生的一部分——学习也无法征服,还能做什么呢?

9. 请享受无法回避的痛苦。

10. 只有比别人更早、更勤奋地努力,才能尝到成功的滋味。

11. 谁也不能随随便便成功,它来自彻底的自我管理和毅力。

12. 时间在流逝。

13. 现在流的口水,将成为明天的眼泪。

14. 狗一样地学,绅士一样地玩。

15. 今天不走,明天要跑。

16. 投资未来的人,是忠于现实的人。

17. 受教育程度代表收入。

18. 一天过完,不会再来。

19. 即使现在,对手也不停地翻动书页。

20. 没有艰辛,便无所获。

再来学习一下西点的校训。

1. 恪尽职守的精神比个人的声望更重要。

2. 世界上急需这种人才,他们在任何情况下都能克服种种阻力完成任务。

3. 我们要做的是让纪律看守西点,而不是教官时刻监视学员。

4. "魔鬼"隐藏在细节中,永远不要忽视任何细节。

5. 千万不要纵容自己,给自己找借口。

6. 哪怕是对自己的一点小的克制,也会使人变得强而有力。

7. 只要充分相信自己,没有什么困难可以足够持久。

8. 不要沉沦,在任何环境中你都可以选择奋起。

9. 有耐心的人无往而不利。

10. 确信无法突破的时候,首先要选择的是等待。

11. 只要你不认输,就有机会!

12. 要培养各方面的能力，包括承受悲惨命运的能力。

13. 冲动，绝不是真正英雄的性格。

14. 历经严酷的训练是完善自我的必由之路。

15. 速度决定成败。

16. 不要怕有疯狂的想法，只要你肯努力。

17. 要感谢生活中的逆境和磨难！

18. 要立即行动，不要拖延。

19. 现实中的恐怖，远比不上想象中的恐怖那么可怕。

20. 做一个真正勇敢无畏的人。

21. 没有什么不可能——"没有办法"或"不可能"常常是庸人和懒人的托词。

22. 成功始于觉醒，心态决定命运！

23. 要利用好经验，而不是受它们的束缚。

附11：十件应该在学校学到的事情

这些东西你可以今年就开始学习，无论你几年级，也无论你多大年纪。

1. 如何预测结果

最常见的一种尴尬是"我从来没有想过……"。是的，大多数人都非常不善于预测结果，学校也似乎从来没有考虑过如何帮助他们提高这种能力。

对结果的预测，部分依靠科学、部分依靠数学，还有一部分则依靠一种预见能力。综合来说，这是一种创建思维模型的能力。我们依靠这种能力去想象其后会发生的事件："如果……将会发生什么呢？"

这种情况的危险性在于把注意力集中到了"你想发生什么"，而不是"会发生什么"上。例如，当你准备要跳过一条沟渠，你可能会想象自己落到了另外一边。这很好，想象会帮助你进行成功的跳跃。但你同样需要预见到如果你没有落到另一边时的情境。那时又将会发生什么呢？你是否设想过从40米高处跌落的结果吗？

这就是数学和科学起作用的地方。你需要比较眼前的情况和你过去的经验，计算出不同结果的可能性大小。例如，你正准备跳一条5米宽的沟，你应该问问自己："我有多少次成功越过5米沟的经验？我失败了多少次？"如果你不知道，你可以在平地上进行一次试跳，你应该就可以对你的情况有足够的了解了。

人们不会提前去思考。但当你在学校时，你应该时时抓住机会问自己"接下来会发生什么？"观察你身边的情况和环境与你的互动，预测结果会是什么。将你的预测写下来。通过练习，你将会成为预测结果的专家。

时间长了，情况会变得越来越有趣，你将开始观察到模式、常见现象，以及一些有助于对结果进行预测的事情。比如，东西掉下，玻璃被打碎。当受到侵犯时，人们会发怒。热的东西温度会下降。狗有时会咬人。公共汽车或者火车，有时会晚点。这类常见的现象，通常被称为"常识"，将帮助你避免错误的，有时甚至会有损害的结果预测。

2. 如何阅读

这里的阅读指的是，如何去阅读文字，然后更深入地去"理解"它代表着什么（这同样适用在声音和影像领域，但在文字领域上先打下基础，即便不是完全能够，也可以相对容易地传递到其他领域去）。

写作的四种主要形式是：描述、议论、说明和定义。你要通过学习观察"标志"以及关键词，来学习如何识别这些不同的写作类型。然后，你需要学习句子是怎样组合以形成这些写作类型。例如，一篇议论文包括两个主要部分：前提和结论。结论是作者试图证明的观点，它一定会有一个标志性的连接词(像"因此"、"所以"、"从而"这些词)来体现。

大量的文章充斥着无用的文字,只是为了让作者看上去显得很有学问,转移你的注意力,或者只是为了填充更多的空间。能够绕开不重要的细节,直达作者真正想表达的意思,不分心,这是一种重要的能力。

尽管你的学校从来没有教你这些,去找一本关于讲授非正式逻辑学的基础书(这些书或许会叫"批判性思维"或其他类似的名字)。在书中找到议论文的格式和连接词(通常这类书都不会涵盖其他三种写作类型),在文章中和老师上课时所说的话中,练习找到这些连接词。你可以每一天聚焦一个连接词,观察它在现实中是怎样被运用的。

3. 如何区分虚构与事实

毫无疑问,这是被学校极大地忽略了的领域。有时我怀疑这是因为老师感到他们的学生必须毫无选择性地吸收知识,如果学生们对每件事提出疑问,老师会说,他们从不学习!

学习的第一件事就是对你被告知、你所读到、和你在电视上所看到的东西提出疑问。不要全盘接受你被告诉的东西。要不断发问:你怎么能证明它是真的? 什么证据使你认为那是错的? 正如牛津大学校长所说的,要善于分析问题,并提出质疑,因为分析能力是在大学里最重要的学习能力!

4. 如何换位思考

绝大多数人生活在自己的世界里,这在大多数时候是没有错的。但是,我们至少要认识到这个世界上还有其他人存在着,他们也活在自己的世界中。这可以防止你错误地以为,其他每一个人都和你一样。更加重要的是,这会使他人成为一个令你惊奇的知识和洞见来源。

这个过程的一部分包括从他人的视角去看待事物。例如一个与你生活在不同地方的人。他们可能不会看到你所看到的,也可能看到你看不到的东西。认知上的这种转变可能会改变他们相信的东西,能够意识到这一点是非常重要的。

但更为深刻的是,你需要去想象别人的感受。这意味着,你必须在自己的大脑中创造一个其他人的想法和感觉的模型,然后把自己放到那个模型中去。要做到这一点,最佳的方式是想象你就是那个人,将自己放到他的具体情境中去。

换位思考时,你将理解并且找到能帮助你逾越与他人间隔阂的方式。例如,这时变得礼貌和周到就对你更加重要。因为你能体会到当你粗鲁对待别人时,他们所受到的伤害。同样,变得诚实更加重要,因为你开始看到你的谎言是多么显而易见,被别人当做一个轻易就能蒙骗的傻瓜是多么让人愤怒。

换位思考并不是某种交易。它也不是人际交往中类似于"己所不欲,勿施于人"等技巧的应用。它是真情实感,当你与他人同步感受时,通过你同步的精神状态,你了解了他们。你彬彬有礼是因为当别人粗鲁地对待你时你不好受;你诚实待人是因为当你撒谎时你觉得受了冒犯。

你需要去学习如何拥有这种感觉。你一旦拥有了这种感觉,你就会发现,没有她以前,你的生命是多么得苍白。

5. 如何有创意

每个人都有创造力,如果你仔细看看你自己的生活,你会发现你已在很多地方有创意了。人类有一种自然的创造能力——那正好是我们大脑工作的方式——通过练习,这种能力可以变得非常强大。

增强创造力的窍门是理解创造力是如何工作的。有时人们认为创意的点子是无中生有地产生的,但创造性实际上是熟练而巧妙地以某种形式来运用你的知识的结果。

真正的创意几乎总是存在于对某个事物的反应之中。创意也会在对特定问题的回应中产生:怎样救治一只猫,如何通过一个沟渠,如何悬挂衣服。所以,为了更有创意,要做的第一件事就是学习如何找到有待解决的问题,有待于做出反馈的事物,有待于得到满足的需求。这需要实践,每当你看到一个问题或者需求时，试着把它写下来。

另外，创意的产生还倚赖于知识领域间的相互交错，以及某些时候对知识的综合应用。当你看到现实生活中的一个沟渠时，想想你在游戏中是如何穿越的呢？或者，当你需要清洁电池的酸液时，想想你是怎样去掉多余的胃酸的呢？换句话说，创造力常常用隐喻表现出来，也就是说，你需要学习如何在当前情境和其他你所知道的事情之间发现共通点。这就是人们常说的"在事情之外思考"，你需要跳脱开具体的问题之外。这里涉及的具体技能是"模式识别"。这个技能很难学，需要很多练习，所以创造力才那么难拥有。

但"模式识别"是可以学习的，它就是当你说一首歌像另外一首歌，当你在给花和钓鱼船拍照时，你所做的事情。艺术就是从各种事物中发现模式的活动，这就是为什么今年你应该每天拿出一些时间给艺术——不管是音乐、摄影、摄像、素描、油画还是诗歌的原因。

6. 如何清晰地沟通

清晰地沟通首先是了解你自己想说的，然后选取某些简单的工具来说出它们。可能最难的部分是了解你想说的到底是什么。但是，花时间来确定你知道你想说什么比写一堆材料来表达它更加重要。

知道要说什么通常是结构问题。职业写作者采用一小组常用的标准结构。例如，一些作者喜欢文章（甚至是整本书！）包含着一系列的要点，就像这篇文章一样。另外一种结构，时常被称为"金字塔风格"，被记者时常采用，整个故事在第一段中就被讲出来了，其后的每一个段落提供着越来越次要的细节。

在整体结构中，作者在议论、解释、描述和定义，有时是它们的混合。它们每一个都有不同的结构。比如说议论，它将有一个结论，就是一个作者希望你相信的要点。结论得到一组前提的支持。连接前提和结论的是一组"关系词"。例如，"因而"这个词，就代表着结论。

学习如何清楚地写作，涉及对工具的学习和实际应用。或许最好的学习结构文章的方法是学习如何在笔记辅助的情况下进行演讲。这将迫使你选择一个清楚的结构（一个你能记得住的结构！），确保它们被直白清楚地应用。

还有，掌握专业人员使用的写作工具。学习议论、解释、描述和定义的结构。学习使用关系词来帮助读者熟悉那些文章结构。掌握基本的语法，避免你的句子混乱不清。关于这些的信息都可以在网上找到。

然后，每天坚持练习写作吧！一种很好的方式是加入一个学生或者志愿者办的报纸，和一个团队一起，为某个受众、在一定的时间限制下写作。这将强迫你写得更快，这很有用，因为写得清晰要比写得冗长模糊更快速。如果没有现成的报纸，创办一份，或者开辟一个新闻 blog。

7. 学会学习

你的大脑由相互连接着的数十亿神经细胞组成。学习，本质上就是形成一组组的神经细胞连接。无论你是在学数学，还是在凝视天空时，神经细胞连接都在形成，因此，你的大脑总是在学习。学习的区别在于你怎样学习。

当你学习时，你试图在大脑中创建连接的模式。你在试图将脑神经元连接起来，并加强那些连接。这可以通过重复成组的行为和经历来实现。学习是一个不断练习和重复的过程。

所以，学习任何事情——从"2+2=4"到量子力学理论，你需要一次又一次重复，以期发展脑神经的连接。有时人们通过重复大声朗读来学习——这种机械的学习在不久前还很普遍。在听别人谈话时做笔记也不错，因为你听了一次，然后当你将它们记下来时你重复了一次。

想想学习如何投掷棒球。有人可以解释这个动作的任何细节，你也能够理解所有这些，但在熟练掌握之前，你依然需要将棒球投掷上数千次。你需要像增强你的肌肉一样，加强你脑神经的连接。

有些人认为学习就是记住一些事实。有时是这样。但学习更像是识别而非记忆。因为你正在试图建立神经细胞的网络，最好学习一个连接的整体而不是没有连接的部分，因为你在一个领域学习的连接的整体具有你在另外一个领域已经知道的相同的模式。在一个领域的学习，在认识模式上变得很重要。

有时我们使用的模式非常人工化。在另外一些情况下，更加有用的是，模式与自然法则、逻辑和数学原理、历史潮流、事物如何像整体一样工作等诸如此类的东西相关。画画常常帮助人们发现模式，这也就是为什么脑图和概念图如此流行的原因。

事实上，你应该将数学、历史、科学和机械的学习看做是对原型的学习，也就是需要你一次又一次认知的基本模式的学习。这意味着，当你学这些学科时，你应该问"模式是什么"，而不仅仅是"事实是什么"。问这个问题，实际上会使这些学科更容易学习。

学会学习和学习别的事情是一样，需要练习。你需要每天学东西，学习字典里随机找的一个词，或者随机找来的一个维基百科条目。学这些时，别简单地孤立学习它们，寻找模式：它是否能符合你已知道的某个模式？它是否是你过去曾见过的类型？通过有些方式把这些词或者概念嵌入到你已有的知识中去，或者画一幅画解释它。

在任何时刻都要去思考你如何学习和学习什么。记住，你总是在学习，这意味着你需要询问：当你看电视、购物、打篮球时，你在学什么？何种类型的模式正在被创造？何种类型的模式正在被加强？你如何能掌控这个过程？

8. 如何保持健康

从实际出发，保持健康包含两个要素：一是，最大限度地减少在疾病和毒素下的暴露；二是，保养我们的肌体。

最大限度地减少暴露在疾病和毒素下的时间，主要是一个清洁和秩序的问题。简单的事情如把甲醇存放到车库，而不是厨房的橱柜，可以最大限度地减少意外中毒的危险。保持炊具表面洁净，将食物彻底蒸煮减少细菌感染。经常洗手可以阻止人类传染病菌和疾病的传播。

正是由于类似的原因，一些教育中的热点问题，就围绕着如何警示人们避免暴露在疾病和毒素下。如果你与另一个人有过身体接触，你将可能帮助传播疾病，所以，要穿戴防护服等。像饮用饮料、食用富含脂肪的食物、吸烟、吸毒是典型的将毒素带入身体的行为，尽量少接触。

保持个人身体健康可能更加重要，因为对健康的主要威胁，通常与身体机能下降有关。应该学习如何保证适当的营养和适当的体育锻炼，并多多实践。了解哪些食物和哪些行为对身体有益，无疑是有用的。此外，每天采用某种形式积极运动，骑车去上学，步行两公里，做一项运动，或者锻炼。另外，每天保证食用至少一餐包含对你的健康"有益"的食物，如肉类、蔬菜，或者大豆、水果等。如果你的学校没有提供适当的运动和营养，找到这样的地方！

最后记住：你永远不用去证明保护你自己的生命和健康的重要性。如果你不想做，因为你认为那是不安全的，那么你有绝对的权力拒绝做它。结果，任何的结果，都要好过在这上面妥协。

9. 如何使你更有价值

你可以拥有世界上所有的知识和技能，但如果你无法确信自己有能力使用它们，它们就是毫无意义的。这就像你拥有一辆保时捷跑车，但没有驾驶执照一样。它停在车道上熠熠生辉，但除非你能够将它开动起来，否则你不会得到任何价值。

使你自己有价值，部分是个人发展问题，部分是选择问题。为了使你自己有价值，你需要感受到你值这个价值。事实上，你的确值这个价值，但是帮助你确认这点的方式是实现某些目标、学习某些技能，或者赢得某种声望。为了使你自己有价值，你还必须告诉自己"我很有价值"，这点很重要。我们如何看待自己就像其他事情一样需要学习的。如果某人一遍又一遍告诉你很没用，如果你不作任何反应，那么你会逐渐相信自己确实无用，因为它将导致"你是无用的"脑神经连接的形成。但如果你重复，相信，并按照这样的方式一遍又一遍对自己说"我是有价值的"，那就将会对"我是有价值的"深信不疑。

使你自己有价值到底指什么呢？它代表很多。例如，它是一种信念：你确实足够好，以至于有一个态度、一种声音、一个说法证明你的贡献是有效的。它也可以是一种观点：你是能干的，你能够学习新的事物，并有创造力。它是你的独立能力，你的个人福利不依赖于某个特殊的个人或者组织，你能够自立，按照自己的方式去独立决定如何过你的生活。

所有这些都是你的权利。但是你并不是先天就拥有了它们。你必须争取，通过你的坚信不疑（不管别人怎么说），通过你的自我努力。你的学校没有任何一个课程教这个，甚至可能积极地试图破坏你的自我努力和自尊。你要对此保持警惕，所以你必须为你的自我价值负起责来。

每天这样去做：告诉你自己，我很聪明，我很酷，我很强壮，我很好，我可以成为任何你想成为的人。早晨，大声地讲出来，一定要讲！然后，去实践这些品质。做填字游戏变得更聪明，穿出你自己的时尚风格以使自己变酷，去做某件你告诉自己你会去做的事，让自己变得更强壮。行善事让自己变得更好。

10. 如何生活得有意义

这可能是所有事情中最难学的，也是最少被教授的。

事实上，有意义地生活是几件事情的组合。某种意义上来说，它指你对某些目的或者目标的奉献，但它也指你对现时现地的感恩和奉献。最后，它是认识到你在世界上的位置。你的意义是必须由你自己来创造的。

太多人活到底也不知自己为何而活。他们追求赚钱再赚钱，或者把自己弄出名，或掌握权势，无论自己是否实现这些目标，都认为生活空虚而无意义。这是因为他们混淆了途径和结果——金钱、名望和权力是人们为了做值得做的事情才去追求的东西。

什么值得去做呢？这由你自己来决定。我选择贡献自己的生命去帮助人们获得教育。其他人则选择了追求治愈疾病、探索太空、建立家庭、设计汽车，或者是去获得启迪。如果你还无法确定什么值得做，某些人将替你做出决定。在你生命中的某个时刻，你将发现，你一点都没有做那些值得做的事情。所以，今天，请你花费一些时间，思考一下到底什么才是值得去做的事情。你可以明天就改变你的想法。但至少你已开始要将你自己引导到某些地方。

人们常有"活在当下"的想法。这本质上是一种掌控自己想法的观点。你的想法并不能给予你力量，唯一起作用的是此时此刻。如果你想到什么，比如希望、失败、畏惧等，这些想法都不会伤害你，由你自己来决定你到底有多相信这些想法。

这个问题的另一面是：你此刻做的事情，就是你最想做的事情。现在你或许会想："不可能啊！我宁可现在在三亚的海滩！"但是，如果你真的想去三亚的海滩，你应该已在那里了。你之所以没有去的原因是因为你选择了生活中另外一些更优先的东西：你的学习、你的朋友，还有攒下钱！

一旦你认识到你有能力选择你所做的，你将认识到，你有能力选择后果。那意味着，结果，甚至是坏的结果，在很大程度上来说也是一种选择。

第五章 规划好你的大学

一、大学生活需不需要提前规划

耶鲁大学一项调查显示,只有3%的大学生对未来有规划,为自己订下目标,而其他的学生则没有。经过长时间的跟踪调查,当初有订下目标的3%的学生,其成就远超过其余97%的学生的总和。另据北卡罗来纳大学对4000名平均年龄70岁的退休经理进行的问卷调查,其中一个问题是:如果生命可以重来的话,您最大的愿望是什么? 最常见的回答是:"我将对自己的生命负责,确定自己的目标,不让他人替我去做!"

附12:成功的道路是目标铺出来的

心理学家曾经做过这样的一个实验:

组织三组人,让他们分别向着10公里以外的三个村子进发。

第一组的人既不知道村庄的名字,又不知道路程有多远,只告诉他们跟着向导走就行了。刚走出两三公里,就开始有人叫苦;走到一半的时候,有人几乎愤怒了,他们抱怨为什么要走这么远,何时才能走到头,有人甚至坐在路边不愿走了;越往后走,他们的情绪也就越低落。

第二组的人知道村庄的名字和路程有多远,但路边没有里程碑,只能凭经验来估计行程的时间和距离。走到一半的时候,大多数人想知道已经走了多远,比较有经验的人说:"大概走了一半的路程。"于是,大家又簇拥着继续向前走。当走到全程的四分之三的时候,大家情绪开始低落,觉得疲惫不堪,而路程似乎还有很长。当有人说:"快到了,快到了!"大家又振作起来,加快了行进的步伐。

第三组的人不仅知道村子的名字、路程,而且公路旁每一公里就有一块里程碑,每缩短一公里大家便有一小阵的快乐。行进中他们用歌声和笑声来消除疲劳,情绪一直高涨,所以很快就到了目的地。

基于这个实验,心理学家得出了这样的结论:当人们的行动有了明确的目标,并能把自己的行动与目标不断地加以对照,进而清楚地知道自己的行进速度与目标之间的距离的时候,人们行动的动机就会得到维持和加强,就会自觉地克服一切困难,努力达到目标。

所以有一句话:成功的道路是目标铺出来的!

确实如此,如果人生没有目标,就好比在黑暗中远征。人生要有目标,一辈子的目标,一个时期的目标,一个年度的目标,一个月份的目标,一个星期的目标,一天的目标……一个人追求的目标越崇高越直接,他进步得就越快,对社会也就越有益。有了崇高和明确具体的目标,只要矢志不渝地努力,就会成就壮举。

一个企业,如果我们每个部门、每个员工都学会自己设立目标,然后不断地前行,将会是一个重大的突破,于我们部门、个人和企业都将有莫大的好处。

具体而言,作为部门和个人,在工作中不断设立符合部门和个人实际情况的阶段目标,然后逐步细化,分解为一个个具体的小目标,然后在一路醒目里程碑的提醒下愉快地推进,当中随时保证调整心态和路径,当目标不能如期实现时,说明出了问题,找原因,想办法解决,实在解决不了的,就考虑改变不符合实际的前进目标,然后重新设立,再次前行……就这样逐步以递进式的管理来推进,直至顺利愉快地抵达我们的"村庄"!

在这个特殊的时刻强调目标,除了因为它能明确和快速帮我们实现计划之外,还因为我们目前身处重重危机之下,不利的因素在不久的将来也许会接踵而至,而变化总在顷刻之间,在最后的关头,一根羽毛就能压垮骆驼。所以,如果没有更多积极的因素来抵消和化解,我们无法预测我们的未来,唯一肯定的是,我们不断明确的小目标,就是那一片片的羽毛,而我们不断实现的过程就是不断去除羽毛的过程,就是为骆驼减压,为我们赢得生存的过程!

二、如果你想考研,该怎么做

如果你决定考研,那么你现在就需要一个合理的时间规划。首先了解学校的安排,然后再合理安排自己的规划。

学校安排:大学四年,一共八个学期,从学校角度是如何进行教学、实践、论文、毕业答辩安排的呢?下面是一所大学给你大学四年的安排范例:

1. 培养方案

表 5 – 1

培养方案
- 理论教学
  - 公共基础课
    - 必修课
    - 任意选修课
  - 人文、社科类素质课
    - 必修课
    - 任意选修课
  - 学科基础课
    - 必修课
    - 限选课
  - 专业平台必修课
  - 专业方向课
    - 必修课
    - 限选课
- 实践环节
  - 军训、金工实习、认识实习、电工电子实习、生产实习、专业实习、计算机实践、课程设计、毕业设计、技能训练、学年设计、科研训练等

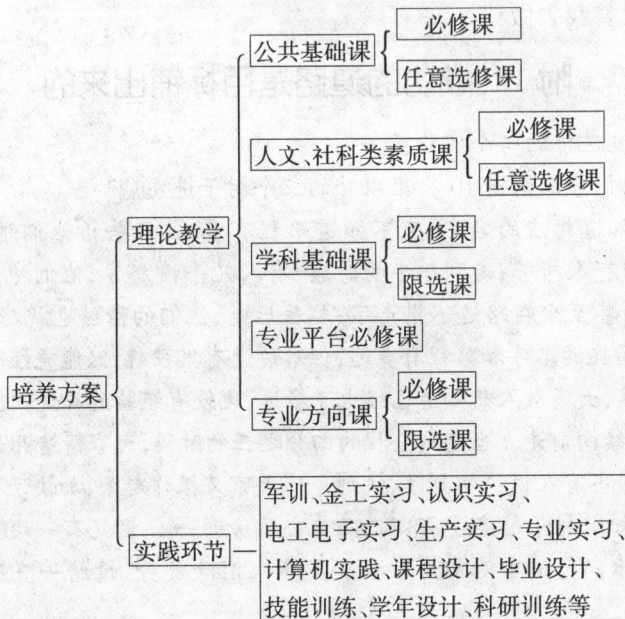

2. 教学进程安排

表 5 – 2

学年	九月				十月				十一月				十二月				一月					二月			
	第1周	第2周	第3周	第4周	第5周	第6周	第7周	第8周	第9周	第10周	第11周	第12周	第13周	第14周	第15周	第16周	第17周	第18周	第19周	第20周	第21周	第22周	第23周	第24周	第25周	第26周
1	★	★	□							15							□	□	○	○	=	=	=	=	=	□
2	△	△	△	□						15							□	□	○	○	○	=	=	=	=	□
3	□									18							□	□	○	○	○	=	=	=	=	□
4	◇	◇	◇	□						14						□	□	◇	○	○	=	=	=	=	=	□

学年	三月				四月				五月					六月				七月					八月			
	第27周	第28周	第29周	第30周	第31周	第32周	第33周	第34周	第35周	第36周	第37周	第38周	第39周	第40周	第41周	第42周	第43周	第44周	第45周	第46周	第47周	第48周	第49周	第50周	第51周	第52周
1	□							18									□	○	○	=	=	=	=	=	=	=
2	□					@	@	□									□	○	○	=	=	=	=	=	=	=
3	□							15							×	○	○	×	×	×	=	=	=	=	=	=
4	□	□	*	*	*	◆					12						◆									

符号:□理论教学　△实践教学(教学实习、认识实习)　×生产实习　○考试

◇课程设计　*毕业实习　◆毕业设计及答辩　★军训　●公益劳动

=假期　@测量实习　//金工实习

3. 理论教学课程设置

表 5－3

序号	课程设置		课程名称	主干课※	学分	学时分配				按学年及学期分配								备注
						合计	课堂教学	实验	上机	I学年		II学年		III学年		IV学年		
										第一学期15周	第二学期18周	第三学期15周	第四学期16周	第五学期18周	第六学期15周	第七学期14周	第八学期3周	
			体育		4	128	128			2	2	2	2					考试
	基础知识模块	公共基础必修课	大学英语	※	15.5	260	260			4	4	4	5					考试
			高等数学	※	11	180	180			6	5							考试
			大学物理	※	7	126	126					4	5					考试
			物理实验		1.5	54		54					3					考查
			计算机应用基础		4	72	36		36	3								考试
			高级语言程序 VB		3	72	36		36		4							考试
			工程数学		5	90	90						6					考试
		学科基础必修课	机械制图.少学时		4	60	60			4								考试
			理论力学(中)	※	4	70	70					5						考试
			材料力学(中)	※	3.5	64	64							5				考试
			机械基础		3.5	60	60							4				考试
			电工学		3.5	60	50	10						4				考试
			工程力学		3	64	64							4				考试
			运筹学		2.5	48	40	8							3			考试
			其他															考试
	专业课		十二门左右必修课															考试
			十门左右选修课															
	人文社科知识模块		马克思主义哲学原理		2	36	36							2				考试
			政治经济学原理		2	32	32								2			考试
			毛泽东思想概论		2	32	32					2						考查
			邓小平理论概论		2.5	48	48							4				考查
			德育(二)法律基础		1.5	30	30							2				考查
			德育(一)思想品德		2	30	30					2						考查
			大学语文		1.5	30	30						2					考查
			科技写作		1.5	30	30								2			考查
			科技文献检索		2	30	30									2		考查
	经济类及选修课		管理科学基础		2	36	36										3	考试
			技术经济分析		2	36	36									4		考试
			电影赏析		1.5	30	30					2						考查
			音乐赏析		1.5	30	30								2			考查
			文学鉴赏		1.5	30	30									2		考查
			企业 CI 设计		1.5	30	30										3	考查
			其他选修课程															
	合　计				160		2608	175	72									
周　学　时　合　计										26	26	31	27	24	24	22	26	

4. 自己规划范例（以工科学生为例）

自己安排:如何在学校整体安排的过程中穿插自己的安排。

大一目标:学好基础课,尤其是学好高数和英语。

大二目标:养成学习习惯,训练学习能力,过英语四级。

大三目标:确定自己想学的专业及理想的学校,过英语六级,系统学习高数。

大四目标:全力备考,强烈建议报考研班,冲刺学习,一举成功!

具体安排：

表 5－4

安排时间			大一 上学期	大一 寒假	大一 下学期	大一 暑假	大二 上学期	大二 寒假	大二 下学期	大二 暑假	大三 上学期	大三 寒假	大三 下学期	大三 暑假	大四 上学期	大四 寒假	大四 下学期	大四 暑假
学校安排			军训		理论教学		实践教学		金工实习		专业学习		专业学习		课程设计		毕业设计及答辩	
			理论教学				理论教学		专业学习		理论教学		生产实习		专业学习（课程很少了）			
															毕业实习、找工作			
自己安排	正常学习	必去课程																
		签到课程																
		其他课程																
	课外学习	必读书籍																
		社团活动																
		其他																
自己安排	考研学习	作息规划																
		英语（自己学习）		四级为主					六级为主									
		数学（自己学习）	上课学习	不理	上课学习	不理	上课学习	不理	上课学习	系统复习	系统复习	可报班		报班				
		政治（自己学习）	不理	不理	不理	不理	不理	不理	不理	不理	学习	学习	学习	强化				
		专业课（自己学习）	不理	不理	不理	不理	不理	不理	上课学习	不理	学习	可报班	学习	强化				
	报班学习	英语			可报四级辅导				可报六级辅导						一定报辅导班		一定报辅导班	
		数学							可报班				可报班		一定报辅导班		一定报辅导班	
		政治													一定报辅导班		一定报辅导班	
		专业课													一定报辅导班		一定报辅导班	
	休闲																	

· 66 ·

✱建议:所有在大一就想考研的人一定要注意:

一定要为大学一毕业就工作做好相应的准备,因为80%开始这么想的人最后都因各种原因放弃考研而去找工作了。单单抱有考研的想法会使你错失很多锻炼与社会接轨能力的机会。(大学最重要的一点:无论你在为考研做准备还是为工作做准备,无论你在为何做准备,只要你不虚度光阴,就不会在未来像迷途的羔羊一样迷茫。)

三、如果你想考公务员,该怎么做

你首先要认真清醒地考察自己是否真的适合从事公务员的工作,是否会被少数不良风气所影响,能否抵御住各种利益的诱惑,能否具有处理复杂人际关系的能力,能否具有较强的语言表达能力。

如果不具备上述能力,建议重新考虑。对于公务员的工作要有正确的认识,它在稳定、安逸之余并不能为你带来巨额的财富,并不能为你带来没有节制的权力。如果带来,它也会同时带来潜在的灾难。它只能为你带来责任,带来忙碌,也随之带来民众真正的尊重。

如果你的思想和觉悟都不够,请你放弃考公务员的目标。因为曾不止一个学生在校时目标明确,就是考公务员,并因此而放弃了很多选择的机会,最后如愿以偿地考取了公务员,但工作几年后因为实在适应不了,辞职了……回头看这段历程,不免感叹枉自蹉跎了岁月……

如果决定要考公务员,四年的目标规划:

大一:争取成为班干;

大二:争取入党;

大三:学习公务员考试教材;

大四:一定要报公务员培训班,然后一举成功!

基本问题解答:

1. 公务员考什么

公务员考试制度大致可以分为中央、国家机关公务员考试和地方公务员考试两种,基本包括了各个系统的公务员考试。中央、国家机关的公务员考试包括笔试(公共科目、专业科目)和面试。公共科目的笔试主要为《行政职业能力测试》(简称《行测》)和《申论》。地方公务员考试在此基础上一般还会根据各地实际情况加考《综合知识》或《公共基础知识》。《行测》分为五个模块:言语理解与表达、数量关系、判断推理、常识判断和资料分析。

公务员考试实际考查的是一种能力、一种积累、一种方法、一种处理千头万绪的行政公务的能力,一种海纳百川、兼容并蓄的知识沉淀以及一种化繁为简的处理事务方法和理性的思维方式。

2. 公务员怎么考

冰冻三尺,非一日之寒。知识来源于积累,能力来源于知识的广度和厚度以及对于知识的有效运用,它的培养需要的是日积月累的知识沉淀。除了要具备广博的知识背景,还需要正确的方法和技巧,所以建议公务员考试复习要从大三开始,做到早复习、早积累、早掌握。有条件的话可以参加权威的辅导班会对你启发较大。

3. 报考2011年公务员的时间规划方案

好的计划是成功的一半,很多人会遇到复习时间不够用、不知道从哪里入手等问题。下面提供一个备考时间表,供大家参考。

✱2010年日程安排:

(1)8月上旬搜集好公务员考试资料,确定目标。确定所要报考的大概范围、方向和岗位,全面了解所报部门、岗位的信息。购买历年真题,评估自己实力,可根据个人实际情况制订学习计划。

(2)8月中旬第一轮复习,可以报一个基础班,主要是申论和行测两门基础课学习。不要急于做真题,着重夯实基础。

（3）8月下旬全面关注去年公务员考试大纲，购买最新辅导用书。

（4）9月上旬制订全面复习计划，开始第二轮复习，可参加有权威性的暑期班，做到两门笔试科目同步提高。

（5）9月中旬以系统阶段式学习模式为基础，复习讲究由浅入深、循序渐进、系统不间断，跟着辅导课程学习一个阶段后，带着学到的各种方法、思路和技巧回去做题、揣摩，之后再带着疑惑和问题再进入到下一个辅导环节中，请求老师帮助解答，如此往复。

（6）9月下旬对前两阶段的复习进行总结。重点内容要进一步巩固，最好在教材中做出明显的标记，以备最后冲刺时使用。

（7）10月上旬2011年国家公务员考试开始网上报名，考生登录人事部网站（http://www.mop.gov.cn）报名。考生要谨慎填报，牢记报名信息。

（8）10月中旬第三轮复习阶段开始，申论、行测的冲刺复习要进行查漏补缺，购买辅导冲刺的内部资料。考生可参加冲刺辅导班。

（9）11月上旬进行考前模拟实训，最后梳理考点，调整考试状态。

（10）11月中旬调整心态，熟悉考试环境和流程，参加国家公务员录用考试。

（11）12月也就是笔试一个月之后，考生可以通过网络查询自己的成绩。

❋2011年1月份以后日程安排：

（1）查询所报职位的最低分数，预测是否过关。通过笔试、进入面试的考生可以开始准备面试，首先去书店买一本有关面试的教材，还可以跟周围的同学朋友进行一些类似的情景演练，提高临场表达能力和应变能力。

（2）查询所报岗位入围人员名单，确定是否入围。

（3）关注所报岗位的资格审查时间（参加资格审查需用的材料：毕业证、学籍证明、户籍证明、学生证、自我简历等）。

（4）关注所报岗位的体检或体能测试时间。

（5）关注所报岗位的资格面试时间（面试内容：报考动机、举止仪表、个人情况介绍、工作态度、人际关系处理、复杂事件处理、对社会现象的理解、行政公文应用（演讲稿）；方式：现场表达当场评分、公布分数）。

（6）查询所报岗位面试入围人员名单，确定是否入围。

（7）录用考核（两种方式：发调查函、派人到所在学校或单位）。

（8）关注所报岗位人员录用名单（公示一周）。

（9）关注所报岗位录用人员报到时间、地点、有关手续。

（10）岗前培训（注意学习、考试，当心因考试不及格被淘汰）。

（11）试用（试用期为一年）。

（12）正式录用。

4. 经典面试

一个渔夫一天出海打鱼，偶然间发现一条蛇，并且蛇的嘴里叼着一只青蛙，渔夫出于善心，把青蛙从蛇的嘴里救了下来，把青蛙给放了，并且又给蛇找了一点食物，把蛇也给放了。又过了几天，渔夫出海打鱼，觉得船好像不断地被什么东西给撞击，他回头一看，原来是他前几天放掉的那条蛇又回来了，但是蛇的嘴里面叼着两只青蛙。请你用领导科学的观点来谈谈你的见解。怎么回答？

这里提几个角度，只要考试的时候针对一两个角度说清楚就可以了。

首先应该看到这个问题的本质或者说指代，渔夫是领导，蛇和青蛙都是部属，或者把蛇看成部属，青蛙看成弱势群体。

角度1：领导想解决矛盾，但是使得矛盾激化，这是一个方法问题，因为没有使得下属认识到自己行为的错误或者说自己的意图,导致下属一错再错,变本加厉。

角度 2:领导要能识人,在处理问题的时候应该看清事物的本质,不能只解决表面问题,在表面做文章,否则,可能会激化矛盾。

角度 3:在做事的时候要正视自然规律,蛇就是会吃青蛙的,不是你能左右的。做事情的时候要认识到这一点,实事求是才能做出正确的选择。

角度 4:怎么能使蛇不吃青蛙?可以的,用圈子把蛇圈起来,在我们这个法制社会里面,圈子就是我们的法律。没有圈子是法律法规不健全的表现,而有的圈子不用则是没有做到依法治国。作为领导,就要切实做到有法必依,执法必严,违法必究。否则,只能使得不法分子更加猖狂,使得人民群众的利益受到损害。

角度 5:做事要注意长远利益,而不是只关心眼前利益。

面试一般的问题还有为何要报考公务员?如果这次你没有被录取怎么办?能谈谈你的优点和缺点吗?你认为你比较适合做哪些工作?以及一些略显刁钻的问题,考虑到面试的重要性,你可以报一个权威的辅导班,通过他们专业点拨,过关胜算就很大了。

四、如果你想出国,该怎么做

出国留学一般需要下面的几个条件:大学四年优秀的 GPA 成绩,优秀的 PS 和推荐信,优秀的国内考试成绩。

如果要拿奖学金去北美国家的大学的话,需要参加 TOEFL 和 GRE 的考试,如果要去英联邦国家的话,考取 IELTS 就可以了,但是英联邦国家是把教育当成一个产业,因此拿到奖学金的机会是非常少的。

1. 几种考试介绍

TOEFL:是为申请到美国或加拿大等国家上大学或者研究生的非英语国家的学生提供的一种英语水平考试。词汇量要求约 8500,考试的内容分为阅读、听力、口语、作文四个方面,新的考试形式为网考。考试费用大约 170 美元,成绩有效期是 2 年,更多信息可以参考:http://toefl. etest. edu. cn 或者 http://toefl. etest. net. cn。

IELTS:是申请英联邦国家留学或移民必须参加的考试,是由剑桥大学委员会、英国文化委员会和澳大利亚教育国际开发署共同管理的全球认可的英语语言水平考试。分为移民类(G)和学术类(A),包括阅读、听力、写作和口语四个部分,移民类和学术类只在阅读和写作上有区别。词汇量要求约 6500,考试费用大约 1500 人民币,成绩有效期 2 年。更多信息可以参考:http://ielts. etest. edu. cn 或者 http://www. britishcouncil. org。

GRE:是北美的研究生入学考试,适用于除法律和商业外的各专业。其成绩也是拿奖学金的重要参考。GRE 分为 General 和 Subject 两类,通常国内学生只需要参加 General 的考试。通常大多数学校不要求考 SUB,但如果你是跨专业或者是美国人竞争比较激烈的专业,例如计算机等专业,可以考虑考一下 SUB。GRE 在改革之后要求约 16500 词汇量,考试费大约 175 美元,成绩有效期 5 年。

GMAT:是商学院入学考试,英语国家的大部分商学院都需要申请者提供 GMAT 成绩。包括 Verbal、Quantitative 和 Analytical Writing 三部分,考试形式为机考,考试费用大约 250 美元,成绩有效期 5 年。但是 MBA 往往是没有奖学金的,而且最好是有 3～4 年的工作经验再读会效果更好。因此对于没有工作经验的在校学生并不是很适合。更多信息请参考:http://www. mba. com。

LSAT:是法学院入学的考试,北美所有的法学院都要求申请人参加 LSAT 考试。内容包括阅读理解、逻辑推理和分析推理三个方面,另加作文考试,作文成绩不记入总分,但作文将随成绩单寄到所申请的学校。LSAT 考试在中国每年举办两次,考试费用大约 112 美元,成绩有效期 5 年。

2. 大学的四年的基本规划

大一:提升英语基础能力,需要从高中的 2800 词汇量迅速提升到四级要求的 4500 词汇,尽量在大一的寒假前后考完四级,虽然说现在四级证书和学位无关,但是对于快速提高英语能力还是一个比较不错的方式。另外一个备选的方案是考 IELTS 而不是考四级考试,尽量在大一的暑假之前把 IELTS 考一下。不仅仅是因为四级考试,而是改变中式英语思维的缘故,其实 IELTS 对英语能力提升很有帮助,因为其考试注重听说读写各方面的平衡性。但是考试费用也很高。一次考试费就要用去人民币约 1450 元。

大二:准备 TOEFL 考试,因为 TOEFL 考试成绩有效期是 2 年,因此,大二的时候考 TOEFL,如果成绩不理想还可以再考一次,如果是大四的上半学期提出申请的话,大四的下半学期拿到录取函,毕业后马上出国,这是比较理想的情况。

大三:准备 GRE 考试,在大四开学之前把 GRE 考完,每门课程的考试时间大致上这样安排比较合适,9～12 月背单词,看相关的图书资料,寒假报班突击,过完年后,再进行听说读写的单项突破练习和模考,然后在暑假前考试。大四一边准备 PS 和推荐信等文书,一边找单位实习。或者是看看哪个社团比较感兴趣,参与一下,不在于出成绩,而是锻炼自己协调关系和组织项目的工作能力。这期间,顺便也就把你的论文准备好了。因为你已经具备了写作 GRE 作文的能力。所以就不会像其他人那么的艰难。

大四:在上半学期也就是 11 月之前把申请工作都做完之后,第二年的 3～4 月份就能收到录取函了,然后是准备 9 月份的国外学校报到。

3. 疑难解答

(1)与学校课程的冲突如何解决

以上规划中有个矛盾,就是往往大三的专业课是最多的,而 GPA 又是影响 offer 和奖学金的关键,那么怎么协调这个关系呢?如果你的英语基础比较好,可以在大二的时候就准备 GRE 的考试,国内很多高中的英语教育比较超前,像很多私立高中,学生在高三的时候就能达到接近 TOEFL 的水平了。而考完 GRE 之后大三再考 TOEFL,就非常的轻松了,不用涉及太多的精力。而且对于大三直接阅读原版的专业图书也是很大的帮助。并且 GRE 成绩的有效期是 5 年,即使在国内先读研再出国也是可以的。

如果英语基础比较差的话,还是按部就班地先考 TOEFL 后考 GRE。那么专业课怎么办呢?一般在大一的时候,你就知道大学四年要学习的科目了,大约 35 门课程,不同的学校不同的专业可能会有些差别,但这没有关系。仔细研究这些课程的考试大纲,你会发现有些科目对于出国和工作的意义不是很大,但是却占了一定的学分,如果你自己不能分清课程的主、次,可以请教一下大四的师哥师姐或者是已经出国或已工作的校友,他们会给你不同的意见,这需要你自己辨别,或者咨询学校里面专门负责出国留学事情的老师,他们的意见都是非常具有参考价值的。这样一来,你会发现有一半的课程对出国不是那么重要,尽管其成绩对 GPA 很重要。

对于这样的课程,在精力有限的情况下需要提高学习的效率并掌握一定的考试技巧,具体参见本书第四章"上课、考试介绍,以及如何通过考试"。你也可以在大一开学的时候跟辅导员老师说明你要准备出国,并询问应该怎么学习这些科目,从他所了解的角度给你一些启示。或者从你们学校正在办理出国的师哥师姐那里学习一些经验。总之,这些课程都必须过关,否则挂掉后再补考的话就会影响到你整体的时间安排了。

剩下的一半基础课程和专业课尽量在大一大二的时候多学一些,如果学校里面不是选学分制而是硬性规定好了每学期要学哪几门课程的话,考试可以跟着学校走,但是学习可以走在学校之前,可以去听上一年级的课程,不要因为大一的课程比较轻松,就把大量的时间用在网络游戏和聊天上。

暑假的时间建议找个优秀的外企去实习,国内的学生往往欠缺的工作经验和人际交往的能力,这时候可以锻炼一下,并且可以学到很多书本里面没有学到的知识,而且很多外企里面的老总都是国外名校毕业,将来请他们写一封推荐信对你申请全额奖学金是很有帮助的。

(2)联系出国时间表

如果把参加考试的时间计算在内,多数人联系自费出国留学需要两年时间,至少也需要一年半的时间。假定你现在已达到大学四级的英语水平,你 TOEFL 学习需要 2～4 个月时间,GRE 学习需要 4～6 个月时间。TOEFL 成绩有效期为 2 年,GRE 成绩有效期为 5 年。TOEFL 考试和 GRE 考试两者没有哪一个必须先考的问题。但因为 TOEFL 比 GRE 相对要容易,所以可以先考 TOEFL,以便按部就班地学习。着急出国的人也可以同时准备,在大约同一时间内参加考试。

一般来说,应当在一年左右的时间内解决所有英语语言考试。假如你希望 2013 年秋天到国外去读书,那么你的 TOEFL 考试应该在 2012 年 8 月份以前结束。GRE 自 1999 年 1 月底在中国实行计算机化的考试,这样,在 1～12 月期间,你可以从容地任意挑选一个时间参加 GRE 的考试。总而言之,只要可能,你应当在开始准备申请文件以前完成各项英语语言考试。这样,你选择、联系学校时可以比较有针对性,同时也能避免你因为一边联系学校一边准备考试而心烦意乱、顾此失彼。

以下是推荐的联系时间表,供参考:

1)3 月～7 月

在准备、参加考试的同时确定自己希望去的国家以及攻读的专业,调查该专业在所去国家各大学的排名和其他情况。通过 Peterson's Guide 等资料查询各大学专业招生情况、要求及地址。有条件的,也可以在 Internet 上进入各大学的网点查询。在 8 月份以前必须选出 30～40 所学校作为自己的联系对象。在这期间,还应该尽可能回原毕业的学校开出中英文的正式成绩单。

2)8 月 1 日～8 月 30 日

写好第一封联系信,通过邮局或 E－mail 发给你感兴趣的学校,索取申请表及相关资料。

3)9 月～10 月

收到校方的回信和申请资料,着手准备各种各样的文件。首先要对申请表格进行筛选,排除一些不合适或对你不表示欢迎的学校,最后选定 10～15 所学校作为认真联系的对象。然后按这些学校各自的要求准备文件,通常这些文件包括经校方签章并签封的中英文成绩单,TOEFL、GRE 等语言考试成绩单的复印件,你自己写的 personal statement,resume,essays,和你的推荐人写的 recommendation letters 等等。

4)11 月 1 日～11 月 30 日

认真填写所选出的 10～15 所大学的表格,为这些大学拟定全部文件和材料。在这过程中,最好为每个大学建立一个档案,保留和该校相关的文件和文件备份,以便随时掌握联系的进度。准备一个大信封,把全部要寄出的资料按顺序放入。这些资料包括:

①Cover Letter,向校方说明全部资料已准备齐全,现在一起寄出,希望校方认真考虑并给予回复。

②申请费,可到中国银行或中信实业银行办理汇票,然后把该汇票附在你的申请表上。

③申请表,按照各大学的要求填写,有条件的可用电动打字机打上去,如果用笔填写,一定要一笔一画写得很清楚。

④Personal Statement & Resume,这两个文件事关你的奖学金,一定要把你的优势和成就写得充分可信。

⑤论文或作品集。

⑥TOEFL、GRE 成绩单,复印后签上字,放入包封(package)中。

⑦如果有一篇专业论文附在档案中,一定会增加录取或拿奖学金的机会。学建筑等专业的学生则应提交作品集。

⑧财力证明,不管有没有钱,都要把该表填好放入申请包封中。

⑨各学校所要求的其他资料和文件。这些文件都是要由你自己准备并寄出的。

下列文件不能出现在前段提到的大信封里,必须单独寄发:

①Three Recommendation Letters,把三封推荐信分三个信封装好,并在信封口上请教授签字。

②中、英文对照的成绩单,用学校的信封封好,封口上应有学校的签章。

③TOEFL、GRE 的正式成绩单,必须安排国外的考试中心直接寄给学校。

5)12 月～次年 1 月

向各大学寄出所有联系资料,并要求 ETS 向各大学寄 TOEFL、GRE 成绩单原件。在以上工作全部结束以后,可再选出 10 所左右一般的大学,在不交申请费,不寄 TOEFL、GRE 成绩单原件的前提下进行联系,有时会有意想不到的结果。

6)2 月～4 月

用通信或 E－mail 的方式和学校保持联系。可能的话,向大学所学专业的教授写信做自我推荐,让那些能决定你命运的教授对你有比较充分的了解,以进一步提高你被录取和获得奖学金的机会。有时校方会来函,告知缺什么文件,接到信后应赶紧把所需文件寄过去。在接到一所学校寄来的授予奖学金信函后,不要急于答复,因为可能会有更多更好的学校给予奖学金。到 4 月上、中旬再决定去哪一所学校,然后把别的学校回绝掉。

7)5 月～6 月

如果到 5 月份还没有接到奖学金,不用着急,但要与学校继续保持联系。大约有三分之一的奖学金是在 5 月和 6 月发下来的。拿到奖学金的同学,可以开始到公安机关办理护照。护照拿到后,随时可去大使馆申请签证。获全额奖学金的同学多能一次通过。获得部分奖学金或没有获得奖学金的同学只要准备充分,也有相当的机会。

8)7 月～8 月

处理好国内的各种事务,预订好飞机票,做身体健康免疫检查,办理好各种所需要的公证文件,购置各种所需物品,和大学联系住宿问题,做好出国准备。

以上粗略的出国时间表仅供大家参考使用。大家可能会碰上不同的情况,到时一定要灵活处理。如果碰上实在棘手的问题可以找专家咨询。

五、如果你想毕业后到外企工作,该怎么做

1. 四年的目标规划

大一:争取成为班干,参加几个核心社团,对于理工类的学生要学好高数和英语。

大二:争取成为社团负责人,训练口才,锻炼组织协作能力、逻辑思维能力,培养出很好的学习能力,过计算机三级,过英语四级,着重训练英语口语。

大三:参与社会实践,积累经验,增长技巧,最好能到外企实习。掌握一定量的商务英语词汇量,及相关商务礼仪。过英语六级,最好有英语口语证书,及托福或雅思成绩。

大四:学习就业技巧,全力找工作,一举成功!

2. 四项要求

(1)英语要求

除了必要的过级考试之外(国家六级),重点在"实用口语"的练习,实用商务英语技能的提高,尤其是在办公室情境下的词汇和表达,比如说 Why always such short notice?(怎么总是最后一刻才通知我们呢?)We should stick to our price.(我们应该坚持自己的报价。)等等。

(2)计算机要求

除了必要的过级考试之外(国家三级),把 Word,Excel,PowerPoint 要学精学透,包括 Excel 中的重要函数的使用。

(3)逻辑思维能力

指正确、合理思考的能力。即对事物进行观察、比较、分析、综合、抽象、概括、判断、推理的能力,采用科学的逻辑方法,准确而有条理地表达自己思维过程的能力。它与形象思维能力截然不同。

逻辑思维能力不仅是学好数学必须具备的能力,也是学好其他学科,处理日常生活问题所必需的能力。

可以通过参加"辩论协会",因为辩论可以帮助我们迅速提高自己思维的全面性和条理性。

(4)职业匹配要求

一份适合自己的职业,应该是"双匹配"的,也就是说,这份职业既匹配你的兴趣,也匹配你的能力。

根据自己的兴趣和能力,在大学阶段反复尝试对自己进行"职业定位"。比如你的兴趣是与人沟通,能力是具有创新思维并且中英文口才较好,那么你可以去从事这三个职位的兼职:培训师、销售和市场推广。你可以利用做家教的机会来判断自己是否适合做培训师;去参加保险公司和直销公司的培训,看看自己是否真正擅长并乐于推销产品;去参加营销策划比赛,确定一下自己是否具有做市场推广工作的天分。

早早进行"职业定位",就会避免你在毕业之后频繁跳槽。更为重要的是,它可以使你在大学期间就打造自己的"专才本领"。

❀建议:所有在大一就决定不会考研而只会一毕业就工作的人一定要注意:

也许到了大四你才会发现原来你找不到你理想的工作……原来如果考研的话,你未来工作选择的机会要多一些……最遗憾的是,原本,你是具备考研条件的,而现在,你也许已经彻底丧失了……

六、如果你想创业,该怎么做

1. 四年的目标规划

大一:学好基础课程。并争取成为班干、学生会干事,多多参加社团,学会融入其中。

大二:争取成为学生会主要干部及几个社团的负责人,养成良好的读书习惯,和有效的学习能力。

大三:学好专业课程,参与社会实践,到企业实习、打工,了解企业的运行模式,结合自己兴趣以及所学的专业,进行广泛的调研,从而选择自己的创业方向及创业模式。

大四:保证在专业上学有所成,能顺利毕业。开始组建自己的创业团队,踏上创业征程!

2. 四年应培养的五个能力

澄清一个误区,创业并不是找不到工作之后毕业大学生无奈的选择,事实上他首先应该是一个优秀的员工(所以毕业后如果想到企业工作应该能很快得到职位),具备优秀员工的素质,只是他同时还有独到的眼光、持久的热情、持续学习的能力和不甘平庸的野心。所以如果想创业的大学生,需要在大学培养出如下五个能力:

(1)领导能力

关于领导能力的书很多,学习是必要的(可以参考杜拉克的管理书籍,杜拉克是20世纪大师级的管理专家)。简单来说,一个高水平的领导能力就是先跟团队一起讨论问题,统一意见后开始实施,你来监督,成功了一起高兴,失败了你得起到稳定军心、鼓励大家的作用。

(2)组织和社交能力

在大学时积极参加社团和社会活动。这对培养凝聚团队能力、与人交际沟通能力,以及不同情况下处理事情的能力起积极作用,也容易养成不愿贪图安逸,总想实现自我价值的思维习惯。

(3)财务能力

需要学习专业的书籍。可以参考《经理需了解的财务》、《傻瓜财务报表》等简略易懂的书籍。也可以参考"教你创业"一类的书籍,里面会提到关于税务、融资等方面的财务知识。

（4）足够韧性，能耐得寂寞的能力

创业需要理性，更要具备韧性，而且要特别耐得住寂寞。不能只看到创业成功后的光环，没有认识到创业的艰辛和风险。我国民营中小企业的平均成活期只有两到三年，创业就是一个不断遇到困难然后解决困难的过程，这其中比资金遭受损失带来更大挫折感的是自信心受到的打击，不在性格上历练出那种能屈能伸的韧性，创业的路很难走下去。

（5）服务他人的意识和创业素质

在另外一个角度，大学生创业要具备知识、技能和素质三点，其中知识可以学习和积累，技能可以通过以上几步训练，唯独素质最难培养。这种素质是一种勇于进取，面对困难坚忍顽强的人生态度，更是一种服务于社会和客户的价值观和灵活多变的思维方式。因此梦想创业的大学生，在大学时代就要有意识地服务别人，磨炼这种创业素质，创业时就容易先人一步，获得成功。

3. 创业的基本法则

很多有抱负的大学生都希望通过自己创业，获得人生事业的成功，但是创业成功者毕竟是少数，每年新创办企业中，至少有50%在半年之内倒闭，倒闭的主要原因是没有把握好如下创业的基本法则。

（1）创业要有足够的资源

很多人在初次创业的时候，资源都是十分欠缺的。资源不足，使企业创业成功的概率降低，但要有完全充分的资源也是不可能的。在资源方面，一般来说，要符合两种条件：一是要有进入一个行业的起码的资源；另一方面是具备差异性资源。如果任何条件均不具备，创业成功的可能性很小。

创业资源条件主要包括几个方面：
- 业务资源：赚钱的模式是什么；
- 客户资源：谁来购买；
- 技术资源：凭什么赢取客户的信赖；
- 经营管理资源：经营能力如何；
- 财务资源：是否有足够的启动资金；
- 行业经验资源：对该行业资讯与常识的积累；
- 行业准入条件：某些行业受到一些政策保护与限制，需要进入资格条件；
- 人力资源条件：是否有合适的专业人才。

以上资源创业者也不需要100%地拥有，但至少应具备其中一些重要条件，其他条件可以通过市场化方式来获取。创业者如有足够的财务资源，其他资源欠缺也可以弥补；如果有足够的客户资源，其他资源的欠缺也容易改变。

（2）创业前要慎思

创业前要认真思考、反复评估、考虑成熟再行动。除了要足够的资源准备外，心理准备最重要。以下几个方面问题，值得好好思考。

第一，我为什么要创业？是否有足够的决心，愿意承担风险吗？过去的利益是否舍得放弃？

第二，我是否具备创业者应有的能力与素质，是否能承受挫折，是否具有综合全面的素质，还是有专项技术特长？

第三，我创业成功的核心资源优势是什么？我具备创业的条件（足够的资本、行业经验、客户资源、技术创新、商业运作能力，与即将面对的竞争对手相比是否有明显的优势）吗？

第四，是否有足够的耐心与耐力度过创业期的消耗，估计通过多长时间能度过创业瓶颈阶段，自己有多长时间的准备？

第五，创业最大的风险是什么，最坏的结果是什么，我是否能承受？不要只想到乐观的一方面，对风险一定要有充分的心理准备，否则，一碰到现实状况与想象不一样，就会造成信心动摇。

回答清楚以上问题之后,再决定是否创业。很多创业者的失败,都是与创业前心理准备不够,匆匆忙忙创业,最后失败得一塌糊涂,假如准备不足,条件不具备,晚一点创业也不迟。

(3)先有业务,再创业

很多人创业是迫于生存的压力,希望赚多点钱,过上较好的生活。因此,在创业之初,是无所谓事业的,创业选择极具盲目性,为创业而创业,在刚开始创业之前,进入什么行业,以什么为赢利模式,都是一片茫然。很多创业者,先将公司注册好了,再考虑业务范畴。

创业者在创业之前,一定要有明确的创业方向,再决定创业。假如,选择了某一个行业,创业前一定要积累一些该行业的经验,收集相关的资讯,如果有可能,可以先考虑进入该行业为别人打工,通过打工的经历来积累经验与资源。那么"学费"自然由别的老板给你付了,也就用不着自己为创业而交学费,行业知识、客户资源渠道、赢利模式都有了,再创业,成功就指日可待了。

(4)经营能力最重要

很多年轻人在创业时,过多强调资金因素影响力,其实不然,创业条件中资金虽然很重要,但最最重要的是创业者个人的经营能力,特别是业务能力。如果资金是根本因素,那好,我给你投资1000万,你经营什么?你有什么可以确保赚钱吗?我想,很多人恐怕都无法保证,也不知道投资干什么,所以资金因素不是唯一的。

经营赚钱的能力是最重要的,只要有非常出色的经营能力,自然会找到投资者,很多投资家天天都在找好项目投资。

在创业初期,创业者个人的能力非常重要,事无巨细,都要自己亲自动手,创业不是一件很轻松的事情。在创业者的个人能力中业务能力、开发客户能力、综合应变能力十分重要。创业者其实很多时候就是一个业务经理。很多创业成功者,都是做业务出身。有了客户,有了订单,自然的事情都变得容易了。

对于有志创业者而言,不断打造好自己的经营能力是至关重要的。从学做业务开始,是一个好办法。当能力有了,创业机会自然很多。特别是今天,进入靠能力赚钱的时代,经营能力更是重中之重。

(5)内部创业更容易

在创业者中,有几种成功的类型,自己从零开始独立创业成功者,有技术与他人合作成功者,在企业内部创业成功者。

一个创业者比较好的选择就是有计划与策略地进入一家成功公司,先取得老板的信任,再找准机会,建议老板从公司发展角度投资新项目,这样创业的机会就有了,作为项目的提出者,自然会被老板赋予重任。很多企业都会有发展新项目的需要,如果冒昧地找人投资,合作机会不会太多,关键是一个信任感的问题。萍水相逢,人家为什么会信任你?国内企业管理控制乏力,企业用人时,对忠诚度的重视,甚至超过对能力的重视。

从企业内部创业,有很多有利条件:雄厚资本的支持、管理的指导、综合资源的共享、业务资源的利用、品牌形象借助等,如果创业公司的业务与母体公司的业务有延续性,或关联性,创业起来更容易成功。

4. 大学生创业基本问题解答

(1)问:在校大学生可以创业吗?应该具备哪些条件?

答:可以创业,但应具备三个基本条件:

①这种创业不应该影响学习,同时可以利用便利的学习资源学习与创业有关的专业性知识。

②应当具备这种创业的相关能力,这种能力的培养,可以参加一些商业培训,从而了解如何写正规的《商业计划书》。通过行业培训,确定定位和行业规则,这样就能把握好客户、供货、物流、财务以及安全等各个环节。

③创业应该是一个由简入繁的过程,比如刚开始缺乏对市场的判断力,那么就应该从简单的

市场做起,从而积累经验。

(2)问:国家对大学生创业有哪些具体政策支持?

答:2009 年国务院办公厅下发国办发〔2009〕3 号《关于加强普通高等学校毕业生就业工作的通知》,通知中要求加大政策扶持和服务力度,鼓励大学生自主创业:对毕业生从事个体经营符合条件的,三年内免收行政事业性收费;登记失业高校毕业生可申请小额担保贷款;对有创业意愿的高校毕业生参加创业培训的,给予职业培训补贴;建设完善一批大学生创业园和创业孵化基地,给予相关政策扶持。

(3)问:大学生创业贷款是在哪个部门申请? 怎样申请成功概率大些? 在申请过程中需要注意的最重要的问题是什么?

答:首先,关于大学生创业贷款,各地的政策是不同的。一般来说,政策性贷款你可以咨询一下当地的劳动保障部,看看是否有相关的信息(特别是优惠信息)。由于各地政策都不一样,并且只针对特定人群,你在咨询时要详细了解办理的流程和所需资料。

其次,应届大学生要办理创业贷款目前并不是很容易,尤其是当前银行银根缩紧的时候,贷款就更难了。所以要有一定心理准备。

最后,也是最重要的,你要有好的项目,这个项目有明显的赢利点,比如市场空白或科技含量高,总之,要有吸引资金的条件。这样也好通过民间的途径寻找投资人。

附 13:美国亿万富翁成功的秘诀

追求成功是人生永远的目标。渴望成功,人之常情。但在茫茫人海中却只有少数人能够打开成功的大门,成为人类的精英。同在蓝天下,为何只有这少数人能够创造出人生的辉煌,而大多数人却壮志难酬? 下面就请你听听美国 5 位杰出人士的成功秘诀,也许会对你有所启发。

被誉为石油大王保罗·格蒂,是世界上最富有的人之一。他有 3 条成功秘诀:

一、不管从事的是什么,只有一个方法能挣到大钱,那就是拥有自己的公司。公司的业务必须是创业者所熟悉的。他在最初的时候可能对这个行业并不完全了解,但是他必须对之有一个全面的、基本的认识。

二、必须节俭,不管是在公司管理上,还是在个人生活上。必须有耐心,等待公司慢慢成长。

三、给自己打工不能和给别人打工一样,不能早上 9 点开门晚上 5 点关门。成功的企业家总要在晚上和周末加班。

亿万富翁亨利·凯泽认为机会到处都有,只要愿意,就可以抓住它。他的成功秘诀是以下 5 条:

一、要认清自己,并决定下来你想怎样度过一生。记下你的目标并制订达到目标的计划,目标和计划应该富于创造力而且要大胆。

二、要充分运用隐藏在你潜意识、灵魂内的力量。

三、要热爱你周围的人并为他们服务。不管你是做一份简单的工作,还是在经营一家公司,或是做某一项事业,你所做的都是在满足人们的需要。

四、要发挥出你性格、个性当中好的一面。你并不一定要有极高的智商,要想获得成功,性格中的优点比技术更重要。

五、要努力工作,将你的一生都倾注在确定的目标中,用你的所有追寻你所想要的。

斯克里普斯是美国的第一家报团——斯克里普斯报团的创始人。他也有 5 条成功秘诀:

一、如果环境需要你去从事另一个已经有很多人在从事的职业或业务的话,你可以换一种方式做,换一种与其他人不同的方式。总会有一个好一点、更好、最好的方法。如果你找到了更好的方法,其他人是不会有机会与你竞争的。

二、知道不应该做什么比知道应该做什么更重要。你可以通过两种方法学到这珍贵的一课,第一种方法是从你自己的错误中总结出来,第二种方法是从别人的错误中总结出来。

三、人可以做成这世界上他想做的任何事情,只要他是真的想那么做。

四、要避免犯两个错误,一是为不值得投入的而投入,二是想不劳而获。

五、人类所从事的所有劳动之中最累的就是脑力劳动。如果你已经富有了,那就训练你的大脑习惯这一劳累,并学会控制你的大脑,这样你就可以专注于一个目标,也就能获得更多的财富。

佩尔顿几乎是白手起家,通过直邮的方式建立起了一个商业王国。他的书和讲义销售额达到700万美元。他给世人总结出了7点成功要诀。

一、有计划地去赢。按照事先列出的明确、细致的计划去做,就像拿破仑在发动战争前数月就在准备战事地图一样。

二、创想的力量。科学研究表明,人的大脑可能产生30亿个创想。一个创想、一个想法突然闪现,或许就值100万美元。

三、超越自己。要永远努力,力争成为比自己更强大的人。超越自己是第一目标,超越别人是第二目标。不能控制自己的人,会越来越多地受到别人的控制。

四、做一个每分钟都在努力的人。在通往成功的道路上,不要浪费一分一秒。一颗巨大的行星也不过是粒子的组合。你的生命、你的力量、你的命运都只是一分一秒的组合。你是每一分钟的产物。每一分钟都是进取、获得和征服的机会。

五、建立强大的意志。必须渴望成功,把每一次交锋、每一笔生意、每一个计划、每一个构想、每一个愿望,都当成是目前最重要的目标,集中力量,向阻碍你的困难发出最猛烈的进攻,不达目的誓不罢休。

六、敢于冒险。做别人所不敢做、完成别人所不敢尝试的事,这就是展示你在别人眼中更优越的方式。

七、认真对待每一件事。

在美国纽约有一个以金融投资课程著称的巴鲁克学院,这个学院由华尔街传奇人物犹太人伯纳德·巴鲁克创立。巴鲁克以其在证券市场中的大起大落而被人称为"投机大师",甚至还有人讽叹说,整个证券市场所包含的投机因素也不及巴鲁克一个人来得丰富。他有12句成功秘诀:礼貌待人,乐于助人,做事有条理,保持心情舒畅,真诚对待自己,真诚对待他人,对所从事的工作保持兴趣,不要自我哀怜,乐于赞扬他人,不要带有偏见,独立自强,经常读书看报。

附14:失败与投降

今年夏天,我去旁听一个私人企业的董事会,会议的内容是如何建造亚洲最大的游乐场,总投资32亿元。12个人,就是这项投资的董事们,可以说是个个精英,都是当今的成功者。面对自己的计划,他们精彩的发言让我惊讶。然而更让我惊讶的是,居然没有人谈成功,整个一上午,12个人的发言谈的都是如果失败怎么办以及在哪一步上可能失败。直截了当地说,这个会议简直就是来谈失败的,只是大家在哪一步上能够接受失败。最后老总问大家,如果一旦失败,我们在什么时候投降? 我听得惊讶不已。

这让我想起以往世界上的许多重要战事,据内部文件透露,军官们并不是一味地要求成功和必胜的。他们总是要在打仗前做好失败的准备,并拟好一旦失败,如何投降的时间表。好像这是理所应当。

如今,各国在发射导弹之前,几乎都有两份发言稿,一份是成功的发言稿,一份是失败的发言稿。这已经不是什么秘密了,而是必要的准备。如果你没有准备这份失败的发言稿,反而会让人大惑不解。

我的朋友,那年从四川老家跑到北京来开饭馆。他在筹备时,我去看他,问他有多大的把握,他谈的不是怎样成功,而是如果失败他的退身步。他当年准备赔到10万元,如果还不能赚钱,他就投降,宣布失败。他从千里之外来到北京,经过周密的计划,拿出来的就是这样一张失败的赔单。他的失败计划让我吃惊,也让我开窍。从他的计划失败里,我似乎看到了他的希望,后来他成为了北京餐饮业的巨头。他给我留下的印象最深的,就是他当初的那份失败计划。他在没有成功之前,就已经提前咀嚼了失败的苦涩与伤感。

我认识的另一个朋友,32岁那年辞去了职员工作,下海去做一名房地产商。记得那天我们坐在茶馆里,他谈的也是如何失败,他下半辈子还能做些什么的话题,是去早市卖菜,还是找辆卡车跑运输,等等。在那一天晚上,那种情调,使人完全想不起来他是一个要成功的人。但后来他成功了,成了有名的房地产商。

在我接触的许多成功人士中,似乎都是做了周密的失败打算的,他们的成功计划反而更像是一种失败的流程。而我现在见到的那些最终失败的人,却很少做过失败的打算。

把失败计划好,也许才是成功的第一步。知道可能失败的人,大概才知道怎样成功。人在该投降时,更要无怨言地接受投降,这才客观。天下没有地方写着你总是赢家,别人都是输者。

记得英国的首相丘吉尔在战场上对将士们说过,我们该投降时,一定要心平气和地去投降,学会投降是一门学问,因为我们总可以再来!我们得为再来做准备!

而中国的文化传统是不赞成失败和投降的,中国的文化教育更是一味地宣传成功。尤其是现在人的观念,越来越把成功奉为神灵,失败视为可耻。

而人间的太多悲剧与不幸,其实都是因为把成功当成了唯一的目标。一旦失败,便从心理上一败涂地,认为全都完了,彻底完了!其实,人生中埋藏着许多失败。只允许成功,不允许失败的绝对观点,反而把许多人毁了。在一些白领阶层,失败甚至就意味着生命的毁灭。在许多时候,不是失败毁了你,而是这种可怕的失败观念毁了你。

人生不如意十有八九,这才是我们要过的正常日子。这里面大多数是指的失败。好好打理失败,该投降时则要投降,这才是现实的人生,这种观念才能使人保持正常、超然的心态,积极的去生活。只想成功,不理会失败的为何物的人,大概真的很难成功,也很难经得起失败的打击。

七、如果你不知道该怎么做

这是很危险的状态,你需要尽快根据自己的实际情况来制订符合自己的大学规划,可以从如下几个方面来考虑和设计。

1. 你个人及你的家庭需要你毕业后怎么做?继续学习?参加工作?自己创业?或者直接退休?(尽管你个人有决定权,但你仍需要获得支持)

2. 如果是继续学习,你是否有足够的恒心和意志?你选择考研还是留学?你有改变专业的想法吗?

3. 如果是工作或者创业,你需要掌握的知识和技能你了解吗?

4. 不要用一天的时间来决定,这样的话,你一秒钟就可以改变。应该用一个月左右的时间来考察你可能的选择,包括这种选择需要你付出的内容,以及你持续的可能性。一个有效的途径是:通过你的师哥师姐们联系到每一种选择的成功者,与之交流,更深入地体会。然后咨询你的家长、老师及那些了解你的人,听听他们的见解,要尊重他们的阅历,很多时候他们能看到我们所忽略的问题,以及未来的变化。更重要的是他们甚至比我们自己更了解我们,包括我们适合的方向!

5. 做出你的选择,因为一切都由你来主宰!

附15:人人都可能当总统——布什在耶鲁大学的演讲

我很荣幸能在这个场合发表演讲。我知道,耶鲁向来不邀请毕业典礼演讲人,但近几年来却有例外。虽然破了例,但条件却更加严格——演讲人必须同时具备两种身份:耶鲁校友、美国总统。我很骄傲在33年前领取到第一个耶鲁大学的学位。此次,我又为荣获耶鲁荣誉学位感到光荣。

今天是诸位学友毕业的日子,在这里我首先要恭喜家长们:恭喜你们的子女修完学业顺利毕业,这是你们辛勤栽培后享受收获的日子,也是你们钱包解放的大好日子! 最重要的是,我要恭喜耶鲁毕业生们:对于那些表现杰出的同学,我要说,你真棒! 对于那些丙等生,我要说,你们将来也可以当美国总统!

耶鲁学位价值不菲。我时常这么提醒切尼(时任美国副总统),他在早年也短暂就读于此。所以,我想提醒正就读于耶鲁的莘莘学子,如果你们从耶鲁顺利毕业,你们也许可以当上总统;如果你们中途辍学,那么你们只能当副总统了。

这是我毕业以来第二次回到这里。不过,一些人、一些事至今让我念念不忘。举例来说,我记得我的老同学狄克·布洛德翰,如今他是伟大学校的杰出校长,他读书时的聪明与刻苦至今让我记忆犹新。那时,我们经常泡在校图书馆那个有着大皮沙发的阅读室里。我们有个默契:他不大声朗读课文,我睡觉不打呼噜。

后来,随着学术探索的领域不同,我们选修的课程也各不相同,狄克主修英语,我主修历史。有趣的是,我选修过15世纪的日本俳句——每首诗只有17个音节,我想其意义只有禅学大师才能明了。我记得一位学科顾问对我选修如此专精的课程表示担忧,他说我应该选修英语。现在,我仍然时常听到这类建议。我在其他场合演讲时,在语言表达上曾被人误解过,我的批评者不明白:·我不是说错了字,我是在复诵古代俳句的完美格式与声韵呢。

我很感激耶鲁大学给我们提供了这么好的读书环境。读书期间,我坚持"用功读书,努力玩乐"的思想,虽然不是很出色地完成了学业,但结交了许多让我终生受益的朋友。也许有的同学会认为,大学只是人生受教育的重要部分,殊不知,"大学生活"这四个字的内涵十分深厚,它既包含丰富的学科知识和学术氛围,也蕴涵着许多支撑人生成败的观念,还有那丰富多彩的生活以及诸多值得结交的朋友……

大家常说"耶鲁人",我从不确定那是什么意思。但是我想,这一定是含着无限肯定与景仰的褒义词。是的,因为耶鲁,因为有了在耶鲁深造的经历,你、我、他变成了一个个更加优秀的人! 你们离开耶鲁后,我希望你们牢记"我的知识源自耶鲁",并以你们自己的方式、自己的时间、自己的奋斗来体现对母校的热爱,听从时代的召唤,用信心与行动予以积极响应。

你们每个人都有独特的天赋,你们拥有的这些天赋就是你们参与竞争、实现人生价值的资本,好好利用它们,与人分享它们,将它们转化为推进时代前进的动力吧! 人生是要让我们去生活,而不是用来浪费的,只要肯争上游,人人都可当总统

这次我不仅回到母校,也是回到我的出生地,我就是在几条街之外出生的。在那时,耶鲁与无知的我仿佛要隔了一个世界之遥,而现在,她是我过去的一部分。对我而言,耶鲁是我知识的源泉、力量的源泉,令我极度骄傲的源泉。我希望,将来你们以另外一种身份回到耶鲁时,能有与我一样的感受并说出相同的话。我希望你们不要等太久,我也坚信耶鲁邀请你回校演讲的日子也不会等太久。

情感篇

　　没有亲人的日子里，你有朋友相伴；没有朋友的日子里，只有孤独和你相伴。

　　你心中的生活是什么样子，生活往往就会以什么样的姿态出现在你的面前。多想一些阳光的东西，它对你的人生有很重要的意义。我们总是走着和别人一样的路，却期待着和别人不一样的风景。与其模仿，不如创造！

第六章　大学交友

一、大学要结交的几种好朋友

学习上的:同班的同学,一起探讨学习,帮你答疑,共享资料,一起备考期末考试。

生活上的:同寝室的兄弟姐妹,搭伴去食堂、结伙逛商场。

娱乐上的:各种协会里结交的会友,比如篮球协会、书法协会、舞协等等。

情感上的:能分享彼此情感,共同出谋划策,又互相安慰、互相鼓励的。

以上朋友可以"兼职",但不能"兼职"太多。

❀好朋友标准

1. 能爱我、接纳我的朋友。

当我们有一个朋友按照我们的本相爱我们、接纳我们时,这就给了我们享受友谊的自由。要拥有这样的朋友,我们自己必须做这样的朋友。

2. 能与我分担重担的朋友。

一个真正的朋友愿意卷入我的问题中,并分担我的重担。如果我们想要这样的朋友,我们必须作一个分担别人重担的朋友。

3. 能鼓励我的朋友。

我们都需要鼓励。(我鼓励别人吗?)

4. 能忠诚于我的朋友。

真朋友的标志之一就是当你需要他时,他就在那里。你可以依靠他。(我是这样的人吗?)

5. 能信赖的朋友。

坚固的友谊建立在相互依赖和信任的基础上。如果我想要一个可以信赖的朋友,那么首先我必须是值得信赖的。

6. 能对我诚实的朋友。

真朋友一定对我既爱又诚实——他会因对我的关心而指正我的错误(朋友加给的伤痕,出于忠诚)。

7. 能为我着想的朋友。

为别人着想是我们赞赏他人的一个素质。同样,我们要确信别人也为这个特征而赞赏我们。(我为他人着想了吗?)

二、如何交友

美国总统布什曾经说过:也许有的同学会认为,大学只是人生受教育的重要部分,殊不知,"大学生活"这四个字的内涵十分深厚,它既包含丰富的学科知识和学术氛围,也蕴涵着许多支撑人生成败的观念,还有那丰富多彩的生活以及诸多值得结交的朋友。

的确,大学里的朋友是你人生最珍贵财富之一。总统已经用他的成功来论证了这一点。即使我们的目标不在于仕途,商界有更多依赖人脉成功的实例。有关人脉的重要性不多赘述,重点讲述大学交友的准则及扩展的渠道。

1. 应交怎样的朋友

在大学应用真诚的心去结交朋友。良友可以改正你的缺点,和你互相帮助,使你乐观面对困难;而劣友会引你进入黑暗深渊,使你进退两难。所以在校期间交友需慎重,具体有十种人可交,十种人不可交。

❋十种不可交的人

(1)不孝的人

(2)有品格缺陷的人

这里的品格缺陷主要指：①议论人的人；②刻薄且不满的人(特别是心怀怨恨并且反叛权威的人,如果你和他们交往,他们会把刻薄和反叛传给你)；③易怒的人(易怒的人不知道怎样控制他的怒气,如果你和他们交往,你会学他的样子)；④不道德的人。

(3)处处以自我为中心,要求他人围绕自己的人

(4)需要大把花钱才能相处的人

(5)夸夸其谈,言过其实的人

(6)放纵自己,只知道娱乐、享受的人

(7)情绪极度不稳定,有严重神经质的人

(8)游手好闲,玩世不恭的人

(9)嫉妒心太重,又不思进取的人

(10)有不良嗜好的人

❋十种可交的人

(1)对父母孝顺的人

(2)有修养、有品味的人(有品味不是指一身名牌,物质条件优越,更多的是对精神的追求)

(3)重承诺,有诚信的人

(4)有坚定理想和抱负的人

(5)能从别人角度考虑问题的人

(6)意志坚强、吃苦耐劳的人

(7)控制力强的人

(8)人品可靠,乐于助人的人

(9)有艺术天性的人

(10)正直善良的人

以上主要针对在校期间朋友的选择,而毕业后可以适当交一些社会各阶层的朋友(之所以在校期间不建议交这样的朋友,是因为大学生最初的鉴别能力有限,需要在大学期间锻炼一下,否则容易误入歧途)。

2. 交友十步曲

(1)学会聆听

沟通最重要的要素是聆听,却是最容易忽视的。为什么聆听这么困难? 这是因为很多争论的问题常挡在我们面前。一般人通常把我们的话当做是对他们的人身攻击,他们要为自己争辩,澄清,指出他人的错误,反击,或者讲一个更好的故事。

1)测试你的聆听技巧

看看你是否是一个好的聆听者,找出你需要改进的地方。为下面每一题打1～5分:1分表示不常;5分表示常常。

①保持直接的目光接触。 _____分

②当有人跟我讲话时,我把注意力集中在他们的话中,而不是想接下来自己该说什么。 _____分

③我能集中注意力。 _____分

④我能聆听困难和有争议的问题。 _____分

⑤我先想然后回答。 _____分

⑥我先想好问题,然后再问。 _____分

⑦你的朋友会怎样评价你的聆听技巧。_____分

计算你的总分:32～35优秀,28～31良好,13～27尚可,7～12缺乏。

2)如何改进你聆听的技巧

①不要把聆听当做一个被动的活动

实际上,聆听是一个非常主动和活跃的活动,这要求你能投入别人的世界,并设法了解他人与你不同的思想。

②让步以便创造空间,使他人能开放地谈话

当你听人家说话时,学习把自己放在旁边,把别人放在首位。

③鼓励多于答复

用爱心和了解的态度去聆听别人谈话,不要仓促给予忠告,你的接纳将激发他人的改变。

④逐渐掌握听的技巧

掌握聆听的技巧需要时间和实践,有一个逐渐的过程,不要太心急。同时聆听也需要一个关心的态度。

(2)学会接纳

1)接纳自己

✱思考如下几点,肯定自己的价值:

①接纳自己,首先要承认自己的不完美

②正确面对"不足之处"

没有谁是完美的,用平静的心去接受那些不能改变的,用勇气去改变那些能改变的,并用智慧区别他们。

③不要把自己和别人比较

小孩子之所以快乐是因为他们不把自己和别人比较。他们就是他们自己,并且拥有他们所拥有的,他们为此感到快乐。

当孩子渐渐长大时,他们开始观察周围的人,把自己和别人比较。就在这个时候,他们许多人发现他们生活中的不如意,他们不如某某漂亮,不如某某聪明,不如某某有钱……

④学会感恩

✱接纳过程中的反思:

①在你人生的早期犯过哪些错误?周围亲友是如何对待你的错误的?这些事今天对你有什么影响?

②在孩提时代,你对自己最不满意的是什么(容貌、体育、衣着、身材、说话等)?

③在你成长过程中积累的哪些消极情绪影响你接纳自己(骄傲、悲伤、孤独、冷漠、压抑、嫉妒、羞愧、叛逆、愤怒、仇恨等)?

④由于不能接纳自己,会产生诸多问题,你有下列哪些表现?

＊对自己和他人都很刻薄、苛刻。

＊严重的完美主义,对自己和他人强人所难。

＊对未来强烈的恐惧感。

＊在做决定时有孤立和被遗弃的感觉。

＊被负疚感所掌控,迫使自己为职位和成功竞争。

2)接纳他人

①你身边的人有哪些优点或长处弥补了你的缺点及短处。

②你身边的人犯过哪些错误(有过哪些失败),你是接纳还是拒绝他?

③有哪些亲人或是朋友做了伤害你的事,是你至今不能原谅的?

④你是否能从中得到一些好的借鉴?

⑤你一旦愿意无条件接纳,会自然产生对被接纳对象的欣赏与赞美。

(3)学会赞赏

日本做过这样一项实验:两碗完全一样的米饭,对其中一碗说批评恶毒的话,对另一碗说赞美鼓励的话,结果前一碗米饭先变馊。植物也一样,被赞美欣赏的植物生命力更强,开的花更美。事实上我们的话语的确是有力量的,所以很多的"励志"类培训学校会要求学员不断的用积极赞美的话来改变自己。

1)赞赏自己

赞赏自己首先要摆脱完美主义的负担。盲目追求完美,会给大学生带来精神错乱、拖沓、食欲减退、厌食,甚至自杀。我们应该有目标,但如果我们为了达到目标而舍弃享受的过程,我们就会无法体验生命的美好。如下几点能让你了解你完美主义的倾向。

①你在哪方面有极端的心理,经常和自己过不去(一定要完美,差一点都不可以,比如特别爱美,特别想做第一等)?

②你是否经常觉得很累但又有很多事必须做好(自己强给自己的压力)?

③你是否觉得没把握,因为害怕失败或被拒绝,所以不愿意尝试或冒险?

④在完成一门课程或一项工作时,你是否因为自己不满意而拖延?

⑤是否很难完成一个作业(因为不断的修正)?

⑥在出现问题时,是否很容易发脾气,对别人太苛刻?

⑦是否对自己或别人都缺乏耐性?

⑧是否常常觉得自己"应该"如何如何……

⑨如果失败或有错误,是否对自己很失望?

⑩是否经常订立不可能做到的目标?

⑪是否很容易疲惫不堪?

2)赞赏他人

赞赏不是拍马屁,不是空洞而献媚的言行。只有当他人有积极的行为时,才需要积极正面的语言(话语、肢体语言等)表达出来。

✳赞赏注意:

①养成一看到有好行为马上称赞的习惯。

②尽量回避会带来立即否定的"称赞"。

③评估的字眼使人不舒服,描述式的称赞可以避免这样负面的影响。

如何描述式称赞:

a)叙述你看到什么

"我看到我们寝室今天地面很干净,垃圾也好像处理过……"

b)叙述你感觉如何

"听你的演讲让人觉得很振奋……"

c)用一个字总括别人值得称赞的行为

重点就是找一个字或词来告诉别人可能忽略的某一优点。

"你的资料、书本,还有笔都进行了分类,而且还放在不同的地方,真是很有条理。"

"约好三点半,现在正好三点半,真是守时呀!"

"当其他人都取笑你们寝室老三时,你还能支持他,对朋友真是忠心啊!"

"你那么爱吃蛋糕,但我注意到你今天也只吃了一小块,看来为了减肥,你真是能自我节制。"

3)赞美别人时不需要特别注意你的弱点,也不要让人觉得你有企图。

4)快快地称赞,慢慢地批评。

5)经常思考赞美这件事。

6)学会赞赏也会有助于你今后成为一个好父亲或好母亲(在教育孩子方面)。

经典的赞美:

"XX(姓名),我觉得这个新发型让你的眼睛更加漂亮了。"

"XX,那双棕褐色的达芙妮鞋很配你的李宁裤。"

"XX,你今天看上去很棒。"

"XX,你干得非常好。"

"XX,我们为你骄傲!"

"这真是个好地方!"

"XX,你看上去真精神/真棒/真漂亮。"

"这些东西都很好吃!"

"XX,你真幽默。"

"XX,你很有天赋。"

"XX,你穿那种颜色很好看。"

"XX,你看上去帅呆了。"

(4)学会关爱

1)关爱自己

①你应该知道如何在性观念、态度及行为上健全发展、成熟并能与异性建立健康的亲密关系。你现在做得怎样?

②要知道如何与异性建立良好关系而不是性关系。

2)关爱他人

①想要表达关爱,必须先了解对方。

②了解身边的同学,了解他们都有哪些需要。有哪些需要是只有朋友可以满足的。

(5)学会道歉(教你一种有效的道歉方式)

当我们向某人道歉时,我们必须完全承认我们的过错,谦卑地请求原谅。

错误的道歉方式:

*"我错了,但是你也有错。"

这是不对的,因为你没有对你的过错承担全部的责任。

*"如果我错了,请原谅我。"

在道歉的时候说"如果",意思是说"我并不真正认为我有错"。因此,这不是真正的道歉。

*"我对所发生的事感到遗憾,请原谅我。"

这个道歉方法不正确,因为你没有承认你有错。

*"对不起。"

这种不完全的道歉方法是错误的,因为你没有特别指出或承认你的过错。

*"对不起我发火了,但,是你惹我这么做的。"

这不对,因为你没有对自己的错误承担责任,却在埋怨别人。

正确的道歉方式:

1)对过错承担所有的责任。

2)说出这个过犯是什么。

3)请求他人原谅,并等待他的回答。

例子:

"我错了,我不该对你大喊大叫,完全不顾你的感受就横加指责。你能原谅我吗?"

格式:

"我错了,我_____(说明这个过错)。你能原谅我吗?"

无论是什么情形,当我们道歉时,我们必须对我们错的那部分承担全部的责任。我们可能确实感到,我们的错误只有百分之十,而对方的错误是百分之九十。但是,这并不能使我们推脱自己的责任。我们对自己该道歉的那部分负责,对方的问题,留给对方,由他处理。

在道歉时,应该越简短越好,避免不必要的细节。我们不应该把别人牵扯进来,除非这是绝对必要的。

对方可能不接受你的道歉,也不饶恕你。在这种情形下,如果你已经诚实而谦卑地道歉,尽你所能地正确处理这事,那就可以了。

(6)学会说"不"

要想和正确的人交朋友,你必须对错误的朋友说:"不。"另外,当有人要我们做一件违背原则的事时,也要坚定地说:"不"。

比如,朋友说:"来,让我们去……"(违反校规校纪的事。)

你:(带着微笑)"不,谢谢你。"

朋友:"啊,为什么不?"

你:(带着微笑)"因为我之前已经承诺过不做这些事了……"

作为大学生的你们要知道,朋友也能使你犯罪,虽然大家往往很难接受这一点。因为年轻人都不想自己遭排斥,所以很少反对朋友提出的建议或批评朋友的错处;许多人甚至看不出朋友的所作所为会产生祸患。我们要接纳别人,但也要正当地质疑别人的行为,学会拒绝参与某些活动,学会说"不"。尤其在你觉得深受别人影响的时候,更应当小心,不要让朋友使你陷入犯罪的泥淖。

(7)学会迅速看清一个人

诸葛亮的《识人七法》,无论在商界还是仕途抑或人际交往间屡试不爽。需要注意的是,此法可以测人,更能被测。大学生需警醒,提高修养。现列出诸葛亮《识人七法》以供参考:问之以是非而观其志;穷之以辞辩而观其变;放之以权限而观其识;醉之以酒而观其性;临之以利而观其廉;期之以事而观其信;观其好友而辩其人。

1)问之以是非而观其志

以是非对错来考察他的志向节操。就是说举一些似是而非的例子,听听他的意见,这样我们就可以了解他的观点、态度甚至人品、志向。

2)穷之以辞辩而观其变

和一个人就一些相关的争论性话题进行争辩,可以看出一个人的机敏反应能力及其心境是否开阔。

3)放之以权限而观其识

给予你足够的权限,让你有个空阔的活动空间,但暗地里监督你工作的办事过程。一看你处理事情的能力;二看你对待工作的态度;三者在偏离工作轨道,对公司可能造成较为重大的负面影响或损失时能及时出手予以纠正或制止。

4)醉之以酒而观其性

和其开怀畅饮看其自我控制能力和品性。酒后喋喋不休,或是不加控制,当场大吐,抑或酒后乱性等都是考查内容。

5)临之以利而观其廉

观察一个人或管理你的下属,你需要给他制造很多可以贪小便宜的机会,看他是否清廉,并分析其贪小便宜的原因:确实为生活所迫者你需要暗地里给予帮助解决,并长期观察;否则,这种人需要谨慎地提用。一旦他权限达到一定程度,亡羊补牢也是为时已晚。

6)期之以事而观其信

考察一个人的信誉程度,可以委托其办事,并询问其完成的时间,看他是否如期完成,信守诺言。事情完成的时间是他自己定的,你所要做的是暗里观察其工作态度,以考察他在约定时间未能完成任务时的托词是否属实。此人的诚信就可略知一二。

7）观其好友而辩其人

"看一个人的底牌,要看他身边的好友。"所谓物以类聚,人以群分,应该说他周围的好友的品行决定了其人的品性。

（8）大学生社交六法则

法则一,积极参与,把与他人的联络作为一种快乐。

人脉是埋藏在人际交往中的,越是优质的人脉越难以挖掘。积极地参与各种活动才能离深藏未露的人脉更近。所以首先要从心底自然接受他人,一个电话,一个 MSN 上的问候之后能让你真正感到愉悦,这样才能有持续交往的基础。有了愉快的感觉,就会更热情地参与到各种活动中。

法则二,放下功利心,人脉远远高于财脉。

急功近利地想利用人脉去得到生意或是其他的东西往往是事与愿违。一定要擅用人脉,但是不能利用,否则每个人想到这事一定会不平衡,自然没有以后交往可言。以真正的朋友心态去交往,你能看到他人身上更多的优点,这些让你欣赏的优点能让你更有兴趣保持交往。

法则三,在做接受者的同时更多地给予。

在别人为你做了一些事情时,一定不要只是说一声"谢谢"。比如你请那个关系神通广大的朋友帮你不只一次地寻找你急需的关系,不论你是否用到了他介绍的关系,也应该视事情的大小,向别人表示更深切的谢意。比如送上一个小礼物,或是表达你也很想给予他一些他能用得到的帮助。这样他一定不会拒绝这样一个有教养的人再次需求帮助的请求。

法则四,诚心的帮助带来坚实的人脉。

如果圈子里的朋友遇到了困难,要及时给予他们帮助和安慰。"及时"是很重要的一个标志,它代表了你的诚挚。如果你没有办法给他实质性的帮助,那么发自内心的精神鼓励也同样重要。在人陷入低谷时得到的帮助可以让他感激终生。

法则五,搭建核心人脉圈。

对于手机储存的联系人数量在150人以上,储存的名片数量超过300张的人来说,一定要划分出人脉圈的核心层、潜在层和淘汰层。核心的人脉是由最能靠得住的朋友和亲人构成的,他们不仅可靠,还能给你带来最强有力的支持,他们各自都有着自己的圈网,这些圈网可能就是你人脉圈潜在层中的一部分。

法则六,蝴蝶效应,带来人脉拓展的最高境界。

无论在什么样的聚会上,你先给大家一个真诚微笑,会像蝴蝶扇动翅膀而引起美国得克萨斯的龙卷风一样,带来连锁反应。真诚微笑会让周围的陌生人也以同样的方式相互传达问候,让聚会的氛围轻松起来。在各种聚会上保持这样招牌式的姿态,你会让大家觉得你很有亲和力。也许你不是每个圈子里的焦点人物,但要努力成为最受欢迎的人,这样的人出现在大家面前不会给人带来压力感,反而有解压功效。

（9）拓展人脉渠道

①拥有好朋友的最好的方法是做一个好朋友。

②积极沟通班级同学、寝室的兄弟姐妹。

③积极参加各类社团组织。

④亲手写感谢卡给那个帮助你的人。

⑤不错过出席重要场合。学校的各种庆典,社团内的各种活动,同学联谊聚会等,这是让人对你加深印象、认识新朋友的好时机。适时适景,又能突出你的优点的装束很重要。

⑥不放过以任何理由举行的庆祝活动。据说"9·11"之后美国人的庆祝、聚会越来越多,大家甚至可以以今天还快乐地活着为理由来庆祝。庆祝中的欢乐气氛能让大家的距离迅速拉近。

⑦用你的手机记住对自己很重要的人的生日或其他重要的日子,给他们在特别的日子送上礼

物,送去特别的问候。

⑧主动联络你的旧友、老同学,防止关系走向疏远。

(10)维持友谊

用以下八组词来维持和巩固你的友谊。

①态度! 你想别人怎样对你,你就怎样对待别人。

②求同存异! 可以有趣辩论,不可无谓争吵。

③包容! 承认朋友的个性,包容朋友的不足(人无完人,这是做朋友的基础)。

④坦诚! 拍马屁维持不了友谊,不能一起进步也缺乏了朋友的内涵。

⑤大方! 与朋友相处,不可计较太多。

⑥忍耐! 以责人之心责己,以恕己之心恕人。

⑦珍惜! 一旦有误会,及时沟通化解,不要讲究没有意义的面子。

⑧感恩! 朋友为你做的一切,并没有义务……感恩能为你赢得更多的朋友和更多的帮助。

三、案例分析——我为何人际关系糟糕

咨询者问:

老师:

您好! 我是一名大学的学生,可是我很孤单,跟同学之间的关系也处理得不好,也不太会"说话"。看着别人都有好朋友,人际关系处理得都比我好,我真的很羡慕他们,但我又不知道自己该怎么跟他们处理好人际关系。老师你能帮帮我吗?

解答:

××同学:

谢谢你对我的信任,也非常乐意与你共同探讨你所提出的问题。

首先我们有必要来了解一撇一捺所组成的"人"字。从"人"字的间架结构可以看出,人只有在相互吸引、相互依赖和相互支持的前提之下,才能挺立起来;人只有在取他人之长补自己之短,不断改进和修正自己的前提之下,才能挺立起来;人只有在参与实践踏着错误所铸就的阶梯,才能挺立起来。我们把所有的人称之为"人类",也就是说每个人都是相似或类同的。由"人"字和"人类"的解释可知,每个人的真实的自我对他人都是有吸引力的;每个人都需要他人的支持和支持他人;每个人都有自己的长处和短处,这就需要长短互依互补,抑短促长,所以我们要打开心灵,把紧锁在内心深处的真正自我展现出来,才可能被他人认可、肯定和接纳。所以只有对待人热情、真诚、坦率、活跃、可靠、正直、友好以及以心相见,才能被他人接纳、喜欢和拥戴。

你很孤单,跟同学之间的关系也处理得不好,也不太会"说话",很可能是设防和自卑心理在起作用。

所谓设防心理就是,与他人相处时所产生的防范心理。比如,感到没有自己的空间,或担心自己会受到他人的伤害,或总是怕对他人说心里话被人笑话等等。适度的设防心理在人际交往过程中有一定的积极作用,它可以帮你分辨真伪、优劣以及防止被别有用心的人利用等等,所以我们提倡在社交过程中谨记:"害人之心不可有,防人之心不可无。"但过度的设防心理又会在社交过程中产生负面作用,它会使周围人对你产生心理距离而敬而远之,从而阻碍正常的人际交流。所以在交往中一点不设防是很难适应社会的,但是,我们还应坚信毕竟好人在社会上占据绝大多数,只要我们以信任、尊重和爱的态度和行为去对待他人,相信他人也会以同样的方式来对待我们,在与他人交流的过程中不要过分地去想该说什么或不该说什么,顺着与你交流的人的话题自然而然地陈述所想的内容就可以了。

自卑心理是由于自我认知发生偏差,过多地低估自己,怀疑、轻视或看不起自己而形成的。比如常受他人指责或限制、自我消极暗示、性格内向、自尊性过强等。这就需要正确地评价自己,多

看看自己的优势,尝试与活泼开朗的人交谈,通过一次次成功的体验和尝试来增强自己交往的自信心,同时勇敢地接纳和接受自己,扬长避短,坦荡地与他人接触和交流。

针对你的情况,怎样才能做到与同学更广泛地交往呢?

首先,要做的是站在他人的角度设身处地为他人着想,在接纳和谅解的基础上去适应他人。

其次,要注重自己的能力培养和人格塑造。一般来讲品质好、能力强或具有某种特长的人容易受到他人的喜爱和尊重,所以在与他人接触的过程中要热情、真诚、坦率、友好、有责任感、真诚地赞美他人(比如:"你太棒了!""你的这个建议对我启发很大,谢谢你!""我在这方面有欠缺,我拜你为师。")等,同时在抓紧学习的前提之下适当施展自己的才华,表现自己的特长,使同学接纳、信任和尊重你。

第三,在交往中要学会做个有心人,善于体察他人的心境,主动关心他人,采取不同的方式使他们感受到你的善意和温暖。在承认、理解、接纳和尊重他人基础上,才能赢得他人的承认、理解、接纳和尊重,所以以换位思考、将心比心、以诚换诚的心态和行为来与他人相处,这样才能达到心灵的沟通和情感的共鸣。只有这样,才可能获得他人的支持、鼓励、认可和肯定;也只有这样,才能感受到愉悦、快乐、幸福与和谐的情绪体验而体现出自我价值来。

第四,多观察周围的同学,特别是那些你觉得交往能力和沟通能力特别强的同学,看他们是如何与人相处的。通过观察和模仿,你渐渐地会发现,自己的人际交往能力会有意想不到的改进。

第五,要有意识地去选择和培养一些兴趣爱好。共同的兴趣和爱好也是你与朋友建立深厚感情的途径之一。很多在事业上有所建树的人都不是只会闭门造车的呆子,他们大多都有自己的兴趣和爱好。业余爱好不仅是人际交往的一种方式,还可以让大家发掘出自己在工作以外的潜能。例如,体育锻炼既可以发挥你的运动潜能,也可以培养你的团队合作精神。

要遵循人际交往的原则:1. 充分尊重对方的内心秘密或隐私;2. 会话交谈时,目光注视对方;3. 在听到对方的内心秘密后不要把内容泄露给他人;4. 不在背后批评别人,保住对方的面子。在遵守以上四条原则的基础上注意做好以下几点:(1)承认"真实的自我",并将它展示在众人的面前,即老老实实地反映自己在别人心目中的形象。心理学研究表明:人们并不喜欢一个各方面都十分完美的人,而恰恰是一个各方面都表现优秀而又有一些小小缺点的人最受欢迎。所以你不用太在意自己的缺点,对这点要有足够的信心。(2)要时时处处站在他人的角度来考虑问题,经常要与别人合作,在取得成绩之后,要与他人共同分享;给他人提供机会,帮助其实现生活目标;当他人遭遇到困难、挫折时,伸出援助之手,给予帮助。(3)要胸襟豁达乐于接受他人及自己。当别人取得成绩时,要不失时机地给予赞扬和祝贺。这种赞美的话语会给被赞扬者带来快乐,引起积极的情绪反应。情绪具有传染性,即也会传染给周围的人,给周围所有人带来快乐。"快乐"则会消融人际关系的僵局,使人际关系变得融洽。(4)要掌握沟通的技巧。与人沟通时,要注意倾听,倾听的时候,要面带微笑,最好别做其他事情,并给予表情、手势、点头等方面适当的反馈,特别是当对方有怨气和不满需要发泄时的倾听,更能显示一个人的素质和修养水平;在表达自己思想时,要讲究含蓄、幽默、简洁、生动,给他人提意见、指出错误时,要注意场合,措词要平和,以免伤及他人自尊心;与他人谈话时要有自我感情的投入,这样才会以情动人。(5)争取多沟通多交流。不要因为大家有些误解而避免交流和沟通,而应主动与大家沟通,参与大家的讨论与活动。只有这样才能更好地了解自己和他人,消除彼此之间的误会,加强相互的理解和信任。(6)多吸收别人的优点,对他人的缺点,应多加理解和包容。平时对一些生活中出现的鸡毛蒜皮的纠纷,不要太耿耿于怀,该忘的忘,该原谅的原谅,该和解的和解,不要太放在心上。所谓"大事聪明,小事糊涂",把有限的精力用在做主要的事情上。(7)要抽时间多参与集体活动。这样既可以培养自己多方面的兴趣爱好,以爱好结交朋友,也可以互相交流信息、切磋思想和体会,达到广泛交往与融洽人际关系的目的。

遵循以上的做法,你很快就会走出你的困境了。

以下是测验易怒商数的量表。请详阅下列二十五项容易使人心烦意乱的情况。然后在每一种情况后面的空格,填写你所评定的分数。请按以下的标准评分,以评估你通常在遇到这些情况时,可能会发脾气的程度有多高。

0分:我会感觉受到极轻微的搅扰,或者根本没有搅扰。1分:我会感觉有一点受到搅扰。2分:我会感觉有点心烦意乱。3分:我会很气愤。4分:我会非常生气。

NOVACO 怒气量表

1. 你打开刚买回来的家用电器包装,插上插头,却发现它不能使用。(_____分)

2. 一名修理工人索价太高,让你进退两难。(_____分)

3. 主管单独责怪你造成某件任务的错误,但是对于别人明显的错误,主管却没有注意到。(_____分)

4. 你的车子陷在泥坑或积雪里,动弹不得。(_____分)

5. 你正和某人谈话,但是对方却相应不理。(_____分)

6. 某人装模作样,但是事实上却不是这么回事。(_____分)

7. 当你在自助餐店倒了一杯咖啡,准备回座位时,有人撞到你,把你的咖啡洒了满地。(_____分)

8. 你已经把衣服挂在墙上,但是衣服却被人弄在地上,又没有捡起来。(_____分)

9. 你一走进某家商店,就被销售员一直盯着看。(_____分)

10. 你正安排要去某个地方度假,但是相约一起去的人却在最后一刻临时变卦,害你只能孤单地上路。(_____分)

11. 你遭人揶揄或偷笑。(_____分)

12. 你的汽车停在红线灯前面时后面那辆车却不停的对你猛按喇叭。(_____分)

13. 你不小心在停车场转错弯。等你下车时,却听到有人对你大吼:"你到底会不会开车啊?"(_____分)

14. 有人明知自己犯了错,却责怪你。(_____分)

15. 你正在想办法集中注意力,却有人在旁用脚轻轻地打拍子。(_____分)

16. 你将一本重要的书籍或工具借给某人,但对方却没有归还。(_____分)

17. 你忙了一整天,室友或配偶却埋怨你忘了履行答应过的事。(_____分)

18. 你试着与配偶或伙伴讨论重要的事,但对方却没有给你机会表达。(_____分)

19. 你正在与某人讨论事情,对方却坚持己见,而其实对方对这件事的了解并不多。(_____分)

20. 当你和某人发生争执时,有人却突然插进来搅局。(_____分)

21. 你必须马上赶去某个地方,偏偏你前面那辆车的时速只有30千米/小时,而且不给你超车的机会。(_____分)

22. 你踩到别人吐在地上的口香糖。(_____分)

23. 当你经过某一小群人身边时,却遭到他们取笑。(_____分)

24. 你急着赶去某个地方,偏偏不小心撕掉某个重要物品本已松垮的部位。(_____分)

25. 你用最后剩下的一元钱打公共电话,结果尚未拨完电话号码,电话就挂了,钱也被机器吃掉了。(_____分)

完成这份问卷之后,就可以计算你易怒商数的积分了。请在确认没有漏掉任何一题后,再将这二十五题的分数加总。本量表最低分是零分,但除非你每一题都填0。零分意味着你若不是骗子,就是伟大的精神领袖!最高分则是一百分,这意味着你每一题都填4,这说明你必定经常暴跳如雷、怒火沸腾。

其他得分可按以下等级来解读：

0～45分：你通常很难得经历怒气与受搅扰的感觉。只有极少数的人做此测验时,积分是这么少的,而你就是其中的一个!

46～55：大体上说,你比一般人更为平和。

56～75：你面对人生烦恼之事的态度,经常带点怒气,而该"怒气含量"并未超过一般人的平均水准。

76～85：你经常怒看人生许多烦恼之事。大体上来说,你比一般人更容易发脾气。

86～100：轮到发脾气,你是第一名,你总是反应激烈、暴躁,而且久久难消。即使遭受羞辱之事已经过了很久,你依旧心怀负面的情绪。你可能素有"大炮"的名声,或者认识你的人都知道你是位暴躁之辈。你可能经常有剧烈头痛或血压高的现象。你的怒气常常失控,以致冲动做出充满敌意、暴力的行径,而有时为你招惹一些麻烦。只有少数成年人的脾气像你那么坏。

四、脾气暴躁易怒,怎么办

科学家研究发现当一个人盛怒时,体内产生的毒素能毒死一只老鼠。

1. 产生怒气的三种情况

看看你属于哪一种,然后对症下药。

(1)有人贬低我们

有人说了一些对我们不友善、有伤害的话,被人贬低或被人小看,导致我们的自我表现、自我骄傲受到损害,我们就产生了愤怒。

(2)我们不能自行其是

我们自己许愿,千方百计地自行其是。当我们被人阻拦,不能我行我素时,我们就可能面带不悦或撅嘴,或者大发雷霆。这就是以自我为中心、太自我所致。

(3)有人得到的荣誉超过我们

我们喜欢被仰视,被别人羡慕。为此,当别人成功时,我们就会嫉妒他们。当我们被选为班干或得到了某项荣誉或友情、爱情时,嫉妒常常会变成愤怒。

2. 谨记哲人的教诲

(1)暴怒的人挑起争端;忍怒的人止息纷争。

(2)当止住怒气,离弃忿怒;不要心怀不平,以致作恶。

(3)你不要心里急躁恼怒,因为恼怒存在愚昧人怀中。

(4)不轻易发怒的,胜过勇士;治服己心的,强如取城。

(5)吃素菜,彼此相爱,强如吃肥牛,彼此相恨。

(6)好生气的人,不可与他结交;暴怒的人,不可与他往来;恐怕你效法他的行为,自己就陷在网罗里。

(7)人不制服自己的心,好像毁坏的城邑没有墙垣。

3. 如何应对

发脾气其实是软弱的象征,而不是力量的象征。发怒时的口诀是:要快快地听,慢慢地说,慢慢地动怒。遵守的原则是:生气却不能犯罪,不可含怒到日落!

要知道,愤怒是可以控制的,火爆脾气也是可以改变的,关键在于掌握方法。

(1)情境转移法:当愤怒陡出时,人有五种处理怒气的方法,一是把怒气压到心里,生闷气;二是把怒气发到自己身上,进行自我惩罚;三是无意识地报复发泄;四是发脾气,用很强烈的形式发泄怒气;五是转移注意力以此抵消怒气。其中,转移是最积极的处理方法。火儿上来的时候,对那些看不惯的人和事往往越看越气,越看越火,此时不妨来个"三十六计走为上策",迅速离开使你发怒的场合,最好再能和谈得来的朋友一起听听音乐、散散步,你会渐渐地平静下来。

(2)理智控制法:当你在动怒时,最好让理智先行一步,你可以自我暗示,口中默念:"别生气,这不值得发火。""发火是愚蠢的,解决不了任何问题。"也可以自己在即将发火的一刻时,给自己下命令:不要发火! 坚持一分钟! 一分钟坚持住了,好样的,再坚持三分钟! 两分钟坚持住了,我开始能控制自己了,不妨再坚持一分钟。三分钟都坚持过去了,为什么不再坚持下去呢? 所以,要用你的理智战胜情感。

(3)评价推迟法:怒气来自对"刺激"的评价,也许是别人的一个眼神,也许是别人的一句讥讽,甚至可能是对别人的一个误解。这事在当时使你"怒不可遏",可是如果过一个小时、一个星期甚至一个月之后再评论,你或许认为当时对之发怒"不值得"。

(4)目标升华法:怒气是一种强大的心理能量,用之不当,伤人害己,使之升华,会变为成就事业的强大动力。要培养远大的生活目标,改变以眼前区区小事计较得失的习惯,更多地从大局、从长远去考虑一切,一个人只有确立了远大的人生理想,才能待人以宽容,有较大度量,使自己不被微不足道的小事牵扯精力,而妨碍对理想事业的追求。

附17:不留钉孔

从前,有个脾气很坏的小男孩。一天,他父亲给了他一大包钉子,要求他每发一次脾气都必须用铁锤在他家后院的栅栏上钉一颗钉子。第一天,小男孩共在栅栏上钉了34颗钉子。

过了几个星期,由于学会了控制自己的愤怒,小男孩每天在栅栏上钉钉子的数目逐渐减少了。他发现控制自己的坏脾气比往栅栏上钉钉子要容易多了……最后,小男孩变得不爱发脾气了。

他把自己的转变告诉了父亲。他父亲又建议说:"如果你能坚持一整天不发脾气,就从栅栏上拔下一颗钉子。"经过一段时间,小男孩终于把栅栏上所有的钉子都拔掉了。

父亲拉着他的手来到栅栏边,对小男孩说:"孩子,你做得很好。但是,你看一看那些钉子在栅栏上留下的那么多小孔,栅栏再也不会是原来的样子了。当你向别人发过脾气之后,你的言语就像这些钉孔一样,会在人们的心灵中留下疤痕,并且永远也无法完全恢复了……"

第七章　大学恋爱

一、大学生该不该恋爱

大学是恋爱的最佳场所、最佳时机、最易成功……不过这些都不是你恋爱的最终理由,除非你遇到了合适的人。要输就输给追求,要嫁就嫁给幸福。没有追求的人,就是行尸走肉。至于成败,那对一个人来说并不重要。

虽然非常赞成在大学恋爱,不过,前提是你必须具备一定条件,也就是说你需要达到一定的恋爱心智,即要有爱与被爱的能力和修养。

二、大学生恋爱应具备什么条件

大学生恋爱应达到一定的恋爱心智,成熟程度。

1. 态度成熟

恋爱不是游戏,凡以游戏开场,即以玩弄开始,最后必以悲剧告终。爱情美好于它的专一和深情,不轻易点头更不草率分手,但它的前提是学会分辨,懂得珍惜。以婚姻为基础而不是以练习、娱乐为基础,这种成熟心态,也伴随风度,能好聚好散。友谊尚且不能勉强,何况爱情? 否则,你目前就只适合有友谊,不适合有爱情……

2. 行为成熟

(1)懂责任

只有能对自己负责,才可能会为别人负责。

对自己负责,了解自己的第一身份和第一责任(学生和学习)。不可做"全职恋人"、"兼职学生",要能把握好度,有能力去协调学业和恋爱,不会因之而荒废学业。(因"全职恋人"、"兼职学生"而荒废大学,以至毁掉人生的例子数不胜数,在幡然悔悟之下亦无力回天,后来人切需警醒!)

(2)能控制

要有一定的自制力,在诱惑面前不失迷茫,在盛怒之下亦存理智,成熟到值得女人去依靠。你对你所认定合适的人了解有多少? 在不适合的时机遇到合适的人,在适合的时机遇到不适合的人,在适合的时机遇到适合的人却面对不合适的问题,选择都是唯一的。能控制好自己,才有可能把握住爱情。

三、品格和找对象的关系

婚姻是每一个人的终身大事,恋爱是人们进入婚姻的必经途径。所以,我们每一个人在一生中都要面临这样的重要决定:与谁恋爱,同谁结婚? 那么,什么才是我们做出决定的标准? 决定我们恋爱、婚姻是否幸福的因素是什么? 在现实生活中,我们看到一些人注重对方的票子、车子、房子,一些人注重对方漂亮的脸蛋、窈窕的身材。在看到这些外在条件时,我们有没有看到对方是一个怎样的人? 心灵是否美善? 在说"我愿意"之前,你是否慎重而周密地考虑过对方的人品? 对方的人品又如何考察?

关于这些问题,让我们先从"学徒的故事"说起。

1. 学徒的故事

故事发生在辽宁省一个偏远穷苦的小山村。当时,那里的经济非常落后,村子里最有钱的"大户人家"也只能把孩子送到县城或者省城读书,读到高中之后就再没有钱继续供养孩子深造了,有高中学历的人,在当时就已经算是大知识分子了。对于广大穷苦家庭的孩子来讲,上学简直就是一种梦想。那时穷人家孩子最大的盼望，就是能够到村里的一个杂货铺当学徒。那种小杂货铺，就是一个很小的房子，摆着糕点、糖果、文具以及日用百货等等，总之什么都卖，有点像现在的小超市。或许你会问：为什么孩子们都梦寐以求地要做学徒呢？因为做学徒就要盘点货物和算账，这是穷孩子们能够有机会学习认字和算术的唯一渠道。

杂货铺的老板（当时叫做"掌柜"）在村子里可算是绝无仅有的知识分子，穷孩子都期望着能跟着他来改变自家几代人"面朝黄土、背朝天"的命运。况且做学徒还可以为家里减少一个人的口粮。这对当时小山村的穷孩子来说真可谓"一步登天"的美事。所以，有的家长会走门路、托朋友、请客送礼，千方百计把孩子送进铺子。做学徒的孩子深知机会得来不易，所以兢兢业业、不敢有半点的懈怠。但奇怪的是，这些孩子往往在学徒将要期满的时候，就被掌柜的炒了"鱿鱼"。家长问："我儿子犯什么错误了？"掌柜的说："你回去问自己儿子吧。"于是，家长回家问儿子。儿子说："我也不知道。"村里的人们都好生奇怪。

"谜底"后来被揭穿了。原来，每当一个徒弟的学徒期快满的时候，掌柜的就会把徒弟叫到自己跟前，说："徒弟，你学得差不多了，可以独当一面了。师傅明天要到城里进货，你好好看管铺子。"当时农村根本没有汽车，到县城、省城进货只能赶着胶皮轮马车。这样一来，师傅常常要一两个礼拜不在铺子里。师傅跟徒弟说："我离开这一两个礼拜，铺子里的事情由你全权负责。但是要记住：铺子里所有的东西都是属于铺子的，不是你的，你要忠于职守。"徒弟说："师傅放心，我一定尽心，您就瞧好吧。"于是，师傅进货去了。

在师傅离开的这段时间里，学徒一般都会努力做事情：按时开门，按时卖货，按时打烊……总要趁着师傅不在好好表现一下。打扫房间卫生时也会比师傅在的时候更加彻底一点，有些平日从来没有打扫到的地方也要打扫打扫。这样，有一天他就会在箱柜底下或地砖缝隙中发现一个布满灰尘的银元……

故事讲到这里，大家可能已经猜到结果了。师傅回来后，第一天没有什么动静，师傅什么话都没说。第二天师傅会问学徒："我出门在外的这几天铺子里没有什么事情吗？""什么事情都没有，一切正常！"师傅点点头，还是什么话都没说。到了第三天，师傅说："好了，伙计，把你的父母请来，你的学徒期满了。"

银元是怎么回事？——对，是师傅故意放的。为什么要这样做？——对学徒委以重任之前，师傅要考察一下他的"心"。学徒看到银元上布满了灰尘，就以为一定是谁不小心把钱掉在那里，上面厚厚的尘土显然说明它落在那里已经好长时间，无人知晓。于是，便有了前面的故事。

学徒的"心"决定了银元的命运，从而也就决定了他自己的命运。遗憾的是不止一个徒弟如此，而是个个徒弟都没有逃出同样的结局。学徒之所以没能继续留下来，不是因为他们的能力不够，乃是因为他们的"心"不可信任。可见有能力的人易得，而有"心"的人却是难求！由此我们可以看出，杂货店老板留用徒弟的原则是：不仅要有能力更要有品格；如果没有品格，即便有能力也坚决不能留用。"人在最小的事上忠心，在大事上也忠心；在最小的事上不义，在大事上也不义。"意思是说"人在小事上不忠心，在大事上也不会忠心"。这里的"心"，指的就是品格。

如果连一个小山村里的杂货铺老板选择学徒都如此慎重地查验对方的品格，那么年轻人在选择伴侣这件终身大事上，岂不更应该以品格为重吗？

2. 素质的核心是品格

毫无疑问，年轻人谈恋爱找对象，谁都想找一个高素质的人。那么怎样才能算得上是高素质呢？

许多人都认为："素质"是指一个人所拥有特长和技能的多少、所受教育程度的高低、知识面的宽窄、身体的健康状况的优劣、心理承受能力的强弱，以及言谈举止的雅俗等。其实即便具备这些良好的条件，也不见得就是高素质的人。让我们看看吧。那些"电脑黑客"可都能算得上是高智商、高技能的人，但他们给社会带来多少麻烦和损失；写诲淫诲盗书籍和传播网络色情小说的都是些有知识的人，但他们给社会带来的却都是负面影响，多少学生家长谈起他们都是愤愤然；再看看体育赛场上屡见不鲜的兴奋剂事件，就可以看到许多体育巨星们的内心世界；此外，许多江洋大盗在作案时都镇定自若，心理素质可谓极佳，可是他们却不会被看成是高素质的人。那么他们所欠缺的是什么呢？——是品格。

素质虽然是多方面的，包括文化素质、身体素质、心理素质、艺术素质等等。但是这些素质，所指的都是人的能力，是属于"素质"概念内涵中的次要因素。而人的品格才是素质中最为核心的部分。

一个人即便具备多方面超群的能力，但如果没有好的品格，就不会被认为是高"素质"的人；因此，从这个意义上看，品格才是决定一个人素质高低的关键。

3. 品格与能力的关系

作为一个高素质的人，既要有"手"（动手能力），又要有"脑"（智力），还要有"心"（品格），这三个方面都应该具备。其中的品格是最根本的，没有了品格，其他方面的存在就失去了意义。

人的品格与能力的关系，就如同拇指同其他四个手指的关系。人在握拳头的时候，将拇指抱在其他四个手指外面所构成的力量，远大于将四个手指抱在大拇指外面所构成的力量。不信，你可以现在就试一试。你也可以试着用食指和中指来打开矿泉水瓶盖，再喝一口水。你会发现，如果没有大拇指，其他四个手指充其量也只能挠痒。在这里，大拇指就好比一个人的品格。许多人很有做事情的能力，但是由于缺乏良好的品格，他们通常喜欢在人前彰显个人的能力，而将不良的品格隐藏了起来。这样的人，虽可以成就事业，却不能造就他人的心灵。只有那些具有美好品格的人，才会对他人的生命产生积极的影响。

有了大拇指，每增加一个手指，工作能力就会成倍增加；若没有大拇指，即便其他手指都健全，也难以做什么。同样，人的品格相对能力来说，就好像是大拇指与其他手指的关系。因为，一个人如果没有品格，他的能力越强，给其他人带来的危害性就越大。

四、找对象，什么能让你放心

1. 司马光的"才德理念"

早在宋代，司马光曾经提出一套很精辟的"看人"的理论。他在《资治通鉴》中写道：

"才德全尽谓之圣人，才德兼亡谓之愚人，德胜才谓之君子，才胜德谓之小人。凡取人之术，苟不得圣人，君子而与之，与其得小人，不若得愚人。"

你若问一个寻找人才的团队：你们想找什么样的人？毫无疑问，他们会要德才兼备的圣人。如果找不到这样的人怎么办？则会取其次，即君子。如果圣人和君子都没有，找什么样的人呢？司马光建议你：与其要小人，不如要什么都不会的愚人。

司马光告诫说："挟才以为善者，善无不至矣；挟才以为恶者，恶无不至矣。"意思是，品德好的人有能力，什么好事都能做；品德不好的人有能力，也什么坏事都做得出来。愚人的智力和能力都不够，不会给社会带来太大的伤害和损失。能够给社会和团队造成伤筋动骨的损害的，一定是很有能力而没有道德底线的人。有的人席卷几个亿的钱潜逃国外，有的人出卖国家机密换来荣华富贵，有的人欺上瞒下将国家资产转移到个人名下……这些人，哪个不是文韬武略，有着一身本领？

司马光还进一步分析说："大才与德异，而世俗莫之能辨，通谓之贤，此其所以失人也。"

一个人的才能和品德不是一回事。很多人不明白这个道理，以为是一回事，所以把有才的人和有德的人都叫做贤人。选择人才的标准出现了模糊，所以找不到真正的人才。

寻找人才如此，找对象也是一样：不能只注重对方的才干和金钱，而忽视了对方的品德。司马光之言提醒我们：没有正确的"取人之术"，你无法拥有幸福的婚姻。

司马光接着说："夫聪察强毅之谓才，正直中和之谓德。才者，德之资也；德者，才之帅也……"

一个人头脑聪明，有洞察力，强悍而有毅力，这是他的能力；而心存正直、公道、平和，这是一个人的品德。才能是品德的助手，品德是才能的统帅。有了良好的品德，才能越多，成就的事就越大。

司马光又说："自古昔以来，国之乱臣，家之败子，才有余而德不足，以至于颠覆者多矣……"从古到今，给国家造成动乱的奸臣或者倾败家业的败家子，全都是有才能而没有品德的人。

2. 三种不同的价值观

现在，年轻人在恋爱的时候往往忽略对方的品格，普遍更看重对方外在的东西。这似乎是很自然的事情，因为外在的东西最容易看到，也最容易激起人们的热情。然而，你要知道，外在的东西只是表面上的，并不是一个人的全部。为了减少恋爱中的失误，我们很有必要了解一下怎样去了解一个人。我们将从外向里分三层来看清楚一个人。

第一个层次：我们称为"有什么"（to have），指一个人所拥有的东西。当你刚刚认识一个人的时候，首先看到的是他最表面的情况，也就是他所拥有的东西。除此之外，你短时间内看不到更多、更深的东西。

第二个层次：我们称为"做什么"（to do），指的是一个人的能力。相处一段时间之后，跟他的接触增多，你对他的了解也逐渐加深一些，可以看到他具备什么能力，如动手能力、思维能力、办事能力、为人处事能力、接受能力、沟通能力等等。但是，此时你还是不能清楚地知道这个人的内心世界。

第三个层次：我们称为"是什么"（To be），即他是一个什么样的人，也就是他的素质如何。如果说"to do"侧重于他的聪明才智，那么"to be"则强调他的内心世界是怎样的——他具有什么样的品格。

这三层反映了人们寻找恋人时三种不同的价值观。价值观的不同决定了人们在选择配偶时有着不同的标准。对这三种价值观进行比较，可以帮助我们明白婚恋中什么是最重要的。

（1）注重"有什么"的价值观

这是青年人恋爱时最普遍的一种心态。青年人寻找对象，无论是别人介绍还是自由恋爱，首先考虑的是对方所拥有的外在东西：相貌如何？身材怎样？有什么文凭？家境是否宽裕？有没有房子、车子？有没有"靠山"？有没有额外的负担？等等。人们大都很"现实"，知道很少有人能拥有这一切，如果真的拥有这一切，这个人也肯定轮不到自己。但是，他们认为自己的恋人至少应该有其中的一点或者几点，可以给自己一个娶她或嫁他的理由。以"有什么"的价值观为中心，人们的择偶标准就会随着时代的变迁而产生变化。20世纪50年代，择偶标准是"出身好"；60年代，是"军人"；到了70年代，是"大学生"；80年代是生意人；90年代是出国留学的人；进入21世纪就成了有绿卡的海归派、企业家……但这些东西能够长久吗？人失去了财产、地位、容貌、身份之后，该怎么办？爱情失去了动力，靠什么去维系？

我们知道：我们所拥有的都是"生不带来，死不带走"的身外之物，不论你拥有多少，一场地震，一次海啸，瞬间即逝。《箴言》说："你岂要定睛在虚无的钱财上吗？因钱财必长翅膀，如鹰向天飞去。"那么这些身外之物一旦失去，你的"爱情"还有吗？

"一见钟情"的爱往往看中的就是对方的相貌、身材、举止、钱财等，因为这些东西一眼就能够看到，是外在的东西。

我们告诫青年男女：不知深浅，切勿下水！因为双方需要时间了解彼此真实的内心。相貌、身材、举止、钱财等表面的东西很容易就了解了，然而，我们能了解这个人有什么能力吗？能看出这个人的内心世界吗？要了解这些，一定要经过一段时间观察和接触，才能透过表面看到对方更深层的内心。

有人会说："我知道钱财是身外之物,但容貌不是我身上的呀?"那么请问,美丽的容貌能够在你身上多长时间,有"青春永驻"的人吗?

有一首唐诗:

汉帝重阿娇,贮之黄金屋。咳唾落九天,随风生珠玉。

宠极爱还歇,妒深情却疏。长门一步地,不肯暂回车。

雨落不上天,水覆难再收。君情与妾意,各自东西流。

昔日芙蓉花,今成断根草。以色事他人,能得几时好?

古人早在千年以前就告诫我们:建立在花容月貌基础上的爱情是不会长久的。

南方某城市有一个艺术学校,那里的学生都是千里挑一、万里挑一的帅哥、靓妹,有一个女孩是靓妹中之靓妹,所以身后总是有许多赶不走的追随者。有一天,一个骑进口大摩托车的小伙子来找姑娘。在众人目光的关注下,姑娘觉得自己很露脸,纵身一跃骑上了摩托车,同小伙子跑了。出去之后,到了一条刚建好尚未投入使用的高速公路。他们钻过栏杆,在崭新的高速路上"兜风"……太爽了!他们越开越快,越开越高兴,两个人觉得太幸福了,像天马行空一般。想着想着就忘乎所以了,想学《泰坦尼克》电影中那个经典的镜头。于是他们在摩托车上站起来,一起展开双手。结果,摩托车一下横着飞了出去,女孩子的半边脸被毁了容。

靓妹住进了医院。头一天还有几个人看她,到后来,守在身边的只有她的父母,而那些"追随者"不用赶就都无影无踪了。这难道不值得"花瓶"们深思吗?

(2)注重"做什么"的价值观

光看外表,很多时候无法判断一个人的能力和价值。有的人虽然家境贫寒、出身卑微,但是他头脑灵活、聪明绝顶,或者是身怀绝技、才艺超群;有的人其貌不扬,但接触一段时间后,才知道他原来是文韬武略,见多识广。

很多清高的人对钱财、势力、名气、头衔是不屑一顾的,也不太看重对方的形体和相貌,却十分看重有真才实学、有能力的人。如果某人有技术特长,或者很会为人处世、左右逢源、关系亨通,或者头脑灵活、善抓机遇,便会很得他们青睐。欣赏有能力的人似乎很有道理:只要他有能力,我们自然不会受穷。

然而,有本领就有依靠吗?万一他的知识和技能过时了怎么办?或者他把这些技能和聪明才智都用来对付你怎么办?如果没有爱,他再大的本领也于我们无益!

(3)注重"是什么"的价值观

我们不是说在恋爱中了解对方"有什么"和"做什么"不重要,而是说这些不是最关键的。能够使婚姻和谐、稳定、长久的,是人的心。配偶是要跟你共度一生的人,所以他(她)的品格如何才是最为要紧的。

①他是一个仁爱的人,还是一个冷酷的人?看到别人需要帮助的时候,他是积极伸出救援安慰之手,还是愤愤地说"我需要帮助的时候,谁帮助我了"。

②他是一个积极乐观的人,还是消极悲观的人?他每天是以微笑面对生活,还是唉声叹气、愁眉不展?在你遇到痛苦、挫折和失败的时候,他是鼓励你说"没关系,我们重新再来",还是他更加泄气地埋怨和唠叨说"算了吧,没指望了"?

③他是一个喜欢与人和平相处的人,还是一个喜欢与人斗的人?他是凡事愿意默默给别人带来祝福,顾全大局,还是到处喜欢出风头,剑拔弩张的人?

④他是忍耐大度的人,还是小肚鸡肠的人?遇到一些不公正的待遇或者他人的误会,他是以宽容的心去面对,还是赌气、诅咒说"让他见鬼去吧,不得好死"?

⑤他是以恩慈对待别人的人,还是一有机会就打击报复别人?受到别人伤害的时候,他是恩待伤害自己的人,与人为善、主动修好,还是抓住人家的错误不放,咬牙切齿说"等着瞧!看我怎么

收拾你! 君子报仇, 十年不晚"?

⑥他是个良善的人, 还是个恶毒的人? 对于老人、孩子、残疾人, 他是像对待你一样亲切地对待他们, 还是冷眼相待? 有一次在北京的公交车上: 一对年轻的恋人, 男的先冲上去抢了后门边上的两个座位。这时跟着上来一位老人, 站在座位前想坐下, 小伙子先是不让, 后来在周围人谴责目光的压力下, 才不情愿地把其中一个座位让给老人。女友上来后, 小伙子把抢来的座位让给了女友, 自己很绅士地站在女友的前面。当时是北京最冷的季节。女孩子说: "这门缝的风真大。"小伙子听了二话没说, 刷地拉开羽绒服的拉链, 张开两翼为女孩挡住从门缝里吹进来的寒风。那形象, 就如同当初打虎上山的杨子荣。哇! 那女孩子此时真感到自己就像是一个高贵的公主。她也一定觉得男友对她很好! 她错了。良善还是冷酷, 是通过怎样对待那个老人上辨别出来的。

⑦他是讲信用的诚实之人, 还是心口不一、反复无常之人? 《诗篇》说: "他发了誓, 虽然自己吃亏, 也不更改。"说的是守信用的正直之人。

不守信用的人虽然在恋爱的时候信誓旦旦, 但结婚后, 看到年轻、更有魅力、更漂亮、更有钱或者更有势力的人, 难免见异思迁: "我们俩的结合是个误会! 结束吧, 爱是不能强迫的。"因为他的许诺都不过是达到个人目的的一种手段。

⑧他是个温柔的人, 还是个暴躁的人? 当遇到冲突矛盾时, 他的态度怎样? 是温柔面对, 还是暴跳如雷? 生气却不要犯罪, 我们不能让自己不生气, 因为那是上帝赐给我们的正常情感, 但是我们可以把自己的怒气控制在一定的程度。一旦我们的情绪失控, 头脑就会发热, 暴怒之下很容易做出不理智的事情。

⑨他在各种的诱惑面前是很有节制, 还是无度地放纵自己的欲望和嗜好? 婚姻生活中会面对许多大大小小的诱惑。人人都知道酗酒、赌博、上黄色网站、整夜泡在网吧等嗜好是不好的, 但有的人能克制自己的欲望, 有的人却不能。倘若他在日常生活中很有节制, 那么就说明他对婚后难免遇到的各种诱惑具有相当的抵抗力。

精神病学家弗兰克·皮特曼写道: "我们生活的稳定与否取决于我们的品格。是品格的力量而不是激情使婚姻得以长期维持下去, 夫妻共同抚养孩子长大, 使其成为一个有责任心和劳动能力的公民。在这个不完美的世界里, 是品格的力量使人们能够活下去, 忍受并超越他们的不幸。"婚姻是每个人的终身大事。恋爱, 就是寻找能与你同甘共苦、厮守终身的人。人们在婚姻中难免会遇到各种危机, 外在的法律制度对于处理这些婚姻中的危机都无济于事, 只有夫妻双方的品格才能帮助他们渡过危机。

五、睁大眼睛选对象

上一节说过: 谈恋爱, 最重要的是要了解对方的品格。那么, 怎样才能深入了解对方的品格呢? 好树结好果子, 坏树结坏果子。要想知道他是"好树"还是"坏树", 看一看他所结的"果子"(在日常生活中的表现)就知道了。

1. 我的人生目标

常言道: "鱼找鱼, 虾找虾。"这句带有一些贬义的俗语却道出了恋爱的规律: 你要想娶一条鱼, 首先自己要成为一条鱼; 你要想嫁一只虾, 首先自己要成为一只虾。就是说: 要想找一位合适的伴侣, 首先自己要成为一个合适的伴侣。在前文我们已经看到素质的重要性, 所以不难得出这样的结论: 预备自己成为一个合适的伴侣, 实际上最重要的是要预备我们的心, 努力使自己成为一个身心都很健康的人——一个具有美好品格的人。用前文所说的三个层次来衡量自己, 我们就会对自己有个大体的认识了。

表7-1中的内容, 可以帮助我们看清不同价值观的人自我满足的不同方式, 以及满足后的表现。让我们学会观察生活, 在生活中不断操练并提高自己的品格。

表 7-1

	满足感	满足之后	表现
有什么(to have)	通过对物质的占有和支配权来满足	满足之后仍看不到自我的价值	自卑、显露、张狂、空虚、攀比、掌控
做什么(to do)	通过提高做事能力和成功率来满足	满足之后会有些自我价值感,但仍感到有缺憾	骄傲、敏感、嫉妒、竞争、主观、动摇
是什么(to be)	接受信仰获得新生命寻天赋、知天命、尽天职	满足后就找到了自我的位置和价值	受教、安静、喜乐、充实、坚定、有序

(1)持"有什么"价值观的人

追求"有什么"的人,认为人的价值是由所拥有的东西决定的:人所拥有的越多越大,自己的价值就越大、地位就越高。持这种价值观的人,通常是以不断追求更多的财富、更美的容貌、更高的名声和地位为目标的。每当达到一个新的目标,他会有短时间的欣喜,但内心没有真正的满足。其具体表现是:自卑、显露、张狂、攀比、空虚、掌控。

①自卑。持此种价值观的人会想:穷的时候没有人瞧得起我,所以我必须要有钱。多少钱才算够呢? 十万,百万,千万,还是一个亿? 人们终将发现,钱丝毫不能使人摆脱骨子里的自卑感。因为无论有多少钱,这些钱都不能代表你自身的价值,金钱生不带来死不带去。

有的人看重文凭,以为上了大学就有价值了。结果拿了学士、硕士甚至博士,到头来也不过如此。即便别人都刮目相看,心中的自卑感仍然不能释然。

美国好莱坞明星泰勒是全世界公认的美人。尽管有如此的声誉、财富和令世人仰慕的美貌,她仍然在自卑感的驱使下做了很多次美容手术。

②显露。认为"有"了什么就可以提高自己地位的人总是要找机会把自己所拥有的展示出来让别人看到。他们觉得人家不知道或看不到,就会无视我的存在,所以会有以下行为:

● 要将我的美貌显示给大家看——参加一个接着一个的选美比赛就是这个原因;

● 要将我的学位、头衔显露给大家看——印在名片上或不时提起;

● 要把我的钱显露给大家看——一个硕大的黑皮钱包夹在腋下;

● 要把我的财富显露给大家看——戴价值数万的劳力士表、价值不菲的项链、戒指,开豪华车子。

③张狂。有些人得不到某些东西的时候自暴自弃,一旦得到马上就会张狂起来——趾高气扬、目空一切。"你没有,可是我有。"在某些歌厅,富翁富婆们为了摆阔,点一支歌付给歌手上万元的费用。

一次,在电视上看到一个顶尖级的节目主持人采访一位最有名气的男影星。主持人问:"人们都说你是中国最牛的演员,能告诉我你为什么这么牛吗?"那影星说:"其实他们不知道,我心里面是最自卑的。因为自卑,所以我在别人面前就特别牛,来掩饰我的自卑。"他这话说得非常到位,也非常实在。的确,"张狂"恰恰说明人内心的自卑——用张狂来掩饰自卑。

④攀比。攀比的人,往往很在乎别人是不是比自己拥有更多的东西。所以,他不能让别人盖过他的风头。别人结婚用十辆车,我就要用二十辆;别人办了十桌宴席,我就要二十桌;别人买帕萨特,我就买奥迪;别人买宝马,我就买奔驰。反正我要压过其他的人。只有压过别人,才能证明我更有价值。

⑤空虚。空虚的人极其要"面子"。这种人特别追求时尚,附庸风雅;他们会用许多宝贵的时间、精力去做一些很时髦却实在无聊的事情。例如,无止境地"追星",对某种球类比赛狂热迷恋,像老年人一样成天陪伴宠物,为了买到一件时兴的牛仔裤会用半个月的时间跑遍整个城市,为得

到一个明星的签字会在人家下榻的饭店外嗷嗷地叫上一夜。

⑥掌控。掌控的人认为,一切能够给我带来价值感的东西,我都一定要牢牢掌握在手:能否干事情没关系,权力是不能松手的。一旦离职或退休,权力没有了,我就一钱不值了,没有人搭理我,所以离职就像末日来临。

所作决定的对错没有关系,产生什么后果也无所谓,但要让人们知道是谁说了算,谁是真正的"腕儿"。

持"有什么"价值观的人需要知道:无论拥"有"多少,都不能给予人真正的满足,因为所拥有的那些,不能代表人自身的价值。

(2)持"做什么"价值观的人

持这一价值观的人认为,人的价值是由一个人所具备的能力决定的,能力越多价值就越大。这种人通常通过提高做事能力和成功率来提升自我,每当能力提升到一个新的高度,他们就会觉得身价也随之提升了。他们认为:外在的东西可以失去,可本事总是我自己的——只要我活着,本事就丢不了。

然而,学问可能会过时、头脑可能会迟钝,"做什么"也无法给人带来内心真正的满足和长久的平安。

持"做什么"价值观的人的具体表现是:

①骄傲。成功的时候,他会沾沾自喜、洋洋得意:"你看,我比你们都强……我行,你不行……所以我比你们都重要,比你们更有价值。"

②敏感。这种人自尊心强,很关注别人对自己的看法。他们面对别人的批评很紧张,而且反应过度,因为那意味着自我价值受到贬低。

③嫉妒。这种人不允许别人比自己强,如果那样的话,他就太没有面子了。听说某某人比自己干得好,他就坐卧不安、暗生妒意。于是开始诋毁、算计,不能让这个人太得意。

④竞争。这种人心想:这次你比我强?下次我比你更强。他们往往表面上一副我无所谓的样子,暗中却憋着劲跟你干,非干过你不可。只有这样,才能使自己有良好的感觉。

⑤主观。这种人总是觉得自己是对的,别人都是错的。一旦认准了的事,没有人能改变自己。

⑥动摇。持"做什么"价值观的人都很注重能力,但是当所处的环境不适合发挥自己的能力时,他便会产生动摇。

一个对自己的能力充满自信的人,一旦环境改变,致使他的能力无法发挥,时间一长,他的自信心就会动摇。国外报道中国在北美的一个博士毕业生和一个博士后先后自杀。人们不禁要问:被人仰慕的成功人士怎么会自杀呢?究其原因,我们可以看到他们有着相似的求学经历:从小学到中学到大学再到出国读研究生,他们都一直处在顺境之中,从来没有失败过,可是一旦遭受挫折,身处逆境,比如博士论文没有通过、一个试验失败、几个月没找到工作,他们就会对自己的能力产生怀疑,看不到自身的价值,甚至会走到自绝的地步。

(3)持"是什么"价值观的人

持"是什么"价值观的人看重的是人的品格,他们以寻天赋、知天命、尽天职为己任。"是什么"的价值观带给人一颗受教、安静、喜乐、充实的心。这样的人有坚定的人生目标,生活会很有秩序。

①受教的心。他内心谦卑,能够虚心聆听他人的指教,甚至是严厉的批评。

②安静的心。他有着平和的心态,从不想通过张扬自己的某些优势来招引他人的目光或证实自己的价值。

③喜乐的心。他为自己目前所拥有的感到庆幸,感恩不已。

④充实的心。他的内心因有信仰而得到极大的满足,他的整个心都被爱充满了,感到生命很有意义。

⑤坚定的人生目标。他不会因为环境的变化或周围人的风言风语而动摇自己的信心或改变

自己的目标。

⑥有序的生活。他做事情中规中矩，一切按照次序而行。

2. 睁大眼睛选对象

"恋爱中的人智商等于零。"这句话说得一点没错，许多人都是这样的。他们只能看到对方迷人的地方，沉浸在美好的感受之中，并急于追求更加热烈的激情，很少考虑要理性地多了解对方负面的信息。为了取悦他人、掩饰真实的自己，人总可以对自己的某些行为做一些暂时性的改变，但伪装得一时，绝不可能伪装一世，最终一定会露出真面目。所以，谈恋爱千万不要只停留在卿卿我我的柔情蜜语中，而要注意从点滴小事上观察他的行为举止，透过这些来看他的内心世界——他的素质。遇到危机是考验品格的绝好机会：在前途未卜的情况下，人们通常以自己平时最为熟悉的思维定式予以应答或做出选择；越是在压力面前，一个人的品格展露得就越明显。必须通过长时间的相处，才能清楚地了解对方的素质。找对象，不是只考虑他有多少钱，有什么本事，是否大学毕业，家里有几口人，他的爸爸妈妈是干什么的……这些都是次要的，最重要的是这个人的品格。

他(她)是宽容大度还是鼠肚鸡肠？是与人为善，还是抓住人家的错误不放？遇到别人得罪了他，他是宽容对方，还是怀恨在心？他是一个襟怀坦白、诚实守信的人，还是一个心口不一、反复无常的人？更重要的是：他是一个真诚善良的人，还是一个玩世不恭的人？跟他接触多了，这些自然就能看到。

如何观察对方？在此为大家提供几点参考建议。

①今天他能为了你去欺骗别人，那么明天他也会为了别人而欺骗你。

在一个卖蛋糕的超市里面，顾客挑选好以后，售货员会撕下相应的价签贴在上面。一对热恋中的男女，那女孩指着一种蛋糕说："我最爱吃这种蛋糕，可是太贵了！"那个男子拿了最贵的蛋糕，趁着售货员一转身的工夫，快速撕下一个便宜的价签贴了上去。那女孩子看到男友的举动，微笑着投以佩服的目光。然后两个人一起去付账。可能那女孩子觉得男友又聪明又勇敢，然而她错了。今天他能为了你而欺骗别人，明天就能为了别人而欺骗你。

②今天他对待餐厅服务员和外地民工的态度，就有可能是明天他对待你的态度。

恋爱的时候，他会对你百般热情。在餐厅，他会为你开门，给你拉椅子，把最好吃的菜夹给你。女孩子说："哇，真是体贴的男人！"可是，对服务员，他横眉冷对；对外地民工，他更是呵斥鄙视。我们可以从一个人如何对待这些最不起眼的人，看出他为人处世的真正态度。现在，你身上所具有的特质吸引着他，能够让他甘心情愿地对你百般呵护。然而，一旦你失去了对他的吸引力，你在他眼中就如同那些服务员和外地民工。

③如果今天他对别人不能控制怒气，明天他对你同样不能控制怒气。

很多女孩子很傻，觉得自己的男友能打善斗是具有男人气。一旦自己受了别人的欺负，正好用来考验男友的忠诚："你要是真的爱我，就帮我教训他一顿，为我出这口气。"这些女孩应该知道：如果他今天能够为了你而"收拾"别人，那么，以后他同样可以为别人来"收拾"你。

素质决定命运，这一点我们一定要牢记。现在，家庭暴力屡屡发生，原因就在于此。你看到他对别人拳脚相加，对你却百般宠爱，比你父母对你都好，便觉得非嫁他不可。好了！结婚以后，你千万别同他发生口角，因为动辄打人已经成了他的习惯。他不能控制自己的怒气，暴怒之下，在家里同样会用暴力解决问题。

④如果今天他可以轻浮地挑逗你，明天他同样可以轻浮地挑逗别人。

认识不久，他就对你言语轻浮，而你以为这些"挑逗"的话是因为他对你一见倾心，听起来似乎还很有趣。其实，那往往是他玩世不恭的表现。以后，他也会用言语挑逗别的异性，因为他就善于言语的挑逗。

除了言语，还有眼睛。眼睛是心灵的窗户。如果你看到对方跟你在一起的时候，眼睛总是东张西望,眼神总是飘忽不定,那你当慎重地多观察才好。眼目所瞩很大程度上说明人的心意所向。

⑤如果今天他对你不能很好地克制自己的性欲望,明天他对别的异性也会这样。

想得到你的时候,什么都可以为你做——这是一种欲望,不是爱情。很多人不懂什么叫爱情。很多男孩子会对女孩子说:"我爱你,我一定要得到你的身体!""你太美了! 我一看到你就抑制不住自己的激情!""你要不答应,我就跳楼了!""不能得到你,我就不能活。"但是你要知道,今天他对你不能控制冲动,明天遇到比你更美、更有魅力的,他就更不能控制了。热恋中的女孩子很容易轻信男人的"赌咒发誓"。所以,奉劝热恋中的女孩子千万别相信这样的"爱的表白"。

多年前就看到过一则笑话说:一个小伙子对着一个美丽的姑娘赌咒发誓自己忠贞不渝的爱情,那姑娘说:"你还没见过我妹妹呢,她比我更美丽!""是吗?"那年轻人连忙说,"那我去看看。"

⑥你用什么吸引人,吸引来的就是什么人。

你用财产所吸引来的就是爱慕钱财的人。

你用性感所吸引来的就是贪恋情欲的人。

你以权势所吸引来的就是倚仗权势的人。

我们想说的是不要以这些来作为找对象的资本和诱饵。因为这样你得到的不会是真正的爱情,而是各取所需的交换。另一方面也是提醒你们:不要被对方的爱情攻势所迷惑,要对追求者的真正动机明察秋毫。在婚姻这样的终身大事上,因"盛情难却"而导致低级失误的案例可是数不胜数。

劝告年轻读者:即便你的背景非常的优越,择偶时也不要将自己的这些信息轻易透露给对方,否则你就失去了明辨对方真正意图的能力。但可惜的是,现代的觅偶态势大多是先将自己所拥有的条件和优势尽情展露,以为这样就可以增加自己得到青睐的砝码。殊不知"老鼠爱大米",你把大米都撒出去了,老鼠不来才怪呢。

真正的个人魅力应该来自于你的品格,因为以你的品格所吸引来的人必是欣赏你的品格的人。

在一次婚姻座谈会上,有一对夫妇在形象上反差很大:丈夫其貌不扬、不言不语,显得十分憨厚。妻子靓丽活泼,言谈举止都十分出众。当大家分组讨论,每对夫妻都自我介绍恋爱过程时,妻子说:其实当时追求我的男人很多,个个都比他有成就,比他帅。可是我看不惯他们的油滑和张狂。我就是相中我老公人好,以后肯定会疼我,我把终身托付给他很放心。

所以,找对象,一定要睁大眼睛!

3. 辨别重点

(1)心灵美比外表美更加重要

现在越来越多的年轻人爱慕虚荣,追求外表的华丽和美貌,选美比赛一个接着一个,男士也加入整容队列就是最好的佐证,这种现象反映了目前社会看重表面缺乏内涵的浮躁风气。我们要知道,外表美转瞬即逝,心灵美即使穿越千年也不会繁华逝去。

(2)心理的健康比身体的健康更加重要

锻炼,的确对身体健康有帮助,但是这样的帮助很有限。因为如果你的心不安分,不圣洁,总是忧心忡忡或者狭疑诡诈,那么不论你怎么锻炼,怎么补充营养,也难有健康的人生。现代医学证明,高血压,冠心病,癌症,糖尿病等目前人类健康最大的杀手,无一不同情绪的紧张和思想的焦虑有着密切的关系。所以,拥有健康的心理,努力寻求智慧,这样不仅在现实生活的各个方面都和谐、平安,而且会更加健康。

(3)爱心比知识更加重要

在当今社会,不幸的是,人们都普遍过于看重知识的增长,因为社会抬高自己在他人眼中的地位,会让人感到自己很有荣耀,很有价值。但是,如果一个人只有知识而缺乏爱心,他就会活在自我当中,成为一个自私的人,很难为社会做出贡献。前些年发生的名牌大学学生用硫酸泼熊的事件,充分证明了我们在注重培养知识能力的同时,更要注重爱心的培养。要保守我们的心,胜过保守一切,因为一生的果效,是由心发出的。

注重品格并不是否定美貌、知识、健康、能力的重要性,而是在强调品格比这些更重要。如果当你读到这里不以为然地叹息:哪里去找这么好的配偶? 实际上你很可能想的是一个即"有什么",又可以"做什么",再加上"是什么"的完美的人,所以你会感叹"没有这样的人"。我们是想让你认同:选择配偶时,首先要考虑他"是什么"。当然,人无完人,在认可对方主要的品格之后,我们就必须学习"接纳"这门功课了。

六、爱的真谛——区分爱和喜欢

1. 爱与喜欢的分别

表 7 - 2

爱	喜欢
1. 以对方为中心;留意对方的需要,以行动满足他/她。	1. 以自己为中心;喜欢他/她是因对方能满足自己某方面的需要。
2. 以对方整个人为中心;爱他/她整个人。	2. 是有选择性的;焦点在对方吸引自己的地方。
3. 仆人心态;常找机会服侍对方。	3. 顾客心态;只挑自己喜欢的。
4. 包括理智、意志与情感。有些行动不一定是自己喜欢做的,却能以意志行动出来,为了要满足对方的需要,并且是发自感情的。	4. 以情感为主;感到舒畅时便有爱与服侍,否则不会有爱的行动,纵使勉强有行动,亦不带有感情。
5. 欣赏对方优点及接纳对方缺点。是"虽然……"式的,是"纵然……"式的。	5. 只包括欣赏对方的优点,但不一定接纳对方的缺点。是"如果"式的,是"因为"式的。
6. 不会改变的,时间只会使爱增加,因此彼此了解多了。	6. 会改变的——当对方吸引自己的条件失去时,就不再喜欢对方了。
7. 需要时间培养的。	7. 不需时间培养。
8. 是付出的。	8. 只在乎占有。

男女之间的感情,在建立的过程中,往往以喜欢作开始,而事实上,没有喜欢,便不可能发展恋爱的阶段。喜欢一个人是健康而正常的。但是,作为当事人,你一定要了解你们目前的状态,到底是喜欢还是爱,因为只有爱才会是幸福婚姻的基础,喜欢不是。

2. 爱的误解

下面的问题会帮助你了解你对爱是否存在误解:

问题:你同意下列说法吗? 为什么?

A. "爱情"经常是奔放而无法控制的。

B. 当你爱一个人的时候,你会想办法永远拥有他/她。

C. 一见钟情的爱通常是最持久、最深挚的。

D. 爱是一种感觉,是无法了解的。

E. 当你爱一个人时,你不会介意他所作所为的。

F. 即使你不喜欢他所有的朋友和亲戚,你也可以爱他。

G. 你若爱一个人,一定是基于他/她对你具有特别的吸引力。

H. 只要两人彼此相爱,宗教信仰不同,也不要紧,同样可以有美满的婚姻。

I. 当爱情来临的时候,你必定会有一种触电般的感觉。

J. 爱是没有理智的,一切行动均由情感产生出来。

K. 妒忌与爱是分不开的,你愈是爱,便愈容易为所爱的人产生妒忌。

L. 真正的爱情,人一生中只可能有一次。

M. 当一个人在恋爱中时,他的判断往往是不明智的。

N. 真正的爱必须要"双眼开,双眼闭"。

O. 你若喜欢一个人,你一定爱他/她。

参考答案:

A. 不同意

只有情欲是无法控制的,真正的爱情应有节制,并考虑各方面结果是否会影响对方的身心。

B. 不同意

真正的爱是甘愿付出而不求回报的。这种"拥有"式的"爱情"其实是情欲,充其量是"喜欢"。但我们得同意,一对相爱的男女,会希望能永远生活在一起,但却不是要自私地拥有对方。

C. 不确定

往往相反,这种未经考验的"爱情",大部分很快便会变质,甚至终结。

D. 不同意

爱不单单是有感觉,而是理智与意志所产生出来的实际行动,以满足对方需要为大前提。

E. 不同意

当我们真正爱一个人时,我们会更注意对方的一举一动,欣赏他/她的优点,接纳他/她不能改变的缺点;同时也尽力帮助对方改变他/她能改变的缺点。

F. 有可能

若那些朋友、亲属是对方所至爱的,则不可能。这是基于"爱屋及屋"的道理。然而,若他的朋友、亲属亦是他所不喜欢的,则你不喜欢也是正常的。

G. 不确定

我们喜欢一个人乃是基于他/她对我们具有特别的吸引力,然而我们爱一个人的时候,则不能用条件去解释。

H. 不同意

宗教信仰不同,导致价值观、优先次序、人生观、婚姻观等也有分别,这是绝对影响婚姻幸福的。根据美国某项调查,发现信仰不同的夫妇离婚率,比信仰相同者高出四倍多。

I. 不同意

迷恋所产生的结果或许会有触电的感觉,但真正相爱是理智与情欲结合的。迷恋是单向的,而爱情是双方付出的。

J. 不同意

爱是存有理智、情感和意志的,爱的行动不一定是由情感所产生,否则变得有条件且会变质——当觉得对方不可爱时便不再爱;爱往往由意志产生,以致在对方不可爱时,或发现对方不可爱之处,你也能去接纳和爱他/她。

K. 同意

理论上,倘若我们的爱不属占有性质,则爱人纵使移情别恋,我们也不会嫉妒。然而,若我们真的爱对方,而对方移情别恋,岂会无动于衷;但健康的嫉妒,不是因为自己的损失,而是为了对方的幸福。

L. 不确定

大部分的人所经历的,往往不止一次。

M. 不同意

迷恋者可能会这样，但真正的爱情却是明智的。

N. 不同意

若真正爱一个人，我们更要睁大眼睛，欣赏他的所长，接纳他所不能改变的短处，并帮助他/她纠正可能改变的弱点（缺点）。

O. 不确定

以上 15 句说话均为时下流行语，从这些说话中，我们可以看出一般人对"爱"的误解，错将"迷恋"、"喜欢"、"情欲"视作爱情，难怪现今的恋爱、婚姻产生那么多问题。

七、恋爱 36 原则

1. 恋爱最根本的原则就是两情相悦，爱情必须对等，是双方彼此的欣赏和尊重，并不是一个人的独角戏。

2. 寂寞不是恋爱的借口。为寂寞而寻找爱情只会在寻找中迷失。

3. 爱情不是虚荣。恋爱不是为了证明自己优秀，不是人云亦云的随波逐流。（追求虚荣，注定承受不了代价，成就不了结局。）

4. 感动不等于爱情。绝对不要用感动来获得爱情，因为你无法做到一辈子的感动。

5. 金钱不等于爱情。绝对不要用金钱来换取爱情，因为你无法做到一辈子用金钱来满足她。爱情更无需倾家荡产。爱情是需要经营，但需要的是用心经营，而不是用钱经营。对于经济尚未独立的大学生来说更是如此。当你的女朋友将你的钱当纸来花，你就该考虑她所爱的到底是你还是你的钱包了。而当追求你的男生或者你的男朋友在你面前一掷千金，你也千万别以为那就叫做爱情。一个有一万块钱的人为你花掉一百元，你只占了他的百分之一；而一个只有十块钱的人为你花掉十块，你就成了他的全部。

6. 潜力不等于爱情。绝对不要给对方太大希望，因为如果她爱的是你的潜力，那么你只能不断地挖掘你的潜力，你会很累，而她不会体谅你，而一旦你的潜力没有实现，她会马上翻脸。

7. 感恩不等于爱情。恩情需要报答，但需理性，否则痛苦的不止一个人。

8. 浪漫不等于爱情。浪漫不是第一位的，重要的是两人在一起很轻松很开心的感觉。所以不要被浪漫所征服。（几只蜡烛、几个焰火、一个条幅、一张海报……不该成为打动你的条件。）

9. 不要乞讨爱情。爱情需要尊严，喜欢就真诚的追求，但如果对方坚决拒绝 3 次，就不要再把自己的尊严践踏为无知。

10. 爱情不需要伪装。真实表现自己，包括你的气质，你的人品，你的性格，对方能接受就开始，否则她接受的就是一个经过刻意伪装和改良，并不能长期维持的人，一旦识破，结局更为不美。

11. 进步是爱情的推进器。无论是恋爱开始，还是恋爱结束，不断修正你无论从何途径了解到的不足之处。

12. 爱别人，首先要学会爱自己。爱自己，并不是无原则地惯宠自己、满足自己的不理智的愿望，所以爱对方也一样。

13. 对于不喜欢的人，感谢欣赏并友善地拒绝，坚决地说"不"，保持距离。

14. 拒绝没有共同语言的人。不要和没有共同语言、话不投机的人来一段感情，即使这段感情开始了，也不会长久，爱情还是需要彼此沟通、彼此理解的，而语言是最重要的桥梁。而两个人的默契则是爱情长久的最有力保证。

15. 拒绝已经有爱的人。不要跟已经被别人订走的人恋爱，即使对方再好，也是别人的所有物。借来的东西总是要还的，即使你不想还，也是需要付出沉重的代价的。因为，世界上，永远没有成功的第三者。第三者不是伤害别人就是在伤害自己。

16. 不要勉强在一起。

17. 一旦确立恋爱关系,切记专一。一旦对方出轨,绝对不给任何机会,不论你有多不舍,绝对不能姑息。人需要得到教训才知道什么叫痛,这样才能确保对方的成长。

18. 不要整天把"我爱你"挂在嘴边上。对方更看重的是你能不能做到始终如一而不是甜言蜜语。

19. 不要一味地要求对方做什么。因为对方并不欠你什么,感情是建立在彼此付出和耕耘之上的,更应该想一想自己能为对方做点什么。

20. 爱情不等于性爱,不要做只用"下半身思考问题"的男人。

21. 女人不应该太专横,把对方的信任和宠爱做无谓的践踏最为愚蠢。

22. 不要总审问。

不要总是事事审问对方,调查对方,应给对方足够的信任。记住,审问是法官的责任而不是恋人的责任,而调查是警察的责任,不是爱人的责任。而且,就是再亲密的人也需要保留自己的一些生活空间(保持一定距离,天天相恋,但不要天天相见)。

23. 不要总嫌自己的爱情平淡无味。真爱不一定要轰轰烈烈,幸福不过是往事的不断重复。可以让爱情有一点高度,不要追求浪漫而两个人到处玩,试着两个人一起节约点钱。捐给贫苦地区,也是对你们爱情很好的一种纪念。

24. 不要在爱情中总是寻求公平。不需要在感情中横着一杆秤,随时等着秤斤量两,那样幸福的平衡反而会被轻易地打破。

25. 不要怀疑自己的选择。无论你选择爱上一个人,或者离开一个人,既然做出选择就要付出代价,与其不断地后悔,还不如投入地爱一场,即使没有结果,至少你曾经真真切切地爱过一个人,享受过爱的感觉。

26. 不要轻易说分手。因为意气之争轻易地说分手,说的次数多了,可能也就真的分手了,毕竟常说分手是最伤害感情的事情了,不要忘记,不是只有你可以说分手,对方也可以,不要用分手来威胁对方。争吵的时候,冷静几分钟,双方都先想想自己怎么了,为什么会争吵。接受和包容彼此的缺点是爱情的基础。

27. 不要余情未了。不要总是和以前的旧情人余情未了,不是说我们无情,毕竟,对旧情人有情,是在伤害现在爱人的基础上进行的。不要自命多情,也不要总是感念旧情,还是想想不要让现在的感情有一天也变成了旧情的好。

28. 不要失去自己。不要向对方说一次假话,却原谅对方不经意的一次撒谎。不要为了爱情失去自己,当对方成为你唯一的生存目标时,那就意味着你们的爱情空间将会越来越窄,时间长了,对方无法呼吸,你自己也会越来越落魄,越来越憔悴。那么,先学着爱自己多一些吧。

29. 回头草吃不吃,并无定论。但建议不要和一个背叛自己的人重拾旧情,他可以背叛你一次,就可能有第二次,即使他不会再背叛,但是伤痕却很难磨灭,除非你一生只能爱对方一人。否则,你可能一生要面临被一个人多抛弃几次的危险。

30. 不要让爱情承受不能之重。不该发生的事情少发生,发生了自己承受不了,后悔一辈子。对于还没有独立、还不够成熟的大学生来说,海誓山盟除了浪漫什么都不是,不要试图用不能承受之重的承诺来巩固爱情。

31. 恋爱需要时间。恋爱时间不能短,至少需要1～2年,必须充分了解,必须经历共同的甘和苦,必须经过3次以上真正的争执,必须有过妥协,再考虑你下一步的动作。

32. 爱情不是全部。千万不要把爱情当做生命的全部,没有上进心的男生再帅女生也不喜欢。

33. 在大学里不可做全职恋人、兼职学生。再一次强调!

34. 真爱需要等待。上帝早有安排,你只需不断完善加耐心等待。

35. 失恋不是世界末日。详见本章第八部分。

36. 在对自己和世界有更多认识前,不要结婚。虽然法律允许,但坚决不建议大学期间结婚。

总之,不可一见钟情,宁可日久生情。感情付出不要太快、不要太多,保留一点,含蓄一点,交往久一点,观察多一点。路遥知马力,日久见人心。爱情不必可歌可泣,但须可收可放。我爱之人不爱我,不必强求。爱我之人我不爱,保持距离,避免纠缠。用情对象:第一人品,第二志向。人品好,必是正人君子;志向高,必有光明前途。英雄可以不论出身,不是英雄就要看看他的成长背景。真爱出于至诚,甜言蜜语,不可轻信。神仙眷属,世间少有,彼此尊重,彼此包容,彼此体贴,爱情便可以长长久久。

附18:如何嫁给有钱人

一位名叫波尔斯的年轻漂亮美国女孩在美国一家大型网上论坛金融版上发表了这样一个问题帖:我怎么才能嫁给有钱人?

我下面说的都是心里话。本人25岁,非常漂亮,是那种让人惊艳的漂亮,谈吐文雅,有品位,想嫁给年薪50万美元的人。你也许会说我贪心,但在纽约年薪100万才算是中产,本人的要求其实不高。

这个版上有没有年薪超过50万的人? 你们都结婚了吗? 我想请教各位一个问题——怎么才能嫁给你们这样的有钱人? 我约会的人中,最有钱的年薪25万,这似乎是我的上限。要住进纽约中心公园以西的高尚住宅,年薪25万远远不够。

我是诚心诚意请教几个具体的问题:一、有钱的单身汉一般都在哪里消磨时光?(请列出酒吧、饭店、健身房的名字和详细地址)二、我应该把目标定在哪个年龄段? 三、为什么有些富豪的妻子看起来相貌平平? 我见过有些女孩,长相如同白开水,毫无吸引人的地方,但她们却能嫁入豪门,而单身酒吧里那些迷死人的美女却运气不佳? 四、你们怎么决定谁能做妻子,谁只能做女朋友?(我现在的目标是结婚! ——波尔斯女士)

下面是一个华尔街金融家的回帖:

亲爱的波尔斯:我怀着极大的兴趣看完了贵帖。相信不少女士也有跟你类似的疑问。让我以一个投资专家的身份,对你的处境做一个分析。我年薪50万,符合你的择偶标准,所以请相信我并不是在浪费大家的时间。

从生意人的角度来看,跟你结婚是个糟糕的经营策略,道理再明白不过,请听我解释。抛开细枝末节,你所说的其实是一笔简单的"财""貌"交易:甲方提供迷人的外表,乙方出钱,公平交易,童叟无欺。但是,这里有个致命的问题,你的美貌会消逝,但我的钱却不会无缘地减少。

事实上,我的收入很可能会逐年递增,但你不可能一年比一年漂亮。

因此,从经济学的角度讲,我是增值资产,你是贬值资产,不但贬值,而且是加速贬值! 你现在25岁,在未来的5年里,你仍可以保持窈窕的身段,俏丽的容貌,虽然每年略有退步。

但美貌消逝的速度会越来越快,如果它是你仅有的资产,十年以后,你的价值堪忧。用华尔街术语说,每笔交易都有一个仓位,跟你交往属于"交易仓位",一旦价值下跌就要立即抛售,而不宜长期持有——也就是你想要的婚姻。听起来很残忍,但对一件会加速贬值的物质,明智的选择是租赁,而不是购入。年薪能超过50万的人,当然都不是傻瓜,因此我们只会跟你交往,但不会跟你结婚。所以我劝你不要苦苦寻找嫁给有钱人的秘方。

顺便说一句,你倒可以想办法把自己变成年薪50万的人,这比碰到一个有钱人的傻瓜胜算要大。

希望我的回帖能对你有帮助。如果你对租赁感兴趣,请跟我联系。——罗波·坎贝尔(J.P.摩根银行多种产业投资顾问)

(编者注:这也许很好解释了为何即便是美女明星,虽然环绕于豪门却难以嫁入豪门;为何门当户对如此长盛不衰。怀有此梦想的女大学生也许更应该专注于修炼时间所带不走的价值。)

八、大学生能否同居

绝对反对未婚同居!!! 作者自认为思想并不是僵化落伍,只是同居者在享受一时之快时并不知道会对自己的未来带来的伤害。

魔鬼从来都是给你一时的快乐,然后附加半生的痛苦。性病、怀孕、堕胎、不能生育等都是不当性行为可能导致的不良后果。无论男女怎样平等,同居一定是女生更受伤害。不卫生的方式和地点……人流堕胎就更是对自己的摧残了,如果照料不周,埋下的隐患还需自己和未来真正的老公来埋单……轻率同居,就是在为未来婚姻埋下不幸的种子……轻率同居就等于认同轻率离婚,对自己所带来的伤害,远大于没有考上大学 + 没有理想的工作之和,而对下一代的伤害则更无法估计。作为大学教师的呼声,这不是危言耸听,轻率的人无法理解幸福的真谛,自制和忍耐是通往幸福的必要装备,作为受过高等教育的大学生更应持守这一点,应拥有更高的幸福标准,而不是轻易的被社会不良风气所影响! 尤其是大学女生,要珍视自己的贞操犹如珍视自己的生命。事实上,这样的女生也是值得正直男士加倍呵护和爱如珍宝的,是未来幸福的保障之一。放纵的行为,会让你的心在未来婚姻的路上很难得到真正的平静,也许你的一生都会在某种阴影之下。

男孩与女孩对性的观点并不相同,这是很自然的事情。作为女生,不要把性作为发泄情绪或实现某种追求的一种方式,更不要把性当作是与异性交往或是巩固友谊的方式。要知道贞操是给予配偶的礼物,情欲应该从婚姻里获得满足。作为女孩应该要设立适当的身体界线来保护她的贞操。

所以给女大学生们的忠告是:

1. 他们需要你远大于你需要他们。

2. 听到无稽的诺言、奉承的话语时,要保持清醒。不要追随一个男孩子到其他学校、城市,或其他场所。

3. 爱惜你们的身体,珍视你们未来的幸福……

4. 那些看起来可以做你父亲或祖父的男人,其实并不会把你当女儿或孙女看待。

5. 不要顺从你的肉体,要控制你的行为,不要轻贱自己。

6. 不要与身边放荡的女生比一时的快乐,要和她比 5 年之后的快乐,10 年之后的快乐。

7. 各取所需,鼓吹性开放,是部分男人们的阴谋……如果他们愿意让自己的老婆、女儿及母亲也保有同样的观点的话……更多的时候,他们是喜欢双重标准,以利于自己。

8. 不要让别人的虚荣成为对自己的伤害……破罐破摔只会伤害到自己和爱自己的人。

9. 凡以爱的名义来索取的人,已经背离了爱的初衷……以爱我就给我的名义来索取性的人,他忘了爱我就尊重我!

九、恋爱必备技巧

具备了前面的几个前提后,再来学习一下恋爱必备技巧吧。

1. 魅力修炼

✿男生:

(1)外表干净整洁

外表可以不刘德华,身高可以不姚明,但边幅绝不能媲美苏乞儿,也不能时尚于后现代派。蓬头垢面,指甲龌龊,或是花里胡哨,给人浮夸和不成熟的感觉都不好,维持自己外表干净整洁,显示英雄本色就好。

提醒:男生要注意衣服勤洗勤换,尤其是夏天,否则"芳香扑鼻"的时候,女生避之不及,何来魅力,何谈喜欢。

(2)可靠,给人以安全感

安全感是女生的一种感觉,一种心理,她觉得可以放心,可以依靠,这是所有女生期望的。

提醒:让女生产生安全感,首先要做到的就是让女生相信自己。这并不容易,你必须在言谈举止方面一点一点地体现出来,一点一点地培养对方对你的信赖。比如:诚实坦诚,做事情认真负责,有强烈的责任感;不应声承诺,而是量力承诺,凡说过的话就一定要兑现(约会准时);遇事镇定,从容不迫。

(3)尊重女性,宽容有风度

女士优先不仅是社交礼仪,更是一个男生风度和文化涵养的体现。待人处事温文尔雅,尊重女性,和善礼貌对待女士,就会自然地散发出绅士风度。

提醒:无论在何处,不要和女生抢位置,应主动让座。同女生外出时,要站在靠车道的一边保护女生;上下楼梯,进出房间时,让女生先行;看到女生需要帮忙的时候,不要吝啬自己的"劳力"。

(4)有智慧和知识

知识和智慧,会让你变得有内涵。在生活中还有一些维修日用品的技能,又像百科全书一样在别人(不一定是女生)需要的时候,毫不吝啬地给予启迪和帮助,是很容易折服人的(但绝不可卖弄或是不懂装懂)。

提醒:游戏高手不是知识高手,作弊高手不是智慧高手。虚耗光阴而堕落也就远离了智慧和知识。

(5)幽默而不做作

幽默风趣的语言,能让别人百听不厌,朋友们一阵阵开怀的笑声能使你的魅力大大提升。枯燥无味,缺少诙谐的说教,只能让人瞌睡打盹。当然,幽默也要用之有道,不可哗众取宠,话不停口,有如小丑。

提醒:幽默是提升人际魅力的良方。不要抱怨自己口才不好,与其抱怨黑暗,不如自己点亮光明。乐观积极地看待人生,适当地自嘲,不介意别人幽默自己,多阅读有趣的书籍,幽默是可以练习的。(幽默提升详见第八章)

(6)热爱运动

积极参加学校各项活动,篮球场上挥洒汗水,足球场上矫健奔跑,单杠上面潇洒自如……不知道吸引了多少女生的目光。热爱运动,阳光健康的男生有天生的吸引力。

提醒:把运动当做生活的一种习惯,在收获健康的同时,也许还有意外的惊喜。

(7)充满爱心,积极进取

无论是对小动物还是小孩都充满爱心和耐心的人是善良而可爱的。拥有这类品质的人一般都是孝敬父母的榜样,如果能积极进取,勇于上进就有更多得宠的机会了。

(8)保有独特个性

有独特个性绝不是说敢于顶撞师长,有出格的言行举止。而是说有自己的独立人格,独立思考的过程和结果,有自己特有的风格(比如可以有些容易让人记住的习惯性小动作,当然要无伤大雅),如果能修炼一些特别的长处比如琴棋书画就更好了。

❀女生:

(1)懂得美丽

恒久的美丽来源于气质与内心,用智慧装点美丽,不会让人审美疲劳。当然外表的美丽也要去争取,唯一的原则是"世界上没有丑女人,只有懒女人"。

提醒:真正的美丽与街上的流行无关,也不是浓妆艳抹下的矫揉造作。发自内心,由内向外散发的智慧、善良的气质,在赏心悦目的同时魅力无可阻挡!

(2)自信不自我

自信但不能过于自我,让自己快乐的同时也要带给别人快乐。多关心身边的人,多点问候的话语。体贴大方,又不斤斤计较;心胸宽广,又善解人意的女孩到哪里都很受欢迎。

提醒:自信,如果自己都不喜欢自己,别人又怎么会喜欢你呢?自我诉说时,多用"我们""咱们",而不是"我"。倾听时,礼貌而专注。解答时,诚挚而用心。

(3)知书而识礼

懂知识才会有智慧,有智慧才会知礼节,才能有内涵。有内涵,就能有源源不断的魅力。

提醒:知书,通过阅读,通过学习,通过不断的进取来实现。识礼,就要学会控制约束。不能口无遮拦,讽刺嘲笑,不能说三道四,抽烟酗酒。知书而识礼,才能懂得感谢、感恩,才能魅力弥久,才能与相恋的人有灵魂的碰撞。

2. 追求技巧

✽男生篇:

(1)主动出击

男生要主动出击,这是原则性的问题。要知道,校园里的女生大多是不会主动去追求自己喜欢的男生的,除了确实太喜欢了或者是比较有个性的勇敢女生。所以,作为男生,如果很喜欢一个女生,并且认为她对你也有好感,那就主动出击,千万别坐等女生来倒追你。自己难受,说不定她也痛苦。不要怕你的主动会带来女生的反感。你不主动,她也不主动,感情也就慢慢淡下来了。所以,主动出击!被动只能选择接受和拒绝,主动才能爱我所爱,无怨无悔。

(2)低姿态起步

一见钟情在电影、小说中,在少男少女的梦境里很有市场,但在实际生活中难得一遇。好感是需要随着了解的不断增加而实现的,所以问题的关键是要得到进一步发展的机会。站在女生的角度想一想,如果你直截了当地冲过来要谈恋爱,女生肯定有心理压力。所以不要一开始就摆出志在必得的姿势,而要低姿态起步。首先要把关系定位成"朋友"。本来是"普通朋友"的,你可以希望成为"好朋友",再到"非常非常好,无话不谈的好朋友"。如果根本不提"追",那么女生也就更没机会"拒绝"你。这样可以减轻女生的心理压力,使你们能顺利地交往下去。不要幻想认识三天就答应嫁给你,要充分地交往、了解,感情不是凭空产生的。

(3)不要太露骨

要学会不声不响地关心她,用你的诚实和善意打动她。只有这样你才能在一大帮围着她呱呱乱叫的男孩当中引起她的注意。记住,只有特别的你才会引起她特别的关注。

(4)非请勿入

一个老是往女孩寝室跑的男孩是不会引起女孩太多的好感的。有些学生会干部借口工作常往女生寝室跑,去了后就老赖在那不走,结果给人家带来了诸多不便,效果只会适得其反。

(5)不要草木皆兵,太敏感·

有时你喜爱的女孩会和你有些接触,比如聊聊天、一起学习等等。你最好能以平常的心态看待这些事情,不要背上包袱、患得患失。例如不要太在意她无意中说的话,有些男孩容易自作多情,源出于此。但对每一次这样的机会则应引起足够的重视,例如初次谈话要注意掌握好分寸,最好不要涉及情爱范畴,不妨说说小时候的事。你如果直奔主题那就更糟!女孩非得像警惕狼一样地警惕你。

(6)少拍马腿

你夸她长得漂亮,如果她真的漂亮,那么你不过是第八百个夸她漂亮的人,而她印象最深的恐怕是第一个这样夸她的人;如果她相貌普通,你这样夸她能产生什么样的结果谁也说不准。要是让她发现你言不由衷,那你就死定了。记住,哄女孩只有在女孩成为你的女朋友之后才能哄,还没追到手就开始哄是没有掌握好火候的表现。

(7)适当创造机会

这是比较有技术含量的环节了。前面说过,不要使事情立刻变成"你在追别人",而你又需要得到接近女生的机会,这时就要看你的创造力了。你可以搜集情报,想办法把守株待兔变成一场邂逅;也可以装作漫不经心地找出最最充足的理由邀请对方和你一起做什么事;或者找她借借笔记、书本什么的,当然重点在于"有借有还"。有机会的话,可以"买通"她身边的好朋友,这对于掌握"即时信息"会有举足轻重的作用。

(8)展示魅力的你

如果对你的"骚扰",她没有明确拒绝,这说明你们有戏,不过她这是在考察你。这时候可要警惕了,关键阶段一定要向她展示你的魅力,要在她心中建立良好印象。当然,像前面原则里说的,一定不能伪装,你是什么样子,就表现什么样,但是切记别放纵,不要太随便。展示真实的你,而不是放纵你的缺点。更不能满口脏话,或是在她朋友面前失去礼貌,那会让你的形象大打折扣。学一点魔术,在适当的时候露两手也会给魅力加分哦。

(9)用心去追,以诚动人

男生的真心和诚意是打动女生的最有效武器。当女生确信对方是真心实意地爱她时,就很容易产生爱心。其实女生都是很敏感聪明的,要用心对她,不要只做表面文章。可以投其所好。如果她喜欢浪漫,像夜晚看星星,雨天漫步这类事情你要多做一些了;如果她爱上网,你最好也懂一些电脑知识;如果她喜欢吃东西,你最好知道什么地方有特色菜。对她好,不是说出来的,是做出来的。另外要注意到细节,比如过马路让她走在车少的一边,或牵她的手挡在车流的前面,吃饭点她爱吃的东西……其实女生心很细。你细小处为她做的,往往比说一万句我爱你,更有效果。

(10)切莫以礼砸人

有些男生追女生心切,喜欢经常买东西送给女生,殊不知真心诚意并不是物质的堆砌,并且随便送人家礼物也是不礼貌的。俗话说"无功不受禄",你这样送人家东西就是在施加压力,人家会觉得欠你的,要想办法还给你,如果没办法还你就会想办法不和你交往,免得总是欠你人情。可以选择两个人一起的娱乐或活动,这样终究是两个人一起花了而不是变成东西带回寝室。不过,当感情深入后,情况就要有些变化,不能让女生觉得你小气不大方。可以省自己但不能省别人,平时节俭储备"弹药",必要时,挥霍有度大方得体。心地善良的女孩买什么都嫌贵,但你硬是买回来给她,她心里很甜蜜。

(11)不要死缠烂打,也不要不死缠烂打

经过一番铺垫,如果女生还是拒绝了你,只能和你做普通朋友,那么说明要么你们真的不可能,她也不想给你机会;要么女生没有想好或是对你作为男朋友还没有足够的信心。这时候最好的选择就是能做朋友。如果真的不可能了,就不要再给她增加负担。死缠烂打只会让她讨厌你。但是,如果她也喜欢你,你不"缠"她反而会生气和猜疑。你几天不跟她联系,她会认为你不是木头就是移情别恋了。不要怕打扰她,你的出现已经是她生命里最大的"打扰"了。如果她真的很忙,你不妨给她电话问候一下,再忙接个电话时间总有吧。切记,不要几天不联系人家,电话不打,短信不发,一见着人家就说多么想她。试想,谁都会说,我放着跟你的联系方式半年不和你联系,然后告诉你我已经快想死你了,你信吗?

(12)团结大多数

几乎每个女孩都有一两个最知心的女友,当其他道路都不通时,她们是你通往胜利的成功之路。可千万别忽视这一支生力军,你可以通过她们了解女孩到底对你有没有意思,还可以通过她们传达你的意思。这比你直接说要好得多。

(13)偶尔"厚脸皮"

选择大厅演唱卡拉OK,点一首歌专门送给她,不怕起哄不怕被人扔蕃茄,全场人都吓跑了你仍津津有味、情深款款地坚持下去。"厚脸皮"这个字眼不大好听,但它是胆大的基本功之一。没办法,女生一向都是喜欢有胆识的男生。

(14)适时表白

未到火候,千万别说。有些男生才跟人家约过几次,就提出要建立"更进一步"的关系,这十有八九要"坏菜"。爱情上的事妙就妙在一切尽在不言中。说清楚了,话挑明了,反而不美。本来人家肯单独出来跟你说话,这说明女孩对你有好感。但是这种好感有时连她们自己都说不清,你却急于挑明,破坏了这种朦胧美,那就别怪人家敬而远之以致退避三舍了。

表白实际上就是一个形式而已,正确的顺序应该是:事实上已经成为你女朋友了,你才能向人家表白,水到渠成。如果你们交往了很长时间,你们之间已经和男女朋友没什么两样了;只是她嘴上还没答应,那么很简单,只要在偶尔遇到你朋友的时候,你自然的介绍说:"这是我女朋友。"她或者会脸红说句:"你好!"或者会打你一下,假装生气说:"谁是你女朋友。"那么,其实,你们关系已经确立了,恭喜你!

附19:经典告白

(1)男生:我们打赌?

(很多东西可以用来打赌。)

女生:赌什么啊?

男假装思考:嗯……你输了的话做我女朋友,我输了的话做你男朋友。

女的一般表现:会笑,并且打你。男的抓紧时间追问,并顺势抓住她的手。环境好的话可以将她揽入怀中哦……

(2)男生:你能不能帮我一个忙啊?

女生:什么?

男生:我买了一把玫瑰花你帮我养几天。

(3)男生:从我这里到……那什么的路,你知道吗?

女生:到哪?

男生:到你心里!

(4)男生:你的腿一定很累吧!

女生:为什么?

男生:因为你在我脑海中跑了一整天了。

(5)过马路时。

男生:来,小朋友,叔叔带你过马路。

(赶紧抓住她的手哦!过完马路也牵着别放下,除非她手心出汗了。)

(6)男生:我养的小强最近老是吃不下饭。

女生:怎么了?生病了吗?

男生:没病,它说想你了。

(一般电话里比较合适,并且条件要对应。)

(7)男生:我一直把你当做最好的朋友,有一个秘密很想跟你说。

女生:什么秘密啊?

男生:我喜欢上了一个女孩,不知道怎么办。

女生:告诉她呗!

(注意观察她的表情。)

男生:我怕她不喜欢我,那可怎么办呢?

女生:……

(不用管她说什么。)

男生:其实你认识她的。

女生:哦?谁啊?

男生:嗯……

(犹豫,然后转到她的耳边,轻声说出她的名字。)

(8)男生:哎,想不想谈恋爱啊?

(以恋人多的地方为基本环境。)

女生:不想。

男生:你心理有毛病,书上说这叫:爱无能。

女生:你才有毛病呢!

男生:是真的! 看在朋友一场的份上,我想牺牲自己拯救你一把。

(9)男生:最近我老是做梦。

女生:怎么了?

(表示关心。)

男生:我梦见一个女人……

(随便编点什么,不管她说什么。)

男生:唉! 那人怎么越看越像你……

(10)男生:唱首歌给你听吧?

女生:好啊!

选择一首代表性的歌曲,轻声哼……

(必须练习好哦! 唱完之后把那句经典的歌词说出来,深情地注视她。)

(11)男生:今天的雨真大!

女生:是啊。

男生:那是因为老天正对着你流口水。

(12)男生:你说为什么我就不会审美疲劳呢? 我敢肯定,有一个人,我连续50年早上醒来,欣赏她半个小时都不会觉得多……

(13)男生:我今天很不顺利,看见漂亮女生微笑会让我心情好一点,你可以为我笑一下吗?

(14)男生:可是,如果我想请你喝一杯咖啡,总得有表示感谢的理由吧。(所以,想请你帮我这个小忙。)

(15)短信:

俺是者哥史街伤嘴惯信泥地任,椰是嘴向年泥地任。腰吻俺由夺癌泥,约粮呆标俺地信。俺腰窄吓耶种嘴命粮地猩猩松泥,啊芹矮地,蚊泥!

✿注意:

夸别人要夸得具体,而不能泛泛,既无新意又无心意。

如:小静,我觉得这个发型让你的眼睛更加漂亮了。

如:小静,你那双红色的李宁鞋很配你的小裙子。

如:小静,你今天看起来容光焕发、神采飞扬。

或者以有趣或能引起关注又无伤大雅的自损引开话题:

如:我前天做了一件丢脸的事情。

如:今天新闻报道了一件特别有趣的事。

✿女生篇:

工欲善其事,必先利其器。女生想要得到真正的爱情,还是要适当了解男孩的心思。学习相处之道,本章节送你不断恋爱升级的卜样"秘密武器"。请仔细揣摩选择适当时机多加操练,你定会在大学校园里获得一份满意的爱情。

秘密武器一:保持神秘感

适用时机:两人关系不明朗阶段。

使用理由:男生都有很强的好奇心,面对很难了解她内心想法和行为动机的女孩,这种神秘感就是吸引力,吸引他们去探索和发现她的秘密。男生天生又有一种征服欲,你越矜持,莫名其妙、难以驾驭,就越让他们着迷,不要让男生觉得你是唾手可得的。曾有男生抱怨那些一味顺从的女生,"我还没举枪呢,她就倒下了。"所以呢,不管你对他多么来电,也不能表现得太过急躁。明知道是他打来的电话,偶尔也要等到铃声响5遍后再接听,哪怕你是那么想听他的声音。

使用要诀:保持一定距离,才有美感。男生为了能最终征服你陪伴你,不仅不会觉得辛苦,反而会觉得其乐无穷。

秘密武器二:柔弱

适用时机:恋爱初期,任何你需要帮助的时候使用。

使用理由:男生都喜欢当英雄。给予女生帮助的时候,男生瞬时觉得充满英雄气概。小到搬搬抬抬,大到救急援助,只要他觉得自己在你面前有用,感觉自己被需要,就会顿感自豪。他帮助了你,会更爱你。只有需要男生的女生,才有吸引力。

使用要诀:该武器有两点使用要诀,一是切勿胡乱加意见瞎指挥,这会抹煞他的男子气概,令他反感。二是要心怀感激。无论他帮了你多么渺小的忙,都要感谢他,赞美他,把他视为英雄,这样以后才会得到男生的更多感情。

秘密武器三:时而保持沉默

适用时机:男生向你夸耀时,男生有心事时。

使用理由:男生总喜欢对女生炫耀自己,这时你只要聆听就好了。因为他只是想让你"崇拜"他一下,记得还要时常给他一个肯定的眼神。男生在你面前吹牛,往往不过是一种缺乏自信的表现。如果你不能倾听,他的自信心难以建立就会崩溃。许多时候,男生看来心事重重却不肯说。女孩们费心猜测却多以抱怨收场。遇到这种场合,你最好不要出声。

使用要诀:在男生不图进取时也要保持适当的沉默。男生的一生中很少能够永远一往无前,大多数男生总会有周期性情绪波动和行为上的调整。鞭打快牛的结果往往适得其反,男生并不总是需要激励。

秘密武器四:贬低自我,以退为进

适用时机:自身条件优越的女孩和普通男生相处。

使用理由:如果你比自己心仪的男生明显优秀,在交往中可以采取一种恭敬的自我展示的形式,在他面前贬低自己,暴露自己的弱点,贬低自己的成绩。由此创造接近和亲密机会。

使用要诀:阴盛阳衰已是不争的事实。男生的自信有时是很不牢固的,女生一强,男生就胆怯自卑、止步不前。

秘密武器五:保持宽容

适用时机:当男生沉迷一些在你看来没有意义的小事,或他与其他女性有来往时。

使用理由:男生期待来自女生的宽容,这往往是他最好的动力,是一种实实在在、时时刻刻的需要。你要允许他有时日以继夜地打游戏,或者玩拼图的嗜好,消磨某个本应陪你逛街的周末。

使用要诀:男生天生喜欢寻找和欣赏异性身上的美,你要宽容看待他和其他女生的正常交往。男生并没有你想象的那么见异思迁,事实上如果他有好的欣赏力,多半会很好地爱你。

秘密武器六:偶尔不讲理

适用时机:恋爱中期,不涉及原则性问题时。

使用理由:制造一些小插曲、小麻烦是你的权利,也是恋爱中可贵的花絮。更可借机察看男生的包容性及性格、品性等。

使用要诀:不讲理的事情不要是原则性问题,比如约会迟到,当然不要每次都这样,5分钟为底限。偶尔小事不讲理,负气离开时,记得要优雅地转身。

秘密武器七:让他撒娇

适用时机:男生碰到挫折、失意的时候。

使用理由:英雄也会累,男生也辛苦。不要让他们承担太多压力,男生希望有人爱他并代替母亲来照顾他,他们心底里都喜欢那种能让自己在她面前撒娇的女生。男生失意时,他需要来自你的带有母性色彩的保护。

使用要诀:千万不要嘲笑困境挫折中的男生,此时的他最需要得到你的肯定,依靠你的温情来放松自己,进而重建信心。

秘密武器八:给他一个弹性空间

适用时机:关系虽稳固,但日久生倦怠时。

使用理由:有句话叫"男人需要尊重,女人需要重视"。对男生最好的尊重莫过于给他一个弹性空间,他可以自由呼吸新鲜空气,施展拳脚。男生都不情愿被爱"捆绑",经常电话追问行踪,过滤他的朋友和嗜好等等……这就好像把他们囚禁在牢笼里。男生时不时会对感情产生倦怠情绪,想要"逃一逃"。

使用要诀:聪明的女孩要削减自己的控制欲,放他们出去散心吹风,无论何时何地都不要把男生当成私有财产。

秘密武器九:适量吃醋与嫉妒

适用时机:爱情的敏感度下降,似有老夫老妻的感觉时。

使用理由:适时适量的嫉妒和醋意可以证明你对他的爱与重视,满足男生的虚荣。要让他觉得你很好哄,哄一哄醋劲儿就过去了,这样他会对你放心,男生希望知道女生是否对他情有独钟,但出于男性的自尊不好直接说出口。你要不动声色地让他感到你心中只有他。

使用要诀:用吃醋来维系爱情的敏感度要注意:每次不能纠缠在同一件事上,尽量以撒娇的口气说出。

秘密武器十:巧妙防失身

适用时机:爱情正浓时。

使用理由:不可一失足成千古恨,毕竟婚姻是以爱情为基础的,在没有达到婚嫁的程度时,切莫献身,这是金玉良言。

使用要诀:拒绝但不失礼仪,拒绝性但不拒绝爱。

具体实施:

1. 挣脱怀抱

挣脱他的怀抱,顺便帮他扫一下肩上的东西,哪怕他肩上什么都没有。

2. 拒绝他的吻

拒绝他的吻,特别是湿吻。不过,最后你要安抚一下他,主动吻一下他的脸,有张有弛。

3. 不要惹他的某些部位

可以让他把你冰凉的小手抓在他胸口取暖,但不要把手插在他牛仔裤的后袋里,少惹他下半身。

4. 害羞

脸红如果做不到也看不到,那么可以双手捂着脸说:讨厌!这是一个俗气的好词,实用就好。

5. 亲热的话留在电话里说

亲热的话留在电话里说,面对面时,目光游离一点,多站立,少斜躺,不要在沙发或椅子里呈沦陷状态。

✿漂亮女生三大注意

(1)别让漂亮成为展示的主旋律

漂亮女生在衣着打扮方面应给人朴实无华的感觉;不要觉得外表美是自己的资本,内在的聪明、智慧、能力才是根本;一般社交场合要低调露面,表现才智的正式场合则不要放弃,要给人内在胜于外在,有一定内涵的印象。

(2)努力结交同性朋友

努力结交同性好友,相互理解、达到知心的程度。她们既是遇事的参谋,又是对外沟通的桥梁,还是困境的解决者,险情的救助者。有的漂亮女生身边总有异性追随者,没有感到主动择友、交友的需求,因此忽略的这一点,甚至从小只跟男孩玩,感到很痛快,殊不知隐患会悄悄埋下。因此,要多与同性交往,学会主动与同性交朋友。

(3)要只能远观而不能折摘

漂亮女生要成为玫瑰,只能远观不能折摘,因为她美丽而不妖艳却又带刺。这是漂亮女生自我保护的令箭,拿着它会终身受益。如何做到? 美丽除天生因素外,重在内在的充实、能力的多样、表达的到位,这是后天环境影响和家庭教养的结果;不妖艳是美丽表现的适时、适度、适当。带刺是要有自我保护意识,在世人面前展示出做事有原则,不能随意改变;对不怀好意的人,给予明确的警示,不给予任何机会。

附20:永不衰落的爱情诗

常常感叹于三妻四妾背景下的古人对于爱情的执著和忠诚,回顾当下,往往惭愧不已。如果你也期望拥有这样的人间美好,我们需要首先把自己教养成为这样执著和忠诚的爱人。让我们一起来从这些真情流露的诗词中追念古人的情怀,轻轻的感叹时光的流逝……

1.《上邪》(汉)

上邪! 我欲与君相知,长命无绝衰。

山无陵,江水为竭,冬雷震震,夏雨雪,天地合,乃敢与君绝。

2.《结发为夫妻》(汉)

结发为夫妻,恩爱两不疑。欢娱在今夕,嫣婉及良时。

征夫怀远路,起视夜何其。参晨皆已没,去去从此辞。

行役在战场,相见未有期。握手一长欢,泪别为此生。

努力爱春华,莫忘欢乐时。生当复来归,死当长相思。

3. 无名氏五言诗(唐)

君生我未生,我生君已老。君恨我生迟,我恨君生早。恨不生同时,日日与君好。

我生君未生,君生我已老。我离君天涯,君隔我海角。化蝶去寻花,夜夜栖芳草。

4.《击鼓》(诗经)

生死契阔,与子成说。执子之手,与子偕老。

5.《绫子》

一张机,樽前折柳送别离。清愁欲谴终无计,君行异地,我于此处,盼使有灵犀。

两张机,临别强笑整寒衣。愿随春草郎边去,暗抛粉泪,凭栏望远,楼外晓烟低。

三张机,无聊心绪莫轻提。相思一点留残梦,漫屈纤指,行程细算,应是到陇西。

四张机,未知青鸟何枝栖。王孙去后无消息,盼得云外,锦书忽至,字字是珠玑。

五张机,倚窗重看乐章集。句中多少凄凉意,疏疏淡淡,柔柔袅袅,掩卷叹堪惜。

六张机,画梁时见柳莺啼。花香月色怜只影,昨宵枕上,分明梦见,叵耐五更鸡。

七张机,衾凉被冷夜寒袭。香闺辗转人无寐,残灯书卷,卧听更漏,却见晓星移。

八张机,漾蓝春水似琉璃。记得携手同游日,花前小坐,解颐妙语,幻做梦依稀。

九张机,金钱卜落问归期。柔丝款款萦系,愿得明月,照人归路,莫教远途迷。

(和韵)

一张机,长亭相送柳依依。漫天飞絮随风起,使君千里,恨别无计,从此两分离。

两张机,低眉无语泪湿衣。强牵裙带人难去,风情万种,奈何此际,回首复轻啼。

三张机,夜来惊起静闻笛。一窗明月空幽寂,相思易醒,梦残难续,寥落晓星稀。

四张机,去年双燕共衔泥。幼雏索哺添愁绪,闹声可嫉,不随人意,焉懂慰心迹。

五张机,高楼默望冷凄凄。托腮苦暝烟波里,花间赏月,香茵缓步,相忆总难极。

六张机,倦慵书案谱诗集。玉帛锦字无从寄,白头空许,鸿来雁去,思念到何夕。

七张机,疏烟晚暮日归西。庭前枯叶残堆地,瑟风乍起,怎敌寒意,憔悴待谁惜。

八张机,晚秋已过盼无期。常将寂寞随灯泣,薄衣凉锦,朝云暮雨,寒夜怎将息。

九张机,三冬欲尽雪偏急。相思何忌成灰烬,芳魂消损,愁积心底,消瘦已成疾。

6.《回夫家书》(汉)

一别后,两地相悬,只说三四月,谁知五六年。七年弦琴无意弹,八行书无可传,九连环从中断,十里长亭,望眼欲穿。百思想,千系念,万般无奈把郎怨。

万语千言说不完,百无聊赖十依然,重九登高看孤雁。八月中秋月圆心不圆,七月半秉烛烧香问苍天,六月天人人摇扇我心凉,五月石榴如火偏遇阵阵冷雨浇花端,四月枇杷未黄我欲对镜心竟乱,急匆匆,三月桃花随水转,飘零零,二月风筝线儿断。噫!郎呀郎,巴不得下一世你为女来我为男。

7.《采薇》(诗经)

昔我往矣,杨柳依依。今我来思,雪雨霏霏。行道迟迟,载饥载渴。我心伤悲,莫知我哀。

8.《武陵春》(宋)

风住尘香花已尽,日晚倦梳头。物是人非事事休,欲语泪先流。

闻说双溪春尚好,也拟泛轻舟。只恐双溪舴艋舟,载不动,许多愁。

9.《鹊桥仙》(宋)

纤云弄巧,飞星传恨,银汉迢迢暗渡。金风玉露一相逢,便胜却,人间无数。柔情似水,佳期如梦,忍顾鹊桥归路。两情若是久长时,又岂在朝朝暮暮。

10.《卜算子》(宋)

我住长江头,君住长江尾。日日思君不见君,共饮长江水。

此水几时休,此恨何时已。只愿君心似我心,定不负相思意。

11.《涉江采芙蓉》(汉)

涉江采芙蓉,兰泽多芳草。采之欲遗谁?所思在远道。

还顾望旧乡,长路漫浩浩。同心而离居,忧伤以终老。

12.《钗头凤》(宋)

红酥手,黄藤酒,满城春色宫墙柳。东风恶,欢情薄,一杯愁绪,几年离索。错!错!错!

春如旧,人空瘦,泪痕红悒鲛绡透。桃花落,闲池阁,山盟虽在,锦书难托。莫,莫,莫!

13.《钗头凤》(宋)

世情薄,人情恶,雨送黄昏花易落。晓风干,泪痕残,欲笺心事,独语斜阑。难!难!难!

人成各,今非昨,病魂常似秋千索。角声寒,夜阑珊,怕人寻问,咽泪装欢。瞒,瞒,瞒!

14. 节妇吟(唐)

君知妾有夫,赠妾双明珠,感君缠绵意,系在红罗襦。妾家高楼连苑起,良人执戟明光里。知君用心如日月,事夫誓拟同生死。还君明珠双泪垂,恨不相逢未嫁时!

附21:男女之间送礼物的含义

✿表达亲近的礼物

1.【围巾】我永远爱你。(1)缠住他;(2)给他温暖,表示你的关心;(3)是一种温馨、细腻、大方的示爱方式。

2.【信】我想念你。

3.【花儿】我希望把我的名字放在你的心上。想跟你在一起。

4.【书】我相信你很聪明。

5.【口香糖】我希望跟你交往得很久。想与你分享缠绵的爱。

6.【钥匙链】祝你幸运。

7.【本子】我希望看你纯真的爱情。

8.【戒指】你永远属于我的。代表爱你到心里,情愿为你的爱而受戒。

9.【伞】我在任何情况下都要保护你。

10.【发夹】希望你成功。

11.【镜子】你别忘记我。想得到你的心。

12.【项链】我要你在我身边。代表将你紧紧锁住,希望你的心里面只有他一个人,没有其他的异性。

13.【巧克力】我爱你。想与你分享甜蜜的爱。

14.【打火机】你是我的初恋。你和我的感情一触即燃。

15.【圆珠笔】我给你我的心的一半儿。

16.【钥匙装饰品】我希望你幸运。

17.【粘贴补】把我们的爱情珍藏在我的心。

18.【钢笔】把我们的爱情珍藏在我的心里。祝你成功。

19.【触觉娃娃】希望你真实一点。

20.【吉物】我想跟你做个朋友。

21.【手套】希望你真实。逃不出他的掌心。

22.【手帕】我等待分手以后再相遇。

23.【睡衣】我给你我的全部。付出我的一切。

24.【日记本】我希望把我们两个人的回忆珍藏在心,请成为我生命的一部分。

25.【钱包】代表你愿永伴他身旁。比起钱,你对我来说更重要。

26.【皮带、腰带】代表栓住他一辈子不要离开我。

27.【剃须刀】代表他在你心中是优秀的成熟男性。

28.【化妆品】你很美丽。

29.【千纸鹤】希望我和你的爱情有个美好的结局。我们彼此之间的爱会实现的。

30.【送手表】代表你和他想拥有分分秒秒的感情,天天见,时时见,分分秒秒见。

31.【送领带】表示你把他套牢了,让他永远在你身边不离开。

32.【梳子】很挂念你。想与你白头携老。

33.【男士香水】表示你在她心目中是有品位的,她渴望和你进一步接触。

34.【纸星星】365天祝福。

35.【贴身衣物】比较暧昧,这是一种亲密调情,表明你是她的人。

36.【送你喜爱的特殊礼品】(篮球,动漫模型,书)代表她对你有好感,同样希望博得你的好感。

37.【毛衣、牛仔裤、运动鞋】说明她是真的爱你,已进开始代替你妈妈料理你的生活了。

38.【杯子】代表一辈子。

39.【糖】我喜欢你。

40.【玩偶】抱抱我。

41.【领带夹】想要给你爱。

42.【枕头】想和你一起过夜。

43.【吻】爱上了你。

44.【帽子、头巾】永远爱你。

45.【鸽子】我爱你。

46.【毛巾】永远记住我。

47.【手镯】代表除了想圈住你以外,还暗示了他只疼爱你一个人。

48.【手链】代表想绑住你一辈子。

49.【脚链】代表拴住今生,系住来世。

✻表达分手、离别礼物

1.【剪刀】我们分手吧。

2.【袜子】想与你保持一段距离。

3.【相册】请保存好我们之间的回忆。

4.【钢笔水】不要抹去我们之间的回忆。

5.【图画】想永远地珍藏我们的回忆。

6.【风铃】虽然风铃有思念想念的意义,但当女孩送你风铃时往往意味着分手。

7.【香烟】我讨厌你。

8.【蜡】实现不了的爱。

3. 情侣吵架智慧

要吵架,需要做到某些事情,也需要避免某些事情。

(1)两件要做到的事情

①要澄清对方的想法,也要清晰地表达自己的想法。举例来说,对方说:"我觉得你真的很自私。"你千万别急着反击:"那你呢? 你又好到哪去?"你应该静下心来,问一下对方:"为什么你这么觉得,我做了什么事情让你感觉这样子?"这就是在澄清对方的想法。

如果对方提出的证据,你觉得不合理,你也应该要讲出你为什么觉得不合理的理由。清晰地表达彼此的想法,两个人的争吵才有可能有焦点,不然,很容易流于瞎打乱撞,吵不出什么结果。

②要理清彼此的需求。问对方:"你要我怎么做? 我怎么做你才会满意?"或者清晰地告诉对方,你要的是什么? 我要怎么做你才会满意?

许多人吵架吵了半天,结果双方根本弄不清楚对方要的是什么。在这种情况之下,运用科学的定义是很重要的。举个例子来说,当对方说"你每次都不会在意我的感受",你可以问她:"我要怎么做,你才会觉得我在意你的感受?"如果她说:"我希望你能够常常陪我。"那么你可以问她:"你觉得一星期要几天陪你,你才会觉得我在陪你,而没有忽略你的感受呢?"

千万不要觉得理清这些问题很愚蠢,许多人的吵架出现纠缠不清的情况就是在这一个问题上。试想,如果对方说"我希望你有时间就陪我",而你说:"我真的不可能每天都陪你。如果一个星期有三天陪你,你可以接受吗?"你看,这不就是真正开始在沟通了吗? 当你这么说时,对方可能就了解到自己的要求不合理,而会愿意提出一个较合理可行的要求。这种协商的方式比起在她一开始抱怨不被关心,你就勃然大怒、互相大吼好多了吧?

(2)五件要避免的事情

①不要谈一些不太可能改变的事情

例如:嫌对方的身高不够高、身材不好或者赚得钱不够多,等等。如果你是被讲的一方,我建议你冷静地说:"我知道我的确是这样子。但是这就是我,我就是这样子。谈论这个问题对我们并不会有帮助。所以,我们要不要谈一些我可以改变的部分?"

如果你是讲的那个人,那么建议你要想清楚,对方可能就是这样子,你能够接受的话就接受这样的他,不能接受的话就要考虑离开他。勉强要对方做一些不可能达成的改变,只不过在增加彼此的挫折而已。如果他的问题是需要精神医疗处理的(如:冲动、酗酒、悲观、逃避人群),那么你应该协助他寻求专家的建议。

②不要翻旧账,要朝着未来的问题来争吵

在争吵的过程中,不要一直在挖过去的旧账来算。这只不过是在激起双方的情绪而已,对于事情的解决一点帮助都没有。建议你常常说一句话:"好,那我们以后如果遇到类似今天的问题,我们要怎么办?"

你可以讲出你会怎么处理未来类似的问题,看看对方可不可以接受、他希望你怎么改变。你也可以问对方会怎么处理问题,看看自己可不可以接受,讲出你的期待。常讲"我们以后如果遇到同样的事情要怎么办?"这样的一句话,可以帮你们把争论的重心从情绪的发泄转移到问题的解决。

③不要打断对方

你如果频频打断对方,很容易激起对方的怒气,要做有效的沟通就很困难了。你应该冷静地听完对方讲的话,然后针对里面的内容做澄清。如果对方讲的内容很多、很杂,你可以要求他一次谈一个核心问题就好了。

然后在他讲完之后,你可以重述一遍他的想法,问问他,你的理解是不是正确。通常盛怒中的对方会因为你准确的理解到他的感受而平静下来。所以,要让对方有机会顺畅地谈完自己的想法,这是很重要的。

但是,如果你在讲话的时候,对方会一直打断你,那么你可以直接跟他说:"你现在一直在打断我,这样子我没有办法讲我的想法。"当你已经提醒过两三次,对方依然会打断你的时候,那么你就可以说:"我觉得你一直在打断我,这样我们没办法沟通。如果你想要再谈的话,你就不要再打断我。如果你不能够做到这点的话,那么我们就明天再谈。"坚持你的立场,直到对方能够不再打断你,你才继续与之沟通。

④不要在激动的时候争吵

当两个人情绪激动的时候,彼此越吼越大声,想到什么可以刺伤对方的话,脱口就说出来。这时候已经没有所谓的沟通,两个人的吵架就只是想要发泄愤怒而已。所以,聪明的人应该要避开这些情绪激动的时候,闭紧双唇不吵架,等到心平气和的时候再谈。

⑤不要在下列情况下吵架

1)开车时

2)凌晨12:00以后

3)喝酒之后

4)身体不舒服或疲惫时

在上述这些情况之下,你的生理容易处在激动的状态,就像汽油一样易燃。一旦吵架,很容易演变成没有焦点的彼此吼叫。这样的架吵只有害处,没有好处。如果对方一直要找你吵架时,你可以跟他说:"现在你的情绪太激动了,我们谈起来不会有结果。我明天一定会找时间跟你谈这个问题。"这一点要坚持。

总之,亲密关系的人与人中,没有不吵架的,尤其是还不够成熟的大学生情侣。但是,有建设性的吵架会让彼此可以相互谅解,两个人的感情会因此更紧密。所以,只要吵架的方法对了,对增进彼此的关系是很有好处的。另外,在吵架中常常能暴露出很多平时发现不了的问题,也因此有一种观点认为准备结婚的情侣一定要吵三次架,磨合到没有问题才行。

十、摆脱对方纠缠的技巧

拒绝需要委婉而又不伤害对方,如果无法做到委婉,那就在干脆利落中融入礼貌与善意。

1. 说话要当机立断

通过观察,若觉得对方不适合,在他有进一步邀约时,应该立刻给予婉拒。不必说"我一点也不想跟你出去"这样的话,因为会伤对方自尊心。不妨这样措辞:"真是抱歉,我已经有约了。"或者:"我最近很忙,不好意思。"善意的谎言保护了自己,也保护了对方。

2. 拒绝的态度要简明利落

不要剪不断理还乱,让人始终怀着希望,面对未知的失望,最后悲哀地绝望。长痛不如短痛,不要跟人家电话里长聊了一个小时再拒绝，最好礼貌地用几句话，快刀斩乱麻。告诉对方："我现在还不想谈恋爱。"或者："我想我们只能做朋友！"但若想这两句话有效果，说的人口气一定必须坚定，要让对方知道你并没有"欲拒还迎"的意思。

如果你已经明确拒绝，对方还一直苦苦追求，以致严重影响你的学习生活。这种情况，只有两个原因：一个是你拒绝的口气和态度不够强硬，使对方认为还有希望；另一个原因是对方过于死缠烂打。不要安慰自己说，他是对你一往情深。真正爱一个人，绝不会严重影响所爱人的生活，如此苦苦相逼，只能是他的问题。这样的人，应该坚决地列入黑名单，不要给他任何递进你们关系的机会，要远远地离开。必要时，借助有效力量，捍卫自己的权力。

比如有个男生，狂追不已，直至长跪街头，扬言不答应就不起来。女孩说："我的态度你已经很清楚了，你这么做是没有意义的……如果你还想让我把你当做一个有自尊的男子汉，不后悔曾经认识你，请你站起来；如果你还希望我们各自还能保留一些美好，请站起来；如果你不想把我对你最后的一点好感也赶走，请你站起来……"

3. 绝不要主动招惹你并不希望成为男/女朋友的人

绝对不要因为一时的寂寞孤单或是寻求安慰，去找苦苦追求你，而你并不希望成为男/女朋友的人，尤其该男生有性格缺陷时更是绝对不能，他会误以为是给他机会，使得他越发不肯放弃，如最终他知道你是"招之即来，挥之即去"的玩弄，绝望、羞愤之下会导致过激的行为。没有无缘无故的爱，更没有无缘无故的恨，女生切记！

4. 慎重对待与男生过密交往，区分好感与爱情

情感当中男生与女生思维方式往往不同。作为女生，不要相信天上会掉下馅饼正好砸在你的头上，男孩子主动与你示好，多数情况下是有目的的，但是又因为要考虑面子，所以经常会以多种别的借口向女生示好，这时候，女生千万要保持清醒的头脑，衡量一下是否符合你接受他作为男朋友的条件，如果不在考虑的范围之列，女生应坚决给予回绝，并且不要以哥哥、妹妹或是好朋友的关系继续相处下去，更不能接受对方的礼物。一旦接受对方的礼物，会给对方一个错误的信息：女生不好意思答应我，但是接受了礼物，说明至少我还有机会。这样下去的结果多数是以悲剧收场。

（注：热恋后的分手请参考本书的安全必备篇。）

❋各类经典拒绝大观：（博君一笑，请勿模仿！）

最无可挽回的对白：

男性——我发现我喜欢的是男人，对不起。

女性——我发现我喜欢的是女人，对不起。

最富现代文艺片特色的对白：

人生总有这一刻，我早说了几十年！

最不负责任的对白：

前几天我做梦/占卜/看相，发现我的未来老公不是你，我不想浪费时间，我们分手吧。

最后现代的对白：

不如我和你玩一个游戏吧！数一、二、三，之后，我们背对着对方走，不准回头，有缘千里能相会，假如我们3个小时之后遇不见，就说我们没有缘分，那就分手啦……

最有勇气的对白：

曾经以为，向你提出分手需要一生的勇气，但到今天，我不得不承认——要和你一起过下去所需的勇气其实更大。

最适合惨绿少年的对白：

请你回答我以下的问题：你见到我的时候是不是有点开心和兴奋？你见到我的时候是不是好想接近我？你是不是好想时时刻刻都见到我？你是不是有好多东西想同我讲，但是见到我的时候又不知道说什么才好？我见到四大天王的心情就和你的一样，只是痴慕，不是爱，你想想四大天王

又怎么可能和我在一起？正如我不能和你在一起一样！

最委婉动人的对白：

我家里的狗不太喜欢你，你家里的猫不太喜欢我，所以不要再说什么啦，以后你慢慢就明白的。

最有良心的分手对白：

知道你不会伤害我，但我怕会伤害你。

最粗糙生硬的对白：

和你分手，不需要什么理由和借口，只是已经对你没有感觉了！

最词不达意的对白：

没有你，我不是不习惯，因为爱一个人不应该是习惯。没有你，我不会不习惯，因为我从未习惯拥有你。

最恩断情绝的对白：

我患了肺癌……只剩下一个月的时间……我不想拖累你……我们还是分手吧！

最藕断丝连的对白：

你实在太爱我了！我觉得很对不起你，真的对不起……其实我也很希望我们的爱是有将来的……可是……路途太崎岖，太难走……你对我比对你自己好……我真的无以为报……我真的对不起你……没有未来的爱情是痛苦的……我现在真的很痛苦……我们的爱真的是没有结局的吗？我很怕……为什么你要对我这么好？我真的很想跟你结婚……可以吗？我们本应是很有将来的，以前的我们不是很开心的吗？为什么会这样？但我们的距离越来越远，就只怪我们有缘无分吧！

十一、恋爱中的保养

1. 男女关爱的需要与不同

(1) 女人需要较多的归属感；男人寻求更多的成就感。

(2) 女人比男人敏感，比他们看重情感的表达。

(3) 男人较多目标导向；女人多为需求导向。

(4) 男人思考时较看重事实；女人常凭直觉。

(5) 女人倾向于得到一再的保证。

2. 爱情加油口诀

要了解，也要开解；要认错，也要改错；要体贴，也要体谅；是接受，而不是忍受；是宽容，而不是纵容；是支持，而不是支配；是慰问，而不是质问；是倾诉，而不是控诉；是难忘，而不是遗憾；是彼此交流，而不是凡事交代；是为对方默默祈求，而不是向对方诸多要求；是浪漫，而不是浪费；可以随时牵手，但不要随便分手。

3. 恋爱成本

维持感情需要浪漫，制造浪漫也需要玫瑰和钻石。进入20世纪90后大学生时代，谈一场恋爱需要多少成本？是谁在为他们的恋爱买单？

(1) 恋爱5大花费

①礼品（中等消费400～800元/学期）

此项开支最可怕，生日、过节等，把握不当，花费没有上限，而效果并不是与花费成正比。只要用心，不花或少花钱的礼品一样可以获取芳心。

例子：

一个在深圳求学的男生刚与一个女生确定了恋爱关系，就面临第一个情人节。身无分文的他如何过这个奢侈的节日呢？节日前两天他对女友说，因为手上银子短缺可能要过一个平淡的情人节了，女友没有吱声。等到情人节那天中午，鲜花店往她们寝室送了一大束玫瑰花，在众人羡慕声中,递给了给她……她在含羞的欣喜之中,有些吃惊,这么大束的玫瑰在情人节由花店专程送来价格一定不菲(实际价格888元),能是谁呢? 里面有一张卡片,正是那个男生,祝福话语之后,还约她到一个地方共进晚餐。

找到地址,是一个居民楼,推开门一看,她惊呆了,满屋是装满了水的大盆小盆,上面漂浮着各样的烛光,中间有一桌子热腾腾的饭菜,一瓶红酒,两个高脚杯……

在女孩的追问下,男生道出了事情的始末,原来,男生两天前联系了一家花店,约好给老板免费打工——在情人节那天替老板送花,作为回报,老板让他在花店随便挑一束花……然后,他又向一个在外租房的单身哥们借半天房子,购买了一把红色蜡烛,一斤桔子,把桔子剥掉留皮,把蜡烛融化掉,然后倒在桔子皮里,自制成漂浮小灯……

礼品的价位并不重要,重在情意和意义。

有男生找到录音室,把自己唱的几首女友最喜欢的歌给录下来,制成CD,封面上印贴着两人的照片,然后送给她。也有制作特别的FLASH动画给她。也有男生想尽办法找到女生出生那天的报纸送给她(实在找不到,就找人制作一份出生日的赝品报纸),或者在她生日时和她一起以她的名义捐助一名失学儿童(只需要2百元左右)等等。男生还可以适当了解一些女生平时所接触不到的运动项目,然后在有纪念意义的日子里带她去感受一下。比如,可事先找到一家保龄球馆,自己先学习一下,然后带她去玩一次,女生的第一次。

②通讯(中等消费40～100元/月)

通讯费也是大学生恋人的主要开支之一,可以考虑那些专门针对情侣的亲情卡,能节省不少,长话不能短说的网络也是一个很好的选择。

③游玩(中等消费200～400元/月)

游玩不可避免,选好地点与时机,能玩得既痛快又开心还省钱。用好学生证,关注本书的娱乐篇章,有不少好建议哦。

④逛街(中等消费100～200元/月)

交通费、饮食费、看中衣服购买费,费费相加,数目惊人。定次数、装糊涂、转移注意力、超强的说服力,男生要学的还真不少。

⑤吃饭(中等消费100～200元/月)

AA制值得提倡,但男生考虑到自己吃得比较多,实行三七制更为体贴。饭店要有搭配,食堂必去,小饭店常去,不同的节日不同的中档餐厅偶尔去。(男生提前踩好点)

(2)谁在为爱情买单

交女朋友的费用,除了花费长年累月积攒的压岁钱,克扣父母给的军饷之外,更多的需要自己兼职打工挣钱(劝对方也参与进来)。这样,花自己辛苦挣来的钱时,会比较克制。另外,如果你们的恋爱能有积极作用,比如成绩提高、成熟度增加,让父母觉得更加懂事,可能会得到一些额外的支助。(比如学生小贾,恋爱之后两人经常在一起自习,在女朋友的帮助下,小贾的学习成绩有了很大的起色,他的家长看到变化很高兴,就认可了他们两个人的关系,每个月会给小贾的信用卡多打五百元维持他们的恋爱开支。)

无论谁在买单,注意,该花的一分不少,不该花的,尽量节约。当你的女友开始心疼你的开销时,胜利就在眼前了。

附22:少敲了一下门

他们在大学读书时自己曾经是一对恋人,后来因为一个现在看起来是微不足道的小事闹翻了。毕业后他们天各一方,各自走过一段坎坷的人生旅途。他们的婚姻都不大美满,所以时时怀念年轻时的那段恋情。如今白发爬上了他们的额头,一个偶然的机会,他们又相聚了。他问她:"那天晚上我来敲你的门,你为什么不开门?"她说:"我在门后等你。""等我? 等我干什么?""我要等你敲第10下才开门——可你只敲了9下。"

他们都为这事后悔了。她后悔自己过于执拗,她完全可以在他敲第9下的时候把门打开,或者在他离去时把他叫回来,这样她已经很有面子了。为什么非要坚持等第10下不可呢?他呢,几十年之后如梦初醒:原来那扇门并没有关死啊!可他为什么不继续敲下去呢?只要再多敲一下,一切可能就完全不一样了!

人生有很多错失,有时因固执地坚持了不该坚持的,有时因轻易放弃了不该放弃的。

所以,如果你想让外面的那个人进来,就及时把门打开吧!反过来,如果你觉得门内的那个人是值得你去追求的,那就执著地敲她的门吧,直到把门敲开,或者确认那扇门是无法开启的。

十二、失恋自救

失恋便失魂。当心爱的人拂袖而去,当风花雪月的浪漫戛然而止,那种切肤之痛是不言自明的。只是很多大学生在失恋的时候总喜欢寻求尽可能多的方式表达自己内心的痛楚和悲伤。有些人失恋以后借酒消愁甚至借酒发疯,有些人长期委靡不振荒废学业,还有些人自暴自弃玩弄感情,又有些人索性疯狂购物寻求刺激……而最极端的方式莫过于结束自己的生命。当这些人轻率地结束自己的生命,他(她)们有没有意识到自己的生命不是只属于爱情这一件事情,有没有意识到自己的生命也根本不只是属于自己一个人?某高校一学生因失恋而跳楼自杀,在医院抢救时,她痛苦万分地对医生说:"求求你把我救活吧!"如果真的救活了她,她今后想必再也不会走这条绝路了。她更没有想到,在她自杀不到月余的时间里,她的男朋友又与另一女生确立了恋爱关系……怪不得培根说:爱情是很容易考验的,如果对方不以同样的热情来回报你,那就是在暗地里轻视你。

既然敢爱,就该能承受不爱……不要为失恋而沉沦堕落,爱情没有结果多的是,更不要失去理智的报复,因为,在这所有的过程中,痛苦一直在延续,再说,沉沦了,堕落了,报复了,又怎样,一切都回不去了。也犯不着从此否认真爱的存在。

在失恋之初,会觉得对方是自己最重要的人,无法割舍。其实一旦你走出阴影,你会发现,原来他/她也并不是那么重要……很多我们以为一辈子都不会忘记的事情,就在我们念念不忘的日子里,被我们遗忘了。

正如《飘》的主人公郝思嘉所说:明天将是崭新的一天。对于每一个失恋的人来说,何尝不是如此呢?

1. 失恋六怕

(1)怕瘫痪不起

失恋最怕瘫痪不起,任何自我照顾的行动都是良药:去打球,去狂舞,去山上、海边大喊,去遛狗,去公园晒太阳,去看电影等等。另外一些烧毁昔日信函等告别恋情的方式也比较有效。

(2)怕钻牛角尖

失恋最怕钻牛角尖,特别是算旧账,悔不当初,其实这都于事无补。看一下情圣们的金玉良言——"挥一挥衣袖,不带走一片云彩","得之我幸,不得我命","曾经爱过,又何必拥有","往者已矣,来者可追"……多一点洒脱,把美好的回忆收藏,用祝福来画上句号。

(3)怕自我退缩、封闭

失恋最怕自我退缩、封闭,将自己禁锢在悲伤孤单的城堡。找人说、自己写,网上和网友诉诉心声,情绪要宣泄,不然会决堤。如果怕别人笑话,怕说了更伤心,这类担心实属多余,敞开心扉就是最好的治疗,当然了,沟通对象还是要选择一下的。

(4)怕无法自拔

失恋最怕陷在泥潭无法自拔。其实抽离心情的方法很多,离开伤心地来个短途旅行,听段音乐,看看书,或把溢满的爱转移一下,去帮助那些需要爱的老人、残疾人、失学儿童……或者上网、看电视、聊天也可以。

（5）怕僵化思考

失恋最怕僵化思考，完全失去反省。反省不是数落谁的错，而是能在失去后客观评估双方的成长、学习，做下一段感情的借鉴。

（6）最怕虐待自己

失恋最怕虐待自己的身体，狂吃狂喝，甚至过度地借酒消愁。如果把体能有效转移，把虐待变成锻炼，做做有氧运动，跑步、游泳、仰卧起坐就再好不过了。

2. 四步走出失恋

（1）开放心胸

失恋之痛无处不在，触景伤情在所难免，但若沉溺其中，无法自拔，就难免堕落丧志了。就像一个开车的人不往前看，只执意用后视镜，那是多么危险！身后美景已是过眼烟云，只有开放心胸，面向未来才是明智之举。

开放心胸三招：

①找回爱自己的力量：每天列出三个欣赏自己的地方，比如"保有理性的沟通能力"，"可以微笑"，"愿意自省"等。

②保持与外界联系：跟别人分享经验，听演讲、报告，读书，了解别人的走出失恋的历程，参加学校社团等休闲活动，都可以找到不同的应对方式。

③对美的事物开放，洗涤心灵：大自然、音乐、诗词，都是疗伤良药，开放心胸的好方式。

（2）重建三个认知

①失恋并非失败：恋爱在于两情相悦，而变化在于双方互动的结果，作为成年人，双方都有各自该负的责任，都有责任学习和平分手，甚至快乐分手。

②失恋不等于毁灭幸福：勉强没有幸福，分手更不等于毁灭未来幸福，更多的时候恰恰相反，分手是在阻止你未来的不幸，打开你未来另一条幸福之路。只不过在这之前，你需要独自穿越一条充满阵痛的荆棘小路。（有数不清的婚姻幸福的人对之前不幸的恋情保有特别的感谢，因为他们从中吸取了很多宝贵的东西。今天的你可能就是未来其中之一。）

③要看到更独立的自己：分手虽痛苦，但你也完全可以由此变得在情绪及生活上更加独立，更加坚强。

（3）克制情绪

失恋者很容易情绪泛滥，这时要保持冷静和理性的沟通、自我表达，否则一旦落入非理性思考和冲动，或失去自我控制，心存挑衅，用攻击、暴力手段采取报复行动，很容易铸成大错，追悔莫及。国际创伤治疗大师有一个很好的缓解负面情绪的方法：每天给自己20分钟书写负面情绪，比如愤怒、悲伤、自责、孤单等等，毫不保留地写下，然后找一个盒子放置。

预防不当情绪爆发，有三种方式：

①要道歉。昨日之非不要回避，坦然致歉，也原谅自己的无心。（可参考第六章第二节）

②要道谢。对方的好和付出，都悉数珍藏，并真诚感谢，毕竟她让你的生活有了不同，有了甜蜜的回忆。

③要道别。有些分手，一方避不见面，或避重就轻，无法善别，将留下疑云重重，好好道别，负责任的分手可以让回忆有一个完整的句号。

（4）走出危机

恋情不成情义在，失恋让自己有机会重新评估自己的核心价值，尊重彼此的过去，尊重自己当初的选择，反省亲密关系中未修毕的功课，虚心受教，走出危机就指日可待。

三种走出危机的方式：

①幽默以对：逆境中仍展现韧性的往往是具备幽默感的人，不论用自嘲，还是自我调侃，都是

一种轻松的态度,打破沉闷的能量。有足够多的人生乐趣可以寻求,比如同学聚会、运动、社团、旅行等等。

②恢复正常的作息:失恋常会瓦解我们生活动力,考验我们的应变能力,正常作息可以增加抗压能力,所以,我们需要重新制订目标和计划,逐步推进,直至恢复正常作息。

③尊重生命的不完美:勇于自我修正,以正向思考、心存感激、超越往昔的自己,迈向更平衡的两性关系和更健康的人生哲学。

附23:不随便牵手,更不随便放手

你发觉到了吗?

爱的感觉,总是在一开始觉得很甜蜜,总觉得多一个人陪、多一个人帮你分担,你终于不再孤单了,至少有一个人想着你、恋着你,不论做什么事情,只要能一起,就是好的,但是慢慢的,随着彼此的认识愈深,你开始发现了对方的缺点,于是问题一个接着一个发生,你开始烦、累,甚至想要逃避,有人说爱情就像在捡石头,总想捡到一个适合自己的,但是你又如何知道什么时候能够捡到呢?

她适合你,那你又适合她吗?

其实,爱情就像磨石子一样,或许刚捡到的时候,你不是那么的满意,但是记住人是有弹性的,很多事情是可以改变的,只要你有心、有勇气,与其到处去捡未知的石头,还不如好好的将自己已经拥有的石头磨磨亮,你开始磨了吗?

很多人以为是因为感情淡了,所以人才会变得懒惰。

错!其实是人先被惰性征服,所以感情才会变淡的。

在某个聚餐的场合,有人提议多吃点虾子对身体好,这时候有个中年男人忽然说:"十年前,当我老婆还是我的女朋友的时候,她说要吃十只虾,我就剥二十只给她!现在,如果她要我帮她剥虾壳,开玩笑!我连帮她脱衣服都没兴趣了,还剥虾壳咧!"

听到了吗?明白了吗?

难怪越来越多人只想要谈一辈子的恋爱,却迟迟不肯走入婚姻。因为,婚姻容易让人变得懒惰。如果每个人都懒得讲话、懒得倾听、懒得制造惊喜、懒得温柔体贴,那么夫妻或是情人之间,又怎么会不渐行渐远渐无声呢?

所以请记住:有活力的爱情,是需要适度殷勤灌溉的,谈恋爱,更是不可以偷懒的喔!

有一对情侣,相约下班后去用餐、逛街,可是女孩因为公司会议而延误了,当她冒着雨赶到的时候已经迟到了30多分钟,他的男朋友很不高兴地说:"你每次都这样,现在我什么心情也没了,我以后再也不会等你了!"刹那间,女孩终于崩溃了,她心里在想:或许,他们再也没有未来了!

同样的在同一个地点,另一对情侣也面临同样的处境;女孩赶到的时候也迟到了半个钟头,他的男朋友说:"我想你一定忙坏了吧!"

接着他为女孩拭去脸上的雨水,并且脱去外套披在女孩身上,此刻,女孩流泪了!但是流过她脸颊的泪却是温馨的。你体会到了吗?

其实爱、恨往往只在我们的一念之间!爱不仅要懂得宽容更要及时,很多事可能只是在于你心境的转变罢了!

懂了吗?当有个人爱上你,而你也觉得他不错。那并不代表你会选择他。

我们总说:"我要找一个很爱很爱的人,才会谈恋爱。"但是当对方问你,怎样才算是很爱很爱的时候,你却无法回答他,因为你自己也不知道。

没错,我们总是以为,我们会找到一个自己很爱很爱的人。可是后来,当我们猛然回首,我们才会发觉自己曾经多么天真。假如从来没有开始,你怎么知道自己会不会很爱很爱那个人呢?

其实,很爱很爱的感觉,是要在一起经历了许多事情之后才会实现的。或许每个人都希望能够找到自己心目中百分之百的伴侣，但是你有没有想过："在你身边会不会早已经有人默默对你付出很久了，只是你没发觉而已呢？"

所以，还是仔细看看身边的人吧！他或许已经等你很久喽！有人说，喝酒的时候，六分醉的微醺感是最舒服的。肌肉可以得到松弛，眼中看到的一切都是可爱的，如果你还继续喝，很可能隔天你会头疼欲裂，全身不舒服，完全丧失了喝酒的乐趣。吃饭的时候，七分饱的满足感是最舒服的。口中还留着食物的香味，再加上饭后甜点、水果，保持身材和身体健康绝对足够。如果你还继续吃，很可能会肠胃不适，吃太饱想睡觉，完全丧失了吃饭的乐趣。当你爱一个人的时候，爱到八分绝对刚刚好。所有的期待和希望都只有七八分，剩下两三分用来爱自己。

如果你还继续爱得更多，很可能会给对方沉重的压力，让彼此喘不过气来，完全丧失了爱情的乐趣。所以请记住，喝酒不要超过六分醉，吃饭不要超过七分饱，爱一个人不要超过八分喔！

那天朋友问我：到底该怎么做才算是爱一个人呢？

我笑着跟他说：其实每个人的爱情观都不一样，说对了叫开导，但就怕说错反倒变成误导。那就糟糕了！

如果你也正在为爱迷惘，或许下面这段话可以给你一些启示：爱一个人，要了解，也要开解；要道歉，也要道谢；要认错，也要改错；要体贴，也要体谅；是接受，而不是忍受；是宽容，而不是纵容；是支持，而不是支配；是慰问，而不是质问；是倾诉，而不是控诉；是难忘，而不是遗忘；是彼此交流，而不是凡事交代；是为对方默默祈求，而不是向对方诸多要求；可以浪漫，但不要浪费；可以随时牵手，但不要随便分手。

如果你都做到了，即使你不再爱一个人时，你的心中也只有怀念与感念，而不会怀恨。

附24：苏格拉底的安慰

苏（苏格拉底）：孩子，为什么悲伤？

失（失恋者）：我失恋了。

苏：哦，这很正常。如果失恋了没有悲伤，恋爱大概就没有什么味道。可是，年轻人，我怎么发现你对失恋的投入甚至比对恋爱的投入还要倾心呢？

失：到手的葡萄给丢了，这份遗憾，这份失落，您非个中人，怎知其中的酸楚啊。

苏：丢了就是丢了，何不继续向前走去，鲜美的葡萄还有很多。

失：等待，等到海枯石烂，直到她回心转意向我走来。

苏：但这一天也许永远不会到来。你最后会眼睁睁地看着她和另一个人走了去的。

失：那我就用自杀来表示我的诚心。

苏：但如果这样，你不但失去了你的恋人，同时还失去了你自己，你会蒙受双倍的损失。

失：踩上她一脚如何？我得不到的别人也别想得到。

苏：可这只能使你离她更远，而你本来是想与她更接近的。

失：您说我该怎么办？我可真的很爱她。

苏：真的很爱？

失：是的。

苏：那你当然希望你所爱的人幸福？

失：那是自然。

苏：如果她认为离开你是一种幸福呢？

失：不会的！她曾经跟我说，只有跟我在一起的时候她才感到幸福！

苏：那是曾经，是过去，可她现在并不这么认为。

失：这就是说，她一直在骗我？

苏：不，她一直对你很忠诚。当她爱你的时候，她和你在一起，现在她不爱你，她就离去了，世界上再没有比这更大的忠诚。如果她不再爱你,却还装的对你很有情谊,甚至跟你结婚,生子,那才是真正的欺骗呢。

失:可我为她所投入的感情不是白白浪费了吗? 谁来补偿我?

苏:不,你的感情从来没有浪费,根本不存在补偿的问题,因为在你付出感情的同时,她也对你付出了感情,在你给她快乐的时候,她也给了你快乐。

失:可是,她现在不爱我了,我却还苦苦地爱着她,这多不公平啊!

苏:的确不公平,我是说你对所爱的那个人不公平。本来,爱她是你的权利,但爱不爱你则是她的权利,而你却想在自己行使权利的时候剥夺别人行使权利的自由。这是何等的不公平!

失:可是您看得明明白白,现在痛苦的是我而不是她,是我在为她痛苦。

苏:为她而痛苦? 她的日子可能过得很好,不如说是你为自己而痛苦吧。明明是为自己,却还打着为别人的旗号。年轻人,德行可不能丢哟。

失:依您的说法,这一切倒成了我的错?

苏:是的,从一开始你就犯了错。如果你能给她带来幸福,她是不会从你的生活中离开的,要知道,没有人会逃避幸福。

失:可她连机会都不给我,您说可恶不可恶?

苏:当然可恶。好在你现在已经摆脱了这个可恶的人,你应该感到高兴,孩子。

失:高兴? 怎么可能呢,不管怎么说,我是被人给抛弃了! 这总是叫人感到自卑的。

苏:不,年轻人的身上只能有自豪,不可自卑。要记住,被抛弃的并不是就是不好的。

失:此话怎讲?

苏:有一次,我在商店看中一套高贵的西服,可谓爱不释手,营业员问我要不要。你猜我怎么说,我说质地太差,不要! 其实,我口袋里没有钱。年轻人,也许你就是这件被遗弃的西服。

失:您真会安慰人,可惜您还是不能把我从失恋的痛苦中引出。

苏:是的,我很遗憾自己没有这个能力。但,可以向你推荐一位有能力的朋友。

失:谁?

苏:时间! 时间是人最伟大的导师,我见过无数被失恋折磨得死去活来的人,是时间帮助他们抚平了心灵的创伤,并重新为他们选择了梦中情人,最后他们都享受到了本该属于自己的那份人间快乐。

失:但愿我也有这一天,可我的第一步该从哪里做起呢?

苏:去感谢那个抛弃你的人,为她祝福。

失:为什么?

苏:因为她给了你份忠诚,给了你寻找幸福的新的机会。

说完,苏格拉底走了。

能力篇

　　一个总能看到别人缺点的人是一个失败的人；一个总能看到别人优点的人是成功了一半的人；一个看到自己缺点的同时也看到了别人优点的人是一个会成功的人；一个只会看到别人的优点而看不到自己优点的人是一个无药可救的人！

　　当然，一个看到自己缺点同时也看到了别人优点并能不断改正自己缺点吸收别人优点的人是一个一定会成功的人。

是你的能力
　带领你到一个很高的位置，
是你的品格
　决定你在这个位置可以呆多久！

第八章　必要能力的提高

一、心理素质提高

1. 如何克服羞怯

如果你羞怯,不要过于担心,要知道,每个人都有不同程度羞怯心理(别人也与你一样关心着自己留给周围人的印象)事实上,可以说没人真正彻底地克服了羞怯心理,只是大多数人学会了如何带着它一起生活。让我们来看看羞怯的表现、成因及克服的具体方法。

(1)羞怯者的四种表现

①站在陌生人面前,总感到有一种无形的压力,似乎自己正在被人审视,不敢迎视对方的目光,感到极难为情。

②与人交谈时,面红耳赤,虚汗直冒,心里发慌。即使硬着头皮与人说上几句,也是前言不搭后语,结结巴巴的。

③不善于结交朋友,于是常感孤独,常因不能与人融洽相处或充分发挥自己的才干而烦恼;不善于在各种不同场合对事物坦率地发表个人意见或评论,因此不能有效地与他人交换意见,给人拘谨、呆板的感觉。

④常感到自卑,在学习和生活中往往不是考虑取得成功,而更多的是考虑不要失败。

✻羞怯者的主观想法:

①在社交场合中,如果我多等一会儿,应该有人来主动找我说话。

②有些人之所以能够更多地被邀请参加社交活动,只是因为他们的条件好或运气好。

③不管到什么地方,我该认识的人就会和我交往,不该认识的人还是不认识。

④一些人看上去对我没有好感,他们肯定不喜欢我,即使我努力接触他们,他们还是不会喜欢我。

✻羞怯者应有的正确积极信念:

①人不能等到自己完全感到放松和有把握时才主动与人交往,有时需要冒一点险。

②通过社交活动,尤其是积极主动的社交活动,我会渐渐地变得坦然、大方。

③我是什么样子就是什么样子,注意自然地表现自我,假装绅士或淑女只会使人感到更加焦虑。只要自己别太在乎他人的评价,就不怕别人对自己评头品足。

④应该给自己设定合理的目标,逐步掌握社交经验,提高社交技巧。

⑤任何人都不会每次都很成功,如果在社交中受挫或遇到不顺利的事情也不必自责,天不会塌下来。

(2)羞怯的成因

①先天原因

有些人生来性格内向,气质属于黏液质、抑郁质类型,他们说话低声细语,见到生人就脸红,甚至常怀有一种胆怯的心理,举手投足、寻路问津也思前想后。

②家庭教育不当

过分保护型与粗暴型的家庭教育方式都可造成子女怯懦的性格。前者,家长代替了子女的思想和行为,子女缺乏经验,生活办事能力差,单纯幼稚,遇事便紧张、恐惧、焦虑。后者,家长剥夺了子女思维和行动的机会,子女时常担心遭批评和斥责,遇事便紧张、焦虑、消极、被动。有些家长对儿童的胆小不加引导,孩子见到生人或到了陌生的地方,便习惯性地害羞、躲避。儿童进入青春期后,自我意识逐渐加强,敏感于别人对自己的评价,希望自己有一个"光辉形象"留在别人的心目中,为此,他们对自己的一言一行非常重视,唯恐有差错。这种心理状态导致了他们在交往中生怕被人耻笑,因此表现得不自然、腼腆。久而久之,便羞于与人接触,羞于在公开场合讲话。

③缺乏自信和实践锻炼

有些人总认为自己没有迷人的外表,没有过人的本领,属能力平平之辈,因此他们在交往中没有信心,患得患失。长期的谨小慎微不仅使他们体验不到成功的喜悦,而且使他们更加不相信自己的能力。加之多数学生生活经历比较顺利,缺乏实践锻炼的机会。这些往往是导致害羞的重要的原因。

④挫折的经历

据统计,约有四分之一害羞的成人在儿时并不害羞,但是在长大后却变得害羞了。这可能与遭受过挫折有关。这种人以前开朗大方,交往积极主动,但由于复杂的主客观原因,屡屡受挫而变得胆怯畏缩、消极被动。

(3)克服羞怯十一法

①了解自己的优点和缺点

要了解自己,不要把自己说得一无是处。也许你有做错事的时候,例如说错话,但这并不表示你是笨拙的;也许你有缺点,如小眼睛,但也没必要感觉自己目光短浅、丑陋。

找些小卡片,把它们分成两种颜色:一种代表优点,另一种代表缺点,每张卡片写一个优点或缺点。然后检验一下哪个优点还没发挥,怎么去发挥这个优点;哪个缺点是你可以不在乎且可以忽略的,把这些可以忽略的、不在乎的缺点丢掉。这样做你就不会过分保护自己;然后你会发现自己的优点比缺点多。这样做能使你集中发挥自己的优点,克服自己的缺点。

②主动和别人交往

向经常见面但说话不多的人如同系同学、楼长、门卫阿姨、售货员等问好,主动与人交往。

③讲究谈话的技巧

1)多做深呼吸。如果你在人多的场合感到羞怯、恐惧时,可以立刻做几次深呼吸,把注意力从自己身上转移开,听听他人的谈话。

2)试着坐在人群的中心位置。害羞的人常喜欢躲在角落,免得引人注目。因为这样也就没有人注意到自己,因而证实了"没人关心自己"的想法。改掉这个习惯,让别人有机会注意你、关心你。

3)提问时最好是一些"开放式"问题,如"你到过些什么地方",最好不要提"封闭式"问题,如"你到过哈尔滨吗",因为"封闭式"问题容易限制对方的表述。

4)在连续讲话中不要担忧中间会有停顿,因为停顿一会儿是谈话中的正常现象。

5)在谈话中,当你感觉脸红时,不要试图用某种动作掩饰它,这样反而会使你的脸更红,进一步增加了你的羞怯心理。

6)别人跟你讲话时,眼睛要看着对方(看着对方的鼻子中间部位)。要让对方知道你是在倾听,害羞的人常常忘了这一点。

7)有话大声说。害羞的人说话都很小声,不妨把你的音调提高,开口发言时声音洪亮,结束时也掷地有声。你就会更加相信自己有权说话。

8)别人没有应答你的话时,可以再重复一遍。不要误以为是别人对你的话不感兴趣,很可能是他没听清楚。

9)别人打断你的话时,要继续把话说完。我们讲话时常会被打断,而害羞的人有时还会用动作来造成别人打断他的话,就好像那正是自己所期望的事。有时对方插话也表示他对你说的话很感兴趣,所以下次不要把中断谈话当做借口而逃出人群。

④将你的内心活动用文字记录下来,找出真正使你害羞、忧心的根源。

记日记是一种简单而有效的方法,我们对自身的认识也许比我们自以为知道的更多,当我们用文字将我们的害怕和焦虑梳理一番时，自己也会为之惊讶。

有一个女生，极其害怕与人约会。在心理学家的建议下，她写下与约会有关的一系列事情：接电话，安排出门，在约会时说什么，关于未来又谈些什么，在将事情整个思量一番后，她发现她最担忧问题是：一个她并不喜欢的男人会爱上自己。她担心一旦出现这种局面，自己不知如何去拒绝他。

心理学家帮她出主意，告诉她假如她不想再见到约会的那个人，她该如何说。一旦她有了这些准备，约会就变得轻松随意多了。

约有2/3的人的羞怯是因某一特殊原因而引起，一旦原因被找到，你就能以一种更有建设性的方式去对待它。

⑤想象自己是某出戏中一个大方沉着的角色，写个脚本，事先进行排练。

有一个男生成功克服羞怯的办法是：他假定自己是某部电影中一个落落大方、风度翩翩的男主角，并依此行事，窘态果真消失了。

许多媒体明星其实在骨子里都属于那种很怕羞的人，但他们在舞台上和摄像机前却潇洒自如，能言善辩；同样，一个在私人交往中畏手畏脚的人却在团体辩论中伶牙俐齿，在酒桌上慷慨陈词。这是因为，在这些场合，他们暂时扮演了一个不害羞的角色。

对于害羞者而言，写个脚本，并事先自我排练一番的方法适合很多场合，无论是参加一个英语沙龙还是和你的老师晤谈。既然你已事先对你将碰到的情形及要说的话进行了充分的"练兵"，你自然会更有信心地去面对令你窘迫的情景。

⑥行动之前先来一番"社交侦察"，或者找志趣相投者聊一聊。

假如你要参加一个沙龙，最好事先弄清楚哪些人会参加，他们将说些什么，他们的兴趣是什么。假如你要参加一个主题班会，就应尽可能了解主题及相关的内容。这样，当你与人交谈时，就有了更大的主动权。

另一项准备活动是，可以先找一些与你兴趣相同的人打交道，让他们帮助你树立信心。事先作好准备，答题时就会应对自如；熟记演讲内容，演讲时便会口若悬河。

⑦注意你的身体语言表露出来的信息，尽量使你显得热情大方，易于接近。

羞怯者总是不由自主地给人一种冷淡和回避的印象而自己察觉不出，他们总是不断地发出如此信息：我易受伤害，我很难为情，我非常慌张。不幸的是，其他人并不明白这些意思，他们只是将你的这些身体语言解释为清高、自负和不屑，这样便使得羞怯者更感慌张和难堪。

其实，你只需改变一下身体语言便可使你的处境大为改观。"SOFTEN"方法需要牢记：S代表微笑（Smile）；O代表开放的姿势（Open posture）；如手臂和双腿张开，F代表身体向前倾（Forward lean）；T代表友好的接触（Touch），如握手；E代表善意的目光（Eye contact）；N则表示点头（Nod），表明你正在倾听或理解他人的谈话。当你以"SOFTEN"的形象在社交场合出现时，你就能让人感到热情友好，易于接近，于是，你也会得到他人和陌生人主动的回报。气氛一旦友好而轻松，你的羞怯之感自会烟消云散。

⑧不妨说出你的隐忧，你的心理焦虑定会减轻不少

羞怯的同学可找些"可告的人"，比如家人、朋友和你的同学，这些人能善意地对待你的羞怯而不会嘲笑你，向他们倾诉心中隐忧，这既可让他们为你出谋划策，又可助你摆脱心理包袱，因为，吐露自己的担忧也是一种解脱之法。

或者试着直接向你谈话的对象说出你的忧虑，这并不丢人，只会显示你的坦诚并很可能大大减轻你的焦虑和羞怯。

⑨想想最坏的情形会是怎么样，你会发现，事情并非那么可怕

我们会发现，最糟糕的结果也不过如此，并非是场不能接受的灾难。那么有什么值得诚惶诚恐、心虚气短的呢？如此思量一番，你的心理压力定会减轻不少。

羞怯者普遍担忧的另一个问题是担心因紧张而出现的一些身体外部表现被人笑话,如出汗、声音颤抖、脸红等,然而,研究显示,这种担心纯属多余,其实这些表现很少会被他人注意到!

⑩学会克制自己的忧虑情绪

凡事尽可能往好的方面想,多看积极的一面。平时注意培养自己的良好情绪和情感,相信大多数人是以信任和诚恳的态度来对待自己的,不要把自己置于不信任和不真诚的假定环境中,那样,对别人就总怀有某种戒备心理,自己偶有闪失,或者并无闪失,也生怕别人看破似的,这样自己就会惶惶然,更加重羞怯心理。

⑪循序渐进,一步一步克服羞怯

克服羞怯如同一场战胜自我的战斗,不能一蹴而就,要循序渐进,持之以恒地逐步缓解克服。

无疑,在克服羞怯心理的初期,羞怯者会不自然,甚至有难受的感觉,但一旦成功克服羞怯心理,便会在和别人交往,或个人前程上铺上平坦的道路。坚持以上的几个步骤,你很快就会发现,克服羞怯心理并不困难。

2. 如何克服自卑感

对很多大学生来说,这是一个伴随一生的问题,它所带来的痛苦和伤害尤其大。具体来说,自卑感是一种不好的感觉:我很丑,没有魅力,没有人喜欢我;我很笨,别人都比我聪明;我是个失败者……如果你想远离这些不好的感觉,下面两点将对你非常有帮助。

(1)改变思维方式

错误的想法:你目前生活的这个世界最重视三种东西:外表的魅力、聪明、金钱。

①外表的魅力:你自卑是因为你接受了这样的观念:"如果你是一个漂亮的人,你就很有价值;如果你不漂亮,你的价值就不大,并且你很可能不会幸福。"所以,许多人因为不满意自己的相貌,就不喜欢自己,甚至恨自己。他们想,如果我能长得像某某人,我就会幸福。

事实上是,外表的吸引力并不会让一个人幸福。一个著名的心理学家对一些最漂亮的女人和最英俊的男人做了一项研究,看他们对自己的感觉如何,与他人相处如何。他研究的结论是:"让我很惊讶的是,我发现在漂亮的人中存在着严重的抑郁、孤独,他们非常不快乐。"

②聪明:这个世界说:"如果你很聪明,你就有价值;如果你不聪明,你的价值就不大。"如果你接受这种观念,当你在学校受挫、学习效率不像其他人那么高时,当你答错问题、别人笑你时,你就会觉得自己笨,不如别人。

一个人在某事上越失败,他就越灰心。渐渐地,他会想自己是个彻底的失败者。他可能会肯定自己什么都做不好,干脆放弃了。这会带来更多的失败,更深的自卑感。

事实上,聪明与成功是完全不同的两个概念。对于自己的聪明处理不好、机关算尽的人结局凄凉的例子举不胜举,而阿甘一类智商不高,却靠着踏实与执著终获成功的人却是无数。

③金钱:这个世界说:"如果你想成为重要的人,想幸福,你必须有钱。"很多人因为信奉这一条而把发财当做人生目标,在追逐财富的过程中不断犯罪,直至银铛入狱。因为你想用钱来满足自己,是无法满足的,钱你是赚不完的。

❀需要改变思维的地方是:

外表的吸引力、聪明和金钱本身并没有罪。错就错在我们过度地看重它,并把它作为我们的价值观。我们必须认识到,我们作为一个人的价值不取决于我们的外表、智商、财富或社会地位。一个正常的社会,真正爱的、接纳的是你的本相!

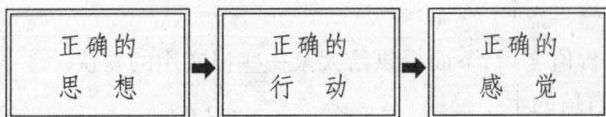

正确的思想	→	正确的行动	→	正确的感觉

(2)克服自卑实用建议

①知道你不是唯一

你不是唯一一个有自卑感的人。当你去学校,你会遇到许多人——有些人面带微笑,与人交谈、大笑。你可能会想,他们在这个世界上无忧无虑。但是,在这些表象之下,你很可能会发现,他们也有很深的自卑感。几乎所有的人都有这种感觉。

当你意识到其他人也有和你一样的困扰时,这会帮助你理解这些问题。

②结交真诚的朋友

并不是你必须长得漂亮、很聪明或很有钱才能交到朋友。拥有好朋友的最好的方法是做一个好朋友。

绝对不要取笑他人。要尊重他人,按照他们本来的样子接纳他们。让他们知道,他们对你来说很重要。要特别照顾那些有交友困难的人。他们会为此而爱你、感激你的。没有比结交真诚的朋友更能帮助你建立自信了。当你知道其他人喜欢你、感激你的时候,你就更容易接纳自己了。

③学习把一件事做好

每个人都需要有恰当的自尊心。建立恰当的自尊心的一个方法是学习把一件事做好。

找一件你喜欢做的事,努力去做!对你自己说"我要学会演奏一样乐器"或者"我要在我的兼职工作上表现出色"或者"我要把篮球玩的尽量好"或者"我要尝试看我能交多少朋友"或者"我要学习做一个出色的业余厨师"等等。

不要把时间浪费在为自己遗憾上。尽己所能,发展一项技能,使你对自己感觉良好。在那个项目上全力以赴。当你这样做时,你就开始喜欢自己了。

④诚实地面对你的问题

独自一人安静思考。列出你最不喜欢自己的那些地方。一定要诚实(你不需要别人看你所列出的清单)。

如果人们从你的穿着,对你产生错误的印象,那么你能够也应该纠正这个问题。你在自己的学习上以及所承担的职务上是不是懒散,无所谓? 采取措施纠正这个问题。

如果清单上有一些你无法解决的问题(或者说是人无法解决的问题,每个人都会有),你就把它交给上天,不再去理会你无法改变的事情。然后把写的清单撕碎。当你日后再次为这些无法解决的问题烦恼时,提醒自己,你已经做了决定。(不再去理会你无法改变的事情)

3. 如何变得自信

先来看一个小故事:

在一次讨论会上,一位著名的演说家没讲一句开场白,手里却高举着一张二十美元的钞票。面对会议室里的两百个人,他问:"谁要这二十美元?"一只只手举了起来。他接着说:"我打算把这二十美元送给你们中的一位,但在这前,请允许我做一件事。"他说着就把钞票揉成一团,然后问:"谁还要?"仍有人举起手来。

他又说:"那么,假如我这样做又会怎样呢?"他把钞票扔在地上,又踏上一只脚,并且用脚踩它。然后他拾起钞票,钞票已变得又脏又皱。"现在谁还要?"还是有人举起手来。

"朋友们,你们已经上了很有意义的课。无论我如何对待这张钞票,你们还是想要它,因为它并没有贬值,它依旧值二十美元。人生路上,我们会无数次被自己的决定或碰到的逆境击倒、欺凌甚至踩得粉身碎骨,我们觉得自己似乎一文不值。但无论发生了什么,或将要发生什么,在上帝的眼中,你们永远不会丧失价值。在他看来,肮脏或洁净,衣着整齐或不整齐,你们依然是无价之宝。生命的价值不依赖我们的所作所为,也不仰仗我们结交的人物,而是取决于我们本身! 你们是独特的——永远不要忘记这一点!"

懂得了我们自身的价值之后,下面提供给大家一些很实用的秘诀。

(1)短时间内变得自信的十个秘诀

在长时间内提升自信的方法不胜枚举,但是,有时候我们却需要在短时间内来激发自己的自信。下面就为大家介绍在数秒钟之内激发自信的十个秘诀。

秘诀一：微笑

在你感到焦虑不安、缺乏信心之时，你首先要做的就是微笑！我们不只在心中充满喜悦和自信满满的时候才可以微笑，我们也可以用微笑来让自己放松。

我们在微笑时，会释放使人感到轻松的快感荷尔蒙，会让我们随着自己积极的行为而真切地感到愉快和信心提高……因此，当你微笑的时候，在别人眼里你就会更加自信。

秘诀二：保持目光接触

像保持微笑一样，也要保持与室内每个人都有目光接触。相反，一味地盯着自己的鞋子或桌脚则会让你显得更加犹豫不决甚至羞于开口。这一条建议在你未来的求职场合相当实用——求职者要与面试官保持目光接触。

保持目光接触可以拉近你与别人之间的距离，并为你提供真实的情形，从而使你摆脱面对素不相识之人或无法掌控之势而产生的紧张及恐惧。

秘诀三：改变内心之声

大多数人的内心都有这样的声音，那个声音告诉我们：我们愚蠢至极、体态肥胖、身材矮小、声如大钟、胆小内向……改变自己的内心之声才能够让自己从内心开始自信起来，这也同样有助于我们向众人展示自己的自信。要学会控制自己的内心之声，使其成为完全了解自己并能够认识到自己优点及长处的良师益友，促使自己达到最佳状态。

秘诀四：抛开他人价值认定标准

不管是什么情况所导致的自信危机，我们都可以进行最大限度的自我调节，使自己坚持自我价值认定标准。人与人的价值认定观是不同的，不管我们怎么努力，都不可能永久取悦身边的每个人。对于他人的想法——诸如别人会认为我们过于肥胖、瘦弱无力、沉闷无聊、过分简朴、口气轻率等等——根本不必在意。坚持自我价值认定标准，而不是臆想之中他人的价值认定标准。而且大众价值认定标准会随着社会的改变而改变，所以我们完全没有必要因为自身周围公众所作所为而被迫接受其价值认定标准。

秘诀五：注重仪表

尽管人人都知道内在美是至关重要的，但是也无可否认外在衣着打扮是第一印象的决定因素。所以，哪怕只有一两分钟的时间，也要冲进盥洗室里梳妆，以确保自己仪表最佳。梳梳头、洗洗脸、拉拉衣领、检查一下是否有香菜残存在自己的牙缝中……这些简单动作都将消除我们对臆想缺陷的忧虑，而使自己在衣着容貌上看起来更加自信。

秘诀六：默默祈祷、沉思

如果你相信神灵，或者上帝，或者其他精神力量，那么默默祈祷就可以成为提升自信的有效手段。（默默祈祷的同时也要沉思）下面是一个基督教徒的默默祈祷，我们可以参考并写出类似但适合我们自己宗教信念的祷告：

亲爱的上帝，感谢你的爱，感谢你的包容……请赐我力量……请赐我勇气让我成为你所期望之人，让我个人的自信大大提升。感谢上帝的聆听，阿门。

秘诀七：换个角度看问题

始料不及的事往往很容易就将初步建立的自信击得粉碎。你可能不小心将饮料洒在别人身上，可能由于交通堵塞而导致上班迟到，或者你想要与之交谈的人却冷淡地拒绝了你等等。试着"换个角度"看问题，往最佳方向考虑：通常，事物之所以具有负面意义完全是由于我们把自己的主观思想强加于此。

秘诀八：步步为营

步步为营来增强自信要远胜于飞跃时期的停滞不前。如果所处情况让你无所适从，不妨从简单做起——可能是聚会上与别人一个简单的眼神接触、把自己介绍给一个陌生人、打破班会僵局，或者是问面试官一个能够显示你了解他们行业及公司的问题。

秘诀九：放慢语速

让人看起来比较自信或更加自信的一个简单秘诀就是放慢语速。如果总是喋喋不休说个不停，那么你的听众或你与之交谈之人就会觉得你的讲话思路混乱、晦涩难懂。相反，如果放慢语速，你就有机会思考接下来要说的内容。如果你正在作演讲或发表见解，那么就请在短语或句子结束之后稍事停顿，让听众有时间对你所讲的内容进行消化理解。

我们可以观察一下我们的周围，权威人士及威仪之人往往语速比较慢。这说明他们很自信。而一个觉得自己所讲淡而无味之人往往说话犹如机关枪一般，因为他不想让人们对淡而无味的讲话浪费时间。

秘诀十：积极主动开口

你是否曾经在大学课堂或者班会上干坐着一言不发？你是否曾经在聚会兴高采烈的时刻独自盯着自己的饮料发呆？从现在开始，不管处于哪种场合，试着主动一些吧。即使你觉得自己无话可说，但是说出来，你的观点与看法也许会使你周围的人获益匪浅呢。

（2）长时间提升自信的二十九招

1）克服羞怯、克服自卑

详见上两节。

2）关注自己的优点

在纸上列下十个优点，不论是哪方面（细心、眼睛好看等等，多多益善），在从事各种活动时，想想这些优点，并告诉自己有什么优点。这样有助你提升从事这些活动的信心，对提升自信效果很好。

3）挑前面的位子坐

你是否注意到，无论在教学或教室的各种聚会中，后排的座位是怎么先被坐满的吗？大部分占据后排座的人，都希望自己不会"太显眼"。而他们怕受人注目的原因就是缺乏信心。坐在前面能建立信心。把它当做一个规则试试看，从现在开始就尽量往前坐。当然，坐前面会比较显眼，但要记住，有关成功的一切都是显眼的。

4）练习正视别人

一个人的眼神可以透露出许多有关他的信息。某人不正视你的时候，你会直觉地问自己：他想要隐藏什么呢？他怕什么呢？不正视别人通常意味着：在你旁边我感到很自卑；我感到不如你；我怕你。躲避别人的眼神意味着：我有罪恶感；我做了或想到什么我不希望你知道的事；我怕一接触你的眼神，你就会看穿我。这都是一些不好的信息。正视别人等于告诉他：我很诚实，而且光明正大；我告诉你的话是真的，毫不心虚。

5）把你走路的速度加快25%

借着改变姿势与速度，可以改变心理状态。你若仔细观察就会发现，身体的动作是心灵活动的结果。那些遭受打击、被排斥的人，走路都拖拖拉拉，完全没有自信心。普通人有"普通人"走路的模样，做出"我并不怎么以自己为荣"的表白。另一种人则表现出超凡的信心，走起路来比一般人快——像跑。他们的步伐告诉整个世界："我要到一个重要的地方，去做很重要的事情，我节约时间，因为我要成功。"使用这种"走快25%"的技术，抬头挺胸走快一点，你就会感到自信心在滋长。

6）练习当众发言

在会议中沉默寡言的人都认为："我的意见可能没有价值，如果说出来，别人可能会觉得很愚蠢，我最好什么也不说。而且，其他人可能都比我懂得多，我并不想让你们知道我是这么无知。"这些人常常会对自己许下难以实现的诺言："等要求我发言时再发言，等下一次再发言。"可是他们很清楚自己是无法实现这个诺言的。每次这些沉默寡言的人不发言时，他就又中了一次缺少信心的毒了，他会愈来愈丧失自信。从积极的角度来看，如果尽量发言，就会增加信心，下次也更容易发言。所以，要多发言，这是信心的"维他命"。不论是参加什么性质的会议，每次都要主动发言，也许是评论，也许是建议或提问题，都不要有例外。而且，不要最后才发言。要做破冰船，第一个打破沉默。也不要担心你会显得很愚蠢。不会的。因为总会有人同意你的见解。

7）咧嘴大笑

大部分人都知道笑能给自己很实际的推动力，它是医治信心不足的良药。但是仍有许多人不相信这一套，因为在他们恐惧时，从不试着笑一下。真正的笑不但能治愈自己的不良情绪，还能马上化解别人的敌对情绪。如果你真诚地向一个人展颜微笑，他实在无法再对你生气。有人讲了一个自己的亲身经历："有一天，我的车停在十字路口的红灯前，突然'砰'的一声，原来是后面那辆车撞了我车后的保险杠。我从后视镜看到他下来，也跟着下车，准备痛骂他一顿。但是很幸运，我还来不及发作，他就走过来对我笑，并以最诚挚的语调对我说：'朋友，我实在不是有意的。'他的笑容和真诚的说明把我融化了。我只有低声说：'没关系，这种事经常发生。'转眼间，我的敌意变成了友善。"咧嘴大笑，你会觉得美好的日子又来了。要控制、运用笑的能力，笑就要笑得"大"，半笑不笑是没有什么用的，要露齿大笑才能有功效。我们也许会说："当我害怕或愤怒时，哪里还能笑得出来。"当然，这时，任何人都笑不出来。窍门就在于你强迫自己说："我要开始笑了。"然后，笑，大笑！

8）怯场时，不妨道出真情，即能平静下来

很冷静地观察自己内心的情况，把时时刻刻都在变化的心理秘密，毫不隐瞒地用言语表达出来，那么就没有产生烦恼的余力了。例如初次到某一个陌生的地方，内心难免会疑惧万分，这时候，不妨将此不安的情绪，清楚地用语言表达出来："我有点发怵，我的心怎地跳个不停，眼前也有点发黑，舌尖凝固，喉咙干渴得不能说话。"这样一来，不但可将内心的紧张驱除殆尽，而且也能使心情得到意外的平静。再举一个很实在的例子。有一个位居美国第5名的推销员，当他还不熟悉这行工作时，有一次，他竟独自会见美国的汽车大王。结果，他真是胆怯得很。在情不自禁之下，他只好老实地说出来了："很惭愧，我刚看见你时，我害怕得连话也说不出来。"结果，这样反而驱除了恐惧感。

9）自我心理暗示

不断对自己进行正面心理强化，避免对自己进行负面强化。一旦自己有所进步（不论多小），就对自己说"我能行！""我很棒！""我能做得更好！"等等，这将不断提升自己的信心。

10）树立自信的外部形象

首先，保持整洁、得体的仪表；其次，举止自信，如行路目视前方等，刚开始可能不习惯，但过一段时间后就会有发自内心的自信；另外，注意保持健康。注意全面的营养，保证身体锻炼，保持健美的体形，保持快乐的心境和良好的生理、心理状况会使自己产生幸福感，进而产生自信心。

11）阅读名人传记

很多知名人士成名前的自身资质、外部环境并不好，这些榜样有助于提升你的自信心。

12）与自信的人多接触

"近朱者赤，近墨者黑"，这一点对增强自信同样有效。

13）扬长避短

在学习、生活、工作中，抓住机会展现自己的优势、特长，同时注意弥补自己的不足，不断进步，能不断增强自信。

14）做好充分准备

从事某项活动前如果能做好充分准备，那么，在从事这项活动时，必然较为自信，而且这有利于顺利完成活动并增强整体自信心。

15）给自己定恰当的目标

并且在目标达成后，定更高的目标。目标不能太高，否则不易达到，如果达不到，对自信心会有所破坏。

16）冒一次险

当你做了以前不敢做的事以后,你会发现:原来做这事并没有什么了不起! 这对提升自信心很有帮助。

17）排除压力

过重的压力会使自己意志消沉,对自身产生怀疑,从而破坏自信心。学会排除压力对保持原有自信帮助很大。

18）正确地面对批评

①要倾听批评你的人说话,不要中途打岔。不要用脸部表情或身体动作表现出你不愿对方继续说下去。

②在你心中仔细想想别人的指责,以便改变自己的行为。

③帮助对方明白地说出他的异议,而不是令他对你的批评含混不清,这样才能知道自己的缺点是什么。

④礼貌地请问批评者怎样改善自己的行为或怎样做比较好。这样不但可以了解对方,而且还可以学习各种不同的行为。

⑤如果你觉得自己不该受责备,也要让对方把话说完再解释。

⑥如果别人批评得有理,的确是自己的不是,那么就向对方道歉,表示愿意改正。

19）平等待人

职衔差异并不意味他人高我一等。

20）不和任何人攀比

既然我是独一无二的,与别人攀比就毫无意义。

21）大方接受赞美

承认我做得出色没什么不好,感谢别人的赞美也是一种礼貌。

22）使快乐成为习惯

快乐多少自己控制,避开不愉快的想法,只需改变我对许多无威胁问题的态度,我就可以把生活从这些问题中解脱出来,变得更快乐。

23）对罪恶感说"不"

罪恶感对你不利,而非有益,所以要勇敢地说"不"。

24）积极理解每件事

积极理解每件事情对你总是有益的。

25）注意反馈

每个错误都是一次学习经历。

26）忘记对别人的恶感

对他人怀有消极情绪对自己的伤害多过对方,所以记住他人的好处,但忘记他人的伤害。

27）承担你生活中的责任

通过对生活承担责任,获得对生活更大的控制权。

28）尽量依靠自己

更多地依靠自己最明智。学会自己动手做事,自己会做的事越多,就越能把握自己的人生。

29）坚持每一件开始的事情

当你要做一件事时,除非你能坚持做完,否则最好不要开始。现代心理学告诉我们,如果我们做事时总是半途而废、不能坚持到底,就形成了失败的习惯,这是一种非常不好的习惯,对自信有致命的打击。所以,你一旦起步,就要做到百折不挠,直至成功,这样通过一次次的成功,你的自信就会一路高歌猛进。

4. 心理问题自查

如果通读本书还有一些无法释然的心理问题，比如无法适应、无处排解、现实与理想差距带来的过度阴郁、孤独压抑等等，可以从下面三种渠道解决。

(1)联系你的辅导员，他应该会很乐意给你帮助。如果你觉得从心理学的角度他不够专业的话，可以选择下面的渠道。

(2)联系你所在学校的心理咨询老师，他们都是足够专业的老师，所以你不必担心他们的水平或者会泄露你的秘密。

(3)如果你的问题已经严重到一定程度，你预感到会严重影响你的学习、生活，或者在某些时间内情绪出现失控的状况，那么，你一定要勇敢、及时地寻求社会声誉良好的心理咨询所。你要知道，那些在你看来很严重、没有办法解决的难题，他们从专业的角度会轻而易举地为你解决。正如我们身体上生病，我们会无助、难受得连床都不想起，但医生们几剂良药就可以让我们重新生龙活虎起来。但一定要记住——及时，否则病情加重，耽误治疗就不好了。

✲另外，还应该学会自我心理调适

大学生应该有意识地掌握一些常用的自我心理调适方法，如自我暗示法等，对自我心理放松、消除心理压力是必要而可行的。

自我暗示是靠思想、语词，对自己施加影响以达到心理卫生、心理预防和心理治疗目的的方法。通过自我暗示，可以调理自己的心境、感情、爱好、意志乃至工作能力，起到非常积极的作用。比如，面临紧张的考场，反复告诫自己“沉着、沉着”；在荣誉面前，自敲警钟“谦虚、谦虚”；在遭遇挫折时，安慰自己“要看到光明，要提高勇气”等等。

学习自我暗示，需要坚强刚毅的意志，要对自我及自我暗示有坚定不移的信心，并在实践中进行锻炼，使自我暗示得到恰如其分的应用。下面介绍两种具体的自我暗示的方法：

(1)冥想放松法。你可以用一件真实的物件，如某种球类，某种水果，或者手头可以找到的小块物体，来发挥自我想象的能力，具体做法是：

①凝视手中的橘子(或其他物体)，反复、仔细地观察它的形状、颜色、纹理脉络；然后用手触摸它的表面质地，看是光滑还是粗糙，再闻闻它有什么气味。

②闭上眼睛，回忆这个橘子都留给你哪些印象。

③放松肌肉，排除杂念，想象自己钻进了橘子里。那么，想象一下，里面是什么样子？你感觉到了什么？里面的颜色和外边的颜色一样吗？然后再假想你尝了这个橘子，记住它的滋味。

④想象自己走出了橘子的内部，恢复了原样，记住刚才在橘子里面所看到的、尝到的和感觉到的一切，然后做5遍深呼吸，慢慢数5下，睁开眼睛，你会感觉到头脑清爽，心情轻松。

(2)自主训练法。又叫适应训练法，其中较简单的一种方法如下：

①取坐姿，把背部轻轻靠在椅子上，头部挺直，稍稍前倾，两脚摆放与肩同宽，脚心贴地。

②两手平放在大腿上，闭目静静地深呼吸3次，排除杂念，把注意力引向两手和大腿的边缘部位，把意念集中在手心。

③不久，你会感到注意力最先指向的部位慢慢地产生温暖感，然后逐渐地扩散到手心全部。这时，你心理可以反复默念：“静下心来，静下心来，两手就会暖和起来。”

④做5遍深呼吸，慢慢数5下，睁开眼睛。

二、情商的训练和提高

不少人认为情商对一个人的影响甚至超过智商。遵循以下8步，会对你情商的训练和提高相当有好处。

1. 学会划定恰当的心理界限，这对每个人都有好处。

你也许自认为与他人界限不明是一件好事，这样一来大家能随心所欲地相处，而且相互之间也不用激烈地讨价还价。这听起来似乎有点道理,但它的不利之处在于,别人经常伤害了你的感情而你却不自知。

其实仔细观察周遭你不难发现,界限能力差的人易患上病态恐惧症,他们不会与侵犯者对抗,而更愿意向第三者倾诉。如果我们是那个侵犯了别人心理界限的人,发现事实的真相后,我们会感觉自己是个冷血的大笨蛋。同时我们也会感到受伤害,因为我们既为自己的过错而自责,又对一个第三者卷进来对我们评头论足而感到愤慨。

界限清晰对大家都有好处。你必须明白什么是别人可以和不可以对你做的。当别人侵犯了你的心理界限,告诉他,以求得改正。如果总是划不清心理界限,那么你就需要提高自己的认知水平。

2. 找一个适合自己的方法,在感觉快要失去理智时使自己平静下来,从而使血液留在大脑里,做出理智的行动。

美国人曾开玩笑地说:当遇到事情时,理智的孩子让血液进入大脑,能聪明地思考问题;野蛮的孩子让血液进入四肢,大脑空虚,疯狂冲动。是的,当血液充满大脑的,你头脑清醒,举止得当;反之,当血液都流向你的四肢和舌头的时候,你就会做蠢事,冲动暴躁,口不择言。

事实上,科学实验证明,当我们在压力之下变得过度紧张时,血液的确会离开大脑皮层,于是我们就会举止失常。此时,大脑中动物的本性起了主导作用,使我们像最原始的动物那样行事。要知道,在文明社会中,表现得像个原始动物会带来大麻烦。

控制情绪爆发有很多策略,其中一个方法就是注意你的心律,它是衡量情绪的精确尺子。当你的心跳加快至每分钟100次以上时,整顿一下情绪至关重要。在这种速率下,身体分泌出比平时多得多的肾上腺素。我们会失去理智,变成好斗的公牛。

当血液又开始涌向四肢时,你可以选用以下的方法来平静心情:

(1)深呼吸,直至冷静下来。慢慢地、深深地吸气,让气充满整个肺部。把一只手放在腹部,确保你的呼吸方法正确。

(2)自言自语。比如对自己说:"我正在冷静。"或者说:"一切都会过去的。"

(3)有些人采用水疗法。洗个热水浴,可能会让你的怒气和焦虑随浴液的泡沫一起消失。

(4)你也可以尝试美国心理学家唐纳·艾登的方法:想着不愉快的事,同时把你的指尖放在眉毛上方的额头上,大拇指按着太阳穴,深吸气。据艾登说,这样做只要几分钟,血液就会重回大脑皮层,你就能更冷静地思考了。

3. 想抱怨时,停一下先自问:"我是想继续忍受这看起来无法改变的情形呢,还是想改变它呢?"

对于没完没了的抱怨,我们称之为唠叨。抱怨会消耗心力而又不会有任何结果,对问题解决毫无用处,又很少会使我们感到好受一点。

几乎所有的人都发现,如果对有同情心的第三方倾诉委屈,而他会跟着一起生气的话,我们会感觉好受一些。有人对你说:"可怜的宝贝。"这对你来说是莫大的安慰,你的压力似乎减轻了,于是你又能重新面对原有的局面了,尽管事情没有任何改变。

但是如果你不抱怨呢,你会感受到巨大的心理压力。压力有时并不是个坏东西,是的,它也许会让你感觉不舒服,但同时也是促使你进行改变的力量。一旦压力减轻,人就容易维持现状。然而,如果压力没有在抱怨中流失,它就会堆积起来,到达一个极限,迫使你采取行动改变现状。

因此,当你准备向一个同情你的朋友抱怨时,先自问一下:我是想减轻压力保持现状呢,还是想让压力持续下去促使我改变这一切呢?如果是前者,那就通过抱怨把压力赶走吧!每个人都有发牢骚的时候,它会让我们暂时好受一些。但如果情况确实需要改变的话,下定决心切实行动起来吧!

4. 扫除一切浪费精力的事物。

什么是不利于我们提高情商的力量呢？答案就是一切浪费精力的事物。

许多人的神经系统就像父亲的手一样长了厚厚的老茧。我们已经习惯于意识不到精力的消耗。精力是微妙的，但也可以体会到明显的变化，比如听到好消息时，肾上腺素会激增；而听到坏消息时，会感到精疲力竭。我们通常不会留意精力细微地消耗，比如与一个消极的人相处，或在桌上到处找一张纸等等。

你的生活中有哪些缓慢消耗精力的事情？作者家的墙角堆着一小块地毯，每次看到它，我都会想可能有人会被它绊倒。这本不是什么大不了的问题，但它分散我的精力。这就是我们如何界定分散精力的事物——每次接触之后都会感到精力被分散了。有时和朋友所处也是如此——相互吸取和给予精力——但有些人是精力的吸血鬼，他们只会吸取你的精力。这时有两个选择：一是正视这个问题，建立心理界限继续与他们谨慎交往；另一个是减少与这种人交往。

的确，我们需要去除缓慢地浪费精力的东西，解脱出来，以集中精力提高我们的情商。

想加速——你可以选择减小阻力或增加推动力。

试试我们提供的方法吧：

（1）经常列出消耗你精力的事情。

（2）系统地分析一下名单，并分成两部分：

A. 可以有所作为的；

B. 不可改变的。

（3）逐一解决 A 单中的问题。比如，把钥匙挂在一个固定的钩子上，这样就不用到处找了。

（4）再看一下 B 单中的问题，你是否有把握？有没有把其中一些移到 A 单加以解决的可能？

（5）放弃 B 单中的问题。

5. 找一个生活中鲜活的榜样。

我们都曾经历过学榜样的年代，那些榜样对于我们来说高尚而又遥远。于是我们学榜样的热忱在和榜样的距离中渐渐熄灭了，因为我们知道，自己也许一生都成不了大英雄。

是的，你不能成为大英雄，但你可以成为一个快乐的平常人。你身边有这样的快乐平常人吗，把他作为你的榜样吧！你可以想：他所能做的我也可以，我们的风格迥异，我不可能以他的方式完成他所做的事，但我会模仿他做的一些事，以我的方式来完成。从他身上你总能看到从来没察觉到的自身潜能。

在周围的人中找出你学习的榜样吧！他们比你更聪明、所受教育更好、层次更高、比你更有毅力。你会在追赶他们的过程中自然地提高自己的情商。

6. 为人父母。

这对眼下的大学生来说还无法做到，但你们都会有机会。为人父母会教会你很多东西。当孩子尖叫"为什么不给我买？我恨你！"时，你不能绝望，不能暴怒，你需要理解他并接受其怨恨的现实。要知道，这是孩子所能给予你的最好的礼物，当然这种恨不要持续下去。

养育孩子是一个双赢的结局。在养育孩子的过程中，孩子学会了如何与还不算成熟的年轻父母相处。作为父母的我们，则在抑制我们的需求来满足孩子的需求的过程中磨平了棱角。养育孩子会自动提高我们的情商，使我们成为更合格的父母。

当前，你们可以找机会为亲属看孩子，与孩子相处可以真正地提高我们的情商。

7. 从难以相处的人身上学到东西。

我们的周围有很多牢骚满腹、横行霸道、装腔作势的人，我们多么希望这些人从生活中消失，因为他们会让人生气和绝望，甚至发狂。为什么不能把这些人圈起来，买张飞机票，送到一个小岛上？在那里他们再也不会打扰到别人。可是，最好别这样，这些难以相处的人是我们提高情商的帮手。你可以从多嘴多舌的人身上学会沉默，从脾气暴躁的人身上学会忍耐，从恶人身上学到善良，而且你不用对这些"老师"感激涕零。

而且,你定义的"难以相处的人",最终被证明可能只是与你不同的人,而对所谓的难以相处的人来说,你也是难以相处的人。

应付难以相处的人最有效的方式就是灵活。也就是说,发现他们的方式,在与之交往的过程中,尽量灵活到采用与之相同的方式。如果这人喜欢先闲谈再谈正事的话,你的反应应当是放松下来,聊聊家常。另一方面,如果这人直截了当,你也应当闲话少说,直奔主题。这样,在与难以相处的人打交道时会更有效率,而且会发现这些人并不那么难以相处。

应付难以相处的人的第二点就是把他们当成礼物。朱迪嫁给了一个霸道的人。婚姻生活对她来说充满坎坷,因为她没有很明确的界限。在分手多年以后,她学会了感谢他,因为他教给她建立和维持界限的重要性。现在再遇到这样的男人时,她根本不在乎。朱迪说:"当与他一起生活过以后,这些家伙你就会根本不放在眼里。"如果她当时嫁给了一个随和的人,她可能到现在还没有明确的界限,也很难对付那些难缠的家伙。

不过,如果可以选择的话,或许我们永远不会选择难以相处的人。

8. 时不时尝试另一种完全不同的方式,你会拓宽视野,提高情商。

你是一个性格开朗外向的人还是性格内向、只喜欢独处或和几个密友在一起的人呢?你喜欢提前计划好每一天,以确定要干些什么事,还是毫无计划呢?人人都有自己的偏爱,如果可以选择的话,每个人都会选择自己偏爱的方式。然而,突然打破常规,尝试截然相反的行动,会更有助于我们的成长。

如果你总是热衷于在聚会中做中心人物,这次改改吧,试着让那些平日毫不起眼的人出出风头。如果你总是被动地等待别人和你搭讪,不妨主动上前向对方问个好。

三、综合素质提高

1. 如何学会负责

我们现在是否会负责,来源于我们从小的教育。

中国的小孩从那边跑过来,撞到桌子,他哭起来。"小宝不要哭,妈妈打这个桌子!妈妈打这个桌子!"这是多数中国妈妈的方式。

在东京,一个小孩从那边跑过来,撞到桌子,他哭起来(全世界的小孩撞到桌子都会哭),日本妈妈马上把他带过来,说:"再走一遍!"下一次他就从旁边走过去了。妈妈接着讲:"一个小孩会撞到桌子,有三个可能:第一个,跑步冲得太快,来不及刹车;第二个,头一直低着,没有注意;第三个,心中不知道在想什么。你是哪一个?"

在华盛顿,一个美国妈妈带着孩子过马路,小孩摔了一跤,妈妈走过去:"汤米,站起来!"他在地上一直哭。"汤米,站起来!"他耍赖,妈妈接着说:"站起来!"他就站起来了。妈妈把他带到路边,开始训斥:"汤米,你看看你刚才像个男人吗?还说长大了要保护妈妈,你那个样子能保护我吗?做事情不能承担自己的责任,还妨碍交通。"稀里哗啦骂了一通,这美国孩子含着眼泪,妈妈就将他带走了。

另外一个景象我们也经常看到——在电影里,美国家庭旅游时,往往是爸爸背一个大包,妈妈背个中包,小孩背个小包,总之,三个人一人一个包,一起前进。而在中国的景象往往是小孩抱着可乐,拿着汉堡,啃着薯条,身上没有一个背包。而可怜的老妈,背三个包,在手上还挟着……

在中国妈妈的教育方式下,小孩会把撞到桌子的责任完全归咎于桌子本身,在之后的挫折中,小孩就会逐渐把责任排除在自身之外。而在日常生活中,小孩也会慢慢把本该自己背起的包包,心安理得甚至必须的让他人代劳。慢慢地,我们就失去了承担责任的能力。

让我们再来看一个例子:

在一个热闹的义卖会上,有位母亲,给她三岁的孩子买了一个五彩缤纷的气球。

孩子欢天喜地地抓着系在气球上那根细细的线,一蹦一跳地走着、走着,不知怎的,一个不慎,五指一松,气球脱手而出,迅速随风飞走。

孩子初而惊愕、继而难受,五官被骤然侵袭的悲伤挤得走了形,眼看泪水即将泛滥……

此时,作为母亲应该怎么办?

有一类母亲,会马上安慰:"孩子别哭,妈妈再给你买一个。"这样做,孩子无意中便会得到一个错误的信息:自己犯错,大人会承担、会补偿。这样的母亲在其他事情上也会有一脉相承的做法,慢慢的,小孩就养成一种依赖的心理。

另一类母亲,则会马上责备:"哎呀,你真笨! 连个小小的气球也抓不住!"这样做,孩子可能便会对自己失了信心,慢慢地形成了自卑的心态。

还有一类母亲,会用中性的叹息来对待:"卖气球的人已经走掉了,妈妈没办法给你再买啦!"这样做,孩子日后碰到困难,或障碍便会同样地产生这种束手无策的沮丧感。

然而,这位明理而聪慧的母亲是这么做的,她适时地蹲了下来,以一种充满了音乐感觉的愉快声调大声说道:"瞧,宝贝,气球的妈妈呼唤它回家吃饭了,你还不赶快和它说再见!"

小孩子听在耳里,觉得新鲜,顿时忘了悲伤,举起胖胖的小手,向冉冉升天的气球,大声喊道:"再见,再见!"圆圆的眸子,闪着亮亮的笑意。

这一位母亲,不但有化险为夷的急智,而且,最为重要的,她以一种潜移默化的方式把一种健全的人生观传给了她的孩子。母亲以充满了创意思维的方式,引开了孩子的注意力,在风淡云轻地化解了他悲伤情绪的同时,也大大地开创了他的想象力。我们可以想象,长此以往的熏陶,以后小孩遇到挫折或不幸时,他也会用创意的思维来化解……

家庭教育对我们有至深的影响,我们不但要自己学会负责,并要在以后有好的观念来教育我们的小孩,这也将是接受高等教育之后的不同之处。

那么在已经形成的局面下,我们该如何重新学会负责呢? 跟着以下两步走,思考提出的每一个小问题,会重新唤起你的责任感。

(1)对自己负责

1)回顾过去,你做的哪件事别人不知道,但你知道是不对的? 如何避免犯那样的错误?(善欲人见,不是真善。恶恐人知,便是大恶)

2)在孩提时代,父母是否对你不负责任的表现惩罚很严厉,你当时的感受是怎样的? 现在呢?

3)以下的标准你是从哪里得到的?

①努力学习;②刷牙;③坚持自己的信念;④控制怒气;⑤原谅他人;⑥成熟的爱情;⑦自制

4)愿意负责任,意思就是谦卑到顺服别人,把自己的需求放在别人的需求之后,经由关心帮助,使别人的需求得到满足。

5)摆脱借口

下面的一串问题会帮你看清现在可能还存在于你生活中的借口。你编造借口的程度如何? 大声朗读下面的问题以便你能听到自己的声音,这样你会更容易以诚实的态度对待自己:

*当我迟到时我是不是总是说"堵车了"?

*事实上是将来"不会"发生的事,我是不是常说现在"不能"?

*我是不是经常拖延不能完成自己需要做的事情,理由是"毕竟我只是个人"?

*我是否会"整天呆在学校"或是"呆在寝室"而避免见生人?

*做错事时我为自己找托词说"我不是有意的"吗?

*我不给别人打电话是因为"我把电话号码丢了"吗?

*我抽烟或暴食是由于"我控制不住自己"吗?

*我不给别人看自己的计划是因为"我找不到对此感兴趣的人"?

*学习或生活不如意时我抱怨是"整个环境带来的影响"?

*我没设定目标是因为"我挤不出时间"吗?

* 我是不是找借口说"我没时间"来逃避采取行动?

* 当要找借口的时候我是不是说"我本来想做,但是……"

* 我是不是编造借口而不去尽一切努力实现自己的生活理想?

如果你如实地回答了这些问题,并且像许多人一样对其中的一些问题回答"是",那么你就已经开始从生活中摆脱借口了。

你正走上自我负责的生活道路。

(2)对他人负责

1)对别人负责任是要尊重对方,并且照顾对方的需要多于自己的需要。

2)学会在与他人的冲突中,用爱心讲实话,对他人负责。

3)你是对金钱负责,还是对爱你的人负责?还是对你的信念负责?

规定 - 关系 = 叛逆

规定 + 关系 = 负责任

附25:震撼所有中国人的演讲

编者按:台湾有这么一所学校,学生年龄在15~18岁之间,每年三千多学生中,因违反校规校纪被校方开除的有二三百人。学校没有工人,没有保卫,没有大师傅,一切必要工种都由学生自己去做。学校实行学长制,三年级学生带一年级学生。全校集合只需3分钟。学生见到老师七米外要敬礼。学生没有寒暑假作业,没有一个考不上大学的。这就是台湾享誉30年以道德教育为本的忠信高级工商学校。在台湾各大报纸招聘广告上,经常出现"只招忠信毕业生"字样。以下是校长高震东在中国内地的讲演:

同学们,你们说"天下兴亡"的下一句是什么?(台下声音:"匹夫有责")——不,是"我的责任"。如果今年高考每个人都额外加10分,那不等于没加吗?"天下兴亡,匹夫有责"等于大家无责。"匹夫有责"要改成"我的责任",我是这样教我的学生的。所以说,现在我们内地教育办得不好,是我高震东的责任,只因为这样,我才来内地专门举办道德方面演讲。(掌声)"以天下兴亡为己任"是孟子的思想。

禹是人,舜是人,我也是人!他们能做到的,我为什么不能呢?"天下兴亡,我的责任",唯有这个思想,我们的国家才有希望。我们每个学生如果人人都说:学校秩序不好,是我的责任;国家教育办不好,是我的责任;国家不强盛,是我的责任……人人都能主动负责,天下哪有不兴盛的国家?哪有不团结的团体?所以说,每个学生都应该把责任拉到自己身上来,而不是推出去。我在台湾办学校就是这样,如果教室很脏,我问:"怎么回事?"假如有个学生站起来说,"报告老师,今天是32号同学值日,他没打扫卫生",那样,这个学生是要挨揍的。在我的学校,学生会这样说,"老师,对不起,这是我的责任",然后马上去打扫。灯泡坏了,哪个学生看见了,自己就会掏钱去买个安上;窗户玻璃坏了,学生自己马上买一块换上它——这才是教育,不把责任推出去,而是揽过来。也许有些人说这是吃亏,我告诉你,吃亏就是占便宜,这种教育要牢牢记在心里,我们每个中国人都要记住!

学校更应该训练学生这种"天下兴亡,我的责任"的思想。校园不干净,就应该是大家的责任。你想,这么大的一个校园,你不破坏,我不破坏,它会脏吗?脏了之后,人人都去弄干净,它会脏吗?你只指望几个工人做这个工作,说:"这是他们的事。我是来读书的,不是扫地的。"——这是什么观念?你读书干什么?读书不是为国家服务吗?眼前的务你都不服,你还能为未来服务?当前的责任你都不负,未来的责任你能负吗?水龙头漏水,你不能堵住吗?有人会说:"那不是我的事,那是总务处的事。"这是错误的。一般人最坏的毛病是这样:打开水龙头后,发现没水,又去开第二个,第二个也没有,又去开第三个——这样的学生,在我学校是要被开除的!连举一反三都不懂,第一个没水,第二个会有吗?你就没想到水会来吗?人无远虑怎么能行?作为一个干部,作为一个人，都要想到后果，后果看得越远的人，越是一个成功的人。一个只管眼前、不顾将来的人，不是一个好干部，不是一个有用的人。水管不关，来了水后让它哗哗哗满池子去流，仍不去关住："反正是国家的水，不是我的自己的！"——浪费国家的，就是"汉奸"！你为什么浪费国家的水？你为什么浪费国家的资源？我每天洗脸都为国家省一盆水，一年省多少水，你算算，你们学校六千多学生，每个每天节省一盆水，一年省多少水？省水就是省电，就是节省国家资源。爱国可有两种，一种是积极爱国，一种是消极爱国。积极爱国是为国家创造财富，消极爱国是为国家节省财富。国家用那么多百姓的民脂民膏来供你读书，你还浪费国家的财富，你良心何在？你上大学都如此，怎么能期望于中学生、小学生呢？怎么能期望于一般老百姓呢？你高级知识分子都不爱国，怎么能让老百姓去爱国呢？从自己身边做起，我们国家才有希望——这就是"天下兴亡，我的责任"积极负责的道德观念，这就是道德教育。

另一点，我们要有"勿以善小而不为，勿以恶小而为之"的敬业观念。天下有大事吗？没有。但任何小事都是大事。集小恶则成大恶，集小善则为大善。培养良好的道德，是从尊敬老师开始的，是从那些很小很小的事开始的。这种道德是慢慢建立起来的，而不专门找到大事才干。今天上午下课的时候，我和师大校长一块出来，礼堂里有很多废纸。我说不要捡，要等下午学生自己捡——同学们，谁丢下这些纸屑就是不爱国。天下无大事，请先把自己脚下的纸屑捡起来——这就是我的教材。好的，同学们捡起自己脚下的废纸，这就是爱国的开始。我给大家讲两个关于渍纸的故事。

第一个，美国有个"福特公司"。福特是一个人，他大学毕业后，去一家汽车公司应聘。和他同应聘的三四个人都比他学历高，当前面几个人面试之后，他觉得自己没有什么希望了。但既来之，则安之。他敲门走进了董事长办公室，一进办公室，他发现门口地上有一张纸，弯腰捡了起来，发现是一张渍纸，便顺手把它扔进了废纸篓里。然后才直到董事长的办公桌前，说："我是来应聘的福特。"董事长说："很好，很好！福特先生，你已被我们录用了。"福特惊讶地说："董事长，我觉得前几位都比我好，你怎么把我录用了？"董事长说："福特先生，前面三位的确学历比你高，且仪表堂堂，但是他们眼睛只能'看见'大事，而看不见小事。你的眼睛能看见小事，我认为能看见小事的人，将来自然看到大事；一个只能'看见'大事的人，他会忽略很多小事。他是不会成功的。所以，我才录用你。"福特就这样进了这个公司，这个公司不久就扬名天下，福特把这个公司改为"福特公司"，也相应改变了整个美国国民经济状况，使美国汽车产业在世界占居鳌头，这就是今天"美国福特公司"的创造人福特。大家说，这张废纸重要不重要？看见小事的人能看见大事，但只能"看见"大事的人，不一定能看见小事，这是很重要的教训。

第二个渍纸的故事，当本届亚运会在日本广岛结束的时候，六万人的会场上竟没有一张废纸。全世界报纸都登文惊叹："可敬、可怕的日本民族！"就是因为没有一张废纸，就使全世界为之惊讶。再看看我们十月一日天安门广场升国旗的镜头，当人们散去，满地废纸，到处乱刮！外国人一看当然会这样认为：你们中国此时要同日本比，差得远呢！大家不要总是说：我们国家地大物博，有137枚金牌——这都没用，咱们的道德水准还没上来，还差得远！大家说这些废纸重要不重要？所以说，我让大家捡起一张废纸，这就是爱国的开始。万事从小事做起。美国太空3号快到月球了，它却不能登上去而无奈地返回来，为什么？只是因为一节30块钱的小电池坏了，他们这个酝酿很久的航天计划被破坏了，几亿元报废了！天下有大事吗？大家看哪次飞机失事是翅膀和头一齐掉下来的？都是一节油管不通、一个轮胎放不下来才失事的。一个人的死，哪个是全身完全溃烂死掉的？都是肾坏了，或心脏有毛病等等，一个小器官不正常而死的！——同学们，从现在开始，你们要有敬业观念。我们中国实行九年制教育目的就是这样，就是要看你怎样同老师相处，怎样与朋友相处，这就是教育的目的。从古至今，中国的教育才是最伟大的教育，你把西方的教育看做是最先进的教育，那就大错特错了。美国的教育部长三个月前发表讲话说："我们国家的教育是彻底失败的，我们把人教成了肉机器，我们要向东方学习人文教育！"所以说，我们祖国的教育是世界上最伟大的教育！（掌声）孔子告诉我们：学而不思则罔，思而不学则殆。一个学生要不断地学，不断地想，不断地做，这就是真正的教育，这就是中国教育精髓所在。

再一个，我们要进行吃中国饭、说中国话、过中国节和穿中国服装的振兴民族文化的道德教育。一个中国人连中国饭都不吃了，能叫中国人吗？吃中国饭的第一代表是使用筷子。筷子原是中国的文化，是文明的行为。我去美国，偶尔吃他们的西餐，他们一上西餐我就说："请给我拿筷子来。"他们问我："吃西餐都用刀叉，你为什么用筷子？"我说筷子是文明的象征，而你们的刀叉是野蛮的标志，所以我不用。筷子可切、可削、可夹、可戳，无所不能，而你们的刀叉笨重至极，像杀人的武器。（掌声）学生要吃烧鸡，我说可以，如果他说要吃"肯德基"，我要揍他。他说吃面包夹豆腐乳，可以；他说吃"汉堡"却不可以。你可以吃碉堡，但不能吃"汉堡"。这就是中国的民族精神教育！外国只是机器、枪炮比我们强，吃的能与中国比吗？吃外国人的东西只是种怪心态，可悲啊！

我们学校的英文教学是全台湾最好的。我从美国请来两名老师，专门教我的学生学说外语。我有一个留美班，他们一定是要留美的。但是他们所学的教材第一页上都印着我的话："中国人学英文是我们的国耻行为，学英文是中国最可悲的行为，但我们不能不学，因为别人超过了我们，'敌人'枪炮、科学压过了我们。今天我们必须学习他们的科学，然后才能打倒他们！超过他们！我们要以夷制夷！非把英文学好不可，所以要咬牙切齿学英文！（掌声）我们学英文目的并不是为了去美国洗盘子刷马桶，去伺候外国人，去做丢尽祖宗八辈人的事！"（掌声）所以，我的学生英文学得都非常好。如果一个英文老师一上课就说："同学们，今天我们要学英文了。英文是世界语言，是世界上最美的语言！一个不会英文的民族是一个低等民族。英文太美了！太棒了！"你说这个老师要不要打屁股？所以我总是告诉这些老师：要好好教我的学生，你不要替外国人宣传，变成"汉奸"！要告诉学生雪耻图强，打败列强，这是中国人的希望（掌声）！你们这里不也有英文老师吗？外语系的学生以后不也去教英文吗？上课以前你们要对学生进行爱国学英文的教育，不要上来就替外国吹一场，你们不要认为：传道者只是传英文之道、授英文之业，而要传爱国之道，授英文之业。好，同学们懂得了这些道理，下一步我们就要知道，我们今天的教育是很失败的。因为，我们从小就被教错了。所以，我们要进行为国家而求学问，为社会分工而学技能的利他、利群的道德教育。大家先要想想为什么读书，为谁读书？你们要反思一下。有些人也许会说，为自己找个饭碗而读书！这是多么卑鄙和渺小，多么无聊和可怜！你绝对不应该单是为找个饭碗而活着！找个饭碗吃饭太简单了！拿个刀子，找个人随便捅一下，绝对一辈子有了饭吃，而且还有人伺候，还有人为你做饭，睡觉时还有人为你站岗，你的东西一样少不了！那不就解决吃饭了吗？你为什么不干呢？因为我告诉了你，要学好生存的技能，要懂得生命的意义和价值，那里不是创造人类价值的地方！所以，我们要知道读书绝对不是为了自己，读书是为了国家而求学问，所以，我们要告诉孩子们读书、做事要确定一个方向：先做自己应该做的事，再做自己喜欢做的事。很多人说为兴趣而读书，岂有此理！读书有什么兴趣？真正目标不应是兴趣，而是责任，在责任当中找到兴趣，但不能用兴趣代替责任。越在黑暗中越做光明的事，这就是道德教育。我们读书是为了国家。同学们，你们想想你们从小受到什么教育？尤其是农村子弟，你爹妈是怎么教你的？他们这样告诉你：你要好好念书！你不好好念书，将来就不能出人头地。你必须努力奋斗好好读书，你才有前途，读书是为了你的幸福，读书是为了你的前途！读书一切是为了你！你就是在这种教育下长大的，这就是最错误的教育，这就是最糟糕的教育！所以小孩子长大以后就知道，啊哈，读书就是为了我呀，与任何不相干，为了我的前途，为了我的未来，为了我的希望，你看这个国家还有希望吗？它与国家毫不相干！他喝着国家的奶水，用着国家纳税人的钱，拿民脂民膏培养出的却是一个自私自利的小孩，培养出一批自私自利的老师，你想，这国家会有前途吗？你读书的方向都错了，读书不是为了自己，读书是为了我们的国家，国家需要人才，国家需要干部，国家需要建国的栋梁。国家为什么培养你？国家是欠你的吗？你能白白吃国家的饭吗？白白享受这里的宿舍和餐厅、白白地享受老师对你知识的传授吗？你凭什么？你对国家有什么贡献？你对社会有什么贡献？有什么牺牲？你一切都没有，你只是个造粪的机器而已。你每天吃饭了，无所事事，你对国家有什么贡献？国家在期盼着你的贡献，期盼着你的未来，因为有一天你会长大，有一天你会学成，你要为国家做事，所以国家才在你身上投资，让你为国效命。因为道德教育必须以国家教育为前提，所以今天我们要爱我们的国家。正好你们是读师大的，你们在三、四年之后要培养跨世纪的接班人，你的责任比谁都大。如果你都没有国家观念，你都不爱国，你怎么要求你的学生爱国呢？所以说今天的老师是最重要的。这就是我跑来跑去，为师范生灌输爱国思想的原因所在！你们爱国，学生自然爱国！如果不爱国，天天发牢骚，天天想转行，天天想下海，那下一代还有什么希望？尤其是学英文的，总想好好学，将来以后到哪个公司为哪个老板、哪个董事长当翻译官，多丢脸！多没人格，多没气度！（掌声）我这里特别强调的是国家观念。

我常常给我的学生讲一个故事：我们有一天出去旅行，忽然间暴风雨来了。我们没地方避风躲雨，孩子们向前跑，一看前面有个草棚，大家"哗"地冲了进去，一冲进去大雨就来了。大家好高兴："哇，今天运气不错哟，刚刚找了房子大雨就来了。太快乐了！"大家也不顾虑房子干不干净、有没有人住过，只要有避雨的地方就很满足了。但这个房子在风雨中突然间要倒塌，同学们想尽办法"扶住它，不能让房子倒塌"。在这种状况下，我很有感慨：同学们，你们说是我们需要房子呢，还是房子需要我们呢？（掌声）我看是我们需要这座房子。

这座房子就是我们的国家，再破再烂是我们的家，再穷再破是我们的家，我们要爱她！（掌声）你怎么可以美慕外国人呢？"唉呀，你看外国人多好！我不当中国人，我想当外国人！"那是不对的。我们国家不如别人，我们承认，但是我们有决心，我们会慢慢把它搞好，但我们一定要牺牲自己，有热爱国家的观念。

人人在砍国家、吃国家、拿国家，这个国家怎么会好呢？人人都贪污、腐败，这国家会好吗？外国有个加拿大，中国有个"大家拿"，再大的国家也会被你拿穷了。（掌声）我走到哪里，绝对拒绝招待。我走到哪里吃自己，用自己，坐你的汽车给车钱，住你的旅馆给你旅馆钱，吃你的饭给饭钱，绝对不沾国家一毛钱。我就是要做个示范给你看！（掌声）什么叫爱国，是我们把东西把钱把命给国家，这叫爱国；你总是把国家的东西往家拿，这叫什么爱国？有些人偷国家、拿国家，还拿得津津有味，拿得大言不惭，拿得毫不要脸，这怎么得了？（掌声）

有人说：老师，你让我爱国，我可以爱国，不过，国家在哪里？我找不着！"不识庐山真面目，只缘身在此山中。"你在国家里头，不知国家在哪。当老师的，国家就是你面前的学生。你往讲台上一站，下边的学生就是你的国家。找国家太容易了。今天我往这儿一站，下面1500人就是我的国家，我必须对你们尽心尽责，就要产生教化作用、影响作用，你就是我的国家，我爱你，就是我爱国，把我的思想传播给你，就是爱国！（掌声）那你以后往你的学生面前一站，那就是你的国家。你不能浪费他的时间、他的生命，你要好好为国家培养下一代，你给他这种爱国思想，你就是一个爱国者；不给他，你就是不爱国，你就是叛国者！（掌声）同学们，将来你也有留学的机会，你要注意到，不要让自己丢了中国人的脸。你别去了不回来，这丢中国人的脸呢！外国人是不会看得起你的。他们会说：你看，这些留学生一点国家观念都没有，这些小亡国奴！人家怎么会看得起你呢？这很丢脸，是很难为情的一件事。

国家对我们来说非常重要，你不到国外不知道"祖国"的重要。一个没有国家的，一个国势很弱的人，实在是太可怜了！太可悲了！所以，我们今天的中国人要自强、自爱，我们要知道爱我们的国家。国家不壮大，你个人再有钱有什么用？再有地位有什么用？你永远不受人尊敬啊！

我今天讲了什么是爱国主义。哪里是爱国主义？处处都是爱国主义！任何一个行为都可以爱国。大家都知道以色列与阿拉伯的战争。阿拉伯和以色列打仗打得正热闹的时候，世界正举行选美比赛，那年以色列小姐正好当选"世界小姐"。许多电影界的人士都围着她："小姐签约吧，将来你可以发大财了。""签约后你名利双收，你何必回国呢，你的国家正在打仗，那么一个小国，随时会被吃掉的！""你回去多可怕！你现在又有钱，又有名，留在美国吧！"这姑娘却在电视上发表谈话:世界小姐不是我个人想选,我只是让你们知道,以色列是一个优秀的民族,所以我出来竞选。我想让人们知道:地球上有以色列这个国家,所以我要出来竞选。我今天被选上了,就完成我的任务,我也告诉世界:以色列是个优秀的民族,因为我是世界上最漂亮的女人;同时还告诉世界:以色列这个国家正艰苦奋战,希望全世界的人民同情我们,支持我们!支持我们国家的独立!现在我的国家正在打仗,要钱何用?我们以色列亡国两千年,因为我们文化不亡,所以我们还能建国。今天我要回去,为祖国而战,要钱何用?——她发表完这番谈话,第二天就坐飞机回国了。(掌声)这个消息发表后,全世界的人对以色列刮目相看!哇,以色列人真了不起啊!于是,以色列的军队,军心大振,他们像疯了一样,把阿拉伯的军队打得干干净净!这就是历史上最伟大的七日战争!七天打完!这就是因为一个女孩子的一句话!

所以,同学们,爱国常常在一个微小的地方。"一言以丧邦,一言以兴邦"。我们是受过高等教育的,我们肩负着国家的荣辱啊,人家看到我们就看到国家的希望。同学们,国家的前途是向后看的,个人的前途是往前看的。老师这样一回顾,就知道二十年以后的中国是什么样子,看看小学生就知道三十年后的中国是什么现象。如果他品德良好,道德高尚,爱国,二十年后国家就有希望。如果看见这个小朋友很爱国,很有礼貌,很有道德,那么三十年后的中国人是了不起的中国人。否则看着他怠惰、自私、傲慢、无礼、没有水准,就知道三十年后的中国就是那个样子。我们今天要雪耻图强,力争做得更好。不要丢了祖宗的脸,不要丢了我们汉唐先烈的脸。

爱国是很具体的。我的学校门口有个标语:离开校门一步,肩负忠信荣辱。推而大之,离开国门一步,肩负全国荣辱。一口痰吐在中国是小事,一口痰吐在外国,你就丢了中国十二亿同胞的脸,因为你代表十二亿中国人,而不是你个人。你千万不要以为,"好汉做事好汉当",你错了;你做不到;你不够资格当!所以每个同学的一言一举都要注意。高老师回到大陆,看到不顺眼的要讲要骂,要批评要建议,但是我离开了大陆回到台湾,不会讲大陆一句坏话。他们问:大陆好吗?我说好得不得了!太大了,太棒了。到了美国就说中国人伟大得不得了,绝对不会丢中国人的脸,一句对中国的批评也没有。但是,回来一定要实实在在地讲话,诚诚恳恳地建议。有的人刚好相反,在国内他屁都不敢放一个,装得那么温顺,那么可爱,一离开中国就大放厥词,把中国骂得一文不值,这就是标准的汉奸王八蛋也!(掌声)

2. 如何变得幽默

幽默并不是天生的,作为一种能力,可以通过有效的训练来获得。幽默来源于聪明和睿智的表现,睿智来源于知识和阅历的积累。一个人只有有了审时度势的能力,广博的知识,敏捷的思维,才能做到谈资丰富,妙言成趣。

(1)领会幽默的内在含义

幽默不是油腔滑调,也非嘲笑或讽刺,是一种品位素质的展示。机智而又敏捷地指出别人的缺点或优点,在微笑中加以肯定或否定。正如有位名人所言:浮躁难以幽默,装腔作势难以幽默,钻牛角尖难以幽默,捉襟见肘难以幽默,迟钝笨拙难以幽默,只有从容,平等待人,超脱,游刃有余,聪明透彻,才能幽默。

(2)要扩大知识面

知识面是幽默的基础,也是幽默的来源。知识在于积累,要培养幽默感必须先广泛涉猎,充实自我,不断从浩如烟海的书籍中收集幽默的浪花,从名人趣事的精华中撷取幽默的宝石。最好能有一个专门的笔记本来记录或剪贴这些内容,装订成册,不时翻阅。

(3)陶冶情操,洒脱面对人生

要有一颗宽容之心,善于体谅他人,要学会雍容大度,克服斤斤计较。同时还要乐观对待现实。乐观与幽默是亲密的朋友,生活中如果多一点趣味和轻松,多一点笑容和游戏,多一份乐观与幽默,那么就没有克服不了的困难,也就不会整天愁眉苦脸、忧心忡忡了。

(4)培养洞察力和提高观察事物的能力

培养机智、敏捷的能力，是提高幽默素养的一个重要方面。只有迅速地捕捉事物的本质，以恰当的比喻、诙谐语言，才能使人们产生轻松的感觉。当然在幽默的同时，还应注意在处理不同问题时要把握好灵活性，做到幽默而不落俗套，真正体现幽默的魅力。

（5）选择你的朋友

如果你想健康，就和健康的人在一起；如果你想开心，就和开心的人在一起；如果你想成功，就和成功的人在一起。当然，如果你想幽默，就和幽默的人在一起。

此外，参加一些口才训练班也是可以的，幽默也需要口才。

✳幽默实例：

＊假如有一位班干同学的工作搞得并不是很好，在老师面前，他又想让我们替他遮掩，也许会向我们说："我知道，你是很懂得办事秘诀的，而且你也知道怎样保守秘密。"我们如果想帮助他把工作搞好，而且不愿意平淡相处，那么就可以幽默一下："谢谢你把想法告诉了我。特别是在你目前处境欠佳的时刻，我更是感激。"如果能因此招来同学感激的一笑，你们的关系也许就进入了一个新的层次。

＊某大学生在学校旁边小饭馆吃饭，饭里沙子很多，不得不吐在桌上。服务员见了很不安，抱歉地说："净是沙子吧。"大学生摇摇头，微笑着说："也有米饭。"顿时，两人都笑开了。

3. 如何培养注意力

大学生正常的有效注意力应在 3 个小时左右。6 种方法提高注意力：

（1）划字法

在一张 A4 纸上写满数字 0～9，然后你可以任意选择一个数字，将纸上的这个数字逐一划去。如划去"6"字，这是第一种训练。第二种训练是划去"6"前面的一位数字，要求注意力迅速转移。第三种训练是划去"6"前面的偶数，这是注意力的选择。第四种训练是要求划去"1"与"6"之间的"4"字，这是训练注意力的广度。

这种训练，在要求划去的数字（任意选择）时不能漏划与错划，出错越少越好，时间越短越好。

（2）视物法

指定一件物品，先观察它的特征。如一部手机，先观察一分钟，记住它有哪些特征：如未全部记住可再看一分钟，以此类推，直到全部特征都记住为止。物品可从简单到复杂，由少到多，逐步增加。

（3）计数法

可以倒数数字，例如从 1000、999、998……依次数下去；进一步可从 1000、997、994、991……依次数下去，要求数得快，数得准。经过多次这样的训练，注意力会有所提高。

（4）听音法

放一只能有"滴答"声的闹钟在面前，然后排除杂念，集中注意力听"滴答"之声，一般要求能持续听 30 分钟。如能持续听的时间更长更好。

训练次数可从少到多，每天听 1～2 次，如果能坚持训练两周，则会有明显效果。

（5）读书法

练习朗读课本或报纸上的文章，要读准确，不能读错、读漏，朗读的文章越长、错误越少，越好。

（6）抗干扰法

此法适用于注意力品质较好的大学生，目的是培养优秀、超人的注意力品质。干扰刺激可以来自电台广播、电视、录音机、喧闹的市场、闹市区等。训练时，可在这些环境下读书、背诵英文。

在有干扰刺激的环境下能集中注意力的时间越长越好。训练时间可由少到多，干扰刺激可由弱到强，如此训练你的注意力品质一定是超群的。

4. 如何心胸开阔、乐观向上

一般来说，心胸狭窄的人都是由于有潜意识的自卑心理和缺乏自信心所导致的，关键问题就是调整自己的心态,增强自己的自信心,克服自卑心。只要你能做到这些,你的心胸就会逐渐开阔起来。(如何提高自己的自信心、克服自卑心,详见本章第一节)

克服自卑,充满自信以后,你还要学会释放自己的压力,并在生活中积极主动地用开阔的胸怀来实践,只有这样才会彻底改变自己。

(1)有效缓解压力十招

1)一次只担心一件事情

2)每天集中精力几分钟

比如现在的工作就是把这份论文打好,其他的事情一概抛在脑后,不去想。在学习的间隙,你也可以花上 20 分钟的时间放松一下,仅仅是散步而不考虑你的学习,或仅仅专注于你周围的一切,比如你看见什么、听见什么、感觉到什么、闻到什么气味等等。

3)说出或写出来你的担忧

记日记,或与朋友一起谈一谈。研究表明,这是很好的缓解压力、减少担忧和焦虑的方法。

4)不管你有多忙碌,一定要锻炼

研究人员发现在经过 30 分钟的踏脚踏车的锻炼后,被测试者的压力水平下降了 25%。在大学有很多便利的锻炼条件,一定不要错过。

5)享受按摩的乐趣

不只是传统的身体按摩,还包括音乐按摩以及修指甲或美容,这些都能让你的精神松弛下来。

6)放慢说话的速度

也许你有学不完的知识,参加不完的活动,打不完的电话。那么你一定要记住,尽量保持乐观的态度,放慢你的速度。

7)不要太严肃

不妨和同学一起说个小笑话,大家哈哈一笑,气氛活跃了,自己也放松了。事实上,笑不仅能缓解紧张,还有增进人体的免疫力的功能。

8)不要让否定的声音围绕自己,而把自己逼疯

9)让自己彻底放松一天

读一篇小说,唱歌,喝茶,或者干脆什么也不干,坐在寝室窗前发呆。这时候关键是你内心的体会,一种宁静,一种放松。

10)至少记住今天发生的一件好事情

不管你今天学得多辛苦,多不高兴,回到寝室里或者家中,都应该把今天的一件好事情同大家分享。

当你按照上面的方法慢慢地改变自己时,你就会发现生活原来可以这样过,同学与朋友之间可以这样亲密无间,你可以很愉快地度过每一天。

(2)在八个方向上积极实践

1)多与心胸开阔的人交往,你就比较容易受到他们言行的感染。

行动计划:

①观察身边心胸比较开阔的人,多留意他们待人处事的方式。

②减少与心胸狭窄的人的交往。

③想想在哪里能认识更多心胸开阔的人,结交更多这样的朋友。

2)开阔自己的眼界,心胸跟眼界有关,看得越高越远,就越不会在意眼前的得失。

开阔眼界的方式:

①行万里路,去感受自然的伟大和不同的人文,但要记着不要当这样的青蛙王子:现代的井底之蛙也出远门,但会把井随身带着。

②多与人交往聊天,了解别人的生活与世界。多关注你所在的城市、国家的时事以及不同人

的观点。

③读书,建议多读历史书和传记。读书之时不可有己见,读书后不可失己见,和人聊天也是如此。

④抛却绝对的是非观。世事没有绝对的对错。如果一个人的思维里只有对和错的话,非此即彼,那就是生活在一个黑白的世界,而事实上世界是彩色的。

3)跳出自己思维方式。

想象如果是10年后的自己,会如何处理和看待你现在面对的问题和得失。心胸不够宽带来的最大的问题之一是容易因小失大。让自己站高一点,能帮助抓住重点。

4)立志远大,可避免跟目光短浅的人发生争执。

5)多接触艺术,加强艺术修养。

6)换一个角度来看待不幸的事情。

不幸的发生未必是件坏事,"塞翁失马,焉知非福",我们需要用心体会。记住那些于我们有益的教导:日出东海落西山,愁也一天,喜也一天。遇事不钻牛角尖,人也舒坦,心也舒坦。

7)体谅别人的无意,尽自己所能带给这个世界美好与和谐。

微不足道的小事,大家各让一步就好了。不必小事化大事,大动干戈。有一则新闻:因为公交车挤,一位手拿牛奶的女子不小心将牛奶洒在了一位青年男子的西装上,男子并没有因此而责备女子,反而是去安慰她,叫她不要放在心上……开阔胸怀带来的感动,我相信在那辆车上绝不只那个女子才能够体会。

发生不愉快时该怎么做——不要立即发作,换位思考,然后根据你心中的理想社会应有的行为,来决定你下一步的动作。

8)有信仰

这是最最关键之处:一定要有信仰!信仰会帮助你认识人存在的根本意义,包括你从哪里来,要到哪里去,以及该如何面对生活,如何看待各样事情等等,毕竟心灵的问题要交给信仰才能真正解决!

相信大家都知道雨果的这句话:世界上最宽阔的是海洋,比海洋更宽阔的是天空,比天空更宽阔的是人的胸怀!现在,你要实现它!

附26:普希金的《假如生活欺骗了你》

假如生活欺骗了你
不要心焦不要烦恼
阴郁的日子里要心平气和
相信吧,那快乐的日子就会来到

心儿会在未来变得活跃
尽管现在那么无聊
一切都如云烟,一切都会过去
那过去了的,却又使你感到美好

附27:一只失眠松鼠向上帝的祷告

让我们来看看计较太多而又消极低沉的小动物是怎么生活的。

一只失眠松鼠向上帝的祷告

哆,哆,哆,上帝啊,天好冷呀。

他们都去冬眠了,可怜我得了失眠症,一直睡不着——看来我今年的失眠比往年更厉害了。

往年我一祷告两三句就睡着了,现今呢,我跪了半天还清醒得很呢!

上帝呀,我的那些藏在第三号保险箱里的松果,我的放在枕头底下的橡子股票,不知道会不会被讨厌的田鼠发现,如果那些东西被偷,上帝呀,我真不想活下去。唉,我还是睡不着,怎么办?

哆,哆,哆,天可真冷呀,他们打鼾的声音好大呀。

他们真有福,他们太无知了,他们从来不去计算三天以后的事情。他们不晓得自己已经呼吸了多少原子尘,他们不晓得成年松鼠的死亡率,他们不知道图书馆里流行着什么主义。他们,他们真有傻福。

至于我,上帝,我是一只有脑子的松鼠,我的神经系统很细致,真的,我是不容易睡得糊里糊涂的。

而且,还有,上帝,我怎么知道我睡了以后一定会醒呢? 我真怕睡呀,我的工作效率比别人高,我的跳跃姿势比别人美,我能唱好听的诗歌,我能讲长篇的道理——但是,上帝,我不懂得怎样安安心心地睡。

这真是要命啊——一颗松果,两颗松果,三颗松果,四颗松果,五颗松果,六颗松果,七颗松果,八颗松果,九颗松果……哆,哆,哆,哆,我快冷死了,我数到第几颗松果了——二百一十三颗松果,二百一十四颗松果……

明年我打算装空气调节器,那样就好些了,但是,当然,我是说——如果你赐福给我,使我明年收入好些的话。我数到几了,二百四十四颗,二百四十五颗……我祷告到什么地方了? 对了,空气调节器,一旦有了空气调节器,我想我大概就比较容易学会做一个能安息的信徒了。

哆,哆,哆,我忽然想起一件重要的事,我夏天买回来的花生不知道有没有发霉,还有前天换回来的栗子不知道会不会生虫,还有,连我认为最可靠的橡子股票,最近也显然有下跌的趋势,唉,我真不放心。

对了,我的尾巴最近掉毛掉得厉害,怪不得我老感觉冷,我真怕我长了毛癌了,上帝呀,求你保佑我,我现在找不到医生,医生都冬眠了,你如果不可怜可怜我,我恐怕就一觉睡过去了。喔,还有,我的屋子有点漏了,不晓得会不会滴进雨来,我真担心。还有,还有……喔,我真累,可是睡不着。

唉,我想起来了,你是不睡觉的,你一定不明白失眠的苦处。唉,我真怕我睡不着。

好,我要继续数松果了,二百九十七颗,二百九十八颗,二百九十九颗……

5. 如何训练口才

口才并不是一种天赋的才能,它是靠刻苦训练得来的。古今中外历史上一切口若悬河、能言善辩的演讲家、雄辩家,他们无一不是靠刻苦训练而获得成功的。训练过程中,科学的方法可以使你事半功倍。

(1)八种基础口才训练方法

1)速读法

这里的"读"指的是朗读,是用嘴去读,而不是用眼去看,顾名思义,"速读"也就是快速地朗读。这种训练方法的目的,是在于锻炼人口齿伶俐,语音准确,吐字清晰。

方法:找来一篇演讲词或一篇文辞优美的散文,然后开始朗读。一般开始朗读的时候速度较慢,逐次加快,一次比一次读得快,最后达到你所能达到的最快速度。

要求:读的过程中不要有停顿,发音要准确,吐字要清晰,要尽量达到发声完整。因为如果你不把每个字音都完整地发出来,那么,如果速度加快以后,就会让人听不清楚你在说些什么,快也就失去了快的意义。我们的快必须建立在吐字清楚、发音干净利落的基础上。

2)背诵法

所谓的背诵,一是要"背",二是要"诵"。这种训练的目的有两个:一是培养记忆能力,二是培养口头表达能力。

记忆是训练口才必不可少的一种素质。没有好的记忆力,要想培养出口才是不可能的。只有大脑中充分地积累了知识,你才可能张口即出,滔滔不绝。如果你大脑中是一片空白,那么你再伶牙俐齿,也无济于事。记忆与口才一样,它并不是一种天赋的才能,后天的锻炼对它同样起着至关重要的作用,"背"正是对这种能力的培养。

"诵"是对表达能力的一种训练。这里的"诵"就是我们常说的"朗诵"。它要求在准确把握文章内容的基础上进行声情并茂的表达。

3)练声法

练声也就是练声音,练嗓子。在生活中,我们都喜欢听那些饱满圆润、悦耳动听的声音,而不愿听干瘪无力、沙哑干涩的声音。所以训练出一副好嗓子,练就一腔悦耳动听的声音,是我们必做的工作。

方法:

第一步,练气。

吸气:吸气要深,小腹收缩,整个胸部要撑开,尽量把更多的气吸进去。注意吸气时不要提肩。

呼气:呼气时要慢慢地进行。要让气慢慢地呼出。因为我们在演讲、朗诵、论辩时,有时需要较长的气息,那么只有呼气慢而长,才能达到这个目的。呼气时可以把两齿基本合上,留一条小缝让气息慢慢地通过。

学习吸气与呼气的基本方法,你可以每天到室外、到公园去做这种练习,做深呼吸,天长日久定会见效。

第二步,练声。

在练发声以前先要做一些准备工作。先放松声带,用一些轻缓的气流振动它,让声带有点准备,发一些轻慢的声音,千万不要张口就大喊大叫,那只能对声带起破坏作用。这就像我们在做激烈运动之前,要做些准备动作一样,否则就容易使肌肉拉伤。

声带活动开了,我们还要在口腔上做一些准备活动。

①进行张闭口的练习,活动嚼肌,也就是面皮。这样等到练声时嚼肌运动起来就轻松自如了。

②挺软腭。这个方法可以用学鸭子叫"gāgā"声来体会。

③练习吐字。吐字似乎离发声远了些,其实二者是息息相关的。只有发音准确无误,清晰、圆润,吐字也才能"字正腔圆"。

4)复述法

复述法简单地说,就是把别人的话重复地叙述一遍。这种训练方法的目的在于锻炼人的记忆力、反应力和语言的连贯性。

当你躲在寝室看电影时,如果有精彩的片段,复述它,直到说得以假乱真。

5)模仿法

书中、电视、电影里有足够这方面专长的人值得你模仿,找到他们的视频片段,模仿他们,直到惟妙惟肖。

6)描述法

描述法就是把你看到的景、事、物、人用描述性的语言表达出来。

这比以上的几种训练法更进了一步。这里没有现成的演讲词做你的练习材料,而要求你自己去组织语言进行描述。所以描述法训练的主要目的就在于训练大家的语言组织能力和语言的条理性。

7)角色扮演法

学演员那样去演戏,去扮演作品中出现的不同的人物,当然这个扮演主要是在语言上的扮演。

8)讲故事法

先听一个好故事,然后自己练习如何讲得更精彩。当年美国前总统林肯还在做律师时,经常讲故事讲得法官都不断案了,跑下来听。我们的要求低一点,只要在晚上睡觉时,室友们不愿睡,而愿意竖起耳朵听你讲故事就行了。

（2）五种实战口才训练方法

1）先找到一个自己最欣赏也最喜欢的广播或电视节目主持人,每天听他的节目,模仿她（他）说话时的声音语调,抑扬顿挫,用字遣词,结构逻辑,甚至把节目录下来,利用等车和走路的时候,不断反复练习,嘴巴记得也跟着动!

2）每天读报纸社论一篇,或好的文章一篇,幻想如果自己就是那个声音优美、言之有物的主持人,会用什么样的声音语调,来读这篇文章? 如果全文太长,截取其中最精彩的一到两个段落也行。读完之后,放下文章,闭上眼睛思考 30 秒,然后开始对着镜子,试着把刚才阅读的重点,用自己的话说出来。从一开始 30 秒的简单描述,慢慢变成 1 分钟,甚至 3 分钟的演讲。

3）在学校和同学聊天时,把今天阅读的好故事分享出来,午餐跟某个朋友分享,晚餐时和另一个朋友分享,回到寝室后再和室友分享,这样一个故事或好的观念,在一天内就至少练习了 3 次。

4）如果你不只想成为一个日常生活的分享者,还想成为一个演讲家时,那么还要积极把握任何可以发表的机会,在课堂上抒发自己的意见,并且在假日参加不同的演讲与读书会,在读者提问时大胆说出自己的问题,主动打电话联系一些社团、学校与机关,表达你希望能去做一场简短演讲的意愿。不要以为那不可能,当他们找不到原本想找的主讲者时,你出线的机率就会很大。

5）每日功课

①每天十分钟想象自己在公众场合成功做演讲,并且想象自己每次演讲完之后获得非常热烈的掌声鼓励的样子。

②每天十分钟在镜子面前学习微笑,学习手势。

③每天至少跟 5 个人积极的交流你的思想。

④每天十分钟大声的朗诵或者大声地讲话。

⑤每天训练自己三分钟的演讲一次（或者是默默演讲）。

总之,个人要想提高自己的口才或演讲水平,就必须做到多看、多听、多问、多写、多记、多想、多学、多练,持之以恒的坚持会给你带来超出你想的水平!

6. 如何培养组织协调能力

假如学院要举行一次歌咏比赛（文艺晚会）,让你来负责组织协调,请说说你的计划。（先思考之后,再来看参考答案）

参考答案:

第一,制订计划,发出通知。计划通知内容:参加对象及各部门人员分配、报名时间、训练彩排时间、比赛时间、比赛规则、经费预算、场地安排、奖励办法、落实要求等。

第二,组织报名和训练彩排,必要时外请指导人员。

第三,比赛进行前的准备。评委人员组成,评定规则或标准,比赛场地布置,比赛需用设备的检查,奖品准备,主持人挑选,乐队、录音、录像准备,领导老师讲话安排、领导老师讲话稿、颁奖人员安排、服务人员的安排等。

第四,向学院有关老师汇报计划和准备情况,根据老师的指示,对计划和准备加以补充和完善。

第五,制订出详细的时间安排表,包括每天的工作内容,负责人等。

第六,组织歌咏比赛。发布公告,安排座位,组织学生入场,领导老师讲话,协调比赛问题,维护场内秩序,宣布比赛成绩及名次,进行颁奖,领导上台与演出人员合影、组织学生退场。

第七,善后工作。活动总结,必要时发通报,经费决算等。

从负责组织这个活动会涉及的内容我们可以了解到,组织协调能力就是指根据工作任务,对资源进行分配,同时控制、激励和协调组员活动过程,使之相互融合,最后顺利完成任务的能力。

提高组织协调能力的内涵包括组织能力、授权能力、冲突处理能力、激励组员能力及效率结果。

(1)组织能力

培养途径：

1)培养坚强的意志力，不被困难吓倒，不让失败和挫折压垮。（组织者先趴下了，组员也就趴下来）

2)明确追求目标。

3)提高知觉的能力。这是提高观察能力，获取信息和加工信息的主要通道。

4)积累经验。经验可有效地引导处理好日常工作，并提高决策判断能力。

5)提高记忆能力。这是很多能力的基础。

6)勇挑重担。

7)提高交际及沟通技巧。这可帮助一个人协调好各种人际关系，发挥团体组织功能的作用，调动组员的积极性，形成良好的团队基础。

8)养成良好的工作习惯。良好的工作习惯可以提高工作效率，节省时间，分清主次。

9)培养广泛的兴趣。广泛的兴趣可扩大知识面，提高综合能力和统揽全局的能力。

10)克服保守思想和惰性心理。可以增强人的活力，增强创新的能力。

11)学会宽容。宽容是获得友谊与支持、营造良好人际关系及团队管理环境的保障。

(2)授权能力

授权并不意味着放弃自己的职责，授权者需要自始至终对工作的执行负有责任。有效的授权可以：

1)通过他人的努力来完成任务。

2)与组员相处融洽，获得工作上的支持。

(3)冲突处理能力

如何避免和解决冲突：

1)承认这样一个事实：大家的价值观、需求期望以及对问题的看法往往存在差异。

2)对他人和自己都要诚实。

3)抽出足够时间和精力与你常打交道的人多进行一些交流，更好地了解他们的价值观、信仰等。

4)不要以为你总是对的。

5)不要对不同意自己看法的人怀恨在心。

6)耐心倾听别人的谈话。

7)为大家表达某个看法和意见提供适当的渠道。

8)按照双赢的思维模式找到最佳的解决方案，可以在不丧失原则的前提下适当的做些让步和妥协。

9)合作。

10)及时总结，从以往的冲突处理中总结经验，吸取教训。

(4)激励组员能力

1)高度信任

一是正确看待组员的能力和水平；二是勇于把重担子交给组员，从而使其鼓足干工作的勇气和干劲，在实践中得到更多的锻炼和提高；三要授予组员相应的权力，即上面所说的授权。

2)诚心尊重

一是决策之前，要主动、认真地听取组员的意见。当组员的意见不完全正确时，也要注意耐心听完并认真加以分析，尽量吸收其合理成分；当组员的意见与自己的意见有明显分歧时，要冷静地思考孰是孰非，并坚持按正确的意见办；当组员的意见与自己的想法在本质上一致，只是在形式上有所不同时，就不要在细枝末节上强求按自己的意见办。

二是对组员分管的环节不轻易干预，只要没有原则性的错误，就要大力支持，积极协助落实。当组员在决策前主动征询自己的意见时，也要注意先听取组员的想法和态度，切忌不加思考地随意表态，或轻易否定组员的意见。

3）主动关心

4）用其所长

5）热情帮助

（5）效率结果

这是组织协调能力中的最后一点。注重效率和结果，很多时候结果才是最重要的。

在哈佛大学 MBA 课堂上，有过这样一个课题：带上除了你以外的 3 个人，运两筐石料到山上去，每个人的经费只有 100 元，只允许在现场找人。

第一个组织这个活动的人，从开始发动群众到最后爬到山顶用了 6 个小时，他的方法很正规，用钱去招聘人搬运，尽量挑选一些身材比较强壮的搬运工，招聘工人用了 3 个小时，爬山用了 2 个小时，中途休息用了 1 个小时。

第二个组织这个活动的人，直接给附近的劳务公司打电话，劳务公司很快调派了 3 个身强力壮的人去负责搬运石料，结果，他只用了 3 个小时就爬上了山。

而第三个组织这次活动的人，却仅仅用了 1 个小时不到的时间就爬到了山顶。首先，他找到该山的负责人，询问有没有缆车，在确认有缆车的情况下，他只需要找到 3 个旅游的人帮忙看管一下石头，然后坐上缆车直接到山顶。当然，课题的最后获胜者是那个坐缆车的人。虽然，另外两个人都表示不满，觉得他违反了规则，这个课题是训练你的组织协调能力，而不是投机取巧，然而，教授们最后把胜利判给坐缆车的人。

教授们最后是这样说的：原因很简单，在任何公司里，你的上司只看中你的绩效，你的结果。

附 28：如果你是秘书，看看你能做到几段

总经理要求秘书安排次日上午九点开一个会议。下面是一至九段秘书的不同做法。如果你是秘书，看看你能得几段？

一段秘书的做法：发通知——用电子邮件或在黑板上发个会议通知，然后准备相关会议用品，并参加会议。

二段秘书的做法：抓落实——发通知后，再打一通电话与参会的人确认，确保每个人被及时通知到。

三段秘书的做法：重检查——发通知，落实到人后，第二天在会前 30 分钟提醒与会者参会，确定有没有变动，对临时有急事不能参加会议的人，立即汇报给总经理，保证总经理在会前知悉缺席情况，也给总经理确定缺席的人是否必须参加会议留下时间。

四段秘书的做法：勤准备——发通知，落实到人，会前通知后，去测试可能用到的投影、电脑等工具是否工作正常，并在会议室门上贴上小条：此会议室明天几点到几点有会议。

五段秘书的做法：细准备——发通知，落实到人，会前通知，也测试了设备，还提前了解这个会议的性质是什么、总经理的议题是什么，然后给与会者发去过去与这个议题相关的资料，供他们参考。

六段秘书的做法：做记录——发通知，落实到人，会前通知，测试了设备，也提供了相关会议资料，还在会议过程中详细做好会议记录（在得到允许的情况下，做一个录音备份）。

七段秘书的做法：发记录——会后整理好会议记录给总经理，然后请示总经理是否发给参加会议的人员，或者其他人员。

八段秘书的做法:定责任——将会议上确定的各项任务,一对一地落实到相关责任人,然后经当事人确认后,形成书面备忘录,交给总经理与当事人一人一份,定期跟踪各项任务的完成情况,并及时汇报总经理。

九段秘书的做法:做流程——把上述过程做成标准化的"会议"流程,让任何一个秘书都可以根据这个流程,把会议服务的结果做到九段,形成不依赖于任何人的会议服务体系!

7. 如何培养领导能力

(1)领导力训练"四部曲"

为什么一只狮子统率的羊群可以击败一只羊率领的狮群?因为领导者作为团队的核心人物,可以激发出团队的无穷力量!如何获得优秀的领导能力?让我们到西点军校中学习。

在西点军校,不论你走到哪里,随意问一个高年级学生入学以来最大的收获是什么,你得到的回答都是惊人的一致:领导力的提升。西点军校认为,任何一个具有领导潜能的青年要成为真正的杰出领袖,都必须经过严格的训练。为此,西点军校摸索出一套颇有成效的领导力训练"四部曲"。

1)学习建立起强化组织的向心力。西点军校在新生中十分强调团队精神,以及教导新生认同团体的价值体系,使个人获得更高的理想和信念。(关于团队方面参考下一节内容)

2)学会帮助每一个成员找到自己在团体中的声音,强调直接或面对面的领导。同时,西点军校也强调道德思考,奠定崇高领导的基础。

3)建立足够的自信和必要的领导技巧(关于自信参考上一节内容)。

4)学习适当的行政领导能力,教导学生如何为组织谋求长远的利益。

西点军校认为,领导力的培养是终生的,是一个逐渐进步并贯穿生活所有部分的过程,不断提升领导力应该成为士官生的一种基本生活方式和最重要的价值观。西点军校给予人的,不是一个装着领导技巧和工具的百宝箱;而是通过严格的学术、体能和军事培训,改变西点军校士官生的基本信念和行为,使他们能够在不同的环境中成为称职的、卓越的、身体力行的领导。

(2)领导力提升的28个技巧

1)做事先做人,成事先修身,魅力远胜于权力。

2)注意修炼品格,经营人心。

3)始终保持光彩照人。

4)学会情绪管理,处乱不惊方显大家风范。

5)学会沟通,没有沟通解决不了的问题。

6)合理运用赞美——每个人都希望被认可。

7)得体、到位地指出缺点。

8)热情。

9)诚实守信。

10)少命令、多商量。

11)培养高效能力人士的习惯,让整洁有序替代混乱。

12)以合理的计划完成任务。

13)重视心理素质和工作态度。

14)持守原则。

15)让合适的人做合适的事。

16)不同的性格用不同的方法。

17)做好"家长",保护"家人"。

18)适当扩大下属的职责。

19)保证你的监督机制。

20）奖罚要分明，把"要我干"变成"我要干"。

21）重点抓团队建设。

22）把荣誉归给团队成员。

23）帮助团队成员进步。

24）做信息统筹的高手。

25）练好口才，学会演讲。

26）沉着冷静，反应及时，说话时声音洪亮清晰。

27）在无声中展示威信。

28）学会总结。

附29：你是个有领导能力的人吗？

测试一下吧：

1. 别人拜托你帮忙，你很少拒绝吗？	是	否
2. 为了避免与人发生争执，即使你是对的，你也不愿发表意见吗？	是	否
3. 你遵守一般的法规吗？	是	否
4. 你经常向别人说抱歉吗？	是	否
5. 如果有人笑你身上的衣服，你会再穿它一遍吗？	是	否
6. 你永远走在时髦的前列吗？	是	否
7. 你曾经穿那种好看却不舒服的衣服吗？	是	否
8. 开车或坐车时，你曾经咒骂别的驾驶者吗？	是	否
9. 你对反应较慢的人没有耐心吗？	是	否
10. 你经常对人发誓吗？	是	否
11. 你经常让对方觉得不如你或比你差劲吗？	是	否
12. 你曾经大力批评电视上的言论吗？	是	否
13. 如果请的工人没有做好，你会跟他们理论吗？	是	否
14. 惯于坦白自己的想法，而不考虑后果吗？	是	否
15. 你是个不轻易忍受别人的人吗？	是	否
16. 与人争论时，你总爱争赢吗？	是	否
17. 你总是让别人替你做重要的事吗？	是	否
18. 你喜欢将钱投资在财富上，而胜过于个人成长吗？	是	否
19. 你故意在穿着上吸引他人的注意吗？	是	否
20. 你不喜欢标新立异吗？	是	否

回答：1、3、6、7、12、13、14题答案"是"得1分，其他题答案："否"得1分。

说明：

分数为14～20：你是个标准的跟随者，不适合领导别人。你喜欢被动地听人指挥。在紧急的情况下，你多半不会主动出头带领群众，但你很愿意跟大家配合。

分数为7～13：你是个介于领导者和跟随者之间的人。你可以随时带头，或指挥别人该怎么做。不过，因为你的个性不够积极，冲劲不足，所以常常是扮演跟随者的角色。

分数为6以下：你是个天生的领导者。你的个性很强，不愿接受别人的指挥。你喜欢使唤别人，如果别人不愿听从的话，你就会变得很叛逆，不肯轻易服从别人。

8. 如何训练团队合作

没有人可以独自成功。

无论我们在社团、在班级还是未来在公司，我们都需要面对团队。如何融入团队，和其他成员共同努力、精诚协作,是件看起来很容易,行动起来却往往大相径庭的事。

(1)个人想要融入团队,并友好合作需要具备如下品质。

1)积极的态度

2)符合一个团队的氛围

3)控制自己的情绪和行为

4)服从,并有一定的执行力

5)忠诚守信(这是稳定、可靠的保证)

6)喜欢自己所做的事,而不是做自己喜欢的事

7)多做一点点的精神,不计较的精神

8)避免独断专行,倾听和探讨的习惯

(2)如果你不仅仅满足于存在于团队,想要成为团队不可或缺的成员,那么你还需要把自己打造成如下四种人才之一。

1)方块型人才(diamond talents)。这类人才是创新者,他们是真正能够跳出框框来思考的人。在项目的起始阶段,方块型人才是至关重要的,因为他们想出新方法,他们提出有创意的解决方案。苹果的乔布斯是典型的方块型人才。

2)梅花型人才(club talents)。这类人才是愿景的坚定支持者,他们会帮助打造确保项目长期成功的系统。微软的盖茨是典型的梅花型人才。

3)红心型人才(heart talents)。这类人才是关系专家。他们确保团队成员相处融洽,确保每个人都得到鼓励,确保他们因此而尽全力工作。戴安娜王妃是典型的红心型人才。

4)黑桃型人才(spade talents)。这类人才是团队里的实干主义者。他们喜欢组织项目,并坚定地把它完成,他们是不到黄河不死心的人。曾任英国首相的撒切尔夫人是典型的黑桃型人才。

(3)如果你想自己组建一个团队,以下五步必不可少。

第一步,确定目标。把你的目标和团队成员分享。目标要尽可能具体。"提高销售收入"是个命令式的目标,但不能给你的团队提供清晰的指导;而"以广告为重点"或者"降低价格"则具体得多,清楚得多。

第二步,根据长处分配角色。确定完成任务需要的技能,招募具有这些技能的团队成员,根据他们的长处分配不同的工作。

第三步,获取反馈。团队集合完毕后,要确定每个团队成员的工作职责,把团队工作的成功路线图发给每个成员,听取他们的反馈,确保他们都理解无误。

第四步,确认团队成员已经做好准备。理解不等于同意。确认他们是否同意你的目标和成功路线图。不同意的,调离你的团队。

第五步,沟通结果。在团队实施你的计划中,不要忘记核对计划的进展情况,随时把进展情况和团队成员沟通。

最后,一个团队如果没有更高的精神追求,比如只是为了物质上的富足,那么走到一定程度,它就难以前进了,就像中国的足球。好的例子,我们可以看看美国的西点军校、中国曾经的黄埔军校,了解孙中山的团队、张瑞敏的团队,如果你想成为一个团队的领导者,这些是必要的。

附30:团队训练的小游戏

游戏一:大胃王

目的:营造融洽气氛

时间:20~30分钟

内容:

1. 组员围坐成圈,一人开始说:"昨天我吃了一碗饭";第二位接下去:"昨天我吃了一碗饭、2

个蛋";第3位:"昨天我吃了一碗饭、2个蛋、3块牛肉"。以此类推。

2. 最后会是:"昨天我吃了一碗饭、2个蛋、3块牛肉、4只鸭脚、5块饼干、6粒花生、7根甘蔗、8个橘子、9个苹果、10颗胃痛丸。"

3. 接不下去的组员要退出,剩下最后一位是得胜者。

游戏二:各尽所能,协调发展

目的:团队中的每个人都各有所长,要在游戏中赢得效率和胜利就必须充分发挥、运用各自的优势。

时间:30～40分钟

规则:游戏设有三道关卡,分别为转呼啦圈、跳绳、踢毽子。每组3个人,当第一个转呼啦圈的队友完成20个的时候,第二个跳绳的才能进行,此时转呼啦圈还要继续进行;当第二个跳绳的跳到20下时,第三个踢毽子的才能进行,同样转呼啦圈和跳绳的也要同时进行,当踢毽子的完成了10个的时候游戏才算完成。而在游戏过程中,如果有一个环节失败,比如呼啦圈掉下,或绳子停下,毽子掉地,游戏要从第一关卡从新开始。每组要在限定的3分钟内完成比赛,否则算闯关失败。

所需要设备:若干个呼啦圈、跳绳、毽子。

游戏三:团队合作,张弛有道

目的:通过这个游戏,让大家认识到团队合作的重要性。一个团队若想成功必须运用恰当的方法,而这个方法不仅包括要善于利用有效资源,还要求学会倾听他人的意见,以沟通寻求彼此间的默契。

时间:20～30分钟

规则:游戏开始时,将大麻绳围在各自腰间位置,所有队员带上眼罩,在2分钟内将绳索围成指定的图形(如正方形、长方形、平行四边形、梯形、菱形、三角形),在这过程中,参加队员不能手拖手,只能通过大麻绳互相维系,最后围出图形的队伍将绳索不变形的平放置地上让大家看图形是否形似,最快围出图形且图形形似的队伍胜出。游戏每组10人,抽签决定游戏顺序的先后和所要摆的图形。

所需要设备:眼罩10个、大绳索1条、秒表1个、口哨1个。

游戏人数:每组派出10人,6组共有60人参加游戏,每组选派的10人必须先选择没有参加过游戏的组员。

附31:谁是最后的幸存者

谁是最后的幸存者

美国哥伦比亚广播公司制作过一个收视率极高的王牌电视节目——《幸存者游戏》。这个游戏是这样设计的:16名来自美国各地的参赛队员被送到南中国海附近的一片海岸丛林里,要与世隔绝地度过39天。他们被分为两组,在一系列团体竞赛中每三天进行一次对抗。每次对抗结束后,胜方会得到豁免权或需求的物品,而负方将举行投票淘汰掉他们中间的一员。当只剩下8个人的时候,两个组合并为一个组,继续淘汰赛。比赛不停地进行下去,而淘汰也不停地进行下去,直到最终只剩下一个人的时候,这个人就是最后的获胜者,也就是"幸存者",他将拿走100万美元的奖金。

这个游戏简直就是一个团队竞争的实战模型,每个成员既要彼此紧密配合,在与另一团队的竞赛中取得胜利,又要想方设法保全自己,淘汰别人,最后独自赢得巨额的奖金。那么究竟什么样的人会成为最后的幸存者呢?

不受欢迎的先淘汰

第一轮比赛是火炬运送,看哪个组最先把火炬从海上运送到岸边。一个63岁的医疗志愿者比赛前就把腿磕伤了,不仅行动不便而且还要别人照顾,导致他所在的小组首战失利,他也因此成为第一个被淘汰的队员。

第二轮比的是克服恶心的能力。两组各派一名代表,看谁最先把两条约10厘米长、3个手指粗的热带丛林肉虫吃下去(虽然有点恶心,但这绝对是纯天然的,无毒)。失败的那组并没责怪自己的代表面对虫子张不开嘴,倒是把一个犯了众怒的家伙轰走了,他视周围的同伴如无物,一上岛就不经允许用别人的脸盆洗自己的衣服,并且说谎。

第三轮比赛后,被淘汰的是一个终日喋喋不休而又肆意诽谤同伴的家伙,他一会儿说这个太老该轰走,一会儿说那个不值得信任。结果他自己被大家投票赶走了。

第四轮比赛淘汰的是一个不合群的黑人化学药剂师,他不仅公开声称自己"没有白人朋友,不喜欢白人学校",而且在刚刚上岛的几天里,还借口身体不适而不愿和其他组员互相沟通,甚至很少聊天。

从前四轮比赛来看,被淘汰的首先是能力实在有限、无法适应今后艰苦竞争的人;随后是那些爱说谎的人,显然没有人愿意和这种人在一起;接下来是不愿与团队中的成员充分沟通和交流的人,由于大家不知道这些人的想法,所以对与这些"不合群"的人合作没有信心。相反,如果你做事的能力差,但愿意和其他团队成员充分沟通,你就有可能在与大家的沟通中"碰撞"出火花,从而为整个团队找到好办法,至少大家会知道你是个有用的人,不会早早地将你轰出团队。

只有能力也不够

第五轮比赛淘汰的是终日只知道躺在树杈间看《圣经》的牧师。当小组的草屋被风浪摧毁后,大家想让他搭把手重建,他却说,他是来游戏的,要充分享受生活,然后说要出海捕鱼,实际上却躺在船上一边晒太阳,一边看他的《圣经》。同伴们对此都很愤怒。第六轮比赛淘汰的是一位功臣,他在比赛中取得了出色的成绩,帮助小组赢得了比赛,但是却对本组的女性成员表示出了轻蔑。这两轮淘汰的都是有能力的人。可是他们要么不肯工作,终日懒散而妄图坐享其成,要么认为自己有过出色的成绩,于是藐视同伴,把整个团队的竞赛看成是个人英雄的表演。显然,作为团队的竞赛,这种人在初期是有用的,是不可能被淘汰的,而当整个团队开始进一步发展的时候,这种人便会成为整个团队的桎梏。

令观众大感意外的是,有一个31岁的黑人篮球教练十分懒散,整天什么都不做,属于那种"吃嘛嘛不剩,干嘛嘛不成"的人,至今没有被淘汰出局。原来他跟谁都能说上话,整天甜言蜜语。在任何团队中都会有这样的人,他们的地位通常会比人们想象的稳固得多,或者说,一旦当整个团队出现问题时,这种人反而不会被淘汰。

经过几轮比赛之后,两个小组自然产生了自己的领袖。一个是身强力壮的小伙子,长期负责捕鱼,为大家提供食物,更重要的是别人数次尝试都没有捕到鱼。在越野赛中他是领军人物,在好几次组合中他也能机智地回答主持人的问题,这为他赢得了人心。另一个则是幼儿园教师,她出色的组织使本组在数次竞赛中获胜,从而赢得了很多工具和食品。可见,要想成为一个团队的领袖,首先必须具有独当一面的能力,另外还必须能够协调整个团队在竞争中获胜。

钩心斗角和拉帮结派

当每个小组都只剩下4个成员的时候,两个小组被合二为一,继续完成一个又一个团队任务。现在形势变得很险恶了,每一个组员都在考虑如何淘汰别人、保全自己。

那个小伙子领袖马上与自己原先的组员结成"四人联盟",通过联手投票的方式逐一淘汰掉原来另一个小组的成员,然后只剩下他们四个再去争夺那100万美元。在新团队的第一次投票中,他们意外地以5:3将最具威胁力的幼儿园教师淘汰出局。谁投了关键的第5票呢?是没参加"四人联盟"的31岁神经科医生。这是一个"愚蠢的老好人",干活很用心和卖力,而且为了表示自己的公正,他明确表示不参加任何联盟并公布了自己的投票策略:按照字母顺序依次投票。恰好这一天他应该把票投给幼儿园教师。

幼儿园教师输在反应太慢，尽管意识到了对方的阴谋，却没有制定相应的对策，及时建立起自己的联盟，让自己人统一步调，结果别人先下手为强。在一个高度竞争的团队中，你必须有敏感的洞察力，并时刻警惕危险的出现，对于哪怕是潜在的危机，也必须有充分的估计并立即制定有效的对策。而如果你的动作慢了，或者犹豫了，你将面临危险。要想避免被人暗算，必须有自己的同盟军，并且在对手行动之前做好准备。

神经科医生愚蠢的投票方式，后来再次被"四人联盟"利用来铲除对手，而当他开始意识到自己的危险时，他已经没有任何反击和自救的机会了，他被全票淘汰。很多时候，在团队的钩心斗角中，你必须站在一个队伍中，不是支持，就是反对。如果你想走第三条路，结果通常是如果你不站在我这一队里，你就是我的敌人，我不仅要防着你，而且迟早要"铲除"你。

就这样，幼儿园教师的手下们一个一个被"四人联盟"除掉，最后只剩下四个人。既然没有了对手，联盟也就不存在了，四个人又开始彼此厮杀。这四个人的竞争似乎让人难以预料，他们要么经验丰富，要么拥有年轻的优势，可以说是不相上下。最终那个机智而又年富力强的小伙子领袖成为胜利者。很大程度上，他在最后 PK 中能获胜是因为运气。这恐怕就是一个想要幸存的人所必须具备的最后一个要素了。

四、人际关系的提高

学会"谈话"就足以很大程度的让你的人际关系有一个质的飞跃。以下的五点可以很好地帮助你提高你的"谈话"水平。

1. 通过提问题促进交谈

每个人都能提问题，但并不等于人人都会提问题。不会提问题，会让你自己觉得像是警察在审问疑犯一样，而不像是在愉快地聊天。比如下面的这段对话：

丽萨：你教"谈话技巧"这门课有多久了？

艾伦：哦，大约 10 年了。

丽萨：你经常教吗？

艾伦：是的。

丽萨：你还教别的课吗？

艾伦：是的，我在国立大学教演讲。

丽萨：这学校在哪儿？

艾伦：在圣地亚哥。

丽萨：你在哪里上的大学？

艾伦：加州大学洛杉矶分校，然后去俄勒冈大学攻读了研究生学位。

丽萨：你住在哪里？

艾伦：希尔斯。

丽萨：这是什么地方？

艾伦：我只能告诉你，是在圣地亚哥市往北约 75 英里。

确实，每个人都能提问题，但是很少有人知道如何提出问题能有效地促进交谈。当你的问题没有引起积极的回应时，可能不是因为对方不友好，或者对你不感兴趣，或者问题不合时宜，而仅仅是因为你所提问题的类型或者语言的组织形式不恰当。

问题共分为两种：封闭式和开放式。

封闭式问题：封闭式问题有点像对错判断或多项选择题，回答只需要一两个词。例如："你是哪里人？""你经常跑步吗？""我们今晚什么时间出去吃饭，5:30,6:00 还是 6:30？"如果单纯地使用封闭式问题，会导致谈话枯燥，产生令人尴尬的沉默。

开放式问题：要想让谈话继续下去，并且有一定的深度和趣味，就要继封闭式问题之后提出开放式问题。开放式问题就像问答题一样,不是一两个词就可以回答的。这种问题需要解释和说明,同时向对方表示(他们也很高兴你这样做!)你对他们说的话很感兴趣,还想了解更多的内容。

例如,上面的谈话中,在获知艾伦教"谈话技巧"这门课有大约 10 年时间之后,丽萨不应该急于进入下一个封闭式问题,而可以问一些相关的开放式问题:"你是怎么想到要开这门课程的?""这 10 年中,这门课程有过什么样的变化?""为了上课,你做了什么样的准备工作?""请告诉我你对这门课程今后的发展有什么计划。"

在询问某人的家乡,并获知其来自亨茨维尔后,你可以接着问以下一些开放式问题:"你为什么从亨茨维尔搬到这里呢?""阿拉巴马的气候跟这里有什么不同?""在亨茨维尔的那段时间给你留下最深印象的是什么?"

从以上的例子可以看出,大多数的开放式问题和封闭式问题使用的疑问词是不同的。封闭式常用:是不是? 做不做? 谁? 什么时间? 哪里? 哪一个? 开放式常用:什么? 为什么? 怎么样? 以何种方式? 不管提哪种问题,请牢记以下两条:

第一,提问题的时候要持愿意倾听的态度。无论你多么善于交际,如果你只是流于形式,对方最终会感觉到你只不过是在设法让他对你产生好感。

第二,尽量保持双重视角。不仅考虑到自己想听什么、想说什么,还要考虑到对方的需要。最令人讨厌的就是毫不顾及别人的想法和需求。

提问题时常见的问题有 5 个:

(1)问题过于宽泛

米吉是一名大学行政人员的妻子,她说自己对生活感到厌烦。为什么呢?"因为一整天,陪伴我的就只有两个孩子:一个三岁,另一个还是婴儿。因此丈夫一回来,我就问:'今天怎么样?'我真的是想得到他的回答。但是他说什么呢? '没什么,就跟平常一样。'然后他就打开电视看起来了。"

米吉犯了几个简单的错误:第一,她的询问范围太广("今天怎么样?")。提问题就像开水龙头一样,范围放得越开,得到的回应就越多——直至最后的极限。对米吉这样宽泛的问题(像"有什么新的消息?""最近忙些什么?""说说你自己的情况!"——问题都太宽,要避免)往往需要很多的精力和时间来回答,所以多数人都会选择放弃。第二,"今天怎么样?"这样的问题听起来更像是一句套话,随口说说而已,而不是真想了解什么情况。回答往往也是套话,例如"很好!"或者"还行"。最后,米吉每天都问同样的问题。这不仅让对方更认准为套话,而且每天都要回答这样毫无创意的问题,很可能也会让她的丈夫感到厌烦。给米吉的建议是每天读学校和当地的报纸,然后在让她的丈夫休息片刻之后,就他比较熟悉的话题提出一些具体的开放式问题。以下就是她的成果:

那天晚上,我告诉丈夫我听说学校要重新设定对文科学生的外语要求。我问他对此有什么看法。接着我们就开始讨论学习外语是否有助于学生更好地去了解别的民族。我们还谈论了各自学外语的经历。结果两人开始用中学时学的蹩脚法语交谈,开心得不行。最后,我们都谈得很累了,但是很开心,他吻了我一下,小声对我说:"亲爱的,你太棒了!"这不是一次非常成功的尝试吗?

(2)开始的问题太难

亚利桑那一位叫肯迪的房地产代理商透露了他的诀窍:顾客一走进来,我并不问他有什么需要。这个问题太难了点,他会因为紧张而放弃。如果我追问得太紧,他很可能会马上离开。因此,我问他现在住在什么地方。这个问题让他很轻松,感到自然。一段时间之后,他或我就会把话题转到他的需要上去。

肯迪的建议也适用于社交场合。通常情况下,最好是以简单的问题开始,谈论一些对方感兴趣并且熟悉的话题。

(3)问引导性的问题

引导性问题可能是最封闭式的问题,往往只需要得到对方的同意。例如:"已经 8∶30 了。今晚就呆在家里好吗？""你不认为他们是对的，是吗？""每天晚上看两个小时的电视就足够了，你说呢？"

法庭上的引导性问题会使发问的律师受到训斥。在社交场合中，这样的问题也不会给你的人际关系带来好处。

（4）提问之前就已经表示不赞同

当对方的观点和你不一致，你想讨论彼此的不同之处时，应在问明对方理由之后再表达不赞同的意见。

例如，艾伦曾在宾夕法尼亚碰见一个人，他对艾伦说他最大的爱好就是打猎。艾伦不喜欢打猎，但是嘴上没说，而是以询问的口吻接着问他："你认为打猎最大的好处是什么？"从谈论中，艾伦了解到他能在打猎中体验到很大的挑战，而且他认为像他这种猎人在生态循环中起着重要的作用。

（5）找不到提问的内容

如果有机会事先准备一些问题，会比完全依靠自己的临场发挥容易很多。另外，有意识地记住一些备用问题，也很实用而且有趣，它们可以随时有效地打开尴尬的局面。比如：

"如果你能够成为历史上的某个人物，你会选择谁？（对方回答。）为什么？"

"给你印象最深的老师是谁？为什么？"

"如果要你另选一个行业（或者专业），你会如何选择？（对方回答。）为什么？"

"如果你能够在地球上的任意一个地方呆一星期，你会选择哪里？做些什么？"

最后需要注意的一点是：刚开始学习提出开放式问题时，需要着意去努力。但是如同走路和书写等技能一样，一段时间之后你就会做得很自然了。

2. 表达诚实的称赞

给予诚实的称赞，不仅能够鼓励对方继续按照你喜欢的方式做事，而且能够让他们对你产生好感。

有一个老人和他的妻子在一起生活了整整 21 年，却没有说过一个字。一天早饭的时候，他突然打破了沉默："亲爱的，有时候我觉得我不得不告诉你，我是多么地爱你。"——摘自《给凯伦的信》

夸奖他？要我恭喜这个混蛋体育和英语及格了吗？历史、手工和数学呢？全是 F！F！F！……我本来想说："了不起啊儿子，你正在一天天变成一个无用的人！"不！我没有那么残忍，关键就在于此。——吉尔

当周围的人让我们高兴的时候，多数人会不以为然，认为本该如此。很少有老师因为学生在上课或讨论的时候积极合作而给予表扬；很少有室友会因为晚上的安静而彼此感谢。只有当别人做的事情不合我们的意愿时，我们才会注意到他们——而且是非常迅速地！然后我们进行批评，并细致地解释为什么他们的行为是"不好"或"错误"的，为什么他们要照我们说的去做。一些人不惜尖叫、威胁，甚至大打出手，就是为了让对方顺从。

以下七点会帮助你更好的理会和懂得"表达诚实的称赞"。

（1）重复受鼓励的行为

忽视你喜欢的做法却对你不喜欢的做法进行惩罚，这样做并不有助于别人了解你的需要。根据行为认知理论，别人对你的态度在很大程度上取决于你的反应。受到你赞扬的行为出现的频率会增加，而被你忽视的行为就会逐渐减少。受到惩罚的行为会减少，除非对方故意要引起你的注意，那样他就会继续这样做，因为惩罚毕竟比毫不在意好。（比如孩子们发现骂脏话会引起大人很大的反应，他们就会以此为乐事）行为学家把这种理论称为"重复受鼓励的行为"。你会发现用下面这个图表会很容易记住：

行为——→鼓励——→增加

行为──→忽视──→减少

更进一步说,如果你根据人们不同的行为分别给予鼓励或予以忽视,人们会更愿意选择受到鼓励的行为。

很多人认为,如果他们对自己的孩子、朋友、同事、配偶表示出赞美的态度,对方就会变得懒惰,在已经获得的赞扬上止步不前。所以他们鼓励人的态度是"活到老,学到老",不断地找出需要提高的地方。例如,西雅图一位叫玛丽的艺术家,其父母多年来就一直在使用这种策略:如果我正准备洗衣服,妈妈会说我确实应该帮家里做点事情了。如果我考试得了一个 B,其余全是 A,爸爸就会问为什么会得一个 B。小时候,有一次我努力要让一双鞋穿得长久一些,最长的纪录是六个月。但是当我笑着给他们看我的努力成果时,你猜我爸爸说什么?他拿出一双鞋来,说是在堪萨斯市买的──20 年前!从那以后,我意识到我是永远也不可能胜过他们的。

大量的心理学证据表明,这种"消极"的策略不仅效果不好,而且常常是有害的。收到消极回应的人,非但不会继续不断地努力以获得赞扬,反而会变得非常小心,自我意识强烈,并且觉得自己能力不足。一段时间之后,他们可能会简单地决定放弃。即便少数人能够因为这样的激发而取得巨大的成就,但其中能够从成功中享受到乐趣的人却少之又少。

(2)怎样有效地表达直接的称赞

最常见的赞扬方法就是表达直接的称赞。这种赞扬直接告诉对方你对他们的行为、外表和气质的哪些方面表示赞赏。以下是常见的几种赞扬:

行为:"你是一位好老师。"

外表:"你的头发很漂亮。"

衣着:"我很喜欢你的鞋。"

这样的称赞可以通过两种方式进行改进:

1)具体一些。如果你毫无保留地告诉对方你的喜好,让他们相信你的话只适用于他一个人,而不是任何一个人,那么你的话就会更加有力,令人信服。例如:

行为:"我喜欢你在我们练习的时候,亲自给每个人做辅导。"

外表:"我觉得这个新发型让你的眼睛更加漂亮了。"

衣着:"那双棕褐色的乔丹鞋很配你的牛仔裤。"

2)称呼对方的名字。人们认为,自从柏拉图和苏格拉底以来多数人都觉得自己的名字是世界上最动听的声音,会对包含其名字的话语给予更多的注意。此外,称呼对方的名字也可以让对方觉得你的赞扬是专门针对他的。例如:

行为:"艾伦,我喜欢你在我们练习的时候,亲自给每个人做辅导。"

外表:"艾伦,我觉得这个新发型让你的眼睛更加漂亮了。"

衣着:"艾伦,那双棕褐色的乔丹鞋很配你的牛仔裤。"

(3)怎样帮助别人接受我们的直接称赞

你很可能发现很多人难以接受你直接的赞扬。出于谦虚,或者没有别的回答方式,他们通常会拒绝你的赞扬,从而让你感到受挫,使你以后的赞扬话语减少。

行为:"这只是在做我应该做的。"

外表:"我倒觉得理发师剪得太短了。"

衣着:"你喜欢这样的旧鞋?"

无论出于什么样的原因,你都可以做些什么,让你的赞扬更有效果,更容易让对方接受:你可以在赞扬之后加上问题(开放式问题最好,但只要是问题就行)。这样的话,当对方听到你的赞扬时,就不用苦苦地找一个回应的方法,只需说声谢谢,然后回答你提出的问题。

因此,我们把原来的赞扬具体化一些,加上对方的名字,再加上一个问题,就是这样:

行为:"艾伦,我喜欢你在我们练习的时候,亲自给每个人做辅导。说说看,你观察到的最常犯的错误是什么?"

外表:"艾伦,我觉得这个新发型让你的眼睛更加漂亮了。你是怎样想到要换这个发型的?"

衣着:"艾伦,那双棕褐色的乔丹鞋很配你的牛仔裤。你在哪里买的?"

(4)将否定换成直接称赞

只要你用心,通常总是能够把消极的批评转换成积极的赞扬。如果关系不大,你没有必要因为失败而批评对方,可以赞扬他们在一定程度上的进步,或者是尝试的勇气。请看下面的例子:

不是说:你没能够升工资,太倒霉了。

而是说:帕蒂,我觉得不管你能不能得到,能够告诉老板你的要求就是很好的了。你觉得下一步该怎么做,以让他接受你的请求呢?

不是说:你花了五年时间才毕业?你犯什么错了?

而是说:你坚持过来了,齐安妮。并不是每个人都能做到的。你要怎样庆祝呢?

不是说:哎呀,你又失败了!你要赶上我估计得再等几个月。

而是说:恭喜你呀,奥莉!你比昨天又进步了不少。

当你不喜欢别人的做法时,你可以尽量地对喜欢的方面予以鼓励,而对不喜欢的做法完全忽视。

不是说:你又把衬衣放在浴室里了。这已经是我这个星期第11次说你了。

而是说:多谢你把袜子放在篮子里,劳拉。这样的小事确实帮了我大忙。告诉我晚饭想吃什么,我给你做。

不是说:真是笨蛋!怎么能五门考试就有三门不及格呢。

而是说:托尼,你喜欢英语让我很高兴。老师说你对亚历山大尤其感兴趣。说说,你喜欢他的哪首诗?(你也可以对不及格的三门功课中任何的进步给予表扬)

不是说:你说"我们看二人转表演去"是什么意思?我又不是什么动物,让你搜来搜去。也不问问人家的意见!

而是说:唐,很高兴你能问我今晚想去哪儿。这让我感到你很在乎我的意见。

如果对方的做法没有值得表扬的地方,你可以说一说其他人做得好的地方。同样,你也可以直接告诉对方你的期望,有时甚至可以在他做事之前就夸奖一番。请看梅林达是怎样让丈夫改变给她搓背的方式的:

以前,当他用力太猛或者搓错地方时,我总是尽量忍着,直到实在无法忍受时,就愤怒地喊一声:"停下来!"他就会一动不动地僵在那里,很扫兴。于是我试着说得明确一些,比如"稍微轻一点搓就好了"或者"很不错,现在往下一点,靠右边……舒服"。不仅我得到了满足,感到高兴,他也因为能让我高兴而感到自信和自然。

(5)怎样使你的直接称赞令人信服

最好不要撒谎,要说实话。如果对方哪怕只有一次对你的诚实表示怀疑,那么他就很难再完全接受你的赞扬了。此外,你的不诚实只会误导对方,使你不喜欢的行为更加频繁地出现。

不过,只是诚实和真诚是不够的。要想使你的赞扬行之有效、感情动人,必须让对方相信你的诚实和真诚。具体来说,微笑和称呼对方的名字都会有很大的帮助。此外,做到以下几点,你的赞扬会更加令人信服:

1)开始的时候对每个朋友都隔几天说句称赞的话,然后慢慢地提高频率。如果你平时很少对人说一些亲切的话语,那么只要简单的一句称赞就会引起别人的注意。

2)开始的时候措词相对谨慎一些。突然之间的非常夸张的赞扬之词必然会引起别人的疑惑。有研究认为对新认识的人应当偶尔地称呼其名字。

3)称赞别人的时候千万不要有任何索取。如果你赞扬同事有头脑、有创造力,接着又向他借5美元,那么你的赞扬是不会有什么效果的。

4）切忌一味地称赞,对一些无关大局的小事也可以提出不同的意见。满口称赞的人是很难获得别人的完全信任的。例如:"吉姆,谢谢你借给我计算器。尽管使用方法很难搞懂,可是一旦弄明白了,做起财务报表来就容易多了。麻烦你跟我说一说,这个按钮上的标记是什么意思?"

5）不要用对方对你的称赞去回赞对方。例如:"你的夹克很漂亮。""你的夹克也很漂亮。"这样的称赞听起来像在敷衍了事,好像自己是被迫要说一些好听的话作为回应。

6）善意地将对方的行为、外表或者衣着与别人相比较,例如:"安妮特,这是你第二个月销售额名列第一了,有什么秘诀吗?""唐,我觉得你是学校里体形最好的。你是怎么做到的啊?"

（6）其他适用的称赞

第三人称的称赞。这样的称赞并不直接针对谈话对方,而是指向另一个人。你可以在这个人可以听见的情况下,与另一个人谈起他。或者,也可以告诉一个很可能会转告他的人(像一位好朋友)。这样公开进行的赞扬甚至要比私下的赞扬更令人信服。

（7）积极地接受称赞

当你给予别人更多的称赞时,毫无疑问你也会接受到更多。如果你希望这些积极的交流继续下去,那么你就得让对你表示称赞的人感觉到这样坦诚地交流很随意。如果你扭头拒绝了他们的称赞,或者是立即转换话题,就很难达到目的了。

从另一方面来说,如果你看着他的眼睛,积极地做出回应,他很可能会感到满足。如果他懂得称赞的技巧,随机附上一个问题,你所要做的仅仅是笑笑,表示感谢,然后回答。如果他没有,你可以笑笑,表示感谢——也许还可以告诉他你的感受。以下是一些回答的例子:

詹姆斯:妻子曾经因为我经常和女儿们一起玩耍而夸奖我是一个好爸爸,我抱着她,说:"很高兴你看到我在很努力地尝试。我爸爸从来没有陪过我,所以我特别努力,不能让自己再犯同样的错误。"

卡拉:邻居告诉我:"你的车很漂亮。"我回答说:"谢谢,安。我花了一早上来洗车、打蜡,你的话让我感觉很欣慰哦!"

贝弗莉:我妹妹对我说:"我喜欢你的房间。每天早上从这里醒来,该是让人多么畅快啊!"我回答说:"谢谢,伊夫。我在设计房间的时候也是这么想的。"

3. 倾听别人的话语

只要不再随便地评判别人,而采用积极倾听,人际关系就会有很大改善。

积极倾听是一种非常好的回应方式,既能鼓励对方继续说下去,又能保证你理解对方所说的内容。要熟练地使用这种技巧,首先要知道,当别人和你说话时,发生着什么样的事情。

以下是一些积极倾听的例子:

科洛:我永远也调动不了。玛丽:你有些灰心啊。(积极倾听)科洛:是的。每去一个地方,都叫我留一份简历,就再没有回信了。玛丽:你觉得自己被敷衍搪塞了吧!(积极倾听)科洛:没错。如果没有职位,为什么不明说呢?

埃伦:我想回家。伯特:玩得不开心吧!(积极倾听)埃伦:是的,如果导游不是每过五分钟就催促一次,也许会好些。伯特:你想让他给我们更多的时间。埃伦:没错,我想现在就告诉他好了。

朵娜:我们从来都没有出过门。乔:你厌烦了,想去旅行吧!(积极倾听)朵娜:是啊。好多年了我们都说退休后去看看乡村的风光,现在就去吧!

关于倾听的四个要点:

（1）积极倾听表示你接受

如果你发现自己处于以下几种问题之中,三种回应中你认为哪种最恰当:

1）认识的一个小孩割破了手指,并开始大哭。

①"这并不是什么大的伤口。"

②"别哭了! 没那么疼的。"

③"你的手指真的很疼啊?"

2)一位亲密的朋友对你说:"老板说我工作速度太慢,如果我不改进的话就要炒我鱿鱼。"

①"我想你得拼命工作了。"

②"你不应该怕他,你可以再找一份工作。"

③"听上去这份工作对你很重要,你不愿丢掉它吧?"

3)邻居抱怨说:"看来我别无选择,只有让我妈妈搬来和我一起住了。"

①"你应该这样想:她养大了你,现在该你回报她了。"

②"我想你心里肯定很高兴又能和她住一起了。"

③"你是担心这样做会对你的生活产生影响吧?"

每个例子中的前两种回答都告诉对方应该怎么做,该有什么样的感觉,或者向对方表达肯定或否定、同情或安慰。这样的回答很难让对方感到满意。相反,这会让对方觉得你不愿介入他的事情,并不认真地对待他的感情,或者对其解决自己问题的能力持怀疑态度。

第三种回答才是积极倾听,产生的结果就大不一样了。如果能被鼓励自由而且充分地表达自己的感情,别人跟你在一起时就会觉得平静放松。理解对方的问题却不越俎代庖,会让对方觉得你很信任其解决问题的能力。此外,如果你耐心倾听,理解并接受对方,却并不加以批评,对方必然会对自己充满信心,更愿意和你交往,对你所说的话更感兴趣。

圣莫尼卡一位叫艾伦的服装销售员讲述了他这样的经历:

以前,儿子一跟我说考试考砸了,我就会问:"你为什么不更努力点学习呢?"当妻子抱怨上班迟到了的时候,我总会说:"你应该早点出门。"记得有一次,小女儿哭着对我说她怕黑,我回答说:"你不应该害怕。没有什么好怕的。"我的建议是很明显的,这样的批评和说教使得家人有了事情也不太愿意和我讲了。

上个星期,妻子提到她与妹妹发生了争吵。通常,我都会给她这样的建议:"你只有一个妹妹,你最好向她道歉。"可是这一次我却说:"你好像比较心烦啊。"她每次和我说话,我都有意识地采取"积极倾听"的回答方式——哪怕心里特别想给她一些建议。结果令我兴奋不已。她竟然向我倾诉了我从来没有听到过的感情和想法。我感觉似乎是在了解一个陌生人。她似乎也很高兴,能够有机会尽情地表达自己的感受,而没有被我轻率的评论打断。

积极倾听能够非常有效地鼓励别人同你交谈。你表示出来的兴趣常常会使对方愿意做出更多的评论。同情、理解而不是批评的态度会让他们感觉自然,更加充分地倾吐心中的想法。

积极倾听还有助于解决无话可说这一老生常谈的问题。如果你经常感到疲于说话,你很可能同时在关注两个对话:同别人的对话和同自己的对话。(后者主要是担心自己说话时的表现。有意思的是,你越是担心自己的表现,越是会表现得不好)

积极倾听会鼓励你忘记同自己的对话,专注于对方的说话,从而深切地体会对方的感受。一旦把注意力完全转移到了谈话对方身上,你会惊奇地发现,要找话来说也不是什么困难的事情。而且,因为你非常关注对方,所以他们很可能也愿意听听你的想法。

(2)不能忽视或轻视对方的感受

积极倾听不能人云亦云,也不能忽视或轻视对方的感受。真正的积极倾听要求你的结论是对方话语背后隐含的意思。比如:

拉里:我非常高兴。特德:你很快乐。

妻子:成天照顾孩子,感觉就像是没完没了的无聊工作。丈夫:孩子们真的让你很忙。

玛格丽特:我很失落。珍妮特:你是有些不舒服吧?

很多人在积极倾听的时候常常忽视或轻视对方的感情,仿佛没有经他们认可的感情就会自己消失一样。事实恰恰相反。未能认识到或充分认识到对方的内心感情,只会让这些感情更加强烈,而自己表现出来的理解的态度会强化这种感情。

（3）对非语言信息的积极"倾听"

非语言信息常常比语言信息更加难以正确理解，因为同一个信息（比如微笑或者交叉手臂）可能传达完全不同的几种意思。因此，最好通过下面三个步骤来检验你的理解是否正确：①告诉对方你所看到和听到的、借以得出自己结论的内容。②试探性地告诉对方你对其动作的理解。③问对方你的结论是否正确。例如：

"自从上个月认识你以来，你只想和我吃午饭——从来没有一起吃过晚饭或看演出。我想知道这是为什么？""我刚才提到去佛蒙特州滑雪的时候，你咧嘴笑了笑。我想知道你在想什么？""安吉，这五天来我一直冲你微笑，和你打招呼，你却没有回应。是不是我做了什么事惹你生气了？"安吉回答说："没有，完全不是，艾伦。我最近为了硕士论文忙得焦头烂额，别的事情都没顾得上。"

（4）让别人解释你说的话

要想保证别人正确地理解你要传递的信息，可以通过这样的话让他也积极倾听："我想让你仔细听，然后告诉我你听到的内容。不要给我你的意见，也不用想替我解决问题，我只想知道你理解了我的话。"

在感情因素很重的争论场合，很容易误解对方的意思，所以积极倾听就显得更加重要了。告诉对方："为了保证不产生误解，我们来试一种新的做法。每次你说完之后，我先告诉你我听到了什么，再作回答。如果我理解有误，你就要重新表述一遍，直到我完全明白。反之也是一样。好吗？"然后，开始进行，说一段话，向对方询问，或者集中注意力，积极倾听，再问对方你的理解是否准确。

4. 利用自由信息

只要用心去注意，你会发现谈话的对方经常会给出很多细小的自由信息；如果你觉得这些自由信息比较有用，能够进一步打开话题，那就立即加以采用。这样做不仅不错，而且惯例上人们也经常利用这些自由信息转移到别的话题，而不用担心无法回到原来的话题。实际上，很少有社交性的谈话能够数分钟都停留在一个话题上。

要利用自由信息，你所要做的就是就此做一番评论或是提一个问题。与别的情况一样，开放式问题最能够得到对方深入的回答。（格伦："比利，你的皮肤晒得很漂亮啊。"比利："谢谢，格伦。我是这个周末和多林一起去野营晒的。"格伦："我从来没有野营过，很想知道你们为什么那么喜欢去野营？"）你甚至可以往回退，重新提起刚才忽视了的自由信息。（"你刚才说你和妮娜上个夏天在委内瑞拉度假，带着孩子旅行有些什么不便的地方？"）

自由信息也包括对方的衣着、行为、身体特征以及所处的位置。所有这些都可以被用来开启谈话。（"我注意到你穿着一件印有'费城'字样的T恤，你是从费城来的吗？"）有时候，你的自由信息只是一些大体的印象。（"你好像对股票非常精通，这些知识你是如何得来的？""你比上次见面时轻松多了，能说说因为什么吗？""看上去你好像非常喜欢跳舞！"）

5. 让别人知道你

别人也想知道你的情况：你的态度、兴趣、价值观、住址、工作、娱乐活动、来自何方去往何处以及今后能有多少交往的可能。你透露出的信息让他们大致能够估计出他们和你能有什么样的关系。

如果你发现自己的人际关系还没有开始就已经结束了，那很可能是因为别人对你的了解不够。让陌生人对你表示关切是不现实的。人们只关心与自己关系密切的人。自我透露能够起到非常重要的作用，让别人走进你的生活。

如果你没能及时地让别人了解你，他们最多会在一段时间内认为你有些神秘而对你感兴趣。但是不久之后，他们很可能就会因为你缺少交流而生气，认为你对同他们交往不感兴趣。

（1）自我透露的过程

自我透露可以是互相敞开心扉的愉悦的过程。你一点一点地向对方透露自己的情况，希望对方在了解自己的同时,能够有更大的兴趣,而且以同样的方式透露自己的情况。

自我透露具有典型的对称的特点,即双方通常是以同样的进度敞开自己。除了咨询服务外,很少有人愿意单方面透露太多的信息。

你可以通过增强这种对称性来促进人际关系中的自我透露。提问题,对对方的回答表示感兴趣,再尽量把这些回答与自己的情况和经历联系在一起。如果对方并不粗鲁或者过于自私,就会开始询问你相关的内容。以下是一个这样的例子:

加里:你好,你是新来这座教堂的吗?

古恩:是的,这是我第二次来这里。我刚搬到这个市区。

加里:我也是新来的。你为什么搬来休斯顿呢?

吉恩:因为我的公司从纽约搬到这里,而我是总会计师。

加里:好让人羡慕,你能给一个公司做账目。我是《新闻》杂志的摄影师,有时候我连自己的财务都管不好呢。

吉恩:摄影师?你是怎样开始从事这份工作的?

在自我透露的过程中,你还可以采用设定对方回答的方式来得到你想要的信息。比如,如果你想知道对方的名字,可以这样说:"对了,我的名字是×××,你呢?"同样的办法也适用于地址、电话号码等信息,以及个人的意见和感受。通过自己首先公开一些信息,对方就能很明显地感觉到彼此是在交流信息,而不是一对一的采访,同时他也清楚地知道了你希望得到的回答。这种设定回答的做法让对方很容易就能把自己的信息说出来。

随着自我透露对称地进行以及信任的建立,交流的内容也逐渐深入,在交谈的过程中(实际上,是在建立一种关系的过程中),相互间的交流通常会变得具有更加重要的意义。

通常的交流都会经历以下四个阶段:客套话、事实、意见和感受。

1)客套话

两个人一见面,几乎总是以客套话开场。这样的客套话有时是为了认可对方的存在,有时则是为了表明愿意进一步进行实质性交流的积极态度。

典型的开场客套话有:

"你好。""最近好吗?""你好,很高兴见到你。"

因为这些客套话本不是要作信息交流,简单的"你好"或者"我也很高兴见到你"就可以作答了。如果你和对方恰好走向同一个方向,而你又不愿意谈论一些实质内容,你可以在回答的时候用长一些的句子,或者提及一些无关紧要的客套话题。比如:

"你觉得今天天气怎么样?""店里生意怎么样?""孩子们好吗?""你参加的舞蹈培训班进展怎样?""昨晚的比赛,你有什么看法?"

2)事实

寒暄之后,人们通常会交换一些事实性信息。对于新认识的人来说,就是指关于你个人的基本情况;而对于熟人来说,则是指最近的状况。

"我是费耶特维尔的一名木工。""我每星期天都去滑旱冰。""我姑妈来城里,我正带着她四处看看。""美孚石油公司决定派我到俄亥俄州接受两周高级培训。"

刚开始的彼此交换事实信息,有点像工作面试。每个人都试图发现两个人之间是否有足够的共同之处,是否值得发展这份友谊。这种初期谈话中隐含的目的有时候会非常明显地显现出来,就像上周一位新邻居来拜访艾伦,和她聊起天来:

邻居:艾伦,你喜欢棒球吗?我们好几个人几乎每周都去天使体育场打球。

艾伦:不,我确实不喜欢棒球。你平常跑步吗?

邻居:不,但是我练习举重。

艾伦:我也希望有时间能练一练,但是恐怕它跟瑜伽不配套。你练瑜伽吗?

邻居：不，我不练。

过了一会儿，我们都笑笑，客套地说了句"改天见"。既然没有发现什么共同之处，我们也就都没有再见面的想法了。

3）意见

"我喜欢住在小城镇里，周围的人我都认识。""如果你真的想赚钱的话，就应该投资银矿。""我总是希望多跟一个人交往，再确定和他的关系。"

意见比客套话或事实更能够让别人了解你。真正想了解你的人会进一步了解你对政治、金钱和爱情的看法，而不仅仅满足于知道你在佛罗里达长大，是一个图书管理员。

如果你以公开一些的态度表达你的意见，别人就可能借此展开有趣的谈话。另一方面，如果你把自己的意见像事实一样陈述，像威尔·罗杰斯所说的那样，你就不会"给顺利的对话留下什么疑问"。每个人对真实的看法是不尽相同的，研究这些不同既有趣，又能增长很多见识。

4）感受

感受与事实和意见不同，因为感受不是仅仅描述发生的事情，表达对此事情的看法，而是要传达你在感情上对此事的反应。因此，你对感情的表达通常被认为是对你这个人的最深刻的洞察。以下例子有助于区分这三者的不同：

A 事实：女性在找工作时受到歧视。

意见：女性应当在找工作时受到与男性相同的待遇。

感受：我感到很愤慨、气恼，他们雇了杰克·罗伯茨，却不雇我。

B 事实：我每天至少问五个开放式问题。

意见：问开放式问题会得到很好的回报。

感受：自从开始使用开放式问题以来，人们对我的态度简直让我惊讶不已。

透露自己的事实和意见是很重要的，但是如果你不愿说出自己的感受，别人很可能会认为你冷酷、浅薄、不喜欢和他们接近。而且，如果你把感情堆积在心里，很可能会发展成多种生理和心理上的疾病。

每个人都体验过失去朋友的痛苦、胜利的喜悦、解决困难问题时的筋疲力尽、和暖夏日的舒适以及在人群中被孤立的失落。每个人都希望在生活中找到爱、快乐以及被别人所接受。当你向别人表达这样的感受时，你希望他们能体验你的感受，同时也让你分享他们的感受。而且，通过这样的自我透露，你就不会盲目地希望别人在乎你的感受，哪怕你从没有向他们讲述过。

（2）怎样让别人对你的自我透露感兴趣

要让别人感兴趣，仅仅列出事实是不够的，还要告诉他们这些事实与你的联系。

来看看同一个问题不同表达的效果。"上次度假你做了些什么？"

让人毫无兴趣的回答："我和妻子开车去了拉斯维加斯，住在联盟广场，花了一整天的时间去赌钱。我们输了大概 50 美元，玩得很高兴。"

如果加上这些事与你的联系："我和格雷斯开车去拉斯维加斯，想要体验一下豪赌的感觉。最初我是在投币机上玩，心想输上两三美元就撤。几分钟之后，我一拉操纵杆，中了大奖！铃声响过，绿灯闪烁，周围的人都冲着我微笑。我异常兴奋，拍着双手，冲着妻子叫喊：我赢了！尽管只有 75 美元，但是我太高兴了，感觉就像是赢了 100 万一样！被这种胜利的喜悦刺激着，我接着花了 5 个小时和 32 美元，又赢了第二次。"

再看下一个问题："描述一下你的工作吧。"

让人毫无兴趣的回答："我是几家小公司的会计，我为它们做好所有的账目。让它们正确地缴税。"

如果加上这些事与你的联系："我是几家小公司的会计。有时候当我有些心不在焉时，我就开始想到这些数字代表的是成千上万的美元，于是我就会紧张起来，生怕会犯什么错误。每当有这种感觉时,我总会重新检查一遍,确保万无一失。有时候我拿到的账本简直一团糟——到处都是数字。尽管牢骚满腹,我还是喜欢这种挑战,一点一点地整理出来,并且让最终的结果相互吻合。"

（3）自我透露常见的问题

1）给人错误的印象

如果你夸大优点、隐瞒缺点,或者根据对方的需要来表述你的观点,你可能会觉得自己在社交活动中成功的几率会更大。但实际上,这只会给你带来更多的麻烦。这样做会有以下两种后果:

①对方会感到厌烦,因为他对你描绘的"完美"的形象不感兴趣（也许你会觉得不如照实说话效果好些）。

②对方会被你的假象所吸引。如果真是这样,你就无法真正体验到自己被人接受的温暖的感觉。接受这些的是你虚构出来的人,而不是你。而且,你会一直提心吊胆,不敢大意,因为生怕自己的把戏被揭穿。结果,最好的选择就是解释清楚你的谎言。

2）不被人相信

自我透露能够帮助你建立良好、亲密的友谊,但是只有在对方相信你的情况下才有效。要做到这一点,有如下几种办法:

①内容具体

在介绍自己的时候,加上具体的名字、日期和地名。比如:"我2004年在欧洲工作。"就不如第二句容易让对方相信——"2004年夏天,我在瑞典的玛尔摩教英语。"不要用"疲惫"、"高兴"、"不安"这样太宽泛的词来描述自己,试着用文字绘制出具体的图像,以此来表达你的感受。比如,"我双手发抖,膝盖互相碰撞着。我张开嘴想喊叫,却喊不出声来。"就比简单的一句"我好害怕"更可信得多（也有趣得多）。

②展示反面

如果能让自己的形象更加完整丰满,那会比全部是优点的形象更加可信。如果在诉说自己工作或篮球上骄人的成绩时,加上一些遇到过的问题,那么别人就会更加容易相信你所说的内容。

3）害怕对方生厌而退缩

对于喜欢轻松娱乐的人,一部周星驰的电影或一段吴宗宪的娱乐节目就足够了。但是人们要的不止是这些,你能够给予他们的东西远比周星驰、吴宗宪或者范伟所能给予的要珍贵得多。因为,你能给他们人际交往的才能!

几乎所有的现代人,尤其是中国人都受到缺乏人际交往这一问题的困扰。大多数人亲密的朋友很少。很多人甚至没有什么亲近的朋友。因此,如果你能够以坦诚的态度,与对方建立一对一的个人关系,真正接触到对方的内心,那么你很可能会受到对方的欢迎。

6. 拒绝别人的操纵

亲人、朋友,甚至陌生人有时都会让你做一些你不愿做的事情——有一条简单易学的技巧,让你从容应对哪怕最缠人的要求。这种技巧叫做破唱片。因为它需要你像破唱片一样,一遍又一遍地重复同样的话。

在使用该技巧时,首先,如果不明白对方的话,询问具体内容。其次,一旦清楚了之后,同意对方说的事实或者同意对方有发表意见的权利。第三,通过自我透露,表明不愿意按对方说的去做,可以加上你的理由。在这之后,如果对方仍然坚持,则使用破唱片的技巧,他说什么都表示同意,但始终用同样的话拒绝他的要求。没有人能够和破唱片争论,所以对方最后将不得不放弃。

看完下面的对话你就明白了。

对话一:斯坦要求吉纳维芙帮助募集慈善基金。

斯坦:吉纳维芙,你好!

吉纳维芙:你好,斯坦。有什么事吗?

斯坦:噢,是这样,我来是给你一个为大家做善事的机会。

吉纳维芙:哦,我需要做些什么呢?(询问具体内容)

斯坦:你知道,我每年都替"联合之路"募集资金。

吉纳维芙:很高兴你这样做,斯坦。等一会儿,我去拿钱包。

斯坦:吉纳维芙,今年我需要你更多的帮助。我要开车出去旅行。

吉纳维芙:哦,那太不巧了,斯坦。

斯坦:如果你能替我向邻居募集的话,你就帮我大忙了,同时自己也做做善事。

吉纳维芙:没错,确实是善事,而且又能帮你的忙,但是我不想去收钱。(同意对方说的事实以及自我透露)

斯坦:我相信你没问题的,周围的人都很喜欢你。

吉纳维芙:多谢你这样说,但是我不想去收钱。(破唱片)

斯坦:当然,你知道,只要花1个小时的时间。

吉纳维芙:我知道只要1个小时,但是我不想去向邻居收钱。(同意对方说的事实以及破唱片)

斯坦:这也是一个很好的机会,可以和艾迭、夏洛特、艾丽丝以及其他朋友接触一下。此外,你说过想找机会认识一下街区里的人,现在就是机会了。

吉纳维芙:确实是不错的机会,能会会老朋友,结识一些街区里的人,但我还是不想向邻居收钱。(同意对方说的事实以及破唱片)

斯坦:你知道,"联合之路"为受灾的人们提供很大的帮助。像得克萨斯州爆发的洪水,甚至那次洛杉矶水坝的决口。

吉纳维芙:说得没错,但是我不想向邻居收钱。(同意对方说的事实以及破唱片)

斯坦:你为什么不愿意做呢?我就想不明白。

吉纳维芙:我知道你可能想不通,但是我确实不想去。(同意对方有发表意见的权利以及破唱片)

斯坦:吉纳维芙,你好像对其他人一点都不关心。

吉纳维芙:我知道你可能会这样想,但是我还是不想去。(同意对方有发表意见的权利以及破唱片)

斯坦:我觉得你是不想帮我这个忙了。

吉纳维芙:你说得没错,我确实帮不上忙。(同意对方说的事实)

对话二:伯尔尼要求埃里卡放弃她的节食计划。

埃里卡:伯尔尼,我们今晚去哪儿吃饭?

伯尔尼:我知道商业街新开了一家墨西哥餐馆,去那里怎么样?

埃里卡:除此之外什么都行,伯尔尼。墨西哥食物油腻太重,我要坚持我的节食计划。(自我透露)

伯尔尼:嗯,但是墨西哥菜好吃啊。

埃里卡:确实是好吃,但是我要坚持节食。还有别的建议吗?(同意对方说的事实以及破唱片)

伯尔尼:哎呀,一天不节食又不是要你的命。

埃里卡:确实不会,但是我还是要坚持节食。(同意对方说的事实以及破唱片)

伯尔尼:实际上,埃里卡,我觉得你应该稍微放轻松一些,那样对你的心理有好处。

埃里卡:也许吧。但是我真的想减肥,所以我要坚持节食。(同意对方有发表意见的权利以及破唱片)

伯托尼:埃里卡,没人能够把节食坚持到底的。你早晚会放弃的,所以为什么不现在放弃呢?

埃里卡:大多数人确实都放弃了,但是我不会。我要坚持下去。(同意对方说的事实以及破唱

片)

伯尔尼:好的,好的,告诉你吧,我有一张这家餐馆的优惠券——两个人收一个人的钱——今天晚上就过期!如果我们现在不用的话,就丢掉好了。

埃里卡:我知道这样会让你另外多花钱,伯尔尼,并且你将错过这么好的机会,但是我还是要坚持节食。(同意对方说的事实以及破唱片)

伯尔尼:好的,那么好莱坞比萨饼店怎么样?我听说那里星期二有优惠:3美元随便吃!

像吉纳维芙和埃里卡一样,当你使用破唱片的技巧时,不管对方如何坚持,你也不要放弃自己的立场。

如果你真的想提升你的人际交往,除了遵循以上6节内容外,你还需要克服社交场合中的紧张心理。有关"紧张"你要知道:事件本身并不会引起人们情绪变化,是人们对这些事件的想法在起作用。事件并不左右你的情绪,而是你的想法。只要你留意去回避那些引起人们紧张的四种信念——"恐惧"、"以偏概全"、"要求过高"以及"想要逃避",你就能克服紧张。而一旦不被紧张所累,你冒的风险越大,机会就越多,成功的可能性就越大。克服了紧张,你就能随意地做很多自己想做的事。

提升你的人际交往的最后一件事情,也是最重要的一件事就是:有计划地去努力!只有练习才能让你得到进步。如果真的付出了克服惯性和掌握技巧所需要的时间和精力,你将得到终生的回报。就像写字、读书和开车一样,很快你就不用去想这些技巧该怎么使用了。你会自动地在生活中使用它们,并从中受益。

如果你是认真的,那现在就开始吧!

五、品质和人格魅力的提高

大学生作为未来潜在的成功者,在大学四年中除了专业知识的学习外,更需要培养出成功必须具备的九种品质。这比克林顿的政治头脑、李嘉诚的财富、乔丹的影响、李小龙的名声更有价值,它就是由品质决定出的你的人格魅力!

1. 仁爱——表达你的爱

如果没有爱,你就不存在。

人只有在不被别人关爱,或是认为自己不被别人关爱的时候才会自杀或者犯罪(马加爵的事件是一个缩影)。事实上,即便是这个世界上最贫穷的人也能奉献爱心。大家应该还能记得多次为"5·12"地震捐款的那位可敬的乞丐。我们都需要别人的爱,我们也都需要去爱别人,因为总会有需要我们去爱的人。

有一个故事:一个印度人看见一只蝎子掉进水中团团转,他立即决定帮助它,可就在他手指刚刚够到蝎子的时候,蝎子猛然蜇了他。但是这个人还是想救它,他再次伸出手试图把它捞出水面,但与此同时,蝎子再次蜇了他。旁边一个人对他说:"它老这么蜇你,你还救它干什么?"这个印度人说:"蜇人是蝎子的天性,而爱是我的天性,我怎么能因为了蝎子要蜇人的天性就放弃我的天性呢?"不要放弃爱,不要放弃你的美德,哪怕你周围的人都要蜇你。

那么,就让我们从现在开始就成为一个满有爱心的人,或是善于付出爱的人。接下来的30天内,请你试着去做以下的事情:

(1)告诉你的家人你爱他们,如果可能的话每天都带着爱去触摸、轻拍或是拥抱他们几次。

(2)告诉你的辅导员、班主任老师及给你上课的老师,你爱(或者喜欢)他们,而且很欣赏他们所做的工作、所上的课。用一些实实在在的方法,如一张纸条、一个卡片来写下你的欣赏然后给他。

(3)告诉你同寝室的兄弟姐妹们,你爱他们,喜欢他们身上的优点。同样用一些实实在在的方法,比如在背上的轻轻一拍来表示你的认可。

(4)如果你与某人不和,即使你对他再有意见,也要去找到他,向他表达你的爱。

❋忠告:

爱他人,并将你的爱坦然无误地表达出来,固然会冒极大的风险,但这正是成功者和失败者的区别:成功者愿意与众不同,从而超越他人。

下面这首有关风险的诗极妙:

风 险

大笑会使你显得像个傻瓜,

哭泣会使你显得多愁善感,

接触他人会使你感到牵连,

表达情感可能会暴露真我,

把梦想展示给公众可能会失去梦想,

付出爱却不一定能得到回报,

活着就意味会失去生命,

满怀希望可能会更加失望,

尝试则有可能遭遇失败。

但这些风险必须要冒,

因为人生最大的风险就是不敢尝试任何风险。

那些一点风险都不冒的人终会一事无成、一无所有、一无是处,

这样也许会免遭痛苦或者忧伤,

但也无法学习、感觉、改变、成长、关爱和生存。

被自我的心态所束缚,

只是个丧失了自由的奴隶,

只有敢于冒险的人才是自由的。

❋提醒:

近些年,以自我和自我尊重为主题的出版物大量涌现,这种负面的影响,助长了近乎病态的自我关注,培植了以"这关我什么事?"为信条的自私文化。大多数人都有自私的念头,这是不成熟思想的必然表现;当一个人成熟时,就会理解每个自私想法都孕育着失败的种子。一个人,如果足够成熟,他就会明白,在任何交易活动中,每个参与者都必须从中受益,任何企图利用他人弱点、无知和危难来谋利的人,最终都会是赔了夫人又折兵。所以如果你想取得真正意义上的成功,得到尊重,你就该远离这类自私文化,你要能认识到,爱能以名誉和财富不能企及的方式激励他人,领引他人!

2. 喜乐——天天喜乐

有一项人人都可以参加的活动,它如同一剂良药,能够减缓压、治愈头疼、消除感染,甚至还能降低血压。

积极参加这项活动,其效果不亚于强有力的体育锻炼,这一点已得到了广泛的证明。活动中,人的腹部、胸部、肩膀和其他相应的部位的肌肉都得到了锻炼。与此同时,心跳加快,血压升高。在这项活动的一次爆发中,心率可以增加到每分钟120次,提高了大约一倍;血压可以从平时的120猛增到200。然而活动一旦中止,心率和血压就会低于正常值,从而使压力得到真正的缓解。

这项不同寻常的活动是什么呢?是笑,信不信由你。

(1)喜乐不等于快乐

快乐源于外部,喜乐则发自内心。

快乐依据外在环境而定,喜乐则依心境而生。

快乐与发生在我们身上的事情有关,喜乐则与发生在我们心里的事有关。

快乐可遇不可求,而喜乐与否完全由你来定。

快乐是短暂的,也是变化无常的。喜乐却如流淌于内心的滚滚江河,永不止息。

(2)你有选择喜乐的权利

在找到并感受到喜乐之前,我们应当明白,喜乐不仅仅是一种情感,还是一种态度。情感不能被选择,如果你不快乐,谁也不能对你说:"去感到快乐吧!"但不管你的心境如何,你都可以决定选择喜乐。可以肯定的是,做这种选择的好处是很多的。

我们将大部分时间用于寻找某件东西,以填补自己心灵的空虚。找来找去,这件东西原来就是喜乐。如果你能为他人带来喜乐,你就是个成功者,你因喜乐所具备的特殊魅力,会使你的感染力远远超过你的想象。

(3)如何喜乐

按照以下几个步骤去做,你的生活将天天充满阳光。

1)做一个心存感恩的人,不要成天牢骚满腹。

牢骚满腹不仅让你看不到生活中的积极面,还会将你心中的喜乐消耗殆尽。

有一个人坐在火车上,在旅途中不时地从车窗往外望去。每当火车穿过一片宽阔的田野,他都要说一声:"太漂亮了!"火车轧轧地响着,穿过森林,这个人也要说一声:"太漂亮了!"不管他看到什么景物——草原上吃草的母牛,停在栅栏上的小鸟,甚至是一幢普通的建筑物,他都会十分惊奇地盯着,并随之发出一声"太漂亮了"的感叹。

旁边座位上的一个人已经观察他好久了,终于忍不住问他:"先生,为什么所有的东西都让你觉得太漂亮了?我并没有觉得那有什么了不起的。"这人回答说:"我敢肯定你不了解,我一出生就是个瞎子,但前不久刚做了眼科手术,现在我能看见了!对我来说,一切都太漂亮了!"

每天怀有感恩的说"谢谢",不仅仅是使自己有积极的想法,也使别人感到快乐。在别人需要帮助时,伸出援助之手;而当别人帮助自己时,以真诚微笑的表达感谢;当你悲伤时,有人会抽出时间来安慰你等等,这些小小的细节都代表一颗感恩的心。

如果你想来表达你对别人或生活的感恩,以下是几个有效的提示。

●列一份你感谢别人的理由

列这样一份清单,大概十几条,表达你对他的感受,为什么喜欢他,或者他帮助了你哪些地方,而你因此深怀感激,然后将这份清单交给他。

●一张表达谢意的纸条

如果别人向你寄来一张表达谢意的纸条,你一定会很开心吧。当你表达谢意时,并不需要正式的感谢信(虽然那更棒了),一张小小的卡片(或 E-mail)就可以了。

●一个小小的拥抱(在适当的时候)

对你深爱的人,或是与你共处很长时间了的室友、朋友,小小的拥抱是很好的表达感恩的礼物。

●不求回报的小小善意

不要为了私利去做好事,也不要因为善小而不为。留心一下他人,看看他喜欢什么,或者需要什么,然后帮他们做点什么(倒杯咖啡,递一杯茶水等等)。行动强于话语,说声"谢谢"不如做一件小小善事来回报他。

●一份小小的礼物

并不需要昂贵的礼物,小小的礼物也足够表达你的感恩了。

●公开地感谢别人

在一个公开的地方表达你对他们的感谢,比如在与朋友和家人交谈时、在博客上、在当地新闻报纸上等等。

●给他们意外惊喜

小小的惊喜可以使事情变得不一般。比如当母亲回到家时,你已经准备好了美味的晚餐;当父亲去工作时,发现自己的汽车已经被你清洗得干净又漂亮;当朋友打开信箱时,发现你特意放的小礼物。

●对不幸也心怀感激

就像罗斯福总统家中被盗后,他给朋友的回信一样。即便生活误解了你,使你遭遇挫折与打击,你也要怀有感恩之心。你不是去感谢这些伤心的遭遇(虽然这也使你成长),而是去感谢那些一直在你身边的亲人、朋友,你仍有的工作、家庭,生活依然给予你的健康和积极的心态等等。

●对每一天心怀感激

你并不需要感谢特定的某人,因为你可以感谢生活!感谢今天又是新的一天。一位怀有感恩之心的朋友常常说,当你每天醒来时,应该这样想:"我真是个幸运的家伙!今天又能安然地起床,而且还有崭新的完美一天。我应该好好珍惜,去扩展自己的内心,将自己对生活的热情传予他人。我要常怀善心,要积极地帮助别人,而不要对别人恶言相向。"

●养成感恩的习惯

一个懂得感恩并知恩图报的人,才是天底下最富有的人。感恩是一份美好感情,是一种健康心态,是一种良知,是一种动力。人有了感恩之情,生命就会得到滋润,并时时闪烁着纯净的光芒。永怀感恩之心,常表感激之情,原谅那些伤害过自己的人,人生就会充实而快乐。让我们一起来听一首《感恩的心》:

我来自偶然像一颗尘土

有谁看出我的脆弱

我来自何方我情归何处

谁在下一刻呼唤我

天地虽宽这条路却难走

我看遍这人间坎坷辛苦

我还有多少爱我还有多少泪

要苍天知道我不认输

感恩的心感谢有你

伴我一生让我有勇气作我自己

感恩的心感谢命运

花开花落我一样会珍惜

我来自偶然像一颗尘土

有谁看出我的脆弱

我来自何方我情归何处

谁在下一刻呼唤我

天地虽宽这条路却难走

我看遍这人间坎坷辛苦

我还有多少爱我还有多少泪

要苍天知道我不认输

感恩的心感谢有你

伴我一生让我有勇气作我自己

感恩的心感谢命运

花开花落我一样会珍惜

感恩的心感谢有你

伴我一生让我有勇气作我自己

感恩的心感谢命运

花开花落我一样会珍惜

2）对你拥有的知足，对你缺乏的不羡

记住两个词：贪婪和嫉妒，它们绝对会使你失去喜乐。一个明智的人知道贪多并不意味着更好一些，别人的东西也好不到哪里去，就算那边的草更绿一些，但也不过是长得快一些罢了，而且还更难割掉。

一个到海边度假的商人站在一座小渔村的码头上，看到载着一个渔夫的小船靠岸。船里放着一些看起来很新鲜的大鱼，商人夸赞渔夫说他的鱼很大很新鲜，并问他捕这些鱼要花多长时间。渔夫回答说："先生，用不了多长时间，我才驾船出海几小时而已。"商人有点困惑地说："显然你捕鱼的工夫非常好，你为何不多捕一点呢？"渔夫笑了起来："我干吗要那样做呢？我需要多余的时间做点别的事。"商人又问："那多余的时间你用来做什么？"渔夫说："我想做什么就做什么。我跟孩子玩耍，陪老婆睡午觉，每晚到村里跟朋友喝喝小酒，唱唱歌。我的生活过得美满又充实。"商人嘲笑地说："哦，你实在是目光短浅。"他抛出名片："我能帮助你。依我的看法，你应该每天多花一点时间打鱼，用赚的钱换一条大一点的船。不出多久，你又可以卖掉大船，再买了几艘船，最后你可以自己做生意。你必须雇更多的渔夫，当然，这你不用担心，我刚好认识人能帮你招聘渔夫。"这时，商人忙拿出笔纸画着图表。"几年后，"他继续说，"与其把鱼卖给中间人，不如直接卖给加工厂，最后你可以自己开罐头厂。这样，你就能控制产品的生产和销售。当然，你还必须撤离这个小渔村，在市中心找个合适的地点，你知道，你必须扩大你的市场占有率。也许你会搬到更大的城市，在那里你可以完全掌握成功且不断扩大你的生意。"商人说得有点上气不接下气，他稍微停顿一下，等着渔夫对他的意见表示采纳和感激。渔夫思考了一会说："先生，这要花多久时间呢？"商人忙着按计算机和在纸上做笔记，然后回答说："哦，大概……十五到二十年吧。""先生，这然后呢？"商人笑着说："问得好，当时机对了，我会很高兴给你建议，你可以把公司上市，然后出清你手上的股票，你就会变得很有钱。你可以赚上几百万，甚至上千万。""先生，几百万几千万吗？"渔夫揉着脸颊问道："那么，接下来呢？"商人说："恩，最后你可以很有钱地退休，选择一个你和家人想要的生活环境，比如说，你可以搬到你喜欢的小渔村住下。你爱做什么就做什么，你可以陪孩子玩，中午陪老婆睡觉，每晚到村里和朋友喝个小酒，唱唱歌，你可以有个美满又充实的生活。"渔夫想了一会儿说："先生，谢谢你给我的建议，不过如果你不介意的话，我想我还是省下这十五年，过我现在的生活好了。"

3）关注他人，拓宽自己的疆界

喜乐的最大秘密就是将喜乐带给他人，你自己也会得到无穷的喜乐。

环顾四周你会发现，大凡喜乐的人，都是甘心将时间和精力分给他人的人；最不快乐的人，是那些在苦苦等待中期盼着有人给他们带来快乐的人。有人曾问著名的精神病专家卡尔·梅宁格："一个孤独不快乐的人如何去面对这种不快乐？"他的回答是："锁上门，穿过街道，找一个受伤的人，给他或她提供帮助。"

4）找到喜乐的源头

这是获得喜乐的最后一步，这种喜乐能够终身伴随我们的左右。我们来到这个世界上，使命各不相同，只有当我们找到各自的位置后，才会经历到不尽的平安和喜乐。

举个例子来说吧。

如果你从海里捞一条鱼放在海滩上,你就会看到这条鱼在大口喘气,身上的鱼鳞也在逐渐干涸。这条鱼快乐吗? 绝不! 你怎样才能使它快乐呢?

如果你用成堆的钱将它遮盖住,这会使那条鱼快乐吗? 不会。一把沙滩椅,一副太阳镜,一本好书,一杯冰茶,再在旁边给它配条雌性鱼能使它快乐吗? 当然不能。

只有一件事能让这条鱼再次快乐起来,那就是把它放回水中。在海滩上,这条鱼永远也不会快乐,因为它不适合待在那里,它是为水而生的。同样道理,我们也需要找到我们的位置和价值。

学会喜乐,就在今天,用你的话语、行动和笑容照亮他人的一天。

3. 平安——心静和平

我们需要和平,这不仅包括邻里间的和睦相处,也包括国与国之间的和平共处。在有记载的3530 年文明史中,只有 286 年在地球的任何角落里都没有战争进行。然而,在这一时期,人们签订了 8000 多个和平条约。有人曾讽刺地说:"和平在历史上不过是一个短暂而光荣的时期,人人都在秣马厉兵,准备再战。"人类之所以难以保持与外界的和平,主要原因就是人们缺乏内心的平安。

海洋学家告诉我们,再厉害的海洋风暴也不会抵达海面以下 25 英尺处。也就是说,暴风可以撕裂海面,引起 100 英尺高的海啸,但在海面下 25 英尺的地方,却平静得如同夏日里的一个小池塘。

人们在寻找平安,也在寻找生活在这种平安里的人,但真正的平安只能来自于内心的安定。杰出的领导人,即使在情况不断恶化的时候,也能够镇定自如,因为他们内心的平安占据了一切。无论他们走到哪里,这平安都能给周围的人带来安慰和鼓舞。与亚伯拉罕·林肯共过事的人都说,即使是在美国内战最为艰难的时期,尽管北方一败再败,但总统无论是在内心深处,还是在表面上,都从未有过一丝的恐慌。相反,他看上去非常平静,充满了必胜的信心。

林肯认为,生活在重重压力之下的人,首先要明白:内心平安与否取决于你关注的问题。太关注外部环境会使人一直处于焦虑中,因为环境一直在变化,且经常脱离我们的控制。

平安与焦虑是相互排斥的。焦虑(worry)这个词源于古德语"wurgen",字面意思是"挣扎"或"窒息"。焦虑是信心软弱的标志,每当你焦虑的时候,你实际上是在说:"我不相信这件事能处理好。我在这件事上没有信心。我怎么才能解决这件事呢?"因此,焦虑会让我们逐步丧失信心,目光短浅,精神不振,直至夺走我们内心的平安。所以要有平安,必须抵挡住焦虑。只需记住一句话:有了坚定的信心,你就不会屈服于任何环境。即使在四面楚歌之际,在他人都失去理智的时候,我们的内心依然能够保有平安。

4. 忍耐——坚忍不拔

雨下了整整一天,放学的铃声响了,该回家了。在一间小学一年级的教室里,老师开始为他的32 名学生穿雨鞋。来到最后一个小女孩跟前时,他长长地松了口气,因为这个脏活终于要结束了。可是,这双雨鞋好像特别紧,他忙活了好一阵,又是拉又是拽的,嘴里还嘟嘟囔囔地说个不停。最后,终于把雨鞋给穿上了。刚刚弄好,小女孩却发话了:"老师,你知道吗? 这双鞋不是我的。"

他简直不敢相信自己的耳朵! 也只能深深地叹了口气,又开始忙活起来。他又是拉又是拽的,嘴里还嘟嘟囔囔地说个不停。最后,总算是满头大汗地把雨鞋给脱掉了。他刚把鞋脱下来,小女孩抬起头看着老师,甜甜地说:"这双鞋是我妹妹的,是她让我穿这双鞋的。"

如果这个穿鞋的老师是你,你会怎么样呢? 你也是一个没有耐心的人吗?

一个人缺乏耐心,就难以成就大事。有人将"耐心"称为"长久的忍受"。什么叫长久的忍受呢? 长久的忍受就是,在追求既定目标时,愿意去体验耐心、坚韧和坚持。在希腊语中,"长久的忍受"称作 makrothymia,翻译过来就是"慢性子来发怒"。耐心就是要在愤怒的时候要慢一点,而不是动辄就勃然大怒。

生活不是百米冲刺,而是马拉松比赛。要想胜利到达终点,要谨记三件事情。

(1)斯人难缠,成功者耐心有加

只有隐士和浪人才能不和难缠之人打交道，即使是寺庙里的和尚也不能幸免于此。

忍耐就是在你想要加大油门的时候，能命令自己踩刹车的能力。只有耐心的人，才可能心平气和地应对无缘无故的麻烦。

有耐心并不是说永远也不会生气。发怒也并不是总是错误的，有时不生气才是错误的。耐心意味着要慢慢发怒、迅速制怒。而我们却往往相反，动不动就发火，而且难以平复。日积月累，愤怒就化成了内心的苦毒，于是便整日怀恨在心，伺机报复。我们有时还会假装对他人很有耐心，而事实上却并非如此。

朝鲜战争期间，几个美国士兵合租了一间房，并雇了一个当地的男孩负责打扫卫生和做饭。这个小孩有着令人难以想象的乐观态度。他说话办事，总是笑呵呵的。于是，这些美国兵决定要和他开几个玩笑。

他们将男孩的鞋钉在地板上。男孩早上起床后，用钳子拔掉钉子，穿上鞋，还是笑呵呵的。

他们在所有的锅把上涂上油。男孩一个一个地擦掉，仍是笑呵呵的。

他们在门上放了一桶水。男孩一开门，就被浇了个落汤鸡。他只是擦干身子，照样笑呵呵的。

终于，他们觉得有点惭愧了，就把他叫来，说："我们想跟你说，以后再也不和你开玩笑了。我们真的很欣赏你的耐心。"

男孩问："你们是说，再也不把我的鞋钉在地板上了？"

"再也不了。"

"你们是说，再也不在锅把上动手脚了？"

"再也不了。"

"你们是说，再也不把水放在门上了？"

"再也不了。"

男孩回答说："那好，我也不再往锅里吐唾沫了。"

你永远也躲不开某个要挑战你耐心的人。实际上，你最爱的人也是对你的耐心挑战最大的人。其实婚姻失败的一个基本原因，就是一方或双方缺乏忍耐。无论是在家里，还是在寝室，在学校，忍耐可以为你留住那些值得珍视的情感。困难的出现，实际上是帮助你培养忍耐这一美德的良机。

（2）困难当前，成功者积极应对

困难当前，要有耐力。爱迪生的例子不想说了。我们来了解一下长颈鹿从出生到站起来的全过程。

长颈鹿出生时，首先生出来的是小长颈鹿的前蹄和脑袋，然后整个小长颈鹿才出来，并从10英尺的高处落地。几秒钟后小家伙就翻过身，努力用它那瘦长的从未沾过地的腿站起来。这时，令人惊奇的一幕发生了——

长颈鹿妈妈直接站在新出生小鹿的上面，仔细查看。然后就开始摆动长腿踢小鹿，将其踢得趴在地上。如果小鹿不能站起来，就再踢一次。如果小鹿累了，鹿妈妈也会再次踢它，以刺激它努力站起来。

每次小长颈鹿试着要站起来，鹿妈妈就把它再次踢倒。在我们看来，鹿妈妈的举动似乎有点残忍，但她这么做是有道理的，她是在锻炼小鹿的生存能力。小长颈鹿必须学会在危险来临时迅速站起来，并与鹿群一起奔跑，否则就无法生存下来。

当生活也"踢"你，并将你击倒在地的时候，你也必须尽快站起来。在生命中的特定时刻，你也会面临要么站着、要么丧命的境地，有些时候是没有其他选择的。在如此的困境中，只有靠决心和毅力才能学到最好的经验。

困难当前，带着韧性积极应对是唯一出路。尽管不敢保证坚持就能成功，但，如果不坚持就肯定会失败。不退出就不会失败，一旦退出，就注定失败。

（3）明确目标，成功者坚持不懈

我们为什么要培养耐性、毅力和坚韧呢？在与人交往或处理问题时，应当注重培养坚持不懈的品格。因为这不仅是在考察你能做什么，更是为了看看这么做能给你带来什么好处。

生活中经常会有一些麻烦事或制造麻烦的人，来磨炼你的耐心。仔细想想，其实也只有在"沉重打击"的学校，才能使你的耐心和毅力得到更好的磨砺（看看军校和野战部队），因为这些品格是你充分发挥自己潜力的坚实后盾。

这些品格为何如此难以培养？因为它们需要时间。生活中最难坚持的事就是等待。在今天这样一个和时间赛跑的时代，人们是很难学会等待的。

1997 年，吉露牌果冻迎来百岁诞辰。然而，如果它的发明者能活到现在，他也许只能以旁观者的身份，眼巴巴地看着自己的产品获得巨大成功。

1897 年，珀尔·维特（Pearl Wait）同时干着好几份工作。他是个建筑工人，也从事专利药品的买卖，挨家挨户地上门推销药品。在终日奔波的闲暇里，他想到了一个将果汁与果粒加以混合的好主意，他的妻子给这个产品起名叫"Jell - O"。维特觉得，这不过是让自己又多了一个可以沿街叫卖的产品而已。不幸的是，这个产品并不像他想的那样好卖。于是在 1899 年，维特将吉露果冻的所有权以 450 美元出售给了自己的邻居——奥雷托·伍德沃德（Orator Woodward）。伍德沃德懂得如何去做市场推销，仅仅过了八年，就将一个 450 美元的投资变成了一项 100 万美元的事业。

今天，吉露牌果冻的日销售额已达 110 万美元。可是维特的后代中，却没有一个人能够从中得到一分钱。为什么？因为维特不愿意等待。

没有什么事能马上就取得成功，不管是与人交往还是解决问题。不管你是想减掉 10 公斤还是 30 公斤体重，都只能一次一斤地慢慢来。使人陶醉的并不是站在山顶，而是那攀登到山顶的过程使人觉得不虚此行。

本节最后的建议：忍耐（坚韧），就在今天，无论是与人来往，还是解决问题，都要坚持到底，决不退出。决心战斗到最后一息的人，才是最终的成功者。

5. 友爱——善待他人

将友爱随身携带，每一天至少在一件事上是与前一天是相同的，那就是表达友爱的机会。就让某些人在自行车流中插到你的前面吧；为别人开开门；帮人放下头顶的行李。失去的机会不仅不会再来，而且还会令人感到遗憾。

善待他人、充满仁慈并不代表软弱，也不是在感情上放任自流，纵容错误与邪恶。事实上，在恰当的方式下与一个人的缺点和问题作斗争就是最大的仁慈。

伊索说："善意的言行无论大小都不会白费。"关于好心，请记住这一点：好心总有一天会为你或你的后人带来回报。好心决不是浪费时间和精力，而是生命中不可或缺的一部分。

一天傍晚，有个人在一条乡间小道上开车回家。他一直在努力寻找新的工作。自从他工作的厂子倒闭以后，他就一直失业。随着冬天的到来，他也到了山穷水尽的地步。

天色很暗，他差点没看见那个在路边抛锚的老妇人。不过，他还是能看出她需要帮助。于是，他把车停到老妇人的奔驰车附近，下了车，走过去。他注意到老妇人有些紧张。在过去的一个多小时里，没有人停下来帮帮她。她有些怀疑："他会不会伤害我？他看上去也不保险。他一副穷相，饥肠辘辘的，看起来不对劲。"他也觉察到老妇人吓坏了，一个人孤独地站在冷风中。于是，他试着让她放松一点，说："夫人，我只是想帮帮你。为什么不到我的车里去暖和一下呢？我看看能不能修好你的车？顺便说一声，我叫乔。"

老妇人的车只不过爆了一个胎，但对于她来说，已经够糟了。乔钻到车子下面，找到一个安放千斤顶的地方。他的手被车轴下面的石头碰破了，但他还是很快换好了胎。在他拧紧四方螺帽的时候，老妇人摇下车窗开始和他说起话来。她说她是圣路易斯人，只是路过这里，她对他的援助不知该怎么感谢才好。他只是笑笑，关好行李箱，然后走向自己的车子。

她问道："告诉我,我该给您多少钱? 要多少我都会乐意付的。"

让她吃惊的是,乔回头看了她一眼,说:"如果您想给我回报,下次看到有人需要帮助,就去帮帮他们吧,那个时候请想一想我。"他一直等到老妇人把车发动了以后,才重新上路。尽管天气又阴又冷,但他在薄暮中驾车回家时还是觉得非常愉快。

开车走了几英里,老妇人看到一家小餐馆。她走了进去,打算抓紧时间喝杯茶,驱驱寒,然后走完回家的最后一段路。这个小餐馆看上去肮脏不堪,不用问,生意肯定不怎么样。然而,女侍者拿来一条毛巾让她擦干头发。尽管她甜甜地笑着,但老妇人还是可以看出,她已经很疲惫了,正急于休息。她还注意到,这位女侍者已有 8 个月的身孕了。但不管怀孕的辛苦,还是工作的劳累,都没能影响她快活的心情。她也能看出这位女侍者是在苦心经营。让她不明白的是,为什么一个人收取的不多,却给一个陌生人许多。这时,她想起了乔。

老妇人用完餐后,女侍者去拿 100 美元的找头,但老妇人在她回来之前就悄悄离开了。女侍者还在纳闷那位女士跑哪去了。最后,她发现餐巾上写了些什么,好像是首诗,看完后她不禁热泪盈眶。诗是这样写的:

> 你不欠我什么,
>
> 我也曾和你一样;
>
> 有人曾帮助过我,
>
> 就像我帮你一样。
>
> 如果你真想回报,
>
> 我这里有个主意;
>
> 不要让爱心之链,
>
> 在你这里中断。

女侍者终于结束了一天的工作。那天晚上,当她回家上床后,就想起了那笔钱和老妇人写的诗。这位夫人怎么会知道她和丈夫非常需要钱呢? 孩子下个月就要出生了,日子就更难过了,特别是丈夫又失了业。她躺在床上,轻轻地吻着丈夫,悄悄地说:"一切都会好起来的。我爱你,乔。"

抓住一切机会去关爱他人。利用今天的一切机会,或者创造一切机会,用你的言行向他人表达友爱。爱默生曾说过:"无论什么时候,关爱他人都不嫌早,因为你永远不会知道,什么时候才是太迟了。"

6. 善良——做个好人

善良,这个本来再普遍不过的道德准则,现在似乎只是个人爱好,正走向被抛弃之中。

如果一个社会说谎、懒惰、不负责任、腐败和缺乏诚实成为司空见惯的事,那么这个国家不仅经济会走下坡路,而且未来只会是充满危险的两条道路——要么自生自灭,要么以武力建立一个新秩序的国家。国家如此,民族亦然。在一个白领犯罪和蓝领掠夺泛滥的社会,国家肯定会为此付出沉重的代价,善良越少,政府的干预就越多,政府的花费也就越高。正如道德良好会带来巨大的经济和财政效益那样,道德崩溃也会增加巨大的经济和财政支出。

永远不要低估一个人在恰当的地点、恰当的时间,即使仅做了一件好事和正确的事所产生的巨大影响力。

品格来自于人的内心。做一个好人并不是一时一事,而是一生一世。

如果我们知道自己能够相信他人,也为他人所信任"能尽力去做正确的事",你能想象我们的家庭、学校、政府和社会会有多么大的不同吗? 一阵新鲜的信任之风,会把社会上那股玩世不恭的歪风邪气吹得无影无踪。

善良在一切品德及品格中是最伟大的。如果没有这种品德,人就会成为一种忙碌的、有害的和卑贱不堪的东西。不要欺骗自己,因为生命转眼即逝。做好事,做好人,做一个有品格的正直的人,你一生都会过着幸福生活。

用一切手段，
使一切方法，
在所有地方，
在任何时刻，
对一切的人，
尽你的所能，
做正确的事。

每天都要利用或者创造机会，做个好人，做正确的事。

7. 诚信——忠诚不二

古人早有遗训——有信方可为官！

晋文公重耳即位之后，有些诸侯小国却不愿臣服于他。其中"原国"反应最为强烈，原国虽小，但他的始封之君是周文王的儿子，怎么甘愿承认从国外逃亡归来的重耳作为他们的霸主呢？于是不断挑衅，制造事端。晋文公为平息动乱，完成霸业，决定讨伐原国。

战前，晋文公亲自部署作战方案，到士兵中作战前动员，他与士兵约定："根据我们的军事力量和原国的战斗实力，我们能够速战速决。以7天为期，降服原国。"。

战争的进程出乎意料。原国的将士在强大的晋国面前，英勇顽强，沉着应战，尽管他们伤亡惨重，给养困难，但仍有拼死决战的势头。

7天限期已到，原国仍然十分顽强。晋文公为遵守诺言，便坚定地下达了撤离的命令。眼见原国已近绝路，军官们纷纷向晋文公进谏，请求再坚持一下，大家一致表示："只要再坚持3天，原国军队就会完全崩溃，只有投降臣服的路了。否则劳师动众、花费巨资、损兵折将却无功而返的话，有损国威不说，原国就更加不服了，其他小国也会效仿的。"

面对原国陷入绝境，军官们纷纷请战以及撤军会带来的负面影响的不利局面，晋文公坚定地说："君主言而有信、遵守诺言是国家得以昌盛的珍宝，也是军队能真正立于不败之地的珍宝，为了降服原国而失掉如此贵重的东西，我们合算吗？"

这一仗晋文公虽然没有用武力征服，可是他言而有信，遵守诺言的名声却传遍了诸侯各国。

第二年，晋文公又发兵攻打原国。这一次他与士兵约定并向外发布："我们必须坚持到底，达到彻底征服和得到原国的目的后再返回。"

原国人听到这个约定，知道言而有信的晋文公不达目的不会罢休，于是战幕尚未拉开就投降了。另外一个一直不肯臣服的卫国，也归顺了晋国。

因为讲诚信，不战而屈人之兵、亡人之国，这本已是一件值得惊诧的事情。然而，重耳讲诚信的收获，并不止于此次战役。随着他讲诚信美名的传播，国内百姓信服，诸侯纷纷依附，晋国迅速崛起成为春秋五霸之一。诚信的力量之大，由此可见一斑。

所以，回顾我们的大学，部分大学生为了区区几百元的房租费、学费、贷款费而失信于人，丢掉自己最为宝贵的诚信、丢掉自己的名声，又是否合算呢？

如果想做一个忠诚可信的人，那么你在做任何事情的时候，都要在100%的时间里尽100%的努力。如果99.9%不能代表最好，那它就是还不够好。

《观察》杂志曾发表过一篇文章：如果99.9%能代表最好的话，那么——

☐今年，会有103260份纳税申报单未能得到正确处理；

☐在未来的60分钟里，将有22000张支票从错误的银行账户里扣除；

☐每分钟，会有1314个电话接错线；

☐每天，会有12个婴儿交给了错误的父母；

☐在今后一年内生产的软性饮料中，有5517200个是破损的；

☐在芝加哥的国际机场，每天有两个航班的降落是不安全的；

□在下一个小时里,有18322封信会寄错地址;

□今年,会有291次心脏起搏器手术不成功;

□使用中的88万个信用卡磁条上的信息是不正确的;

□一年内,有2万个医药处方写得不正确。

在任何情况下,都应该尽自己所能做到最好,否则就说明你在忠诚可信方面完全失败。在小事上忠心的人,在大事上也能忠心。

※如下几个方面是我们必须忠诚的:

(1)在情感上

对朋友两面三刀、对情侣脚踩两只船都应该绝对禁止。

(2)在目前的学习和以后的工作上

对目前的学习,在应该上的课程上(遇有"垃圾"老师通过正常渠道反映)不迟到、不早退。

在未来的工作上,按规定上下班,不迟到、不早退。

对目前任职的学生干部职务,要尽职尽责。

在未来的工作岗位上,要尽职尽责。

目前完成应当完成的学业,即使教学大纲上并没有标注。

未来完成应当完成的工作,即使不在你的工作范围之内。

诚实地学习,踏实地完成老师布置的任务。

诚实地领薪水、真实地报销费用。

维护班级和学校的荣誉。

维护团队和公司的荣誉。

(3)在财物使用上

妥善负责地管理我们的财物。月光族,说明你不仅没有妥善管理好你的财物,而且没有承担好你的责任以及对未来可能遭遇到的突发事件没有清醒的认识,国家目前给予的公民福利还没有达到足以让我们成为月光族,哪怕你是年轻人,当然短时期内的用于开创事业的投资不在此列;另外,在财物使用上独自享乐,也说明你忘了朋友和需要帮助的人。

(4)在诺言履行上

本书会反复提到,这里不做多说。

那么,应当如何培养忠诚可信的美德呢?从小事做起!正是对小事忠心,别人对你的信任才会发芽、生长、成熟。如今,有太多的人过于眼高手低而不愿从小事做起,他们更愿意做他们认为的大事。朗费罗说:"如果不是因为好高骛远的话,很多人本来是能够在小事上取得成功的。"

顺便说一下,如果遇到难以抉择的事,可以借鉴一下李开复博士的"头版头条测试法"。这个方法很有效。一次,李开复在苹果公司遇到裁员,他必须在两个业绩不佳的员工中裁掉一位。第一位是不够努力却有恩师求情的同门师兄;第二位是新来的有潜力的员工。在裁哪一位时,他做了个假设:明天,在一份亲朋好友都会阅读的报纸上,他做的事被刊登为头条新闻,希望看到下面哪一个头条消息呢:①徇私的李开复,裁掉了无辜的员工;②冷酷的李开复,裁掉了同窗的师兄。虽然他极不愿意看到这两个"头条消息"中的任何一条,但相比之下,他觉得前者给他的打击更大,因为它违背了其最基本的诚信原则。这样他既没有颜面见到公司的领导,也没有资格再做职业经理人了。于是,李开复裁掉了师兄,同时告诉他,今后如果有任何需要他的地方,都会尽力帮忙。"公正"和"负责"的价值观对李开复而言,比"怜悯心"和"知恩图报"更崇高、更重要。

如果用"报纸测试法"得到的令自己羞愧的结果,就有必要深刻反省,下定决心将来再也不做类似的事。每个人都要对自己的良心和承诺负责,这种自己和自己达成的协议与默契是维持诚信价值观的最好方式。

8. 谦卑——不断进步

谦卑,与人交往时,要永远让对方觉得他们比你更重要,任何时候都应当如此。

中国窗业的领航者——哈尔滨森鹰窗业有限公司,就把谦卑当做企业的文化,在不到十年的时间里,企业从零起步飞速发展,直至到达领航者的高度,而他们依然保守谦卑,把目标放眼到世界……

那么,如何变得谦卑呢?

首先,想办法让自己变得温柔(包括男生,温柔或者温和并不会让你丧失你所谓的男子汉气概)。温柔是对人谦卑的保证。不止一个人说过:"没有比温柔更为有力的,没有比真正的力量更为温柔的。"正如要想抓更多的苍蝇只能用蜂蜜而不是苍蝇拍一样,人们更容易接受温和地劝诫,而不是威胁的言词。

其次,别以为自己不可替代。

无论何时,如果你有了自以为了不起的想法,就想一想下面饱含着真理的诗句吧。不管你"爬多高",这首诗你总能用得上。

有时,你觉得自己很重要,
有时,你自负且开始膨胀,
有时,你想当然地认为,
你是这里最有资格的那一位。

有时,你觉得自己的离去,
会留下无法弥补的空洞。
还是遵照这个简单的指示吧,
看着它如何使你的灵魂变得谦卑。

拿一只桶,把它放到水中,
放进你的手,直至没过手腕,
然后取出,留下的洞就是
大家对你的需要程度。

你可以随心所欲溅起水花,
也可以使劲地搅得不停,
一旦停下你很快就会发现,
它会像以前一样无比平静。

这个奇特的例子告诉我们,
尽你的所能去做到最好,
为你自豪的同时也请记牢,
没有什么人是必不可少的。

9. 自制——约束你心

有自制力的人,都是生活中的成功者,他们在任何情况下都能根据原则和正确的推理对事情做出回应,而不会凭冲动、私欲或社会习俗行事。

你摆脱不了你自己,这是事实。但是,如果你想成功并正面影响他人,就必须摆脱自我的约束。要么,你控制了自我;要么,为自我所控制。

那么,作为成功者他们是如何学会控制自己的呢?

(1)成功者能控制自己的时间。

每个人的时间都是宝贵的。任何人的时间都不会比你多,或者比你少。控制和管理自己的时间是很重要的事情,因为管理时间就是管理我们自己。其实,时间管理并不复杂。把你需要做的事情列成清单,按照重要程度排序,并且尽可能地执行制订的计划,一次做一件事。无论你用何种方式去做,像耐克(Nike)的广告语那样:"只管做就行了!"

记住一句名言:"使高效执行者脱颖而出的,莫过于他们对时间的良好控制……一个人,除非能够有效地管理自己,否则,无论他有多大能力、多少技能、多么丰富的经验、多么渊博的知识,都不能使他成为高效率的执行者。"

(2)成功者还能控制住自己的舌头。再没有什么比不假思索的言词更能快速背叛你的了。

(3)成功者还能控制住自己的情绪。你应该知道,别人只能促使你去发脾气(并且使你在事后又悔不当初),但没有人能使你失去理智。有人说得好,你的脾气是非常宝贵的,应该保护好它,而不要随便发泄。

附:做统治自己的国王

一天,普鲁士的弗雷德里克大帝在柏林的郊外散步,这时,一位老者迎面缓缓走来。

"老人家,"弗雷德里克问道,"您是谁呀?"

"我呀,我是一个国王,"老者答道。

弗雷德里克笑了。"国王!"他说,"那么,您统治的是哪个王国呢?"

"统治我自己。"老者自豪地回答。

在本节的最后,让我们以一首尽显自制的精髓、弥漫人格魅力的诺贝尔文学奖得主吉卜林的一首诗歌来结束。

如 果

如果在众人六神无主时,
你镇定自若而非人云亦云;
如果被众人猜忌怀疑时,
你自信如常而不去枉加辩论;
如果你等待,却不烦乱;
被人欺骗,却不欺骗人;
被人嫉恨,却不嫉恨人;
你有仁爱、聪慧但不张扬;
如果你有梦想,而不迷失自我;
如果你有神思,而不至于走火入魔;
如果你能在成功之时不忘形于色,
而在灾难之后也勇于咀嚼苦果;
如果听到自己说出的奥妙,
被无赖歪曲成面目全非的魔术而不生怨艾;
如果看到自己追求的美好,
受天灾破灭为一堆零碎的瓦砾,也不肯放弃;

如果你辛苦劳作,已是功成名就,
为了新目标,你依旧冒险一搏,
哪怕功名成乌有,也没有半句怨言;
如果在你心力交瘁、疲惫不堪、一无所有之际,
你仍然能够奋发图强,
对你的梦想说"坚持。"

如果你跟村夫交谈而不变谦恭之态，
和王侯散步而不露谄媚之颜；
如果他人的爱憎左右不了你；
如果你与任何人为伍都能卓然独立；
如果昏惑的骚扰动摇不了你的意志，
你能等自己平心静气时再作答……
那么，你的修养就会如天地般博大。

毫无疑问，如果你能在学习生活中展现本章介绍的 9 种品格，你就一定会具备极具亲和力的人格魅力，并为你未来一路的成功增添不可或缺的影响力。

附 32：麦克阿瑟将军为孩子的祷告

上帝啊！求你塑造我的儿子，
使他够坚强到能认识自己的软弱；
够勇敢到能面对惧怕；
在诚实的失败中，毫不气馁；
在胜利中，仍保持谦逊温和。
恳求塑造我的儿子，
不至空有幻想而缺乏行动；
引导他认识你，同时又知道，
认识自己乃是真知识的基石。

我祈祷，
愿你引导他不求安逸、舒适，
相反的，经过压力、艰难和挑战，
学习在风暴中挺身站立，
学会怜恤那些在重压之下失败的人。

求你塑造我的儿子，
心地清洁，目标远大；
使他在指挥别人之前，
先懂得驾驭自己；
永不忘记过去的教训，
又能伸展入未来的理想。

当他拥有以上的一切，
我还要祈求，赐他足够的幽默感，
使他能认真严肃，
却不致过分苛求自己。

恳求赐他谦卑，
使他永远牢记，
真伟大中的平凡，
真智慧中的开明，

真勇力中的温柔。

如此，我这作父亲的，

才敢低声说："我没有虚度此生。"

麦克阿瑟将军简介：

作为"血胆"将军巴顿佩服得五体投地的人，五星上将麦克阿瑟拥有太多的传奇色彩。他几乎在刚会走路的时候，就学会了骑马和打枪；13岁时，他就进入西得克萨斯州军校，在那时就显露出打仗所需要的才华；19岁时，他以总分第一名的成绩考入著名的西点军校，毕业时被破例授予上尉军衔；38岁时，他出任著名的"彩虹师"师长，成为美军历史上最年轻的准将；39岁时，他出任西点军校校长，后来被誉为"西点之父"；50岁时，他成为美军历史上最年轻的陆军参谋长……要不是他，在当陆军参谋时大力抗争，甚至不断用辞职威胁罗斯福总统增加军费，二战时美军将是一支二流的军队，能否赢得战争将是很大的问题；要不是他，反攻日本不会那样的顺利，他的军队与日军战成三十比一，死一万多美军、击毙四十多万日军，这样的成绩，在二战时没有任何一名将军能够相提并论！他是美国奖章获得最多的一位军官，也是唯一一个参加过第一次世界大战、第二次世界大战和朝鲜战争的美国将军。此外他还有让人不知如何是好的许多历史第一。

六、不良状态的消除

1. 如何戒除网瘾

下面提供七步解脱网瘾的方法，希望能对你有所帮助。

（1）正视危害

沉迷于上网，尤其是沉迷于黄色网站，危害极大。它会使人迷失于虚拟世界，自我封闭，与现实世界产生隔阂，严重影响学习，甚至中断学业。久而久之，还会影响正常认知、情感和心理定位，导致人格的偏离，甚至发生意想不到的可怕后果。有的因上网成瘾，神情恍惚，人格扭曲，无心读书，中途辍学；有的无钱上网，拦路抢劫，偷窃财物，导致违法犯罪；还有的连续几天几夜泡在"网吧"，不思食寝，过度疲劳，猝死在"网吧"。

（2）计算损失

建议你认真地计算耽误一次学习的亏损，包括你为此可能带来的补考、挂科，甚至延迟毕业或不能毕业的后果，以及丧失参与学校活动的机会、协作能力锻炼的机会、与朋友（女友）相处交流的机会等等，并归纳成几个简洁的词语或数字。当下次电脑强烈吸引你的时候，冷静地用这几个词和数字提醒下自己。

（3）戒除此习惯、养成彼习惯

破除一个习惯需要连续一个月，养成一个习惯同样需要连续1个月。在戒除某种习惯时，这种习惯仍有很大的诱惑力，这是正常的心理现象。有心理学家把这种情况比喻为冲浪者所面对的阵阵波浪。这种诱惑的"波浪"虽然会出现，但在3～10分钟内就会自行消退。在"波浪"来时，可事前考虑如何运用"冲浪技巧"。在戒掉"网瘾"的一段时间内，个人的情感需要并未结束。此时，需要用一种新行为、新习惯来替代老习惯所产生的满足感。比如多参加一些自己喜欢的活动，多做一些自己感兴趣的事情，用自己的新行为和新习惯来代替上网习惯，冲破网瘾诱惑的阵阵波浪。

（4）走出去、开阔视野

走出去，多参加一些户外活动，比如打球、健身或者旅游等。在这些过程中多与人交流沟通，了解他们的生活和习惯，特别是那些积极进取者的生活和习惯，开阔自己的视野，找到你的追求和梦想，要知道，绝大多数人的价值并不在电脑和网络之中。

（5）科学安排

发达国家将每天上网超过4小时，称为网瘾。预防或戒除网瘾，重要的是能科学合理安排上网时间和内容，尤其要为自己约法三章：一是控制上网时间。每周最多2～3次，每次上网的时间一般不超过 2 小时,且连续操作 1 小时后应休息 15 分钟。尤其是夜晚上网时间不能过长,就寝前一定要提前回到宿舍,按时睡觉。二是限制上网内容。每次上网前,一定先明确上网的任务和目标,把要完成的具体任务和内容列在纸上。不迷恋网上游戏,坚决不上黄色网站。三是准时下网。上网之前,根据任务量限定上网时间,时间一到,马上下网,不找任何借口。

(6)请人监督

戒除"网瘾",寻求别人的支持和帮助非常必要,最好的办法是找到一个人帮助你克服这个问题。这种支持可来自同学、老师、朋友和家庭,可先向他们讲明自己控制上网的计划,请他们监督;当"网瘾"出现时,请他们及时提示,帮助克服。也可以向多数人承诺上网时间或计划,甚至可以与同学打赌的方式帮助自己达到控制上网的目的。平时的活动,要多与学习好的同学在一起,与他们一起上课、一起自习、一起交流,在他们的带动和帮助下,有助于你淡化网瘾,把精力集中到学习上。当你取得一点小成功时,比如已经按计划实行一周,不妨对自己进行奖励或暗示,学会为自己加油。

(7)寻求专业帮助

当你自己无法解决上网成瘾问题时,一定要积极主动地寻求专业人员的帮助。一是可以找心理咨询师咨询。二是可以参加团体心理训练,这是戒除网瘾的一种很有效的方法。团体训练是多种咨询理论的综合利用,通过丰富多彩的群体互动活动,对你产生感染、促进和推动作用,帮助你改变认知、改变心态,获得心理上的提升,同时学会制定自我管理的行为契约,根据目标行为完成与否进行正强化或负强化。这种相互监督的契约是对各自上网态度与行为的承诺,由于这一承诺是在群体中做出的,那么遵守它的动机与压力就强多了。因此,参加团体心理训练对于预防或戒除网瘾会有显著的效果。三是如果有必要,去找专业的医生给予药物治疗。

以上 7 步也许能帮助到你,不过,对于每个人来说,一旦患上网络成瘾症,要戒除是会很困难的。因此,预防是医治上网成瘾的最好良方。提前了解网络成瘾会带来的巨大危害,积极参加学校举办的各种有益活动,注意培养自己良好的兴趣、爱好并及时遏制上网有瘾的苗头才是上策。

2. 怎样消除疲劳

(1)如果是慢性疲劳

有如下 6 种具体办法:

1)生活有规律,减少夜生活,避免熬夜(晚上 10 点半以后就算是熬夜),每天睡眠 7～8 小时,每天吃早餐。

2)要心胸豁达,开朗乐观,知足常乐,并能适当保持"童心"。

3)培养一项业余爱好,如琴棋书画、唱歌跳舞,以陶冶情操。

4)生命在于运动,保持脑力和体力的协调。

5)纠正膳食习惯中存在的结构不合理和总热量过高的缺陷,每餐以八分饱为度,减少盐、动物脂肪和糖的摄入,多吃鱼类、豆制品、蔬菜和水果。

6)禁烟,少酒,多喝茶。

(2)如果是运动后的疲劳

有如下 9 种缓解办法:

1)运动后肌肉酸痛和疲劳是正常的。一般经过 4～6 天后会逐渐缓解和消失。睡眠是必不可少的体力恢复过程。

2)伸展或拉长肌肉可缓解肌肉酸痛。

3)温水浴和局部热敷也可有效消除肌肉酸痛。一般在运动后进行,水温在 32～42℃之间,洗浴时间 10～15 分钟,热敷温度以 47～48℃为宜,持续时间为 70 分钟左右。

4)按摩,尤其是手按摩效果较好。可先用卧姿按摩臂、腿、胸、腹部,然后用坐姿按摩背、颈部,手法可按推摩、揉搓、按压、抖动的顺序进行。也可作穴位的点按。

5)运动后饮食要保证质和量,除了应保证足够的糖、脂肪、蛋白质等能源物质的供应外,还应注意补充适量的维生素和无机盐类。

6）有条件者可采用吸高浓度氧或吸入负离子的方法消除疲劳。

7）合理安排运动量，不能因肌肉酸痛和疲劳而完全停止锻炼和运动。应适当减少运动量，合理、科学地安排运动量对减轻缓解肌肉酸痛和疲劳起着举足轻重的作用。

8）积极性休息，如通过转换运动练习的方式或做些放松动作、听音乐等，使机体获得积极性休息。

9）遵照医嘱适当补充营养药物，也可以达到强壮滋补身体和促进人体恢复的目的。

（3）如果是困倦类疲劳，并想快速消除，使头脑保持清晰

有人曾做过一个有趣的调查，那是关于动物的睡眠时间的。据说，懒猴（南美产）每天睡20小时；狮子每天睡10小时；马每天睡4小时（站着睡）；长颈鹿每天睡20分钟；海豚每天睡0小时（不睡觉）。也许大家都会对海豚的0小时睡眠感到惊讶，但这其中是有奥妙的。原来，海豚能左右脑交替睡眠。而长颈鹿睡的时间也很短，只有20分钟。

据科学家实验，不眠型的人比熟睡型人的脚部温度要低3℃。可在睡觉前30分钟时洗个热水澡，特别要把脚脖子的部位用热水泡2分钟左右。再用手一根一根地转动脚趾尖，左右慢慢地转动一次就可以了。然后再第2次泡脚，也是2分钟。最后用干毛巾擦干。这样，睡眠不好的人就能轻松入睡了。

介绍一种很好的睡眠法——假眠法（死尸体态）：

A. 基本形状是把手脚伸开仰卧在床。下巴朝上、眼睛紧闭、手掌朝上、两手在体侧张开与身体成45度、两脚离身体的中心线各张开30～35厘米左右。这时脊椎和气管成了一条直线。

B. 趴在床上。两手向上伸（适于男性）。

C. 趴在床上。一侧手和脚弯成直角（适于女性）。

摆好姿势以后，按照脚趾尖、脚脖子、膝盖、大腿、下腹部、胸、肩、腕、脖子、头的顺序放松。放松时要把意识转向放松的部位，吐气时再放松，在心中反复默念"放松"。像一具死尸那样把全身完全放松，就这样进入深睡。

这个运动的要点是全身完全放松后要把意识集中在两眉之间，从全身放松时起要休息10分钟。习惯以后，用几分钟的时间就能进入深睡，从睡眠中醒来的时候，要一边吐气一边把手脚和头向左右轻轻摇动，然后把整个身体左右活动后再慢慢站起来。

另一种可使你快速消除疲劳、使头脑清晰的方法是按摩法。

首先做"大敦"穴位刺激法。在大拇脚趾甲的根部，离第2个脚趾最近的部位有个穴位叫做"大敦"。脚拇指是肝经的开始之处，刺激这里可使生殖器—肝脏—脑—目顺次得到刺激，所以通过刺激"大敦"穴，可使头轻目爽。在做时，要一边用力按压"大敦"穴，一边用7～8秒的时间慢慢吐气。

另外，用击打法对"足三里"进行刺激（足三里在小腿外侧，约在外膝眼下三寸，小腿骨外一横指，按压起来有酸胀感，但不会发麻）。首先，深吸一口气，再用掌侧击打，同时把气一下子吐出来。这样反复做10次，大脑就会变得很清醒。

最后，用"前额发际点"刺激法（前额发际点在太阳穴附近的发际上。用手指按一下太阳穴，感到疼的部位就是它）。左右同时用掌侧用力击打这个穴位，击打的同时要做短促而有力的呼气，这样连续做10次（10次为一套），连续做3套。再用同样要领，在颈窝处做3套。你会睡意顿消，变得神清气爽起来。

3. 如何驱散不愉快、郁闷等阴霾

关键是要问对问题、看对角度。

比如,早上刚出寝室大门就摔了个四脚朝天,弄得灰头土脸,怎么办?

你可能会跟自己说:"我怎么那么倒霉!""真的是好丢人!""我听到好像有人在嘲笑我……""是不是有人在故意捣鬼,看我笑话……"然后你会更加生气和郁闷,如果这时有人制造了一根导火索,你或许会引发更大的不愉快。这一切都是因为你问错了问题。

如果我们试着问另外的问题呢:"幸好没摔到要害,要不就惨了。""还好离寝室不远,可以很快回去换身衣服。""幸亏摔得不高,地上还没有玻璃一类的东西,好幸运。"如果这样问问题,是不是会好一些呢?因为无论怎样,你已经无法改变既成的事实了,何不让自己的心情好一点呢,想一想更糟糕的情况幸好还没发生,还好多少可以挽回一点。

事实上,乐观、积极的人从来都是问对问题,积极地看待事情的发生。这似乎只是小事一桩,但当生活中的这些小事都以同样的视角来对待时,串起来的人生就会变得很不一样了。

如果你的生活中还有诸多的不愉快,请试用一下下面提供的六种"杀烦剂":

(1)学习生活安排紧凑些,强调快节奏(过多的空闲会让你的心灵长草,滋生出很多问题);

(2)排除尽善尽美的想法(完美本身就是问题);

(3)要有行动;

(4)向前看;

(5)要意识到自己是幸福的;

(6)要正确地对待意外发生的事。

某女连续三次落榜,爱情亦遭变故,悲伤之下,决心"魂断普陀",遂题对联一副:

年年失望年年望,处处难寻处处寻　横批:　春在哪里

正巧郭沫若碰上,觉得下联和横批太消沉,于是给她略改:

年年失望年年望,事事难成事事成　横批:　春在心中

又奋笔疾书:

有志者,事竟成。破釜沉舟,百二秦关终属楚;

苦心人,天不负。卧薪尝胆,三千越甲可吞吴。

某女顿悟,感激不已,作诗谢郭老:

梵音洞前几彷徨,此生欲将付汪洋,妙笔竟藏回春力,感谢恩师救迷航。

一时的苦难并不是我们人生的全部,道路上的失意恰恰是人生宝贵的财富,把它转化为生活经验及继续不折而前的动力,我们才能保有终获成功的坚持……把你每一步所遭受的苦难都当做是生活的必需,发展到每一步就以新的目标来推动继续向前……

附33:大学生"九宗罪"你犯了几宗

罪名一:生活腐化

追求档次,崇尚名牌;经常光顾高消费文体娱乐场所;配备高档通讯设备;外出上街,常坐出租车;聚会交友,大讲排场等。其所占比例虽然不大,但其绝对数不小,而且对他人的负面影响非常大。在一些学生中,盲目消费、攀比消费、赶潮消费、媚俗性消费、"面子"消费、超前消费等高消费甚至浪费现象非常普遍。

罪名二:堕落傍款

"傍大款"在今天的中国女大学生嘴里,说起来不再那么时髦了。"傍大款"也不再是社会女青年的特权,随着商品狂潮的冲击,部分女大学生也毫不犹豫地投入这一新兴的"第三产业",她们以自己年轻的肉体作为资本,参与傍大款的行业。

罪名三:玩物丧志

"一起床就开始玩《传奇》、半夜了还在宿舍里激烈地打 CS……"目前,以"CS"、"传奇"为代表的网络游戏在大学校园中盛行,一些大学生甚至沉溺于网络游戏中,荒废了学业。

罪名四：寄生依赖

大学生基本上没有自己的收入，维持高消费无疑要依赖父母，有钱就花，花完就要，花得心安理得，全不顾父母的窘迫。在糟蹋父母的辛苦钱、加重父母的经济负担时，从未想过脱离寄生后的日子只能靠自己。

罪名五："侏儒"

当今中国大学生缺乏基本的三大能力：辨别真假、是非的判断能力，辨别善恶、好坏的道德能力，以及辨别美丑的审美能力。大学生不敢怀疑现实、尤其是权威，无条件相信报纸、电视、教科书，用冷漠来对待现实中的经济混乱、政治腐败，以及一切污浊的社会现象。

罪名六：政治的投机与冷漠

部分大学生既不理解又不相信共产主义，却热衷于政治投机，为了个人的实际利益参加党课学习，主动申请入党；面对社会的个别腐败现象，比较冷漠。

罪名七：学术精神的失落

部分大学生睡懒觉、逃课、上网、谈恋爱……但就是不肯认真读书。临到考试，他们便毫无羞耻地作弊，其作弊手段完全可以上吉尼斯世界纪录。至于学术论文，更是四处剽窃、任意拼凑。他们根本没有、也不可能有学术意识，一切为了混一个烫金毕业证，为了找一个出力不多、但报酬丰厚的工作，满足自己的高级物质生活享受。

罪名八：道德素质低下

部分大学生行为放荡，毫无基本的道德感。不尊重老师，不尊重同学，不尊重自己。教师上课，他们自顾聊天、吃巧克力、听随身听、化妆、呼呼大睡、半搂半抱着谈情说爱、打手机，旁若无人。

罪名九：生理与心理缺憾

个别大学生身体素质较差。某校一位女生刚爬上八楼，就犯了心脏病，死在楼梯边，另一男生则死在运动会800米跑道上。大学生的心理素质也差，他们缺乏信仰，缺乏毅力，缺乏进取精神和承受力。稍有成绩，他们便趾高气扬，得意忘形；遭遇挫折，他们便斗志全无，灰心丧气。即便是失恋这类生活小事，他们也无法承受，或凶残报复，或痛不欲生。颓唐、堕落、自杀的事件，时有发生。

附34：一个月培养一个好习惯

播下一个行动，收获一种习惯；

播下一种习惯，收获一种性格；

播下一种性格，收获一种命运。

当人一味追求快速成功，渴求拥有大智慧时，往往忽略了良好的习惯才是步向成功的钥匙。好习惯一旦形成，它就极具稳定性。一个好习惯，无论其大小，带来的影响将是巨大的，有益于你一生的。

奥斯特洛夫斯基说：人应该支配习惯，而决不能让习惯支配人，一个人不能去掉他的坏习惯，那简直一文不值。而且，一旦我们成功地改掉第一个习惯，以后改掉坏习惯就将变得越来越容易。事实上，随着一个个坏习惯被好习惯逐个取代，我们将变得越来越善于改变自己的习惯。也就是说，我们已经在开始养成"改掉坏习惯"的习惯。一旦这样的习惯养成，我们便会像一列运动着无法停止旋转车轮的火车那样，推动我们实现自己的理想。

简单地列举一些好习惯：

每天准时七点起床（或是每天早起十分钟）

每天准时十一点睡觉

每天阅读半小时

每天真诚的赞美两个人（或是每天发现别人两个优点）

每天只上网两小时

每看一小时电脑,休息十分钟

每天少看电视二十分钟

每天背二十个单词

每天跑步一千米

每天按时吃三餐

每周做日程回顾

每天早晨列举今天最重要的任务

……

遵循以下七步会很好地帮助你培养一个好习惯。

1. 坚持一个月

研究表明,坚持一个月能让你把一种行动变为习惯。

2. 一次只培养一个好习惯

要改变习惯,就要集中于改变这一个习惯。一次改掉多个习惯的企图,势必分散我们的精力,并可能彻底毁掉我们改掉坏习惯的能力。

3. 使用一款好的记录工具

做好记录,你能看到自己的成长轨迹,享受当中的成功或者发现可弥补之处。

4. 制定明确的目标

"每天早起"是一个明确的目标吗?答案是否定的。早起是什么概念?是指七点还是八点?明确你的目标,将它换成"每天七点起床"或者"每天早起10分钟"效果一定更好。

5. 告诉你的亲人或朋友

这是促使你坚持培养习惯的一种好方法。他们不仅可以监督你,还能够给你产生压力。当然,你也可以让他们一起来培养习惯。

6. 做每周回顾

回顾自己在过去一周取得的进步、遇到的问题。解决问题,体验你的收获,给点小小奖励。做得好,就继续坚持,集中于目标。

7. 小错误要好于大错误

这些好习惯,如果有几天间断了,也不要放弃,赶快改正就可以了,犯小错误比犯个大错误好多了。不需要自责,如果你偷睡了一会儿,那就当做是前几天努力坚持习惯的小小奖励吧。不过,如果你想要养成一种好习惯,还是要尽力避免这种小错误的出现。

休闲篇

生活中不能缺少音乐，
大学生还可以在"音乐"的前面加上高雅两个字；
生活也不能缺少电影，
在别人艺术性浓缩的人生中寻找自己……

第九章　大学一定要做的几件事

一、一定要看的经典电影

这些电影部部经典,耐人寻味,每一部都值得珍藏。

注意:电影千万别看压缩片,因为翻译、配乐等不好,会毁了一部好电影。不能进影院观看,至少要看高清晰单碟版,听原声看字幕(还能顺便提高英语听力)。为了帮助欣赏电影,可以看看比较好的影评书,比如《我有平安如江河》、《天堂沉默了半小时》。

1.《勇敢的心》

点评:在情节中始终带着一个问题去欣赏这部伟大的影片:如果你是那个男主角,你会怎么做?你会发现,这是一部告诉你什么是真正的男人、英雄是怎么炼成的伟大电影。

经典台词:"战斗,你可能会死。逃跑,至少能苟且偷生,直到寿终正寝。但是,你是否愿意用这些苟且偷生的日子,来换取一次机会,一次仅有的机会。那就是回到战场,告诉我们的敌人,他们也许能夺去我们的生命,但是他们永远夺不走我们的——自由!"

"Freedom!"

2.《阿甘正传》

点评:什么是傻,什么是平淡而真挚的爱情,什么是成功的秘诀,什么是人生……

3.《假如爱有天意》

点评:如果爱到深处,我们就能创造奇迹!

4.《三峡好人》

点评:真实的东西总是最能触动人的心弦……真实的生活,往往是那么的让人感动;戴罪的开始,没人能料到会如何结局;一个由善良构筑的社会是不应该屡屡被伤害的。

5.《七武士》(黑泽明导演的黑白电影)

点评:谁是真正的弱者,农民还是武士?谁是真正的胜利者,农民还是武士?农民有阿甘的影子,武士有华莱士的风范。一个真实的抵御外敌入侵的场景会在你眼前呈现,并将在你的记忆中长存……

6.《再见萤火虫》(宫崎骏导演的动画片)

点评:一部温情的电影,亲情让人动容;骨气,足以让一个民族反复崛起;永远无法忘记小女孩天使般的笑声。唯一的疑问是,我同胞受苦受难何止百倍于此,为何我们拍不出如此经典的好电影???

7.《爱国者》

点评:与《勇敢的心》一样是一部伟大的个人英雄主义大片,描述一个爱国者是怎样一步一步成长起来的。是美国个人英雄主义的典范。

8.《平城狸合战》

点评:形象+生动+深刻=优秀的环境保护影片

惊诧于环境如此美好的日本居然能有这般的环境危机意识,或者说日本之所以资源这么贫乏,还能保有这么好的环境,正是因为他们有这样的环境危机意识以及确切的行动……也许我们真该考虑一下我们人到底是怎么来的……

9.《绿里奇迹》

点评:临终关怀,对人性深刻地剖析;还有,善恶有报……

10.《游龙戏凤》

点评:爱情之所以成为永恒话题是因为:

(1)没有人能说得清楚

所以大家都试图通过自己的视角来说清楚……

(2)在爱情面前,人人平等

无论你是达官权贵、亿万富豪还是贩夫皂隶,在爱情面前一律平等。我们拥有平等的机会,不一定哪一种身份会占有优势,因为另一个决定因素来源于对方。

(3)真爱是唯一的

无论你多高贵,你只会拥有一个真爱。无论我们有多低贱,我们依然能享受到属于我们的真爱。

11.《菊次郎的夏天》

点评:也许仅仅是音乐一项,就足以让你喜欢上这部片子。

12.《肖申克的救赎》

点评:影片自始至终都给人以希望。如果有伟大的电影,那么一定有这一部。

13.《天堂电影院》

点评:也许你再也看不到如此好的回忆录式的影片了。

14.《变脸》

15.《碟中谍1、2》

16.《傲气盖天》

17.《黑洞频率》

18.《上帝之城》

19.《大逃杀——东京圣战》

20.《与狼共舞》

21.《黑客帝国》系列

22.《共同警备区》

23.《这个杀手不太冷》

24.《指环王》系列

25.《疯狂的石头》

26.《疯狂的赛车》

27.《即日起程》

28.《七星报喜》

29.《变相怪杰》

30. 周星驰系列

《喜剧之王》《功夫》《长江七号》《鹿鼎记》《大话西游》《唐伯虎点秋香》《国产007》《九品芝麻官》等等,星爷主演的片子几乎都值得一看。

31. 张艺谋系列

《活着》《摇啊摇,摇到外婆桥》《一个都不能少》《大红灯笼高高挂》

32.《我是谁》

33.《地平线》、《阿凡达》、《教父》系列、《奇异恩典》、《千与千寻》、《吾爱吾师》、《现在一直爱你》

34. 学地道英语必看的 10 部美剧:Desperate housewives(《绝望主妇》)、Grey's Anatomy(《实习医生格蕾》)、Ugly Betty(《丑女贝蒂》)、Sex and the city(《欲望都市》)、Friends(《六人行》)、Boston Legal(《律师风云》)、House MD(《豪斯医生》)、Prison Break(《越狱》)、My name is earl(《愚人善事》)、How I met your mother(《老爸老妈浪漫史》)。

二、一定要读的优秀书籍

俞敏洪认为大学生应该读500本书，如果你想超越他，至少要读501本。以下是一些推荐。

1. 陈光的《吸英大法》（学英语及其他的一种高效记忆兵法）

2.《小狗钱钱》（经典理财入门，由一个迷人的童话故事讲述，非常好）

3.《催眠》、《个人潜力培养》（可以到 http://hrbcnc2007. blog. 163. com/（郑洪波博客）网站下载）

4.《现代化的陷阱》曾经非常畅销而且很有思想深度。

5.《余世维》（可以到 http://hrbcnc2007. blog. 163. com/（郑洪波博客）网站下载）

6. 陈安之的《成功学》（最好是听光碟）

7. 林伟贤的《魅力口才》（最好是听光碟）

8.〔美〕拉尔夫·特赖因《秘密》

9.〔美〕华莱士·D. 沃特斯《失落的世纪致富经典》

10.〔美〕查尔斯·哈奈尔《世界上最神奇的24堂课》（这本书的名字已经解释了这本书的内容。）

11.《阳光心态》（笔者读《阳光心态》心得：(1)人总是抱怨自己的没有，忘记自己的拥有，在抱怨与焦躁之中让烦恼折磨自己的肉体与精神，最后失去了快乐和健康……人需要学会感恩。不能让过去的不愉快和将来的忧虑像强盗一样抢走现在的愉快。(2)改变不了事情就改变对这个事情的态度，一个人因为发生的事情所受的伤害不如他对这个事情的看法更严重。(3)一切都在你的心里，愿阳光充满生命……所以，如果你想拥有阳光心态的话，这是一本值得学习的书）

12. 弗洛姆的《爱的艺术》（让你拥有爱的能力，并懂得真爱）

13.《圣经》就冲它能影响那么多有智慧、有能力的人，值得我们去了解一下。

14. 阿·奥勒留的《沉思录》（除《圣经》以外对克林顿影响最大的一本书，是温家宝放在床头，读了有100遍，天天都在读的书）

15. 中国名著经典：《红楼梦》、《三国演义》、《聊斋志异》、《资治通鉴》、《论语》、《道德经》等，金庸全集。国外名著经典：村上春树《挪威的森林》、泰戈尔《飞鸟集》和《新月集》、司汤达《红与黑》、托尔斯泰《安娜·卡列尼娜》、海伦·凯勒《假如给我三天光明》、海明威《老人与海》等等。

三、一定要学会的乐器

无论是为了增加个人魅力，是增加恋爱成功的筹码，还是提高生活品味情趣或是心情的转移和排解，请你一定利用大学宝贵的时间补课，一定学会至少一种乐器。

推荐：

男生可学吉他，上手快又容易出效果，或者口琴、笛子。如果想追求一点难度，可以学萨克斯、小提琴。

女生可学电子琴，或是口琴，也可以学笛子。如果有条件，可以学古筝、琵琶或者钢琴。

学习途径：可以参加学校的吉他社团，或相关乐器的社团。或者到这类培训学校报名，如果有一定基础也可以买书自学。（如果是在哈尔滨，推荐一家既便宜又专业的音乐学校——麦子音乐学校。电话：13936025836）

四、一定要学会的舞蹈

大学是扫舞盲的最佳时机，也几乎是最后时机，因为最最后的时机在你退休后的老年人娱乐场所。

交际舞以及恰恰舞、拉丁舞、踢踏舞、现代舞等必须会一两种。也可学一种街舞或民族舞。

学习途径:参加有关舞的协会;去学校舞厅打听;找专门培训学校;到健身房学习。

五、一定要有的运动

先测测你的运动量够不够:

睡眠:每睡一个小时计0.85分。计算一下你每天睡几个小时,就按这个单位的乘积计分。

静止活动:包括案头工作、阅读、吃饭、看电视、坐车等。这些活动的运动量最低,把消耗在这些活动上的时间加起来,以每小时1.5分计算。

步行:如果是悠闲缓慢地散步,每小时计3分;如果是快步走,每小时计5分。

户外活动:慢跑每小时计6分,快跑每小时计7分;游泳、滑冰每小时计8分;各种球类运动和田径运动每小时计9分;骑自行车每小时计4分;做体操、跳舞每小时计5分。

家务劳动:每小时计5分。

当你一天的各项活动结束后,把以上的分数加起来。如果你获得的总分数在45分以下,说明你的运动量不够,应设法增加活动量;如果你的总分数在45至60分之间,就说明你的运动量正合适;如果你的总分数超过了这个限度,只能说明你的活动量已经过度,对身体没有更多的益处,是调整一下运动量的时候了。

大学生一定要有的运动:

男生:篮球、足球、游泳、单双杠、跑步等等,一定要至少有一个长期坚持的项目。最好有早起跑步的习惯,既强健了体魄,又锤炼了意志,还有可能与志同道合的异性跑出一段刻骨铭心的恋情。

女生:排球、网球、羽毛球、游泳、跑步等等,一定要至少有一个长期坚持的项目。最好有早起跑步的习惯,既保持健康,又保持身材。

第十章　大学通信、娱乐选择

一、通讯选择

移动:信号好,但收费高。一般是上班白领一族的选择。

联通:信号够用,收费便宜一些。一般是收入及话务量不太多的人士的选择。

CDMA:便宜、辐射小,信号一般。

萝卜白菜,各有所爱,与自己的钱包及实际话务量相称才最合适。

二、银行信用卡

如果控制不了你自己,还是远离这些可以透支的物品。另外,如果一旦透支,记得一定要按时偿还,为一笔小钱(虽然作为学生可能会觉得不菲)而留下不良的信用记录,影响自己未来的房贷、车贷是很不值的。更不值的是丧失掉自己的诚信名声,关于这一点请详细参见本书第八章四节里关于诚信的内容。

三、情侣娱乐省钱秘笈

以哈尔滨为例,适合同学、情侣聚会的场所:

1. 自助西餐(吃西餐还是以自助式更加符合大学生的消费。哈尔滨的自助西餐厅很多,环境好、价格又合理。(比如服装城的"骑士酒吧"、学府路上的"汉斯"等等)

2. 避风塘(记得办会员卡,能省下不少,一般10元/人。而且进去以后瓜子类、各种饮料等全免费,是一个相当不错的朋友聚会场所。老动物园对面、哈理工对面等地方都有避风塘)

3. 电影院(注意选择周二及会员日,折扣比较大,一般20元/张。持大学生学生证还可能享受更低优惠。(哈尔滨的华臣影城电影票价格更适合大学生)

4. 太阳岛、防洪纪念塔、圣·索菲亚教堂等都是哈尔滨大学生们必去的地方。太阳岛有很多一分钱都不用花的地方供你游玩,而且还足够尽兴,防洪纪念塔、圣·索菲亚教堂(外部)等场所就更不用花钱了。

安全篇

为那些真正关心我们的人，挂念我们安危的人好好读这一篇吧，你还可以把当中的知识传递给你身边的人。

面对不一定是勇敢，
有时退出也需要很大的勇气。

第十一章　实用安全守则

一、危机时的处理

　　既保护了自己，又维护了正义，是我们追求的最佳方式。舍生取义也应是我们民族的追求，但要明了何为义、如何取。社会既然存在分工，在非必要的情况下，个人还需恪尽职守，安守本责，从爱出发，在各自的岗位上，对国家尽义务为好。否则，大学生去抓贼，警察去种地，都会既不专业又无效果。以下介绍的紧急应对的策略仅供参考。

　　1. 如果被抢劫

　　面对恶徒，建议单薄的大学生们以性命为重，舍弃身外之物。但过程中要留心地记住歹徒的身体特征（衣着、身高、胖瘦、脸型及有无特别之处）和逃跑去向，以便一旦脱险迅速报警。所以在被抢过程中，对于钱财的失去，抵抗不要激烈。同时，你的态度也很重要，不要有过于鄙夷之色。曾经发生过这种事——受害男士，很鄙夷地把钱包丢过去，歹徒走了几步又回来给了他一刀……后来歹徒承认开始其实只为了财，并不想伤他，只是觉得受了侮辱才有后来的行为……歹徒敢去抢劫是把自己定义为"强者"的，否则他就去乞讨了，所以"强者"无法忍受对面"弱者"的侮辱眼神。（一定要多进行模拟演练，才能在真正发生意外时保持镇定）

　　2. 如果被歹徒追赶

　　不能往死胡同里跑，而要往人群密集处跑，可以一边跑一边喊"失火了"或"救火"（千万别喊"救命"，因为你的第一目的并不是要英雄出来救助，这样的几率并不高，而是要大家都出来看看，人一多，毕竟做贼者心虚，你就多了几分生机；而喊"救命"可能导致一些丧失正义感的人故意改道，故意不出来，躲在暗处偷看；而喊"失火了"或"救火"就不一样了，因为怕连累自己，他们很快就出来看个究竟了）；同样，为了吸引人来，可以边跑边用手提包一类的东西敲打经过的每一辆停着的小汽车（它会"吱吱"报警把主人招来……）

　　3. 如果在火车上贼偷你的东西

　　他多半是以为你睡着了，遇到危险你一定要保持镇定，在身单力薄的情况下，先不要声张，团伙作案的歹徒可能会因此恼羞成怒而变得穷凶极恶，带来不必要的伤害。可以轻声地对他说："朋友，这是我的！"（或给他找个台阶……朋友，是不是想抽烟……声音不要太大）如果他又去偷别人的，你可以微笑着说："对不起，这是我同伴的。"（声音不要太大）过程中要留意的记住歹徒的身体特征（不可盯着他看）和离去方向，等确保安全以后报告给列车乘警。

　　4. 如果被强暴

　　要学会足够的安全防范知识，以避免这种事情的发生。如果一旦不幸发生，在最初反抗的过程中记得喊"救火"、攻击要害（见下一节）。如果无法脱身，则要考虑下一步行动——在妥协中保存生命！跟歹徒说："被男朋友传染上病了，不想害你……"总之，把损失降到最低，真正爱你的人会以你的生命为重！

　　5. 如何近身搏斗

　　逼不得已与歹徒相搏，要击其要害：太阳穴、两眉之间的印堂穴、两侧颈部、小腹、阴囊、眼睛等部位。你只要对这些部位猛力进行拳击、掌砍、脚蹬、手抓就有可能制服歹徒。

　　注意：单薄的大学生轻易不要与之相搏，一旦发现歹徒图财、色后还要害命，没有选择的情况下，记住这些要害，出手一定要狠，万不可犹豫，否则会有加倍的伤害（可以借助身边的工具，比如酒瓶、木棒等，请多模拟演练）。在不是要害你性命的搏斗中，如果对方人多，还要学一点法律知识……被打倒在地时，一定记得要双手抱头，双腿并拢屈身，把身子蜷得像虾米形状，目的是保护好

要害,减轻伤害)

正当防卫:对正在进行行凶、抢劫、强奸、绑架以及其他严重危及人身安全的暴力犯罪,采取防卫行为,造成不法侵害人伤亡的,不属于防卫过当,不负刑事责任。

6. 谨防敲诈欺骗

首先不要有一丝的贪念,然后在善良中学会保护自己,你就会远离诈骗和伤害。现代人的"聪明"使得骗招"日新月异",只有做到以下几点才能不给犯罪分子任何可乘之机。

例子一:一女子在马路上看见一个哭泣的小孩,大概三四岁,一问,才知道是迷路了,好在孩子口袋里有家庭地址,随后女子送这个小孩回家,按完门铃,刚开门女子就失去了知觉,等她醒来时,身上的部分器官已经不翼而飞……(利用别人的善良犯罪,罪不可赦!!! 我们还是要行善,但正确的做法是,把小孩直接送到派出所)

例子二:某女子晚上隐约听到家门口有小孩哭声,刚打开门想看个究竟,就有歹徒趁机而入……(原来,小孩的哭声是罪犯预先录音好的。正确做法:如果是独居,千万不可开门,观察一阵,根据情况打电话报警)

例子三:某女子于偏僻处见有人发传单,并送面巾纸一包,遂接过传单,结果迅速丧失意识……等清醒过来时,已是钱财尽失。(传单上有迷药。正确做法:偏僻处,傍晚时,远离这些不明事物,排除小贪小念)

其他的,比如短信告诉你中奖了,走在路上前面的人掉下一捆钱等等,千万警醒,不要因一时贪念而上当。

预防诈骗五条:

(1)在任何时间、任何地点、对任何人都不要同时说出自己的身份证号码、银行卡号码、银行卡密码。注意:绝对不能同时公布三种号码!

(2)当不能辨别短信的真假时,要在第一时间拨打银行的查询电话。注意:不要先拨打短信中所留的电话!

(3)不要用手机回拨电话,最好找固定电话打回去。

(4)不要回复陌生人发来的短信。对于一些根本无法鉴别的陌生短信,最好的做法是不要管它。

(5)要时刻清醒:守法、守规,不侥幸、不贪婪,克制欲望,勤劳节俭方是正道!

7. 出行安全

能坐飞机不坐火车,能坐火车不坐汽车,能坐汽车不步行。主要有四个不能:

(1)不能图便宜坐黑车(手续不全的车)。

(2)不能出行中露钱抖富,这是大忌! 要有一定警觉意识,歹徒们一般并没有确定的目标,谁的防范意识差,谁容易成为歹徒侵犯的目标;谁貌似有钱,谁就可能是歹徒抢劫的下一个目标。

(3)不能独自夜行,尤其是女生,外出时必须要让至少一人知道你的去向,及大致归来的时间。

(4)晚上送女同学回家不能只送到楼下。正确做法是至少要一直看着她进自己家的大门(很多犯罪分子躲藏在楼道里)。要养成一种习惯,即一旦安全到家就给送你的朋友发个短信。

8. 交友安全

很多人误认为朋友越多越好,杂七杂八的人都结交(大学生并没有很好的鉴别能力),结果这些人成为潜在的危险。

年轻时,应该交一些思想、能力等方面比自己都强的朋友,抱着学习的态度;等到了中年以后,则需要交一些和自己志趣相投的朋友,抱着分享的态度。至于结交网络朋友及男女朋友安全分手,详见下两节。

9. 见网友安全

网络世界是虚幻的,而现实世界是复杂的,因此,安全问题请你一定不要忽视。我们总结归纳

出如下建议:

(1)及时查看对方的个人资料和好友记录。一般来说,资料内容越丰富,网友的真实程度越高。

(2)特别提防的对象:

1)无事频繁献殷勤,或留言或发站内短信骚扰。

2)很快提出见面,或见面后就要求登门拜访或送你回家。

3)见面后就想动手动脚的,总是借机要亲密接触,或意图将你带到偏僻的地点或室内的隐闭空间。

4)言语轻挑,甚至使用一些性暗示字眼。

5)想借钱或送你钱或送你礼物。

(3)受到邀请,不要急于与网友见面。应该用手机或电话的聊天方式与其联系几天之后,再考虑是否见面。同时,更应该多方面了解对方的信息,特别是要一个对方单位的公用办公电话,因为有了这个电话,你就可以随时暗中打此电话,以便确定此人的身份和了解到一些信息;另外,向对方要单位电话,也是试探其诚意的一种方式。

(4)如果单独赴约,要事先告诉家人或好友活动地点及预期返回的时间。带上手机,保证你与自己的朋友或亲人联系。可以让好友在一定时间内致电于你看你是否安全。(最重要的是,临行前,一定要与好友或亲人约定一些暗语,以便遇到危险时或遭到敲诈时,能用对方不明白或不起疑心的暗语求援,继而通过他们报警)

(5)单独见面的活动一般选择在白天或是明亮的地方,应为人多、交通方便的公共场所,如:学校、车站、电影院、公园、广场、咖啡厅等,或是你熟悉的环境。另外,还可以约几位好友一同前往。避免到人烟稀少之处赴约。不要去对方的家里,或人少的公园及偏远僻静之地,更不要与网友在酒吧、酒店客房等处单独见面。

(6)为防止财物被侵占,会面时,注意对方是否执意要去某个地方。不要过多地透露你的个人信息,包括住址、电话、所在学校、所在宿舍信息等。不要轻易食用对方提供的饮料或食物,不要吸对方递来的香烟。不要带太多的现金或佩戴比较贵重的首饰或其他相对昂贵的东西。为防止手机被抢,不要让对方借用你的手机。

(7)交通工具以公交车为宜,不要与网友单独乘坐出租车或私家车。

(8)活动尽量避免在夜深的时间(早8点到晚7点之间为宜),过程控制在2～3个小时为宜,活动时间太长容易降低你的警戒心与失去正常的判断能力。

(9)第一次见面的时候,你尽量少说话,听他说就行。跟他保持一定距离,不要让他占你便宜。要是觉得不妙,说去洗手间或是有事赶快离开。

最后建议:如果不是十分必要,不要与网友见面!如果你连身边十步之距的人都懒得发展友谊,隔着电脑想象的友谊多半会让你更加失望。

10. 男女分手安全

有个别男女在分手之际给予对方严重的人身伤害,作为感情了断的代价。一个错误的决定或是想法有时候会带来无法挽回的损失。为了避免受到伤害,深陷于情感中的男女需谨记如下几点:

(1)选择异性朋友一定要注重人品

确定男女关系之前一定要注意考核对方人品,如果发现对方是凶悍的、无礼的,就不要沉醉于感情中并过高估计自己的能力。人是无法改变人的!你唯一能做的,就是远离他。

(2)不可玩弄感情

玩弄感情,很多时候,就是在玩弄性命。

(3)选择正确的分手方式

虽然是主动提出分手,但内心一定要经过仔细、审慎的考虑,想清楚关系结束的原因。冲动行事,不但不能完整表达自己的想法,更严重的还会伤人、伤己。以下几点建议,值得主动分手者参考:

1)三思而后行

先不要冲动,找个地方让自己静一静,想清楚分手的原因。分手不能草率行事,必须先经过"沙盘推演",预估对方可能的反应,再准备应对的方法。

2)稳定情绪

谈分手的时候,气氛一定不会很好,因此主动分手者要稳住情绪,沉得住气,先把自己的情绪调整好再出发,保持心平气和。

3)不要指责对方

失恋会带给对方很大的打击,因此提出分手的人应避免数落对方的不是,避免说出"都是因为你……所以我才……"这类指责性及可能会伤害到对方自尊的话语,务必将互相伤害的程度降到最低。在这段路上,两人有着共同的记忆,没必要在别离时伤害对方。要将心比心,想想自己曾与对方相爱,应该好聚好散。

4)慎选谈判地点

分手场所,最好不要在密闭空间里,也不要在自己陌生的地方,或是人多嘈杂的空间。尽可能到开放且安静的场所提出分手。因为对方的情绪难以预测,倘若在紧密空间或陌生地点谈判破裂,可能会有人身安全的顾虑,而嘈杂的地点更容易引起情绪失控。

5)不藕断丝连,不留借口

把该归还的东西归还给对方,把自己该拿回来的东西拿回来,免得留给他找你的借口,纠缠不清。有的男士在分手的时候,提出要给你钱,或者说从现在开始,你上学的钱我来负担等等,但是你坚决不能收他的钱,一旦收下,就会后患无穷。万一发生不幸,你在舆论中也是被谴责的对象。既然这段感情是纯洁开始的,就不要让它污浊收场。双方都有真情投入,无所谓青春补偿,要怨也只能怨自己年轻草率,所以,他主动给的"青春费",无论多么的诱人,都不能要(主动去要求就更失水准)。一个干净的结束才能迎来一个新的开始。

6)保持真空期

分手以后,暂时不要接触,不要联络,最好也不要出现在他的生活圈,别打听对方的近况,也避免做出引起对方情绪波动的行为,以免使其心绪不宁,把事情弄得更糟。

(4)如果对方坚持不接受分手,"一躲避、二求助、三报案"

一躲避:

这一阶段就不能面谈了,要学会适时躲避。这个时候一旦对方喝了酒,拿了刀,危险性就大了。要把手机关机或者换卡,根据情况,有必要的话,跟学校请假,休息几天。躲一阵,给对方冷却危险情绪的时间。相反,如果你第二天早晨又去上学,对方情绪仍未平复,两个人一冲动,可能会酿成悲剧。

二求助:

如果你的父母及对方父母都是通情达理的,你就可以向他们求助,请求他的父母做正确的引导,帮你们排解。他所信赖的好朋友,如果能适时出现,与他消愁,陪他排解,并对他进行正确的引导,也是非常有益的。

三报案:

如果以上两个方法都行不通,而且遭到较严重威胁,就要果断地去报警。警察一般都有相关经验,更有他们的一套方法,警察的"劝解"和"引导"一般都非常有效。不过不到一定程度,别麻烦警察,毕竟去那样的地方不好看,对对方的影响不好;但是要是威胁到一定程度,千万要报警!

警告:千万不可在对方的生活圈子中散播对方死缠烂打、不肯分手的舆论,欲以舆论逼迫对方接受分手。这样的做法往往导致悲剧收场。

二、怎样预防一些常见疾病

1. 感冒

冬、春季为流感的好发季节，表现为鼻塞流涕、打喷嚏、咽部发痒，有时伴有畏冷、发热、食欲不振、咳嗽、头痛、四肢酸痛等症状，部分病例还可并发肺炎等，一旦出现上述症状，应及时就诊，并注意休息。

治疗：流感患者应及早卧床休息，多饮水，防止继发感染。高热与全身酸痛者可用解热镇痛药，或用物理降温及输液。中药感冒退热冲剂、板兰根冲剂在发病最初 1～2 天使用，可减轻症状。有继发细菌感染者应使用抗菌素治疗。

预防措施：经常吃些生姜、大蒜、食醋等。气温骤降要及时增衣保暖；坚持体育锻炼，保持充足的睡眠；少到公共场所或空气混浊的地方，勤开窗，保持室内空气流通（教室内也应注意空气流通和清洁卫生），多晒太阳，或接种流感疫苗。

2. 支气管哮喘

呼吸道疾病，主要因遗传和环境所致。先兆为打喷嚏、流涕、咳嗽、胸闷等，如不及时处理，可因支气管狭窄加重而出现哮喘。发作时，可出现呼吸困难症状，严重者被迫取坐位或呈端坐休息、干咳或咯白色泡沫痰。但一般可自行缓解或用平喘药后缓解。

治疗：及时到校医院就诊。应用糖皮质激素抑制病态反应、消除炎症，效果较好。另外，应用支气管扩张药物解除支气管痉挛。

预防措施：确定引起哮喘的环境因素，加以避免。不能确定环境因素的，平时应注意环境卫生，避免吸入灰尘，注意床上用品卫生，不养动物，防止上呼吸道感染。尽量少吃鱼、虾、蟹，特别是海鲜。气候变化时注意保温。运动前后应补充水分。

3. 急性胃炎

引起急性胃炎的原因主要有：食用过冷、过热的食物和饮料，摄入浓茶、咖啡、烈酒、粗糙的食物，或被细菌污染的食物和部分消炎镇痛药等，常同时合并肠炎，即称急性肠胃炎。主要表现为上腹饱胀、隐痛、食欲减退、恶心、呕吐。如果是进食了细菌污染的食物，常伴有急性肠炎症状，如腹泻、腹痛、发热；严重呕吐、腹泻者可发生脱水和电解质紊乱症状。

治疗：一旦发病，应卧床休息，进食清淡流质食物，不能进食时可静脉补液，必要时应禁食 1～2 餐，细菌感染者应给予抗菌素治疗。

预防措施：注意饮食卫生，不吃过冷过热的食物，不吃不卫生的食物，不喝生水，不吃未经加热消毒的隔夜饭菜和从冰箱中拿出的熟食。消灭苍蝇和蟑螂。避免不必要服用或长期服用消炎止痛药。

注意：对于慢性胃炎，选择易消化、无刺激性的食物，忌烟酒、浓茶，进食时宜细嚼慢咽。慢性胃炎无特效疗法，发病后可服中药冲剂及其他保护胃黏膜的药物。有幽门螺旋菌感染者应服用抗菌素。

4. 急性阑尾炎

这种疾病在大学生中比较常见，需详细解释一下：阑尾是附于盲肠末端的一细长盲管，长约 6～8cm，直径约 0.5～0.7cm，极易被粪石、异物梗阻。当胃肠道功能紊乱时（如饮食不节、受寒、便秘、腹泻、精神刺激等），加重了阻塞和血供障碍，细菌侵入阑尾壁内形成阑尾炎。

主要表现：一是腹痛，转移性右下腹疼痛是急性阑尾炎的特点，大部分病人发病开始时自觉上腹部或脐周疼痛，几小时至十几小时后疼痛转移到右下腹。二是胃肠道症状，早期多有轻度恶心、呕吐，常伴有便秘和腹泻。三是有发热症状，体温一般在 37.5～38℃之间。

治疗：阑尾切除术是急性阑尾炎最有效、最彻底的治疗方法。对于阑尾已形成包块或已形成脓肿者,保守治疗主要采取中西医结合方法,中药以清热解毒、消肿化淤为主,西药治疗以抗菌素为主。

5. 中暑

中暑,根据程度可划分为三级:

(1)中暑前兆。在高温环境中工作或锻炼一定时间后,有大量出汗、口渴、头昏、耳鸣、胸闷、心悸、恶心、四肢无力等症状,体温一般不超过37℃。

(2)轻症中暑。有中暑先兆,同时具下列症群之一者为轻症中暑:体温在39℃以上,伴有面色潮红、胸闷、皮肤灼热等,或伴有面色苍白、恶心、呕吐、大量出汗、皮肤湿冷、血压下降和脉搏细弱而快等症状。

(3)重症中暑。凡有上述症状,并有昏倒或发生痉挛,或皮肤干燥无汗,体温在40℃以上者。

急救方法:中暑者应迅速脱离热环境,到阴凉通风处休息,并采取降温、消暑措施,如解开衣扣、喝清凉饮料(或冰冻饮料或凉盐开水)、服用人丹十滴水或霍香正气水等。民间常用刮痧疗法也有很好效果。对重症中暑者,可大量口服含盐的饮料,以30%的酒精擦身,同时用风扇向患者吹风散热,同时及时联系校医院。

预防措施:在炎热季节,应适当延长午休时间。体育锻炼时间应在上午或傍晚,时间也不要太长。在烈日下停留时间不要太长,或戴遮阳帽,穿浅色、宽敞、透气的薄衣,注意室内通风、降温;经常饮用清凉饮料。如有中暑先兆症状者应立即到阴凉、通风的地方休息,喝些解热消暑的饮料。

6. 晕厥

晕厥是由于一时性脑缺血引起的意识障碍,发作和恢复都较快。发作时,病人突然感到头晕、恶心、心慌、无力,随即眼前发黑,摔倒在地,出现短暂意识障碍。病人四肢凉冷,脉搏缓慢,肌肉松弛,呼吸缓慢,血压可下降。如果病人有明显的心脏病史,晕厥常由于严重的心律失常引起,后果较严重,常威胁生命。

急救方法:一旦发现有人晕倒,应立即让病人平卧,或取头低脚高位(肥胖者不可取头低脚高位,以免影响呼吸)。然后解开其衣领、腰带等,使其呼吸顺畅;注意保暖,针刺或手指掐揉人中、合谷穴等。经上述救护后,一般病人都能较快恢复。神志清醒后可喝一些热茶。如果心跳突然停止,应就地迅速做胸外心脏按摩,并注意病人的呼吸情况。同时应立即联系校医院。

7. 流行或集中爆发疫情该如何处理

个人装备上,带口罩(比如甲流要带12层的口罩),勿穿裸露太多的衣服,准备一些预防的药物。个人习惯上,勤洗手,讲究卫生,尤其对入口的东西要格外注意,打喷嚏用纸巾或袖子捂住口鼻(用手捂住口鼻无法阻止病菌传播,因为用手挡住飞沫,病菌会传到手上,如果再用手去摸门把手、桌椅等物品,或跟他人握手时,就会将病菌传播给他人。如邻近水源,要立刻洗手,将细菌洗掉)。个人生活上,远离人群,避免聚集,不要去高危区。

三、急救常识

如果外出旅游或实习,需具备一些急救常识:

1. 异物入眼

任何细小的物体或液体,哪怕是一粒沙子或是一滴洗涤剂进入眼中,都会引起眼部疼痛,甚至损伤眼角膜。

急救办法:首先是用力且频繁地眨眼,用泪水将异物冲刷出去。如果不奏效,就将眼皮捏起,然后在水龙头下冲洗眼睛。注意一定要将隐形眼镜摘掉。

绝对禁止:不能揉眼睛,无论多么细小的异物都会划伤眼角膜并导致感染。如果异物进入眼部较深的位置,那么务必立即就医,请医生来处理。

注意:如果是腐蚀性液体溅入眼中,必须马上去医院进行诊治;倘若经过自我处理后眼部仍旧不适,出现灼烧、水肿或是视力模糊的情况,也需要请医生借助专业仪器来治疗,切不可鲁莽行事。

2. 扭伤

当关节周围的韧带被拉伸得过于严重,超出了其所能承受的程度,就会发生扭伤,扭伤通常还伴随着青紫与水肿。

急救办法:在扭伤发生的 24 小时之内,尽量做到每隔一小时用冰袋冷敷一次,每次半小时。将受伤处用弹性压缩绷带包好,并将受伤部位垫高。24 小时之后,将患处换为热敷,促进受伤部位的血液流通。

绝对禁止:不能随意活动受伤的关节,否则容易造成韧带撕裂,恢复起来相对比较困难。

注意:如果经过几日的自我治疗和休息之后,患处仍旧疼痛且行动不便,那么有可能是骨折、肌肉拉伤或者韧带断裂,需要立即到医院就医。

3. 流鼻血

鼻子流血是由于鼻腔中的血管破裂造成的,鼻部的血管都很脆弱,因此流鼻血也是比较常见的小意外。

急救办法:身体微微前倾,并用手指捏住鼻梁下方的软骨部位,持续约 5 ~ 15 分钟。如果有条件的话,放一个小冰袋在鼻梁上也有迅速止血的效果。

绝对禁止:用力将头向后仰起的姿势会使鼻血流进口中,慌乱中势必还会有一部分血液被吸进肺里,这样做既不安全也不卫生。

注意:如果鼻血持续流上 20 分钟仍旧止不住的话,患者应该马上去医院求助于医生。如果流鼻血的次数过于频繁且毫无原因,或是伴随着头疼、耳鸣、视力下降以及眩晕等其他症状,那么也务必去医院诊治,因为这有可能是大脑受到了震荡或是重创。

4. 烫伤

烫伤分为三级:一级烫伤会造成皮肤发红,有刺痛感;二级烫伤发生后会看到明显的水泡;三级烫伤则会导致皮肤破溃变黑。

急救办法:

一旦发生烫伤后,立即将被烫部位放置在流动的水下冲洗或是用凉毛巾冷敷,如果烫伤面积较大,伤者应该将整个身体浸泡在放满冷水的浴缸中。可以将纱布或是绷带松松地缠绕在烫伤处以保护伤口。

绝对禁止:不能采用冰敷的方式治疗烫伤,冰会损伤已经破损的皮肤导致伤口恶化。不要弄破水泡,否则会留下疤痕。也不要随便将抗生素药膏或油脂涂抹在伤口处,这些黏糊糊的物质很容易沾染脏东西。

注意:三级烫伤、触电灼伤以及被化学品烧伤务必到医院就医。另外,如果病人出现咳嗽、眼睛流泪或者呼吸困难,则需要专业医生的帮助。二级烫伤如果面积大于手掌的话,患者也应去医院看看,专业的处理方式可以避免留下疤痕。

5. 窒息

真正的窒息在现实生活中很少发生,喝水呛到或是被食物噎到一般都不算是窒息。窒息发生时,患者不会有强烈的咳嗽,不能说话或是呼吸,脸会短时间内变成红色或青紫色。

急救办法:首先要迅速叫救护车。在等待救护车的同时,需要采取以下措施:让患者身体前倾,用手掌用力拍患者后背两肩中间的位置。如果不奏效,那么需要站在患者身后,用拳头抵住患者的腹背部,用另一只手握住那拳头,上下用力推进推出五次,帮助患者呼吸。患者也可以采取这样的自救措施:将自己的腹部抵在一个硬的物体上,比如厨房台面,然后用力挤压腹部,让卡在喉咙里的东西弹出来。

绝对禁止:不要给正在咳嗽的患者喂水或是食物。

注意:只要窒息发生,都需要迅速叫救护车抢救患者。

6. 中毒

中毒一般是由于误食清洁、洗涤用品,吸入一氧化碳或是摄入杀虫剂而导致的。

急救办法:如果患者已经神志不清或是呼吸困难,应迅速呼叫救护车,并准备好回答如下问题:摄入或吸入什么物质?量是多少?患者体重、年龄以及中毒时间?

绝对禁止:直到症状出现才叫救护车往往会延误治疗时间。在等待救助过程中,不要给患者吃或喝任何东西,也不要企图帮助患者催吐,因为有些有毒物质在被吐出来的过程中可能会伤害到患者的其他器官。

注意:只要中毒发生,就需要迅速叫救护车抢救患者。

7. 头部遇袭

头骨本身非常坚硬,所以一般的外力很少会造成头骨损伤。倘若外力过于猛烈,则颈部、背部、头部的脆弱血管就成为"牺牲品"。

急救办法:如果你的头上起了个包,那么用冰袋敷患处可以减轻水肿。如果被砸伤后头部开始流血,处置方式和被割伤的方式一样,即用干净毛巾按压伤口止血,然后去医院缝合伤口,并检查是否有内伤。如果被砸伤者昏厥,那么需要叫救护车速送医院,一刻也不能耽搁。

绝对禁止:不要让伤者一个人入睡。在被砸伤的 24 小时之内,一定要有人陪伴伤者,如果伤者入睡,那么每三个小时就要叫醒伤者一次,并让伤者回答几个简单问题,以确保伤者没有昏迷,没有颅内伤,比如脑震荡。

注意:当伤者出现惊厥、头晕、呕吐、恶心或行为有明显异常时,需要马上入院就医。

8. 溺水

这一点需要特别强调,很多同学喜欢去水边游玩,却对发生危险如何处理一无所知。下面做一下重点介绍。

(1)溺水自救

如果意外溺水,附近又无人救助时,首先应保持镇静,千万不要手脚乱蹬拼命挣扎,可减少水草缠绕,节省体力。正确的自救做法是落水后立即屏住呼吸,然后放松肢体,尽可能地保持仰位,使头部后仰。只要不胡乱挣扎,人体在水中就不会失去平衡。这样你的口鼻将最先浮出水面,可以呼吸和呼救。呼吸时尽量用嘴吸气、用鼻呼气,以防呛水。经过长时间游泳自觉体力不支时,可改为仰泳,用手足轻轻划水即可使口鼻轻松浮于水面之上,调整呼吸,全身放松,稍作休息后游向岸边或浮于水面等待救援。

(2)救溺水者

应迅速游到溺水者附近,观察清楚位置,从其后方出手救援。或投入木板、救生圈、长竿等,让落水者攀扶上岸。

将溺水者救上岸后,首先判断溺水者意识和生命体征(探脉搏,鼻息,摸心跳),如果均正常,可视情况帮助清除口腔、鼻咽腔的呕吐物和泥沙等杂物,加强护理;如果意识丧失但生命体征存在,应去除口腔异物,包括取下假牙,保持呼吸通畅。应将其舌头拉出,以免后翻堵塞呼吸道。

如果溺水者呼吸、心跳已停止,应立即进行人工呼吸。人工呼吸时,向溺水者肺内吹气时必须用大力,以便使气体加压进入灌水萎缩的肺内,尽早改善窒息状态。一般以口对口吹气为最佳。急救者位于伤员一侧,托起伤员下颌,捏住伤员鼻孔,深吸一口气后,往伤员嘴里缓缓吹气,待其胸廓稍有抬起时,放松其鼻孔,并用一手压其胸部以助呼气,反复并有节律地(每分钟吹 16～20 次)进行,直至恢复呼吸为止。同时进行胸外心脏按摩,让伤员仰卧,背部垫一块硬板,头稍后仰,急救者位于伤员一侧,面对伤员,右手掌平放在其胸骨下段,左手放在右手背上,借急救者身体重量缓缓用力,不能用力太猛,以防骨折,将胸骨压下 4 厘米左右,然后松手腕(手掌不离开胸骨)使胸骨复原,反复有节律地(每分钟 100 次)进行,直到心跳恢复为止。在急救的同时应迅速送往医院救治。

9. 隐形眼镜安全

特别提示:戴隐形眼镜除按照使用说明注意卫生外,切忌眼睛接触高温,高温导致隐形眼镜融化,给眼睛带来严重的伤害。

四、宿舍安全

之所以把宿舍安全单提出来,是因为大学生在大学期间近70%的时间都是在宿舍度过的,而且宿舍要么不出事,一出就是大事,所以笔者特别提出来强调。

❋宿舍防贼:

现在到大学生宿舍光顾的小偷越来越多,主要是大学生普遍防盗意识差,要么人都走空了寝室都不关门,要么晚上因为懒得起床给晚归的人开门而根本不关门。笔者所在大学的宿舍每年仅仅丢失的笔记本电脑的台数就达30台,而这还仅仅是报案的丢失数。寝室稍作注意即可防贼:①人走空,门即锁。②混乱时期多留神(刚开学、假期前后、夜间开门开窗、重大活动期间)。③重要财物保管好,寝室不要过多留现金(褥子枕头底下、枕芯里、抽屉底下、盒子中、上锁的箱子都是小偷常光顾的地方)。

❋宿舍防火:(这是重中之重)

近年大学宿舍火灾频繁(2008年上海某大学寝室失火,5人全部死亡),在惨痛事故的分析中,人们往往不胜惋惜,因为很多火灾本身可以回避不说,而且无论是火灾发生的前期、中期还是后期,每个阶段都有赢得生机的机会,却都无一例外地被错失了……

1. 宿舍火灾的致灾因素(火灾不难防,重在守规章。火起于幽微,灾缘于疏忽)

(1)用火不慎。如在假期中违反规定,在宿舍做饭、取暖等,用火不慎引发的火灾。(心存侥幸,万火之源)

(2)电器设备安装使用不当(众人警惕不失火,一人麻痹害大伙)

1)电器线路火灾

所谓电器线路,对集体宿舍而言,就是从墙壁固定插座到用电设施的这部分线路。电器线路火灾,主要是当电器线路发生短路、超负荷、接触不良等故障,引燃周围可燃物而引发的火灾。

2)电器火灾

违反规定使用电炉子、电褥子、电暖气、电熨斗、电水壶等电加热器具导致。另外,非正规厂家生产的电器,往往没有达到国家相应的安全标准,也容易引起火灾。

特别提示:基于安全考虑,一般大学都会明确规定,严禁在学生宿舍内使用电热器具,严禁使用酒精炉、汽油炉、液化石油气炉;严禁私接乱拉电源线(私拉电源线,也是造成人身伤害的潜在危险之一),严禁使用床头灯、充电灯,严禁燃点蜡烛,严禁吸烟(特别是在床上吸烟)等。

(3)吸烟

燃着的香烟能引燃很多物质,因为烟头的表面温度为200～300℃,中心温度高达700～800℃,足以点燃木、棉、麻、纸张等固体物质,更易引燃可燃、易燃液体和气体。如大风天室外吸烟、乱扔烟头、在一些禁火地点吸烟或躺在床上吸烟等,很容易引发火灾事故。

(4)存放、使用易燃易爆危险品不妥

如油漆、烯料、汽油、化学试剂、液化石油气钢瓶、气体打火机等。

2. 一旦发生火灾怎么办?(报警早,损失少,火警电话119要记牢)

(1)第一时间:面向消防

1)要牢记火警电话"119"。

2)接通电话后要沉着冷静,向接警中心讲清失火单位的名称、地址、什么东西着火、火势大小,以及着火的范围。同时还要注意听清对方提出的问题,以便正确回答。

3)把自己的电话号码和姓名告诉对方,以便联系。

4)打完电话后立即到交叉路口等候消防车的到来,以便引导消防车迅速到达火灾现场。

5)迅速组织人员疏通消防车道,消除障碍物,使消防车到火场后能立即进入最佳位置灭火救援。

6)如果着火地区发生了新的变化,要及时报告消防队,使他们能及时改变灭火战术,取得最佳效果。

(2)第二时间:面向学校

1)一般大学都实行寝室长制度,寝室长要全面负责寝室内安全,在危急时刻有义务组织和安排一切疏导和救援活动。

2)第一发现人应迅速告知寝室长,由寝室长迅速通报给班级干部及学校老师。

3. 火场逃生与自救的方法(身陷火场,只要能够镇定应对,运用逃生知识,就逃离劫难)

(1)几点共性的注意事项(学一分消防知识,多十分平安保障)

1)平时要了解、掌握火场逃生的基本方法,清楚了解宿舍周围的环境,并熟悉逃生路线。在出入公共场所时,要注意观察疏散出口的方向和灭火器等消防设施的位置。

2)大火来临时要迅速逃生,千万不要贪恋财物,以免失去最佳的逃生时机。在逃生途中,要尽量减少所携带物品的体积和重量。逃离火场后,在火灾扑灭前不要冒险返回火场。

3)在火场逃生中,应正确估计火势发展和蔓延的势态,不得盲目采取行动。如火势不大,应当机立断,披上浸湿的衣物、被褥等朝安全出口方向逃离。

4)火场逃生时不可乘坐电梯,因为电梯井容易侵入、聚集烟气,且电梯一旦断电就等于断了逃生之路,应迅速向安全出口方向逃生。

5)发现屋外起火,要先试一试房门是否发烫,如果发烫,千万不要开门,以防大火蹿入室内。此时可用浸湿的被褥、衣物等堵塞门窗缝,并泼水降温。

6)若所有逃生路线都被大火封锁,要立即退回室内,可用打手电筒、挥舞衣物、呼叫等方式向窗外发送求救信号,等待救援。

7)切记千万不要盲目跳楼。3层以下的楼房可利用绳索或把床单、窗帘等撕成条、结成绳,紧拴在窗框或暖气管等固定物上,从窗户逃生。

(2)楼房失火的应急自救

一旦突然出现火灾,保持镇定是面临灾难的第一反应。先要冷静迅速地探明起火的地点和方位,再确定当时的风向(透过窗户观察云彩飘动、树枝摇摆、烟囱冒出的烟等),在火势还未蔓延之前,朝逆风的方向快速离开。切记不要惊慌失措,盲目乱窜,否则极有可能接近火源。

如果失火大楼是属于密封式,并使用中央空调系统的,要设法立即堵死室内的通风孔,以防止浓烟由通风孔倒灌进室内。然后用一块湿毛巾堵住自己的口鼻,防止吸入有毒的气体。同时,你还应该将身上的衣服用水打湿,这样可以防止被火燎着。

脱离火灾现场时,要沿着防火梯朝楼的底层跑。如果中途防火梯已被堵死,则要向屋顶跑,并将楼梯间的窗户玻璃打碎,向外高声呼救,让救援人员知道你的确切位置,以便及时采取正确的营救措施。

逃生时不一定跑得快就安全,这要视火势与浓烟程度而定。火势燃烧不急、浓烟不多时,可以迅速撤离火场;火势不大但烟多且很浓时,则不宜快跑。正确的做法应当是:弯身猫腰压低姿势,尽量接近地面或角落,慢慢地移离火源。这样做的理由是,由于浓烟较空气轻,它会向上升,当室内浓烟密布时,通常离地面2~3厘米处仍会有新鲜空气。而在空气稀少处,快速移动会加快呼吸,增加空气的需求量,这为实际情况所不容许,所以要慢慢地移动。

楼房着火,浓烟往往朝楼梯口通道蔓延,楼上的人容易产生错觉,以为楼梯已被烧断,没有退路了。其实楼梯并未烧着,完全可以设法掩住面部夺路而出。如果被烟呛得透不过气来,可用湿毛巾捂住口鼻,贴近楼板或者干脆蹲下来走。即使楼梯被火焰封住了,在别无出路时,也可以用湿棉被等物作掩护迅速地冲出去。

如果楼梯确已被火烧断了,也应冷静想一想是否还有别的楼梯可走;是否可从屋顶或阳台上转移;是否可以破墙而走;是否可以越窗而出。在没绳子、皮带和竹竿的情况下,可用被单、被套和长裤撕成条状结起来当绳子荡下来,也可顺落水管滑下来。若有小孩、老人、病人等被火围困在楼上,更应用被子或毛毯之类的东西包好,用上述办法及早抢救脱险。

呼救,也是极为重要的。被火围困的人,没有办法出来,周围群众听到呼救,也会设法抢救,或报告消防队来抢救的。

(3)身上着火的自救

火灾发生时,如果身上着火,千万不要惊慌失措,东奔西跑或胡乱拍打。因为奔跑时形成的小风会使火烧得更旺,同时跑动还会把火种带到别处,引着周围的可燃物;胡乱拍打,往往顾前顾不了后,在痛苦难熬中,一旦支持不住,就会造成严重烧伤,甚至丧失生命。

一般应注意以下几点:

第一,不能奔跑,要就地打滚。某大学有一位女同学在进行实验时,不慎将正在燃烧的酒精灯打翻,酒精溅满了衣服,沾到哪里,烧到哪里,顿时全身起火。由于火来得突然,她和一些在场的同学都惊慌失措,异口同声地叫:"快跑!快跑!"结果火越烧越旺。后来还是一位老师有经验,命令身上着火的同学"打滚"。那位女同学就地打滚后,在同学的帮助下,很快把火熄灭。可是,由于前面的"快跑",所以烧伤程度仍然不轻。

第二,如果条件允许,可以迅速将着火的衣服撕开脱下,进入水中,或打,或踩,或用灭火机、水扑灭。

第三,倘若附近有河、塘、水池之类,可迅速跳入浅水中,但是,如果人体烧伤面积太大或烧伤程度较深,则不能跳水,防止细菌感染或其他不测。

第四,如果有两个以上的人在场,未着火的人需要镇定、沉着,立即用随手可以拿到的麻袋、衣服、扫帚等朝着火人身上的火点覆盖,扑、掼,或帮他撕下衣服,或用湿麻袋、毛毯把着火人包裹起来。

第五,用水浇灭。但应注意,不宜用灭火机直接往人体上喷射。

(4)烟雾中的逃生法

当高层建筑发生火灾时,由于建筑中大量使用可燃装修材料,在燃烧时会放出有毒气体,往往使人中毒死亡。因此,在火场要谨防吸入有毒气体,才能安全地逃离火场。如果无法逃离火场,必须采取一定的措施,防止吸入有毒气体、烟雾,等待消防人员前来救助。

主要方法有:

1)越过烟雾,逃离火场。当楼梯间或走廊内只有烟雾,而没有被火封锁时,最基本的方法是,将脸尽量靠近墙壁和地面,因为此处有少量的空气。避难姿势是:将身体卧倒,使手和膝盖贴近地板,用手支撑,沿着墙壁移动,从而逃离现场。用浸湿的毛巾或手帕捂住嘴和鼻,也能避免吸入烟雾。或将衬衣浸湿蒙住脸,也可脱离危险区。

2)关闭通向楼道的门窗。当楼梯和走廊中烟雾迷漫、被火封锁而不能逃离时,先要关闭通向楼道的门窗。用湿布或湿毛毯等堵住烟雾侵袭的间隔,打开朝室外开的窗户,利用阳台和建筑的外部结构避难。应将上半身伸出窗外,避开烟雾,呼吸新鲜空气,等待救助。

3)积极呼救。当听到或看到地面上或楼层内的救护人员行动时,要大声呼救或将鲜艳的东西伸出窗外,这时救护人员就会发现有人被困而采取措施进行抢救,将你救离险区。

资料篇

一网打尽这些大学中你可能会用到的资料。

第十二章 附 件

一、入党申请书范文

入党申请书

尊敬的党组织：

今天，我怀着无比激动的心情向党组织递交我的入党申请，我志愿加入中国共产党，拥护党的纲领，遵守党的章程，履行党员的义务，执行党的决定，严守党的纪律，保守党的秘密，对党忠诚；愿意参加党组织并在其中积极工作。

我生在新中国，党的教育伴随着我走过了 20 年的人生历程，我成长的每一步，都与党的关怀有密切的联系。从小时起，党的光辉形象就牢牢地铭刻在我的心中，鼓舞着我前进。

小时候，电影里、课本上革命先烈的英勇行为，便使我感受到了党的神圣和伟大。我常常梦想着自己有一天也能站在党旗下，向党宣誓，成为一名优秀的中国共产党党员。正是带着对党的崇高敬意，在童年时代我便积极向上、争当先进，成为学校第一批加入中国少年先锋队和中国共产主义青年团的学生，并在以后团的生活中严格要求自己，工作勤奋积极，努力做一名合格的共青团员。本人加入党的愿望由来已久。这种愿望不是一时冲动，而是发自内心深处的一种执著与崇高的信念，这种信念给了我克服一切障碍、追随中国共产党建设社会主义中国的勇气、信心和力量。

中国共产党是中国工人阶级的先锋队，是中国各族人民利益的忠实代表，是中国社会主义事业的领导核心。党的最终目标，是实现共产主义的社会制度。中国共产党始终代表中国先进生产力的发展要求；始终代表中国先进文化的前进方向；始终代表中国最广大人民的根本利益。而党在社会主义初级阶段的基本路线是领导和团结全国各族人民，以经济建设为中心，坚持四项基本原则，坚持改革开放，自力更生，艰苦创业，为把我国建设成为富强、民主、文明的社会主义现代化国家而奋斗。

自 1921 年建立以来，中国共产党领导中国人民，英勇奋斗，不怕牺牲，前赴后继，经过长期的反对帝国主义、封建主义、官僚资本主义的革命斗争，取得了新民主主义革命的胜利，建立了人民民主专政的中华人民共和国；建国以后，顺利地进行了社会主义改造，完成了从新民主主义到社会主义的过渡，确立了社会主义制度，发展了社会主义的经济、政治和文化。第十一届三中全会后，在马列主义、毛泽东思想和邓小平理论和"三个代表"重要思想以及科学发展观的指导下，中国共产党领导人民实行改革、开放政策，在社会主义现代化经济建设中，取得了辉煌的成就，我国的综合国力大大增强，人民的生活水平不断提高。中国共产党在领导人民建设物质文明的同时，还努力建设社会主义精神文明，大力发展教育、科学、文化事业。另外，中国共产党领导人民不断地发展社会主义，健全社会主义法制，巩固了人民民主专政。中国共产党总是同全国各民族工人、农民、知识分子团结在一起，同各民主党派、无党派民主人士、各民族的爱国力量团结在一起，发展壮大爱国统一战线。维护和发展国内各民族的平等、团结、互助关系，坚持实行和不断完善民族区域自治制度，积极培养、选拔少数民族干部，帮助各少数民族地区发展经济、文化，实现各民族的共同繁荣和全面进步，构建和谐社会。1997 年香港回归祖国，1999 年澳门回归祖国，使祖国的和平统一事业大大推进了一步。2008 年在西藏发生了暴乱事件，党中央在第一时间平息了暴动，遏制了不法分子企图分裂国家主权的行为，此事件再次说明中国共产党坚持全国各民族统一团结的思想。而邓小平"一国两制"的和平统一方针，在国内外深入人心，祖国统一大业势不可挡，必将实现。"5·12"汶川大地震，党和国家领导人第一时间赶赴现场指挥抢险救援，人民子弟兵在党的领导下不畏艰难、持续作战，把大批灾区群众转移到安全地带，又为灾区群众运来了大量急需物资，"一方有难，八方支援"，全国各族人民以捐款等形式为灾区群众送去了温暖。2008 年 8 月，北京成功举办第二十九届奥林匹克运动会,让全世界更加深刻地认识了中国,历史悠久的中国在中国共产党的领导下焕发了青春,并进行着伟大的复兴。

实践证明,中国共产党是伟大、光明、正确的党,她善于在实践中不断地总结经验,完善自己,保持正确的航向;她一切从实际出发,理论联系实际,实事求是;她全心全意为人民服务,把群众利益放在第一位,同广大人民同甘共苦;她坚持民主集中制,充分发挥各级党组织和广大党员的积极性和创造性;她实行民主的科学决策,制定和执行正确的路线、方针和政策;她坚持四项基本原则,从严治党、发扬党的优良传统和作风,不断提高党的战斗力和党的执政能力。

作为在校大学生和共青团员,我明白只有将自己的爱国热情化作行动,将自己的理想和祖国的前途命运结合起来,将自己的聪明才智完全地贡献给祖国,坚决拥护共产党领导,紧跟共产党并使自己成为其中的一员,坚决贯彻执行"一个中心,两个基本点"的基本路线,才能够真正实现自己的抱负。敬爱的党组织,今天我郑重地递上入党申请书,是我人生历程中最庄严神圣的一件事,是我在入党前对人生的一次宣誓。若党组织在严格审查后能予以批准,我将认真履行党章上所要求的一切,严格要求自己,接受党组织和同志们的监督,严于律己、勤奋进取,努力做一名合格而且先进的共产党员,为党的事业、为我国的社会主义向现代化事业贡献我毕生的精力和热血。即使组织上认为我尚未达到一个党员的标准,我也将按党章的标准,严格要求自己,总结经验,并且不间断地写思想汇报,争取早日加入党组织。

请党组织在实践中考验我!

申请人:×××
2009 年 7 月 3 日

附 35:怎样写入党申请书

按照党章规定,要求入党的人,必须向党组织提出入党申请。入党申请一般以书面形式递交给所在单位党组织。

1. 入党申请书的结构及写法:

(1)标题。一般在第一行正中写"入党申请书"。

(2)称谓。即申请入党人对党组织的称呼,一般在第二行顶格写"敬爱的党组织",并加冒号。

(3)正文。这是申请书的主要部分,一般写以下内容:

1)为什么要入党(主要写自己对党的认识、政治信念和入党动机,以及在这些方面思想演变的过程)。

2)本人的基本情况(主要写自己成长的经历、政治历史问题、受过何种奖励和处分,以及思想、工作、学习和作风等方面的情况)。

3)家庭主要成员和主要社会关系情况(主要写其职业、政治情况、与本人的关系等。此项内容也可附于申请书后)。

4)对待入党的态度和决心(主要写怎样正确对待入党问题,以及怎样以实际行动积极争取入党和接受党组织的考验)。

(4)结尾。正文写完后,一般另起一行用"请党组织在实践中考验我"或"请党组织看我的实际行动"等语句作为结束语。结尾也可用"此致、敬礼"等词语。

(5)署名。在结尾的右下方要写上申请人的姓名,并注明申请日期。

2. 写入党申请书的要求及注意的问题:

(1)用格子信纸,一个字一个格。

(2)用蓝黑或黑色钢笔,黑色碳素笔也行,总之字迹要能长久保存。

(3)字迹清晰,不可烈军属成狂草。

(4)不能打印,一定要手写。

二、入党转正申请范文

入党转正申请

敬爱的党组织：

我是2009年6月24日被党组织批准成为一名光荣的中国共产党预备党员的,预备期为一年,到2010年6月23日预备期满。为了让党组织能如期研究我的转正问题,下面,我把入党一年来的思想、学习、工作、生活等情况向党支部作如下汇报,请党组织审查。

在过去的一年中,在组织的培养教育下,我认真按照党员的标准严格要求自己,无论在思想政治、学习和工作上都取得了进步。特别是通过党内的一系列活动,学到了党的优良传统,加深了对党知识宗旨的认识,增强了个人党性修养,可以说跟一年前相比,我更加成熟了,党性更强了。

思想政治方面,通过党支部的一系列活动,丰富了个人课余生活,也活跃了自己的思维。在一系列的活动中,我向许多的新、老党员学习经验、交流心得,在他们的言传身教下,我受益匪浅。我们2007工商管理党支部是一个温暖、团结向上、富有战斗力的集体。支部讨论中,有些党员同志向我提出的中肯的批评和建议,对我帮助很大,我接受了大家的批评并努力改正。通过以上的努力,我对党有了进一步的认识,思想政治素质得到了一定的提高。

学习方面,我深知作为一名学生,最主要的任务是学习,没有好的成绩是没有说服力的。我尽力去保持自己学习上的优势,除了学好专业知识外,也适当地拓展课外知识,使自身更具竞争优势。过去已成历史,只能说明曾经你努力过,不代表未来也能取得同样的成绩。现在我要把握的就是积极准备英语四、六级考试、会计从业资格证书考试和期末考试,我将再接再厉,争取学习成绩再上新台阶。

工作方面,本着认真、负责的态度,我积极完成组织上安排的任务,较好地完成了各项工作。在工作中虚心接受同学们提出的批评建议,以期做到更好。

生活方面,我注意从一点一滴的小事做起,努力培养自己良好的生活习惯,不断提高道德修养。除了注意自己的形象,培养良好的生活作风外,我还认识到身体是我们学习和工作的支柱,加强身体锻炼也是我们不可缺少的一部分。我积极参加了学院和系组织的一系列的比赛项目,既锻炼了身体又充实了自己的生活。

一年来,我在党组织的培养和教育下取得了一定的成绩,但我深知自己还存在一些缺点和不足,主要表现在:第一,政治理论基础不够扎实,理论联系实际的能力有待进一步加强。第二,学习成绩也有下滑的现象。第三,偶尔会出现懒惰行为。在今后的工作和学习中,我要更加严格要求自己,虚心向先进的党员同志学习,注意克服自己的缺点和不足,争取取得更好的成绩。

以上是我一年来的基本情况的小结,不妥之处,恳请组织批评指正。

作为一名预备党员,我渴望按期转为中共正式党员,为此,我郑重向党组织提出申请,如果党组织能批准我为正式党员,我一定牢记入党誓言,努力学习,勤奋工作,处处以共产党员的标准严格要求自己,做一个名副其实的党员。如果组织不批准或者延期转正,我一定加倍努力,继续接受党组织的考验,争取早日成为一名正式的中共党员。

请党组织在实践中考验我!

此致

敬礼!

申请人:×××

2009年7月3日

附36:怎样写入党转正申请书

1. 入党转正申请书的基本内容与格式

入党转正申请书,也可以称为入党转正申请报告。预备党员在预备期满即将结束时,应主动向党组织提出转正申请,并把自己在预备期间的表现和主要优缺点向党支部做出比较系统、全面的书面汇报。

(1)标题。居中写"入党转正申请书(或入党转正申请报告,下同)"。

(2)正文。主要内容:①入党简况。向党组织说明自己何时被批准入党的,什么时候预备期满,并正式向党组织提出转正申请。②自己在预备期间的表现。向党组织汇报自己成为预备党员以来,在政治上、思想上、工作上以及其他方面的进步情况。按照党员标准和必须履行的义务衡量自己是否符合党员条件,哪些方面基本达到,哪些方面做得不够,还有哪些缺点尚待改正。③努力方向。针对自己在预备期间的表现,特别是针对存在的缺点与不足,提出切实可行的改正措施和今后所要达到的目标。④对待转正的态度。应向党组织表明:如果党组织认为自己还不具备转正条件,不批准按期转正的话,能否服从党组织决定、继续努力。

(3)结尾。申请人要署名和注明日期。一般居右书写申请人姓名,下一行写上日期。

2. 写入党转正申请书应注意的问题

(1)本人主动申请。

(2)把握申请时间。一般应该在预备期满前一周向党组织提出。

三、思想汇报范文

尊敬的党组织:

我们是朝气蓬勃的新一代青年,在路上! 我们斗志旺盛地执著拼搏和奋斗,在路上! 我们坚持不懈地不断学习和探求,在路上! 我们是艰苦奋斗的先进的共产主义信仰者,在路上! 我们精神焕发、稳健迈向共产主义,在路上!

在路上,我们的脚步不停,我们的腰杆笔直,我们仰着头面带微笑迎着太阳。时而发出几声高歌,时而洒下几句轻快的笑语。我们并着肩,踩上柔软的草坪,大声地念着诗,要将内心全部的情怀尽情挥洒;我们驾着船,冲向澎湃的海潮,指点着江山,要将彼岸所有的美好一并包容。我们在路上,畅快! 行吟!

当偶尔回首瞻望,我们不禁捶胸顿足。历史是沉重的,但青春必将精彩;铭记历史但不要牢记恨,书写青春但不要留下悔。有为的我们——祖国未来的脊梁、蓝图的构思者、时代的弄潮儿,将来不仅仅要挑起祖国未来现代化建设和发展不可推卸的重担,更要在精神信仰上不断建设美好家园。梁启超先生曾说:"少年智则国智,少年富则国富,少年强则国强,少年独立则国独立,少年自由则国自由,少年进步则国进步,少年胜于欧洲则国胜于欧洲,少年雄于地球则国雄于地球。"如今,我们早已不再是少年,早该能胜任或者努力去胜任历史赋予我们的重大任务。

改革开放三十年,中国经历了翻天覆地的变化:国民经济持续增长、综合实力不断增强;农村经济全面发展;工业生产发挥重要作用……这每一项硕果都是靠着一代又一代的先辈的智慧和双手创下的,我们作为享有者,应该懂得饮水思源,明确当前大形势,努力充实自我并贡献出力所能及的力量,为后人造福。想想2001年中国申奥时的从容镇定、昂扬斗志;想想2003年中国人民抗击"非典"时的团结一心、不畏牺牲;再想想2008年汶川8级地震,它震碎的只有地壳,何曾震垮了我们中国人的信念? 中国人还是那块匾上的东亚病夫吗? 不是! 中国人还是困在黑屋子里沉睡的人吗? 不是! 中国人早已觉醒,以站立的姿势与世界对话。正是在这千千万万的中国人、千千万万的共产党人无畏的奋斗中,才创造了一个这样的中国——她有一种包容万象的力量,有一种海纳百川的胸襟!

有人的地方就有希望! 我对这句话深语不已。我们一直在前行,没有停下过——我们乘着知识之船,鼓起信念之帆,掌着马克思主义之舵,去播撒希望。秋天来了就会有收获! 到时,我们再上路!

汇报人:×××

2009 年 5 月 6 日

附37：怎样写思想汇报

思想汇报的基本内容与格式：

1. 标题。居中写"思想汇报"。

2. 称谓。即汇报人对党组织的称呼，一般写"敬爱的党组织"。顶格书写在标题的下一行，后面加冒号。

3. 正文。写思想汇报，是结合自己的学习、工作和生活情况，向党组织反映自己的真实思想情况。具体内容根据每个人的不同情况而定。如果对党的基本知识、马克思主义的基本理论的学习有所收获，便可以通过思想汇报的形式，将学习体会、思想认识上新的提高及存在的认识不清的问题向党组织说明；如果对党的路线、方针、政策或一个时期的中心任务有什么看法，可以在思想汇报中表明自己的态度，阐明自己的观点；如果参加了重要的活动或学习了某些重要文章，可以把自己的心得写给党组织；如果遇到国内外发生重大政治事件时，则要通过学习提高对事件本质认识，旗帜鲜明地向党组织表明自己的立场；如果在自己的日常生活中遇到了个人利益同集体利益、国家利益产生矛盾的问题，可以把自己有哪些想法、如何对待和处理的情况向党组织汇报；为了使党组织对自己最近的思想情况有所了解，就要把自己的思想状况、有了哪些进步，存在什么问题以及今后提高的打算写清楚，等等。

4. 结尾。思想汇报的结尾可写上自己对党组织的请求和希望。一般用"恳请党组织给予批评、帮助"或"希望党组织加强对自己的培养和教育"等作为结束语。在思想汇报的最后，要署名和注明汇报日期。一般居右书写"汇报人×××"。下一行写上"×××年×月×日"。

四、班级干部自荐信范文

班长自荐信

尊敬的辅导员老师：

您好！

我是测控2009级3班的学生，名叫×××。我写此信自荐班级班长的职位。

考虑到我从初中开始担任班级主要干部以来所积累的经验，愿意自始至终为老师分忧、为同学服务的不灭热情，以及在初高中被检验的能力和品格，希望您能认识到我是该职位的有力竞争者。

我来自湖北，自初中以来分别担任过班级学习委员、生活委员、团支书及班长，每次都能恪尽职守。在担任班长的高中时代，我们班成为全校的优秀班级，升学率也名列前茅，这是我们老师的功劳，不过这当中也使我深知一个团结、负责任的班干团队的重要性，这也是我们班级班干受到老师赞扬、同学欢迎的原因之一。我特别珍视毕业时同学们送给我他们自制的"最佳班长"奖牌。这也是我之所以敢于在人才济济的大学竞争如此重要的职位的力量源泉之一，另外的原因是觉得自己有如下四个方面的优势。

一、有良好的态度

我把为老师分忧、为同学服务当做我的第一目的。我知道大学和中学不一样，它更需要有人肯长期默默地奉献。我不否认我很看重荣誉，但它不是我的第一，我不想本末倒置，我相信，只有具有这个态度，我才可以坦荡地投入，才会更加主动、更加负责地去完成每一项任务，而在全心分忧和全心服务的过程中我也必然会得到很好的锻炼，同时也有了获得同学尊重的机会。我相信拥有这样的态度，会让我更加完美地地去扮演好"班长"这个角色。

二、善于学习，合理分配时间

我知道，只有自己做了榜样，同学才会给你信任，才有树立威信的可能。我的学习基础和学习能力还能让我满意，我会合理分配好时间，来处理学习和工作的关系，并在工作中不断学习，以更好地工作。

三、敢于接受任务并承担责任

我不会找借口，更不会去推卸责任给其他班干成员。因为是班长，所以，我要么努力带领团队把一切分内的事做好，要么我承担不完美的结果，同时迅速查找原因所在，迅速纠正。

四、善于带领团队

一个人的力量是有限的，带领和组织团队是我的特长，我相信在大学会有很好的发挥空间。

在以往的学生时代，我的老师给我的评价是品行端正、诚实守信、踏实认真、值得信赖。我知道，现在是一个新的开始，当好大学班长并不容易，但我相信我甘愿奉献、不怕吃苦和恒久的忍耐力，以及包容的爱能帮助我，如果再加上您的指导的话，我深信可以胜任班长之职，并将会用我的努力在班长这一职位上不负您的信任！

我的个人简历及相关材料一并附上，感谢您百忙中阅读此信并考虑我的自荐请求，祝您工作顺利，生活幸福！

此致

敬礼！

您真诚的学生：×××

2010 年 11 月 20 日

附表一：

个 人 简 历

姓　名	×××	籍　贯	湖北省荆州市	相片 (记得一定要粘贴一张至少不吓人的近期照片！)	
性　别	男	身　高	172cm		
出生年月	19××年××月	身体状况	良　好		
高考成绩	(分高就填吧)	家庭地址	×××	政治面貌	团员
特　长	(最经典的……)				
联系电话	130×××　(0451)×××				
曾任职务					
主 要 获 奖 情 况	1. 2002 年　被评为"黑龙江省三好学生" 2. 2002 年　获"黑龙江省首届大学生诗歌大赛"创作三等奖 3. 2000 年　被评为校三好学生兼优秀团员 4. 2001 年　被评为校三好学生 5. 2002 年　被评为校三好学生 6. 2001 年　获校"作文大赛"三等奖 7. 2001 年　获校"庆建党八十周年书法绘画摄影大赛"摄影组二等奖 8. 2000 年　获校演讲大赛优秀奖 9. 2000 年　被评为校优秀学生干部 10. 多次在校报、校刊上发表文章				
其他	(有利于获得班长的资料)				

附表二：

各类获奖证书的复印件(这些东西，有助于证实你自荐信的真实性及你认真的态度。另外这些资料厚一点也会比较有优势，更能赢得辅导员的重视)。

五、干部竞聘演讲范文

尊敬的各位领导、老师、亲爱的同学们：

大家好！

春天来了，我也来了。我乘着踌躇满志的春风而来，来竞选学生会副主席。

这，便是我给您的第一印象：戴眼镜，很健康。我是计算机系092032班班长，很高兴又一次站在这里接受大家的竞聘考核。俗话说，"兴趣是最好的老师"。我热爱学生会的工作，就好像一位运动员对他所从事的运动项目，是一样的热爱。

生活中，我是一个"三心二意"的学生，"三心"是指进取之心、平和之心、宽容之心；"二意"指的是创意和诗意。因为有了"进取"之心，才能使我不断进步、不断完善自我，在保证学习成绩优良的前提下高质高效完成学院工作。有了"平和"之心，才能让我"任凭风浪起，独坐钓鱼台"，一切的一切，无论成功与失败，我都会用一颗平常心来对待。有了"宽容"之心，才使我胸怀宽广、虚怀若谷，接受同学的意见，与他人合作把院内活动处理好。那"二意"呢？增一份创意，我们能创造性地开展活动，展现我们学院独一无二的风采；添一缕诗意，我们能在紧张的学习生活中挥洒我们的豪气，放飞我们的浪漫，开创多姿多彩的大学生活。

从2009年10月份加入院学生会这个组织开始，我已经在宣传部工作了一年半的时间。从中，我学会了宽容、沟通、解决矛盾；也学会了怎样协调院学生会宣传部与各系宣传部之间的联系；更学会了怎样去处理好学习与工作之间的关系。

在工作上，"理想不是梦，只要肯奋斗"是我的座右铭，从中让自己能有积极向上的人生态度、踏实肯干的工作作风。我知道，只有拥有不怕困难的勇气和决心，把自己的热情投入到工作中去，用行动来证明自己的实力，才能够使每项工作做得更出色。

学生会，是学生自我管理、自我教育、自我服务的群众性组织，学生会干部从学生中来到学生中去，具有学生干部和普通学生的双重身份，既是学生团体的管理者，又是被管理者。学生会干部要团结一致，开拓创新，在全面推行学生自我管理、自我教育、自我服务，内强素质、外树形象这一系统工程之中，开拓思想，创造性地开展工作。

如果我有幸当选副主席，我将用旺盛的精力和清晰的头脑，认真出色地工作。工作思路可以用一个英文单词"SHE"来表示，其中"S"代表Scientific，是公正合理、科学有序的意思。我认为，一个好学生会必须要做到合理分工，让最合适的人去做他最擅长的事，从而建立一个合理有序的干部团队。"H"指的是Hormony，就是团结和谐的意思，我会努力协助主席将学生会及学院学生团结到一起，互相帮助、征求同学们的意见，增强学生会内部的凝聚力和向心力，增加学生会工作的透明度。"E"所指的是Efficient，是指学生会我分管的各项工作都有效地进行，在最短的时间内做到最好。工作内容是三个方面三个努力：

具体来说，首先，更加严格要求自己，不仅仅在学习、工作上、生活上要起到模范带头作用，更要经得起领导、老师和广大同学的监督、考验。

其次，我会和自己分管部门的成员一起，除了进行全面、深入地工作调查，找出不足之处外，同时，自己更会积极地参与部门的工作例会、检查和算分。

最后，每个学期的开学阶段，是各部门拟订工作计划的时候。在计划中，我会与各部门商议，将每个学期的检查次数减少，人员确定，但检查时间不定。为了让全院同学不再为每周的检查而忙于应付，采取抽查制度，不仅能够抓典型，而且也缓解了同学们在学习与生活上的压力。

戴尔·卡耐基曾说："不要怕推销自己。只要仍然认为自己有才华，你就应认为自己有资格担任这个或那个职务。"我认为我准行。我相信，在各位领导的信任下，与各成员、同学们的帮助下，我们院学生会的工作会更上一层楼。

这是我一直都想许下的承诺，行动是用来证明一切的最好方法。我想，我应该做一名实干家。所以，我只要求方案精练，符合实际，便于实干，这样就会产生良好的效果，就不需要那美丽或枯燥的词汇来说明了。让时间与事实考验我吧！

考虑到我担任部长以来所积累的经验，以及在实践中被检验的能力和品格，希望各位能感到我是副主席这一职位的有力竞争者。

轻轻的,我来了,挥手告别,曾经惆怅铿锵的昨天,轻轻的,我又要走了,希望你们能让我带走副主席一职,谢谢!

六、请假条、检讨书范文

请 假 条

尊敬的代老师:

　　您好! 我是××(学院)09级××(专业名称)专业的××(姓名)。

　　因××××(请假理由)不能上×月×日的××(课程名称),特此请假。请批准。

请假人:×××

2009年×月×日

检 讨 书

敬爱的刘老师:

　　我是您的学生:×××。

　　今天我怀着愧疚和懊悔给您写下这份检讨书,以向您表示我对旷课这种不良行为的深刻认识以及再也不犯类似错误的决心。

　　早在我踏进校门,老师就已三申五令,一再强调,全校同学不得旷课。但是我还是多次无故旷课。关于旷课的事情,我觉得有必要说一说。事情的经过是这样的:我一般都是会去上课的,很多次没有请假又没有去上课,是因为比如我的一些同学朋友来学校找我,有时是找我玩,有时是找我借书、学习资料,有时又是朋友住院需要我去探望或照看等等。我觉得这些原因作为向老师请假的理由是不充分的,而且如果多次向老师用这些理由请假也是不可能都批准的。所以,我选择了旷课这种行为。虽然我知道这种行为是不对的,但是我还是做了,所以,我觉得有必要而且也是应该向老师做出这份书面检讨,让我自己深深地反省一下自己的错误。

　　对不起,老师! 我犯的是一个严重的原则性的错误。我知道,老师对于我的无故旷课非常生气。我也知道,对于学生,保证每堂课按时上课,不迟到、不早退,是一项最基本的责任,也是最基本的义务。但是我却连最基本的都没有做到。事后,我冷静地想了很久,我渐渐地认识到自己将要为自己的行为付出代价了。老师反复教导言犹在耳,严肃认真的表情犹在眼前,我深为懊悔,已经深刻地认识到事情的严重性。如今,大错既成,我深深自责不已。需要认真反省,深刻检讨。

　　为了更好地认识错误,也是为了让老师你能够相信我能够真正地改正错误,保证不再重犯,我将自己所犯的错误归结如下:1)思想觉悟不高。无故旷课本身不仅给自己带来错过接受知识的遗憾,同时也给班级的正常教学秩序带来影响,给同学带来不良影响,这是以前没有意识到的。2)对遵守学校的规章制度重视不够。认为学校的规章制度也就是个样子,可以不认真地遵守。3)生活作风懒散。凭借自己的喜好去上课,有时候即使没有旷课,上课听课时候也是凭自己的兴趣听,往往没有自始自终地专心听讲。对于这种状态没有及时纠正,任由发展。没有想到学校开设的每一门课程都有学校的理由,我们作为学生就更应该去认真学习。4)对于教师的不尊重。老师上课就是劳动,作为学生理应对这份劳动给与足够的尊重,可是我却没有做到。

　　寥寥几笔,难表我悔恨痛惜之情,对于这桩已经无法弥补的过错,我不想逃避什么,但我决心,从今以后一定吸取教训,再也不旷课了。我再次对我所做的一切表示深深的后悔与歉意,对您诚挚地说声对不起,也对班级同学和相关的任课教师说声对不起。最后,希望您再给我一次机会,我愿意在今后的学习生活中,努力学习,认真遵守学校的各项规章制度,使自己成为一名合格的大学生。

　　此致

敬礼!

学生:×××

2010年×月×日

七、各类证明范文

（一）学生身份证明（在读学生）

证　明

　　兹有学生×××,男,汉族,现年24岁,该生于2009年9月被哈尔滨理工大学录取,现为国际文化教育学院工商管理专业一年级全日制学生。

　　特此证明。

哈尔滨理工大学国际文化教育学院

2010年5月15日

（二）休学证明

证　明

　　兹有学生×××,女,汉族,现年22岁,该生于2004年9月被哈尔滨理工大学录取,在工商管理04-1班学习,该生因病于2005年10月份请假离校,在该学期上课不足一个月。由于病情加重,该生于2006年4月4日正式申请休学。

　　特此证明。

哈尔滨理工大学国际文化教育学院

2006年12月19日

（三）用于储蓄的证明

证　明

　　兹有学生×××,男,汉族,籍贯湖北松滋,现年23岁,该生于2009年9月被哈尔滨理工大学录取。现为哈尔滨理工大学国际文化教育学院工管04-2班学生。

　　特此证明。

哈尔滨理工大学国际文化教育学院

2010年5月20日

（四）政审证明

政审证明（简短版）

　　兹证明×××同学,男,汉族,1990年1月1日生,该生于2009年被我校××专业录取。在校期间,没有任何违纪、犯罪行为,未发现参加过"法轮功"等不法组织的行为。

　　特此证明。

哈尔滨理工大学国际文化教育学院

2010年4月26日

政审证明（加长版）

　　兹证明×××同学,男,汉族,1990年1月1日生,该生于2009年被我校××专业录取。×××同学在校期间在思想上积极要求进步,认真学习马列主义毛泽东思想邓小平理论和"三个代表"重要思想以及科学发展观,有较高的政治素养,没有参加"法轮功"等任何邪教及非法组织,积极靠近党组织,时刻用党员的标准严格要求自己,处处起模范带头作用,在校期间加入了党组织,并转正为中共党员。

　　在学习上,该同学刻苦努力,有钻研精神,为班级同学树立了良好榜样,学习成绩一直名列前茅,多次获得奖学金。

　　在工作上,该同学作为班级团支部书记,责任感强,任劳任怨,全心全意为同学服务,富有合作精神,组织同学积极参加院校各项活动,并多次获奖,自己也多次被评为校三好学生和优秀学生干部,深受同学的拥护。

　　总之,该同学各方面表现突出,具有较强的综合素质,是一位品学兼优赋有才华的当代大学生,唯有开拓性上还有待进一步提高。希望该同学能再接再厉,在今后的学习工作中能有更出色的表现,为社会作出更大的贡献。

特此证明。

哈尔滨理工大学国际文化教育学院

2010 年 4 月 26 日

八、待人接物基本礼仪

✲在握手时

1. 握手时,伸出右手,适当用力紧握对方右手;注视对方,微笑致意或简单问候、寒暄,不可左顾右盼;应起身站立并且摘下帽子,不可把另一只手放在口袋中,不戴着手套握手。

2. 握手顺序按照"尊者为先"的原则。在正式场合,以上级先伸手为礼;在日常生活中,以长辈、女士、已婚者先伸手为礼;在社交场合,以先到者先伸手为礼;在师生之间,以老师先伸手为礼;在接待来客时,以主人先伸手为礼,客人告辞时,以客人先伸手为礼。男士与女士握手不宜时间过长、力度过大。在多人同时握手时,不可交叉握手。不可跨着门槛握手。如果手脏、手凉或者手上有水、汗时,不宜与人握手,并主动向对方说明不握的原因。

✲在赠送接受礼物时

1. 选择适当礼物,尊重当地送礼禁忌。对礼物进行适当包装。

2. 送礼的最佳时机是进入主人住处后,在主人表示欢迎的时候将礼物送出。回赠礼物的最佳时机应是客人提出告辞的时候。除非收礼者不在,最好把礼物当面赠送。赠送或回赠礼物时双手递上,并做简短说明或介绍。

3. 接受礼物时,双手接过并致谢;征得送礼人同意,可以当面打开,对礼物表示赞美。将礼物放在一边不予理睬是失礼的行为。如认为礼物过于贵重或其他原因不宜接受,应予婉拒。

✲在公共场所中

1. 影剧院:观众应尽早入座。如果自己的座位在中间,应当有礼貌地向已就座者示意,请其让自己通过。通过让座者时要与之正面相对,切勿让自己的臀部正对着人家的脸,这是很失礼的。应注意衣着整洁,即使天气炎热,袒胸露腹也是不雅观的。在影剧院万不可大呼小叫,笑语喧哗,也不可把影院当成小吃店大吃大喝。演出结束后观众应有秩序地离开,不要推搡。

2. 图书馆、阅览室:图书馆、阅览室是公共的学习场所。

(1)要注意整洁,遵守规则。不能穿汗衫和拖鞋入内。就座时,不要为别人预占位置。查阅目录卡片时,不可把卡片翻乱或撕坏,或用笔在卡片上涂抹划线。

(2)要保持安静和卫生。走动时脚步要轻,不要高声谈话,不要吃有声或带有果壳的食物。

(3)图书馆、阅览室的图书、桌椅板凳等都属于公共财产,应该注意爱护,不要随意刻画,破坏。

3. 公共汽车:车到站时应依次排队,对妇女、儿童、老年人及病残者要照顾谦让。上车后不要抢占座位,更不要把物品放到座位上替别人占座。遇到老弱病残孕及怀抱婴儿的乘客应主动让座。

✲在着装上

1. 整洁合体。保持干净整洁,熨烫平整,穿着合体,纽扣齐全。

2. 搭配协调。款式、色彩、佩饰互相协调。不同款式、风格的服装,不应搭配在一起。

3. 体现个性。与个人性格、职业、身份、体形和肤色等特质相适应。

4. 随境而变。着装应该随着环境的不同而有所变化。同一个人在不同时间、不同场合,其着装款式和风格也应有所不同。

5. 遵守常规。遵循约定俗成的着装规矩。如:西装应在拆除袖口上的商标之后才可以穿着;西装外袋不应存放随身物件。

注意:不可在公众场合光膀子、卷裤腿、穿睡衣、穿拖鞋。女性在办公场所不宜穿着吊带装、露脐装、超短裙、短裤等。脖子比较短的人不适合穿着高领衫,体形较胖的人应尽量避免穿着横格子上衣。佩戴饰物要尊重当地文化和习俗。

✿在仪容上

1. 发型得体。男性头发前不盖眉,侧不掩耳,后不及领。女性根据年龄、职业、场合的不同,梳理得当。

2. 面部清爽。男性宜每日剃须修面;女性宜淡妆修饰。保持口腔清洁。

3. 表情自然。目光温顺平和,嘴角略显笑意。

4. 手部清洁。定期修剪指甲并保持手部洁净。女性在正式场合不宜涂抹浓艳的指甲油。

✿在体态上

1. 站姿:两眼平视前方,两肩自然放平,两臂自然下垂,挺胸收腹提臀。站立时不要歪脖、斜腰、曲腿等,在一些正式场合不宜将手插在裤袋里或交叉在胸前,更不要下意识地做些小动作,那样不但显得拘谨,给人缺乏自信之感,而且也有失仪态的庄重。

2. 坐姿:保持上身直立,双腿自然并拢,切忌抖动腿脚。男性膝部可分开一些,但不要过大,一般不超过肩宽。双手自然放在膝盖上或椅子扶手上。在正式场合,入座时要轻柔和缓,起座要端庄稳重,不可猛起猛坐,弄得桌椅乱响,造成尴尬气氛。不论何种坐姿,上身都要保持端正,如古人所言的坐如钟。若坚持这一点,那么不管怎样变换身体的姿态,都会优美、自然。

3. 走姿:抬头挺胸收腹,双臂自然摆动,脚步轻盈稳健。

注意:不可在公共场所席地而坐。单独用食指、中指指向他人是失礼的行为。

✿在待客上

1. 有人敲门,应回答“请进”,或到门口相迎。

2. 客人进来,应起立热情迎接。如果家中不够干净齐整,显得凌乱,要做些必要的整理,并向客人致歉。

3. 敬茶须用双手端送,放在客人右边。如果夏天酷热,要递扇子,或开电扇。

4. 吃饭时来客,要热情地邀请客人一同进餐。客人吃过饭后应送上热毛巾,并另换热茶。

5. 客人来时,如自己恰巧有事不能相陪,要先打招呼,致以歉意,并安排家属陪着,然后再去干自己的事。

6. 客人坚持要回去,不要勉强挽留。

7. 送客要到大门外,走在长者后面。

8. 分手告别时,应说“再见”或“慢走”。

✿其他礼仪方面

1. 别人给倒水时,不要干看着,要用手去接,以示礼貌。

2. 别人对你说话,你起码要能接话,不能人家说了上句你没了下句,或者一味地说“啊啊啊……是是是”。

3. 有人盯着你看的时候不要直视对方,应假装没注意到。

4. 别人释放“有毒气体”的时候不能嫌恶地躲开或者拿手扇,应装作若无其事。

5. 吃完饭退席时说:“我吃完了,你们慢用。”

6. 给人递水递饭一定用双手。

7. 坐椅子时,腿不要跷起来。

8. 吃饭要端碗,不要在盘子里挑拣。

9. 最后一个进门要记得随手关门。

10. 送客人走要说:“慢走!”

11. 洗了手不要随意甩手,水会甩到人家身上,很不礼貌。

12. 递刀具给别人要记得递刀柄那一端。

13. 听别人说话的时候,眼神不要游移。这样显得很没礼貌。

14. 帮别人倒茶倒水之后,壶嘴不要对着别人。

15. 遇到那种往里往外都能开的门,要拉而不是推。

16. 说到就一定要做到。做不到的就不要承诺。

17. 屋里有人的时候,出门要轻关门。

18. 盛饭或端茶给别人时,如果中间隔了人,不要从别人面前经过递,而要从别人后面绕过递。

19. 去别人家里,不要坐在人家的床上。

20. 在酒桌上与别人碰杯,自己的杯子一定要低于对方的,特别是对方是长辈或领导。

21. 如果问别人话,别人不回答你,不要反复地问。

22. 吃饭的时候尽量不要发出声音。

23. 捡东西或者穿鞋时候要蹲下去,不要弯腰撅屁股。

24. 别人批评你的时候,即使他是错的,也不要先辩驳,等大家都平静下来再解释。

25. 做事情要适可而止,无论是狂吃喜欢的食物还是闹脾气。

26. 到朋友家吃完饭,要主动帮忙洗碗清理桌子——主人做饭已经很辛苦了,不能事后还让主人清理。

27. 做事情,做好了是你的本分,做得不好就是你失职。

28. 擦桌子的时候要往自己的方向抹。

29. 接电话第一句话一定是"喂,您好";挂电话的时候等别人先挂,自己后挂。

30. 不随地吐痰扔东西,如果没有垃圾箱,就将垃圾拎回家或拎回寝室扔垃圾筒里。

31. 走路手不要插在口袋里。

32. 不管什么条件下,仔细刷牙,特别是晚上。

33. 女生和男生出去要自己买单。

九、绅士、淑女修养行为准则

绅士行为不是关于该做什么和不该做什么的,而是关于常识和礼貌的。在这个喧嚣的世界,每个人都应该多少讲究一些礼仪。如今,有甚于往昔,做个绅士是有益的——男人们羡慕你处处得心应手,而女人们则崇拜你的练达。

❀风度绅士的24准则:

1. 单独行走时,保持右行,无论是走在人行道上,走廊里,还是在楼梯上(左边空出来给有急事的人)。和女士走或坐在一起时,应让女士在右边,通常认为右边比左边尊贵;主人分配宴席座位,也应让女士坐男士右边。不过在人行道上,男士应走在靠车道的一边以保护女士。

2. 上下电梯、楼梯或进出房间时,请遵循"女士优先"的原则。进入剧场或电影院,也要女士先行,而男士走在后面向检票员出示票子。只有在需要男士前去排除故障或有利于照顾女士时,男士才走在前面。(若你与女士走楼梯,上楼时走在她后面,以防她摔倒。下楼的时候,走在她前面,也是以防她摔倒。普通的门,请女士先行;旋转门,男士先走)

3. 男士有义务帮助照顾女士,不仅不应与女士抢座位,而且还要让座;就餐时,男士要为女士拉开椅子,等女士站到适当的位置时再把椅子送上去;与女士同行,男士要帮她拿手包以外的物品;遇到下雨,男士要主动撑伞;到衣帽间存放衣物时,男士要帮女士脱下大衣,存放好后才轮到自己;取衣物时,也要先帮助女士。

4. 如果身边的女士掉了东西在地上,男士应主动俯身帮助捡起来,即使男士是上司,这样做也可以显得很有风度,帮助女士只能让你的威信增加。

5. 男士陪女士上车,应先打开车门,并且用手挡在女士头顶与车门顶之间,协助她上车后自己才上车。下车时男士先下来,为女士打开车门。

6. 即使不是大人物,我们也经常能用请教的态度与口吻与他们说话,因为人不可貌相,很多实用的良师益友往往来自不起眼的生活与工作中。

7. 在吃饭的场合主动做点菜者,而不要请主人与主宾点菜,因为那不是尊贵者通常做的事情,但是请注意询问他们的喜好,而不是只管点自己爱吃的东西。但是这需要平时研究菜单,积累点菜的经验。吃饭时,万一有人脸上沾到了食物,你就擦自己脸上同样的部位,很快他就会跟着做了。

8. 经常指出朋友、伙伴与同事(包括小孩)值得肯定的方面,你要知道,即使老板也需要被你肯定,但是尽量在私下场合,而对于一般朋友与同事则应公开赞扬。

9. 在受到别人对自己的相貌、事情、人品的赞扬时,不要表现出理所当然的样子,也不要假意否认,合适的方式是表示感谢,尤其感谢朋友的肯定与支持。

10. 学会使用便条,包括借条、领条、请假条、申请信,如果你很主动地使用这些便条会让其他人感到你很懂规矩,而且如果你懂得请其他人这样做,你会在未来更好与他们有凭有据地打交道。会写便条会让别人刮目相看。

11. 即使你不是服务人员,如果在朋友或者同事有客人走开的时候主动倒水,会让朋友与同事很有面子,也会让客人觉得你的朋友与同事很有威望。这会让你的朋友与同事特别感谢你的姿态。

12. 虽然你觉得你是新手或者地位比较低的人,但是你要勇于不耻下问,也要做到主动询问别人的需要,而不要等领导或者资深的同事对你表现出亲和,因为他们这样表现往往需要特别的努力。

13. 记得在别人不在座位的时候很热情地帮助接听与记录电话、接受信件、传递信息;对团队的同事与同学,提醒他们一些你知道的重要日程。

14. 在征询了别人意见之后才进入别人的房间,看别人的书架或者室内物品。在经别人同意的情况下才用别人的电脑,坐在别人的私人座位上,但通常不去翻动别人的笔记本。

15. 出席社交场合需要有邀请。接到邀请却不能出席应提前通知,迟到的话要在适当的时间通知主人,到了以后要解释;带未经邀请的朋友要事前通知主人。

16. 不适合向别人索要礼物。收到别人的礼品不管是不是喜欢都要表示感谢,因为送礼者会很在乎你的反应。不适合把一处的礼物转送给另一处,尤其还保留原来送礼者的符号与痕迹就显得很没有礼貌了。

17. 在有多个出席者的场合,主动介绍自己的朋友给其他人,或者主动在你认识的朋友之间穿针引线。在介绍时,应注意把年轻的先介绍给年长的,职位低的先介绍给职位高的。

18. 有不同地位的朋友在的场合,都要保持微笑,体贴地招呼那些内向的、不为人注意的、可能有点自卑感的朋友,在社交中对弱势者的帮助会得到别人特别的感激和尊重。在其他社交场合,尤其当你不能适应的生活条件与生活习惯时,要克制自己所想表现出的不适感与负面表情,尽量主动向社会地位较低者打招呼。

19. 在有好事情的时候能想到别人,主动地告诉他们你知道的好消息。有好东西吃的时候不要吃独食,如果是在较为正式的社交场合,告诉别人这种信息时要注意采用恰当的方式方法,一般来说点到即可,既提醒了别人,对主人也是一种肯定,比如说:这道菜的味道不错,这条鱼很新鲜等。切忌直话直说,如这菜真好吃,这鱼真是太新鲜,赶快吃等。

20. 有人做错了事情或者你发现其他人做错了事情,不要用情绪性的方式批评别人,尤其要注意就事评价,避免评价别人的人格、个性与家庭教养。批评时能提出解决方案,批评就更有建设性。也不要只有批评,批评时应不忘肯定别人的长处。如果批评时能比较幽默,往往负面效果就更少。遭批评或者遇到尴尬的时候能幽默地自嘲,也能提高交流的建设性。

21. 好汉不吃眼前亏。在一些时候,如果问题争执不下,不要继续火上浇油,冷静下来,多收集一些数据材料或想更明白点再说。

22. 在你不能有充分把握的时候,用"争取"与"尽量"这样的口吻回答别人的邀约,承诺了就要最大限度去履行。

23. 虽然在商言商,但是我们要尽量不谈回报地先为别人做点什么,这样就赢得了在心理上比别人优越的债权感。一个人的社会地位是别人对他负有的社会债务感的总和。

24. 也要注意一些生活细节,比如:总是说"请"和"谢谢";穿马甲时不扣最下面一粒扣子;不会边走路边发短信;不会炫耀他的新玩意,即使有多么贵重或多么尖端;在宴席上不会去吃盘中的饰菜,除非他真的很想这么做;不要偷偷扫视女人的胸部,她总会发现的;你能吐口水的唯一机会是在卫生间里。

而淑女要做的,就是配合绅士的行为,接受他们的礼让,并礼貌致谢即可。倘若身边的男士没有这样的绅士行为,也不必在心中责怪或轻看他们,也许你的气质让他们心有余,而勇气不足。作为追求淑女形象的女生,让自己变得有气质和有内涵是很有必要的。

十、经典安慰、激励、幽默短信

对于一个好朋友,成功了可以不去祝贺,但当他失败了,一定要去安慰。因为当他成功的时候,他并不缺乏祝贺和朋友;失败时,两者都很需要。

掌握一些经典安慰、激励的言语,并适当变通,努力做一个为朋友打气的支持者吧。

❋安慰、激励类

1. 抱着她,拍她的头,对她说:你还有我啊!

2. 你的痛苦我难以想象……换做是我,我肯定不如你做得好,一起去喝一杯吧(避免夸口的感同身受,是最好的慰藉)。

3. 我知道这对你是痛苦时期……来和我一起吃圣诞晚餐吧。

4. 我也很难过,我能帮上你什么忙吗?如果什么时候需要我,尽管打电话给我,好吗?我会陪着你,让你有个肩膀可以伏在上面哭泣。

5. 感情的事总是很难说清楚,我知道分手总是令人难过的,但无论如何,我永远都会站在你这一边,支持你。努力让自己快乐起来吧,好吗?

6. 兄弟,没事儿,20天后又一条好汉!

7. 人在旅途,难免会遇到荆棘和坎坷,但风雨过后,一定会有美丽的彩虹。

8. 你不能改变天气,但你可以改变心情;你不能选择容貌,但你可以选择表情;你不能预支明天,但你必须过好今天!

9. 轻轻的风,吹开你紧锁的眉头,让所有的愁向后飞去。请不要回头去追那些不属于你的忧愁,你应该向前奔跑,因为快乐在前方!

10. 在我的印象里,你从来都是生活的强者。这一次,我坚信,只是你生命中暂时的烟云,永远支持你!

11. 我希望看到一个坚强的我,更希望看到一个坚强的你!

12. 无论结果如何,我永远支持你。尽自己的努力就行了,不必太在意结果。

13. 生气是用别人的过错来惩罚自己。

14. 微笑的曲线可以抚平一切。

15. 永远也不要收住笑容,即便在你愁闷的时候。因为或许有人会爱上你的笑容。

16. 要知道,给予朋友行动上的帮助是最好的安慰。

❋幽默类

1. 你在新年夜被通缉了,你的罪行是:(1)对朋友太好,又够义气;(2)青春的面孔,灿烂的笑容。本庭现判决如下:罚你终身做我的朋友,不得上诉!

2. 这两天真的太冷了,你一定要照顾好自己啊。千万别冻着啦——俗话说:人怕冻腿,猪怕冻嘴。我已经穿长裤了,你也赶紧买个口罩吧。

3. 一直想说三个字,可你知道它的分量,我怕一说出来咱们连朋友都没法做了。可我控制不住感情,鼓起勇气对你说:起床吧。

4. 您的手机从今日起已具买月饼/买粽子功能,预定月饼/粽子拨110,送货119。如有疑问,请与本中心联系,网址:三达不溜点坑你坑谁点抗么! 祝中秋节/端午节快乐!

5. 明月几时有,把酒问青天。不知饼中何馅,今日是莲蓉。我欲乘风观月,又恐神七太慢,远处不胜寒。起身发短信,祝福在人间。祝你:中秋节快乐!

6. 雁过无痕,叶落无声。美丽是些具体而实在的东西,无处不在地守候着你。感激这个世界的魅力,感激你的存在,感激我们的相识。感恩节快乐!

7. 您好,您的朋友××在××节为您点了一首歌曲,曲名《当》。现在请您拿一个脸盆往自己的头上敲一下。您听到了吗? 谢谢,点歌完毕!

8. 上帝说:只要在今天发短信给十个美女就会非常快乐。我的天啊! 我只认识你一个啊! 上帝说:不要紧,她级别高以一顶十,因为今天是她生日。生日快乐!

9. 希望每天的你都快乐得像炉子上的茶壶一样,虽然小屁屁被烧得滚烫滚烫的,但依然吹着开心的口哨,冒着幸福的泡泡。

10. 我这种人是你足以信赖的朋友,随时在你身边——当我需要你的时候。

11. 自负的人胃口太低,对他自己的兴趣比对我还大。

12. 我并不老,才到人生盛年而已,只是我花了比别人更多的时间才到盛年而已。

❋笑话类

火灾与水灾

纽约饭店里悬挂着一块告示牌。上面写着:

"请将烟头掐灭! 请记住发生在芝加哥的火灾!"

在这块告示牌的下面,有人加写了一句:

"请不要随地吐痰! 请记住发生在密西西比河的水灾!"

警察与酒鬼

银行遭抢劫,保险柜里一串价值连城的项链丢了。警察没有发现嫌疑人,只发现大厅里躺着一个酒鬼,就拿他审问。

警察把酒鬼的头闷进水桶里一分钟,问一句:"项链在哪儿?"再闷进水里,再问。

反复了几次,酒鬼实在坚持不住了,大喊起来:"停! 停! 停! 你们换别的潜水员找项链吧。"

明智之举

一位莫斯科公民丢了一只鹦鹉,一只很会骂人的鹦鹉。那位失主很紧张,不知道鹦鹉会在外面乱说些什么。为了避免不必要的麻烦,他特地在一家发行量很大的报纸上刊登了这么一则广告:"遗失会说话鹦鹉一只,特此郑重申明:本人不同意它的政治观点。"

野鸭

用餐者:你们这儿有野鸭吗?

侍应生:没有,先生,但是我们可以抓只家鸭并激怒它,然后烧给你。

父亲的骄傲

有个父亲向人夸耀他自己从未为难过他的7个儿子。"是的,确实是这样,"他一脸的自豪,"他们简直是世界上最幸福的孩子,你知道,我从未对他们施以暴力,除非我被迫自卫时。"

拉面

进门就喊:老板,给我拉一碗。老板:(没听清)什么,吃吗? 吃我就拉。

活学活用

在一所法律学校的《刑法》考试课上,教授向学生提出的第一个问题是:"什么叫诈骗罪?"一个学生回答说:"如果您不让我考试及格则犯诈骗罪。"教授非常诧异:"怎么解释?"学生说:"根据刑法,凡利用他人的无知而使其蒙受损失的人则犯诈骗罪。"

冷笑话

1. 几个学生考试当天起晚了,他们撒谎说公车轮胎爆了所以误了考试,教授同意他们补考,并安排在不同考场,试卷只有一道题:"哪个轮胎爆了?"

2. 高中的时候住校,有同学回家,让他帮我捎点东西,便发短信:给我烧点衣服和钱。

3. 如果感到心里挖凉挖凉的,请拨打俺的电话!谈感情请按1,谈工作请按2,谈人生请按3,给俺介绍对象请按5,请俺吃饭请直说,找俺借钱请挂机。

4. 精神病人甲把电话号码本从护士办公室偷回病房。问乙说:"你看我最近完成的这本小说怎么样?"

乙看了看回答:"不错不错。不过,就是人物多了点儿。"这时,精神病院的护士进来说:"你们把电话号码本给我放回去!"

5. 士兵问连长:作战时踩到地雷咋办?连长大为恼火:×,能咋办?踩坏了照价赔偿。

6. 很久墨收到你的信息,俺很心疼。俺想到死,曾用薯片割过脉、用豆腐撞过头、用降落伞跳过楼、用面条上过吊,可都墨死成。你就请俺吃顿饭,撑死俺算了。

7. 吃饭了吗?请接收短信。大象把大便排在路中央,一只蚂蚁正好路过,它抬头望了望那云雾缭绕的顶峰,不禁唱到:呀啦索,这就是青藏高原!

✻脑筋急转弯类

1. 谁是万兽之王? 动物园园长

2. 什么样的人死后还会出现? 电影中的人

3. 什么帽不能戴? 螺帽

4. 书店里买不到什么书? 遗书

5. 大象的左耳朵像什么? 右耳朵

6. 什么水永远用不完? 泪水

7. 什么东西有五个头,但人不觉得它怪呢? 手、脚

8. 家人问医生病人的情况,医生只举起5个手指,家人就哭了,是什么原因呢? 三长两短

9. 把一只鸡和一只鹅同时放在冰山上,为什么鸡死了鹅没死? 鹅是企鹅

10. 什么英文字母让人们喜欢听而且听的人最多? CD

11. 人的长寿秘诀是什么? 保持呼吸,不要断气

12. 什么东西愈生气,它便愈大? 脾气

13. 一年四季都盛开的花是什么花? 塑料花

17. 什么时候有人敲门,你绝不会说请进? 在厕所里

18. 一个小孩和一个大人在漆黑的夜晚走路,小孩是大人的儿子,大人却不是小孩的父亲,请问为什么? 因为他们是母子关系

19. 两对父子去买帽子,为什么只买了三顶? 爷爷、爸爸和儿子

20. 铁锤锤鸡蛋为什么锤不破? 锤当然不会破了

21. 世界拳击冠军很容易被什么击倒? 瞌睡

22. 口吃的人做什么事最亏? 打长途电话

23. 当哥伦布一只脚迈上新大陆后,紧接着做什么? 迈上另一只脚

24. "Kiss"是动词,形容词还是名词? 连词

25. 换心手术失败,医生问快要断气的病人有什么遗言要交代,你猜他会说什么? 其实你不懂

我的心

26. 男人在一起喝酒,为什么非划拳不可? 敬酒不吃吃罚酒

27. 把 8 分成两半,是多少? 0

28. 什么时候太阳会从西边出来? 发誓的时候

十一、气质、性格、人格、能力及职业测试

1. 人格测试

这个测试是菲尔博士在著名主持人欧普拉的节目里做的,国际上称为"菲尔人格测试",这已经成为很多大公司人事部门实际用人的"试金石"。

题目如下:

Ⅰ. 菲尔人格的十项测试题

1. 你何时感觉最好?

A. 早晨　B. 下午及傍晚　C. 夜里

2. 你走路时是

A. 大步地快走　B. 小步地快走　C. 不快,仰着头面对着世界　D. 不快,低着头　E. 很慢

3. 和人说话时,你……

A. 手臂交叠站着　B. 双手紧握着　C. 一只手或两手放在臀部　D. 碰着或推着与你说话的人　E. 玩着你的耳朵、摸着你的下巴或用手整理头发

4. 坐着休息时,你的……

A. 两膝盖并拢　B. 两腿交叉　C. 两腿伸直　D. 一腿蜷在身下

5. 碰到你感到发笑的事时,你的反应是……

A. 一个欣赏的大笑　B. 笑着,但不大声　C. 轻声地咯咯地笑　D. 羞怯地微笑

6. 当你去一个派对或社交场合时,你……

A. 很大声地入场以引起注意　B. 安静地入场,找你认识的人　C. 非常安静地入场,尽量保持不被注意

7. 当你非常专心工作时,有人打断你,你会……

A. 欢迎他　B. 感到非常恼怒　C. 在上述两极端之间

8. 下列颜色中,你最喜欢哪一种颜色?

A. 红或橘色　B. 黑色　C. 黄色或浅蓝色　D. 绿色　E. 深蓝色或紫色　F. 白色　G. 棕色或灰色

9. 临入睡的前几分钟,你在床上的姿势是……

A. 仰躺,伸直　B. 俯躺,伸直　C. 侧躺,微蜷　D. 头睡在一手臂上　E. 被子盖过头

10. 你经常梦到自己在……

A. 落下　B. 打架或挣扎　C. 找东西或人　D. 飞或漂浮　E. 你平常不做梦　F. 你的梦都是愉快的

Ⅱ. 菲尔测试题得分标准

经过上述十项测试后,再将所有分数相加:

1. A2　B4　C6

2. A6　B4　C7　D2　E1

3. A4　B2　C5　D7　E6

4. A4　B6　C2　D1

5. A6　B4　C3　D5

6. A6　B4　C2

7. A6　B2　C4

8. A6　B7　C5　D4　E3　F2　G1

9. A7　B6　C4　D2　E1

10. A4　B2　C3　D5　E6　F1

低于21分:内向的悲观者

你是一个害羞的、神经质的、优柔寡断的人,永远要别人为你做决定。你是一个杞人忧天者,有些人认为你令人乏味,只有那些深知你的人知道你不是这样。

21～30分:缺乏信心的挑剔者

你勤勉、刻苦、挑剔,是一个谨慎小心的人。如果你做任何冲动的事或无准备的事,朋友们都会大吃一惊。

31～40分:以牙还牙的自我保护者

你是一个明智、谨慎、注重实效的人,也是一个伶俐、有天赋、有才干且谦虚的人。你不容易很快和人成为朋友,却是一个对朋友非常忠诚的人,同时要求朋友对你也忠诚。要动摇你对朋友的信任很难,同样,一旦这种信任被破坏,也就很难恢复。

41～50分:平衡的中道者

你是一个有活力、有魅力、讲究实际,而且永远有趣的人。你经常是群众注意力的焦点,但你是一足够平衡的人,不至于因此而昏了头。你亲切、和蔼、体贴、宽容,是一个永远会使人高兴、乐于助人的人。

51～60分:吸引人的冒险家

你是一个令人兴奋、活泼、易冲动的人,是一个天生的领袖,能够迅速做决定,虽然你的决定不总是对的。你是一个愿意尝试机会、欣赏冒险的人,周围的人喜欢跟你在一起。

60分以上:傲慢的孤独者

你是自负的自我中心主义者,是个有极端支配欲、统治欲的人。别人可能钦佩你,但不会永远相信你。

2. 气质测试

气质是个人与生俱来的心理活动动力特征。一般分为多血质、胆汁质、黏液质和抑郁质四种。下面60道题,可以帮助你大致确定自己的气质类型,在回答这些问题时,你认为很符合自己情况的记2分;比较符合的记1分;于符合与不符合之间的记0分;比较不符合的记－1分;完全不符合的记－2分。

气质问卷量表:

1. 做事力求稳妥,一般不做无把握的事。

2. 遇到可气的事就怒不可遏,想把心里话全说出来才痛快。

3. 宁可一个人干事,不愿很多人在一起。

4. 到一个新环境很快就能适应。

5. 厌恶那些强烈的刺激,如尖叫、噪音、危险镜头等。

6. 和人争吵时,总是先发制人,喜欢挑剔别人。

7. 喜欢安静的环境。

8. 我善于和人交往。

9. 羡慕那种善于克制自己感情的人。

10. 生活有规律,很少违反作息制度。

11. 在多数情况下情绪是乐观的。

12. 碰到陌生人觉得很拘束。

13. 遇到令人气愤的事,能很好地自我克制。

14. 做事总是有旺盛的精力。

15. 遇到问题总是举棋不定,优柔寡断。

16. 在人群中从不觉得过分约束。

17. 在情绪高昂的时候,觉得干什么都有趣;情绪低落的时候,又觉得什么都没有意思。

18. 当注意力集中于一事物时,别的事很难使我分心。

19. 理解问题总比别人快。

20. 碰到危险情境,常有一种极度恐怖感。

21. 对学习、工作,怀有很高的热情。

22. 能够长时间做枯燥、单调的工作。

23. 符合自己兴趣的事情,干起来劲头十足,否则就不想干。

24. 一点小事就能引起情绪波动。

25. 讨厌做那种需要耐心、细致的工作。

26. 与人交往不卑不亢。

27. 喜欢参加热烈的活动。

28. 爱看感情细腻、描写人物内心活动的文学作品。

29. 工作学习时间长了,常感到厌倦。

30. 不喜欢长时间谈论一个问题,愿意实际动手干。

31. 宁愿侃侃而谈,不愿窃窃私语。

32. 别人总是说我闷闷不乐。

33. 理解问题常比别人慢些。

34. 疲倦时只要短暂的休息就能精神抖擞,重新投入工作。

35. 心里有话宁愿自己想,不愿说出来。

36. 认准一个目标就希望尽快实现,不达目的,誓不罢休。

37. 学习、工作同样一段时间后,常比别人更疲倦。

38. 做事有些莽撞,常常不考虑后果。

39. 老师或他人讲授新知识、技术时,总希望他讲得慢些,多重复几遍。

40. 能够很快地忘记不愉快的事情。

41. 做作业或完成一件工作总比别人花时间多。

42. 喜欢运动量大的剧烈体育运动,或者参加各种文艺活动。

43. 不能很快地把注意力从一件事转移到另一件事上去。

44. 接受一个任务后,就希望把它迅速解决。

45. 认为墨守陈规比冒风险强些。

46. 能够同时注意几件事物。

47. 当我烦闷的时候,别人很难使我高兴起来。

48. 爱看情节起伏、激动人心的小说。

49. 对工作抱认真严谨、始终一贯的态度。

50. 和周围的人关系总是相处不好。

51. 喜欢复习学过的知识,重复做能熟练做的工作。

52. 希望做变化大、花样多的工作。

53. 小时候会背的诗歌,我似乎比别人记得清楚。

54. 别人说我"出语伤人",可我并不觉得这样。

55. 在体育活动中,常因反应慢而落后。

56. 反应敏捷,头脑机智。

57. 喜欢有条理而不甚麻烦的工作。

58. 兴奋的事常使我失眠。

59. 老师讲新概念，常常听不懂，但是弄懂了以后很难忘记。

60. 假如工作枯燥无味，马上就会情绪低落。

气质测验评卷

胆汁质	题号	2	6	9	14	17	21	27	31	36	38	42	48	50	54	58	总分
	得分																
多血质	题号	4	8	11	16	19	23	25	29	34	40	44	46	52	56	60	总分
	得分																
黏液质	题号	1	7	10	13	18	22	26	30	33	39	43	45	49	55	57	总分
	得分																
抑郁质	题号	3	5	12	15	20	24	28	32	35	37	41	47	51	53	59	总分
	得分:																

该测验评分方法如下：

1. 如果某一项或两项的得分超过20，则为典型的该气质。例如胆汁质项超过20，则为典型胆汁质；黏液质和抑郁质项得分都超过20分，则为典型黏液－抑郁质混合型。

2. 如果某一项或两项以上得分在20以下，10以上，其他各项得分较低，则为该项一般气质。例如：一般多血质；一般胆汁－多血质混合型。

3. 假若各项得分都在10分以下但某项或几项得分较其余项为高（相差5分以上），则为略倾向于该气质（或几项混合）。例如略偏黏液质型；多血质－胆汁质混合型。

其余类推。

一般来说，正分值越高，表明被试越具有该项气质的典型特征；反之，分值越低或越负，表明越不具备该项特征。

关于四种气质类型的典型特征说明如下：

A. 胆汁质类型的特征

好冲动、情感发生快、强烈而持久，动作迅速而强烈，对自己的言行不能控制，反应速度快，但不灵活。具有这种类型特征的人，在情绪反应上易受感动，情感一旦发生就很强烈，久久不能平静，易同人们发脾气，性情暴躁、易怒，情绪不能自制。在行为方面的表现是积极参加各种活动，有创新精神、工作积极，遇到困难时能以极大毅力去克服困难。胆汁质的优点是有毅力、积极热情、有独创型。不良表现是缺乏自制性、粗暴和急躁、易生气、易激动。这类型的人要注意在耐心、沉着和自制力等方面的心理修养。

B. 多血质类型的特征

情绪不稳定、情感的发生迅速而易变，思维语言迅速而敏捷、活泼好动。在情绪反应上表现为快而多变，但不强烈，情感体验不深，但很敏感。在行为方面表现为活泼好动、机敏、爱参加各种活动，但常常有始无终。该类型的人适应性强，善于交际，待人热情，学习上领会问题快。但也表现出轻率、不忠诚等。该类型的人要注意在刻苦钻研、有始有终、严格要求等方面的心理修养。

C. 黏液质类型的特征

性情沉静，情感发生缓慢而微弱、不外露，动作迟缓，易抑制，沉默寡言。该类型的人在情绪方面表现为沉着、平静、迟缓、心境平稳、不易激动，很少发脾气、情感很少外露。在行为方面表现为沉默寡言、面部表情单一，胸怀宽广，不计较小事，能委曲求全，自制力强，活动中表现为有条有理、深思熟虑、坚韧不拔。这种人容易形成勤勉、实事求是的精神，坚韧性等特征，但也可能发展如萎靡、迟钝、消极、怠惰等不良品质。

D. 抑郁质类型的特征

性情脆弱、情感发生缓慢而持久，动作迟钝、柔弱易倦。具有这种类型特征的人在情绪方面表现为比较平静，不易动情。情感脆弱、易神经过敏，容易变得孤僻。在行为方面表现为动作迟缓，胆小、不喜欢抛头露面，反应迟钝。这种人易形成伤感、沮丧、忧郁、深沉、悲观等不良心理特征。

3. 性格测试

假设今晚举行的是你的生日晚会，在你的客人当中，有下面五位重要嘉宾，你会愿意让谁坐在你身边呢？

A. 运动员

B. 作家

C. 心理专家

D. 流行歌手

E. 你的班主任

答案解析：

A. 你是开朗善于交际的人，你也具有领导才能。在朋友和同学的小圈子中你通常很受欢迎，别人也很愿意接受你的意见，在社会团体中，你会深受异性的朋友欢迎。

B. 你是一个很细心的人，不但留意大事件，就连生活中的琐碎小事你也特别留心。通常别人有问题时愿意和你商量，你也愿意聆听他们的倾诉，又常提出一些意见。你是个情绪易波动、易受环境影响的人。

C. 你有开朗的性格，为人处事非常大方，而且率直。通常遇到你不喜欢的事情时，你会很明确地告诉对方，是那种喜怒哀乐形于色的人，你这种性格的人可能得罪了别人自己却不知，这也是你缺乏朋友的原因。

D. 你有些神经质，假如碰到不愉快的事情，你就会整天表现出不高兴，经常"灰头土脸"的，使周围的人也受感染。你的朋友不是很多，因此建议你不妨控制一下自己的情绪。

E. 你这个人较为孤单，经常情愿独自一个人留在家中，也不愿到外面去逛逛，更不愿意去结交朋友，不过你是一个心地非常善良的人。

4. 人际交往能力测试

请结合你自己的情况考虑下面的问题，回答"是"或"否"。

1. 你喜欢参加社会活动？

2. 你喜欢结交各行各业的朋友？

3. 你常常主动向陌生人做自我介绍？

4. 你喜欢发现他人的兴趣？

5. 你在回答有关自己的背景与兴趣的问题时感到为难？

6. 你喜欢做大型公共活动的组织者？

7. 你愿意做会议主持人？

8. 你与有地方口音的人交流有困难？

9. 你喜欢在正式场合穿礼服？

10. 你喜欢在宴会上致祝酒辞？

11. 你喜欢与不相识的人聊天？

12. 你喜欢在孩子们的联欢会上扮演圣诞老人？

13. 你在公司组织的集体活动中愿意扮演逗人笑的丑角？

14. 你喜欢成为公司联欢会上的核心人物？

15. 你曾否为自己的演讲水平不佳而苦恼？

16. 你与语言不通的外国人在一起时感到乏味?

17. 你与人谈话时喜欢掌握话题的主动权?

18. 你与地位低于自己的人谈话时是否轻松自然?

19. 你希望他们对你毕恭毕敬?

20. 你在酒水供应充足的宴会上是否借机开怀畅饮?

21. 你曾否因饮酒过度而失态?

22. 你喜欢倡议共同举杯?

评分与解释:

本测验的答案并无正误之分。只是一般情况下,擅长于社交的人会倾向于以下答案。

1. 是 2. 是 3. 是 4. 是 5. 不 6. 是 7. 是 8. 不 9. 是 10. 是 11. 是 12. 是 13. 不 14. 是 15. 不 16. 不 17. 是 18. 是 19. 不 20. 不 21. 不 22. 是

检查你在每一题上的答案,若与上述相应答案符合得 1 分,否则得 0 分。计算你的得分。

17～22 分:

你在各种各样的社会场合都表现得大方得体,从不拒绝广交朋友的机会。你待人真诚友善,不狂妄虚伪,是社交活动中备受欢迎的人物,也是公共事业的好使者。

11～16 分:

你在大多数社交活动中表现出色,只是有时尚缺乏自信心,今后要特别注意主动结交朋友。

5～10 分:

也许是由于羞怯或少言寡语的性格,你没有表现出足够的自信。当你应该以轻松、热情的面貌出现时,你却常常显得过于局促不安。

4 分或以下:

你是一个孤独的人,不喜欢任何形式的社会活动。你难免被他人视为古怪之人。

5. 沟通能力测试

每个人都有独特的与人沟通、交流的方式。假定你已经参加工作,阅读下面的情境性问题,选择出你认为最合适的处理方法,请尽快回答,不要遗漏。

1. 你的上司的上司邀请你共进午餐,回到办公室,你发现你的上司颇为好奇,此时你会:

A. 告诉他详细内容。

B. 不透露蛛丝马迹。

C. 粗略描述,淡化内容的重要性。

2. 当你主持会议时,有一位下属一直以不相干的问题干扰会议,此时你会:

A. 要求所有的下属先别提出问题,直到你把正题讲完。

B. 纵容下去。

C. 告诉该下属在预定的议程之前先别提出别问题。

3. 当你跟上司正在讨论事情,有人打长途电话来找你,此时你会:

A. 告诉上司的秘书说不在。

B. 接电话,而且该说多久就说多久。

C. 告诉对方你在开会,待会儿再回电话。

4. 有位员工连续四次在周末向你要求他想提早下班,此时你会说:

A. 我不能再容许你早退了,你要顾及他人的想法。

B. 今天不行,下午四点我要开个会。

C. 你对我们相当重要,我需要你的帮助,特别是在周末。

5. 你刚好被聘为某部门主管,你知道还有几个人关注着这个职位,上班的第一天,你会:

A. 个别找人谈话以确认哪几个人有意竞争职位。

B. 忽略这个问题,并认为情绪的波动很快会过去。

C. 把问题记在心上,但立即投入工作,并开始认识每一个人。

6. 你有位下属对你说:"有件事我本不应该告诉你的,但你有没有听到……"你会说:

A. 我不想听办公室的流言。

B. 跟公司有关的事我才有兴趣听。

C. 谢谢你告诉我怎么回事,让我知道详情。

说明:

答对一题加一分。

1. A　2. A　3. C　4. C　5. C　6. B

0～2分为较低,3～4分为中等,5～6分为较高;分数越高,表明你的沟通技能越好。

良好的沟通能力是处理好人际关系的关键。具有良好的沟通能力可以使你很好地表达自己的思想和情感,获得别人的理解和支持,从而和上级、同事、下级保持良好的关系。沟通技巧较差的个体常常会被别人误解,给别人留下不好的印象,甚至无意中对别人造成伤害。

6. 职业测试

周末,你和同伴玩到了深夜才回家,这时你发现大门被锁了起来,忘了带钥匙,家人也已经就寝,按电铃没人回应。这时你发现二楼窗户还亮着一盏灯,你会:

A. 用铁丝之类的工具把门撬开

B. 找东西往二楼窗户扔

C. 到处找公用电话打电话回家

D. 干脆再找地方继续玩,天亮了再回家

E. 继续拼命地敲门或按电铃

答案解析:

这个测试的目的在于检视你遇到问题时的反应,也可以看出未来的你在职场上属于哪一类人才……

选择A的人:专业型人才

你是一个面对问题、解决问题的人,善于用手边的资源去试图解决眼前的状况。在未来职场上,你的这项特质会让你成为一个拥有专业技能的人。你会充实行业中的专门知识,并且以你的专业获得肯定与成功。

选择B的人:领导型人才

你非常积极,而且具有侵略性,突发的意外状况,激起你挑战的心,可以说是越战越勇的人。艰苦的竞争场合不会让你心灰意冷,反而会让你如鱼得水。在职场上你是创业型的人。

选择C的人:组织型人才

比较起前两者,你是一个很有弹性的人,俗话说"山不转,路转;路不转,人转",这句话用在你身上刚刚好。在职场上你重视的是团体的和谐与人际关系的畅通,若是能在职场中的组织部门任职,对你而言是非常适合的。

选择D的人:创意型人才

你是所谓的不按常理出牌的创意型人才。当然啦,条条框框的工作内容会把你闷死,严格的管理制度简直像在和你作对,你天生就不喜欢被控制,习惯随性地绕着弯走。若你能让创意做有效的发挥,你就是个很好的创意人才,否则就太散漫了!

选择E的人:执行型人才

你是一个爱钻牛角尖的人。遇到问题时你会常常不自觉地陷入一种惯性思考,不断地重复着错误的步骤,以至于花掉很多的时间做着没有效率的事。坚持是必需的,但是选择变通的办法才是解决困境之道。

十二、爱情测试

1. 什么样的求爱方式适合你

如果你在一间精品店里看到一件自己十分喜欢的摆设,但价钱实在太贵了,你会怎样跟老板讲价呢?

A. 直接跟老板讲价。

B. 找个也喜欢类似东西的朋友一起买,让老板让价。

C. 一直看着那个摆件,直到老板自己主动降价。

D. 来回好多次,直到老板主动降价。

E. 既然喜欢,老板又不降价,忍痛买下来。

解析:

A. 你是那种想做就去做的人,直接跟对方说反而干脆利落,小动作做得太多会适得其反,但是你表白时千万不要太紧张,以免吓怕对方。

B. 你太依赖朋友了,谈情说爱是两人之间的事,虽然平时可以找朋友帮你说尽好话,但到了表白时,最好单独行动。

C. 你做事有点儿无赖,但胜在有耐性。示爱时要多显示诚意,发觉对方面有难色,你就要有耐性,好让对方能够慢慢了解你、接受你。

D. 欠缺自信的你,要你坦白示爱实在令你难以启齿,反而写情书更有效,你能在信中真挚地表达自己情感,对方看完后将深深被感动。

E. 你是那种期待对方明白你心情,然后主动向你示爱的人。胆小的你,如果你是男的便太被动了,该拿出勇气向她勇敢示爱。

2. 测测你 2010 年的爱情在哪里

有 95% 人说准,在答题时千万不要看答案哦,否则会后悔的! 下面一组简单的问题,请你认真做完,答案就在你心中。

(1)写下一个异性的名字。

(2)你最喜欢的颜色是红色、黑色、蓝色、绿色,还是黄色?

(3)你英文名字的第一个字母?

(4)你的生日是几月?

(5)黑色和白色,你更喜欢哪个?

(6)写下一个同性的名字。

(7)你最喜欢的数字?

(8)你喜欢美国的加利福尼亚州(California)还是福罗里达州(Florida)?

(9)你最喜欢湖还是海洋?

(10)许个愿望(一个实际的愿望)。

解析:

(1)你深深的爱这个人。

(2)如果你选择:红色:

你是很警戒的人,你的一生中充满了爱。

黑色:你很保守,但很自负。

绿色:你很懒散,而且你是个比较放松的人。

蓝色:你是个八爪鱼,同时爱很多人,而且你喜欢你的爱人的吻和爱。

黄色:你是个快乐的人,而且你给失落的人很好的建议。

(3)如果你的英文名字的第一个字母是:a～k 你的一生中会有很多爱和友情;l～r 你总是想享受你的生命,你的爱情生活马上就要开放;s～z 你喜欢帮助他人,而且你的未来的爱情生活充满希望。

(4)如果你生在:1～3 月:今年你会很走运,而且你会发现你会意外地爱上一个人。

4～6 月:你会有一段很强烈的爱情,这段感情不会很长,但那美好的回忆会让你永生不忘。

7～9 月:你会有很快乐的一年且会经历一个在你一生中很大的好的改变。

10～12 月:你的爱情不会很好,但最终你会找到你一生的伴侣。

(5)如果你选择了:黑色:你的生命将会改变方向,当时看起来似乎很难,但之后你会觉得这个改变是你一生中最好的东西。

白色:你有个朋友很信任你,愿意为你做任何事情,但你可能不知道这一点。

(6)他是你最好的朋友。

(7)这是你一生中会有的贴心朋友的数目。

(8)如果你选了:加利福尼亚州(California):你喜欢冒险。福罗里达州(Florida):你是个懒散的人。

(9)如果你选了:湖:你对你的朋友和爱人很忠诚,且你是个保守的人。

海洋:你是个八爪鱼,同时爱很多人,且你想让你爱的人快乐。

3. 趣味爱情测试

测试1:炎炎夏日,你打算用哪种方式度过:1. 到气候冷的国家;2. 吃冰;3. 躲到冷气房里;4. 到有水的地方;5. 去深山老林避暑。

答案:1. 你对爱情的态度是可有可无;2. 你的爱情来得快去得也快;3. 你是个很容易动情的人;4. 你的爱情比你的生命还重要;5. 你对爱情很执著。

测试2:如果回到我们不认识的时候,我们再相识。你希望在哪种交通工具上相遇:1. 公交车;2. 火车;3. 地铁;4. 飞机;5. 轮船;6. 乌篷船;7. 单车;8. 摩托;9. 长途客车。

答案:1. 好朋友;2. 终身伴侣;3. 心灵深处的人;4. 被你骗的人;5. 一见钟情;6. 暗恋的人;7. 初恋的人;8. 普通朋友;9. 讨厌的人。

测试3:假如来世人都变动物,你希望我变成:1. 宠物狗;2. 宠物猫;3. 宠物鸟;4. 猴子;5. 大象;6. 猩猩;7. 牛;8. 马;9. 羊;10. 猪;11. 昆虫;12. 孔雀;13. 鱼;14 蛇。只能选一个。

答案:1. 好友;2. 同事;3. 信不过的人;4. 骗子;5. 可信的人;6. 讨厌的人;7. 可利用的人;8. 终身依靠;9. 听话的人;10. 傻B;11. 恐怖的人;12. 情人;13. 爱人;14. 敌人。

测试4:有一只精灵,你会选择什么样的地方作为它的栖身之地,草地、天空、森林、湖泊?

答案:草地是花心;天空是容易动情也容易忘情;森林是一心一意爱一个人;湖泊是喜欢的人很多但爱的人很少。

测试5:一个"井"字,你自己在中间,你把我放什么位置?左还是右?上还是下?左上还是左下?右上还是右下?

答案:上:好哥们儿;下:一生的朋友;左:爱你的人;右:你爱的人;左上:尊敬的人;左下:变态;右下:男人婆;右上:未来的老公(老婆)。

测试6:五种动物——孔雀、猴子、大象、老虎和狗,你到一个从未去过的原始森林探险,带着这五种动物,四周环境危险重重,你迫于无奈要把它们一一放弃。你会按着什么次序把它们放弃呢?

答案:老虎代表你对金钱和权力的欲望;大象代表你的父母;狗代表你的朋友;猴子代表你的子女;孔雀代表你的伴侣、爱人。

十三、常用电话

中国国际电话区号	86	匪警台	110
火警台	119	医疗急救台	120
信息台	168	查号台	114
天气预报台	121	道路交通事故报警台	122
国内人工长途查询台	116	国内长途话费查询台	170
报时台	117	政府公益服务接入码	123××××
邮政编码查询台	184	特快专递业务查询台	185
气象综合信息服务台	221	民航信息查询台	2580
铁路信息查询台	2585	股市通电话委托查询台	2588
消费者申诉举报电话	12315		

十四、大学生实用网站

1. 重点推荐的综合资料网站(里面几乎能搜到任何你想要的资料,非常不错)

我的图书馆:http://www. 360doc. com/

2. 专业的范文网站

范文网站:http://waimao. qc99. com/

3. 团队游戏网站

户外拓展游戏大全:http://www. 8264. com/ziliao/outgames/

4. 搜索引擎类

谷歌:http://www. google. cn

百度:http://www. baidu. com

5. 考试导航类

中国教育考试网:http://www. neea. edu. cn

中国考试资源网:http://www. chinaexamres. com

6. 大学生活指导类

大学生心理网:http://www. dxsxl. com

中国大中学生心理健康在线:http://www. psyhealth. cn

7. 部分高校 BBS

清华大学:http://bbs. smth. edu. cn

北京大学:http://ytht. cn

复旦大学:http://bbs. fudan. edu. cn

8. 人生与职业规划的借鉴参考

留美生的 BBS:http://www. mitbbs. cn

大量海归:http://www. haiguinet. com

9. 较好的外语学习网站

寄托家园:http://bbs. gter. net

世博英语:http://www. 360abc. com

英语麦当劳:http://www. englishcn. com

当当当,免费英语学习资料:http://www. downdowndown. net

专业英语培训:http://www. englishitown. com

名校在线,新东方:http://class. tol24. com

在线英语听力:http://www. tingroom. com/

带发音的在线字典:http://www. m－w. com

21 世纪报:http://www. 21stcentury. com. cn/index. php

英国 BBC:http://news. bbc. co. uk

香港《南华早报》:http://china. scmp. com/index. html

10. 最好的博客网站(把你博客放在这里)

百度空间:http://hi. baidu. com

11. 做好你的博客和个人网站必用

免费 logo 在线生成:http://free. logomaker. cn/

测网速:http://www. linkwan. com/gb/broadmeter/speed/responsespeedtest. asp

网站来访统计:http://www. google. com/analytics/

站长工具:http://tools. chinaz. com

站长站论坛:http://bbs. chinaz. com

12. 考研

考研论坛:http://bbs. kaoyan. com

十五、大学生需要体会的经典故事

1. 王珪鉴才

在一次宴会上,唐太宗对王珪说:"你善于鉴别人才,尤其善于评论。你不妨从房玄龄等人开始,都一一做些评论,评一下他们的优缺点,同时和他们互相比较一下,你在哪些方面比他们优秀?"

王珪回答说:"孜孜不倦地办公,一心为国忧劳,凡所知道的事没有不尽心尽力去做,在这方面我比不上房玄龄。常常留心于向皇上直言建议,认为皇上能力德行比不上尧舜很丢面子,这方面我比不上魏徵。文武全才,既可以在外带兵打仗做将军,又可以进入朝廷搞管理担任宰相,在这方面,我比不上李靖。向皇上报告国家公务,详细明了,宣布皇上的命令或者转达下属官员的汇报,能坚持做到公平公正,在这方面我不如温彦博。处理繁重的事务,解决难题,办事井井有条,这方面我也比不上戴胄。至于批评贪官污吏,表扬清正廉署,疾恶如仇,好善喜乐,这方面比起其他几位能人来说,我也有一日之长。"唐太宗非常赞同他的话,而大臣们也认为王珪完全道出了他们的特点,都说这些评论是正确的。

从王珪的评论可以看出,唐太宗的团队中,每个人各有所长;但更重要的是唐太宗能将这些人依其专长运用到最适当的职位,使其能够发挥自己所长,进而让整个国家繁荣强盛。

未来企业的发展是不可能只依靠一种固定组织的形态而运作,必须视企业经营管理的需要而有不同的团队。所以,每一个领导者必须学会如何组织团队,如何掌握及管理团队。企业组织领导应以每个员工的专长为思考点,安排适当的位置,并依照员工的优缺点,做机动性调整,让团队发挥最大的效能。

经理人员的任务在于知人善任,提供企业一个平衡、和谐的工作组织。

2. 且慢下手

大多数的同仁都很兴奋,因为单位里调来了一位新主管,据说是个能人,专门被派来整顿业务。可是,日子一天天过去,新主管却毫无作为,每天彬彬有礼进办公室后,便躲在里面难得出门。那些紧张得要死的坏分子,现在反而更猖獗了。他哪里是个能人,根本就是个老好人,比以前的主管更容易喽。

四个月过去了，新主管却发威了：坏分子一律开除，能者则获得提升。下手之快，断事之准，与四个月前表现保守的他，简直像换了一个人。年终聚餐时，新主管在酒后致辞：相信大家对我新上任后的表现和后来的大刀阔斧，一定感到不解。现在听我说个故事，各位就明白了。

我有位朋友，买了栋带着大院的房子，他一搬进去，就对院子全面整顿，杂草杂树一律清除，改种自己新买的花卉。某日，原先的房主回访，进门大吃一惊地问，那株名贵的牡丹哪里去了？我这位朋友才发现，他居然把牡丹当草给割了。后来他又买了一栋房子，虽然院子更是杂乱，他却是按兵不动，果然冬天以为是杂树的植物，春天里开了繁花；春天以为是野草的，夏天却是锦簇；半年都没有动静的小树，秋天居然红了叶。直到暮秋，他才认清哪些是无用的植物而大力铲除，并使所有珍贵的草木得以保存。

说到这儿，主管举起杯来，"让我敬在座的每一位！如果这个办公室是个花园，你们就是其间的珍木，珍木不可能一年到头开花结果，只有经过长期的观察才认得出啊。"

"路遥知马力，日久见人心"，一个员工的价值高低绝不能凭管理者一时的观察或是只看他表面的现象。要真正了解一个人，需要长时间的持续的观察。只有通过细致彻底的观察，才能正确评估出一个人的价值并给他合适的工作。

花匠总是勤于给花草施肥浇水，如果它们茁壮成长，就会有一个美丽的花园；如果它们不成材，则把它们剪掉。

3. 逆旅二妻

杨朱和弟子在宋国边境的一个小客栈里休息，发现店主的两个老婆长相与身分地位相差极大，忍不住向店主人问是什么原因，主人回答说："长得漂亮的自以为漂亮所以举止傲慢，可是我却不认为她漂亮，所以我让她干粗活；另一个认为自己不美丽，凡事都很谦虚，我却不认为她丑，所以就让她管钱财。"

现代企业有多少领导，用人能像这位旅店的老板一样公允呢？有很多领导，一看见艳丽出众的女孩子，不管她才能如何，都要尽收门下，给其最轻松的工作和最优厚的待遇。而能干、谦逊，但长相平凡的员工，却让其干粗活，工资也低。这样的老板，真的让人很寒心。

以貌取人的领导，最终会伤透下属的心，长期下去，务实之人定然会悄然离别，企业早晚关门。到时候，没了江山，美人也会弃之如敝屣。作为一个企业的领导人，要力争摆脱这种以貌取人的传统方式，对人才的甄别，应从本质上去认识。这样，你才不会错失千里马，不会把朽木当块宝。

4. 以柔克刚

《明史》记载，有一次明武宗朱厚照南巡，提督江彬随行护驾。江彬素有谋反之心，他率领的将士，都是西北地区的壮汉，身材魁伟，虎背熊腰，力大如牛。兵部尚书乔宇看出他图谋不轨，从江南挑选了一百多个矮小精悍的武林高手随行。

乔宇和江彬相约，让这批江南拳师与西北籍壮汉比武。江彬从京都南下，原本骄横跋扈，不可一世。但因手下与江南拳师较量，屡战屡败，气焰顿时消减，样子十分沮丧，蓄谋篡位的企图也打了折扣。乔宇所用的是"以柔克刚"的策略。

在企业管理中，这一招也是非常有用的。人的性格千奇百怪，这个世界上什么人都有，如果你是一个管理者，而你的团队里恰好就有一些不好管理的人，软硬不吃，你该怎么办呢？其实，以柔克刚就是一个很好的方法。

任何人的不合作态度都是有原因的，或者是因为待遇太低，或者是工作量的分配不均，或者是在对员工的各项政策上有所误解，而这些都是与你这个作决策的管理者有关。也许你不是决策者，而只是个执行者，那你又应该怎么面对下属的这种不满情绪呢？也许有的人会说，不听指挥的我就辞掉他！这真的是最好的办法吗？

要知道一个企业解聘一个员工很容易，如果不是太差的企业招进一个员工也不难，可是要找到一个适合的员工就非常难,如果因为这样的原因失去了一些好的员工,对企业就是相当大的损失,而且会直接影响整个集体的战斗力。

这时候就需要领导发挥以柔克刚的本领了,首先承认错误在自己,让员工的气有地方撒,然后再施以缓兵之计,调查清楚事情的原委,再有的放矢,不是很好吗?

柔能制刚,弱能制强!

5. 消消气

佛说:"人一气恼,如果不制止,就要扩大起来,就会去做愚蠢之事甚至破坏之事。要用力调伏我们的心,使自己不生气,不恼怒。"

据说,成吉思汗在一次狩猎中,刚端起一杯山泉水要饮,突然被老鹰打翻,他一怒之下,拉弓射死鹰后上了山巅,发现泉水源头躺着一条毒蛇,原来老鹰是要为了救他,他却杀死了老鹰。于是,他痛悔不已,当场定下戒律:"发怒的时候,不做出任何决定。"

从前有位富有的寡妇,在社交圈内以乐善好施闻名,她有一个忠实又勤劳的女仆。一天,女仆心血来潮,想探究她主人的慈悲善举是发自内心的真诚,还是上流社会富有外表下的伪装而已。连续两天,女仆近中午才起床,女主人盛怒,对女仆施虐鞭笞,以致伤痕累累。这事传遍邻里街坊,富有的寡妇不但声誉大跌,而且失去了一名忠仆。俗语说:"一个愤怒的人只会破口大骂,却看不见任何东西。"有人说,愤怒的人恢复理智时,会把怒气转移到自己的身上,如同银行的存款可以生息,储存在心中的怒气,他日会累积成痛苦的根源。愤怒加上情绪的煽动,会燃烧得更为炽热,尤其是情绪的背后还有欲望作祟。在盛怒的当下,人会失去理智,变成伤人伤己的危险动物。

一个好勇斗狠的武士向老禅师询问天堂与地狱的意义。老禅师故意轻蔑地对他说:"你是一个粗鄙的武夫,我可没有时间跟你这种人论道。"武士恼羞成怒,拔剑大吼:"老秃驴,看我一剑杀死你!"禅师平静地笑了,告诉他:"这就是地狱。"武士恍然大悟,一个容易愤怒的人,无异于经常受到地狱之火的焚烧,根本无法享受到人与社会、人与自然之间的和谐之美。于是,武士重新调整了自己的心态,和颜悦色地纳剑入鞘,向老禅师深深鞠躬,感谢他的指点。老禅师又笑着告诉他:"这就是天堂!"

6. 幸福

一位心理学家曾问我:参加奥运会比赛,那些银牌得主和铜牌得主谁比谁更有幸福感呢?

当然是银牌得主,因为银牌得主的奖牌层次更高、含金量更高,银牌得主自然也就拥有更多的幸福感。我说。

心理学家说,根据他的调查,那些铜牌得主的幸福感往往高于银牌得主。

为什么获奖层次低、荣誉拥有更少的人反而更有幸福感呢?我不解地问。

因为对于银牌得主来说,获得银牌对于他来说并不满足,在他看来,只要自己当时再快一点、再高一点、再强一点,就有可能获得金牌,所以对于这块到手的银牌,心里总有一种"饮恨"的感觉,好像只获得银牌是委屈了自己。而对于铜牌得主就不是这样,因为铜牌是奖牌中的最低层次,再往下就没有奖牌了,在铜牌得主看来,获得铜牌已经是够幸运的了,如果运气不好,那就什么奖牌都得不到,所以在铜牌得主的心里始终有一种满足感。银牌得主的心里是"饮恨",而铜牌得主的心里是满足,这两者谁比谁幸福不是明摆着吗?

听了心理学家的解说,我对幸福一词的含义有了更深刻的理解:幸福不是看你拥有了多少,而是看你心里满足了多少。

7. 勇敢

朋友说,小时候,他家乡的后山有一座独木桥,独木桥下是一条深不见底的山涧。一次,他与几个小伙伴去独木桥边玩,小伙伴们打赌看谁敢过独木桥,大家都说敢,唯独他说不敢,小伙伴们都嘲笑他是胆小鬼。结果,一位"勇敢"的小伙伴在过独木桥时,因失足掉下深涧而白白葬送了宝贵的生命。

　　朋友说，读大学时，他和几个同学到一家酒吧玩，其中一个同学拿出几粒摇头丸，要大家每人吃一粒，寻求一点刺激。同学们都吃了，唯独他没吃，大家都骂他不像男人。结果，那几个同学一吃不可收拾，有的成了瘾君子，有的吸毒贩毒，蹲了大牢。

　　朋友说，到了中年，自己混了一官半职，逢年过节，很多下属都给他送红包。送红包或接受红包，这是官场的一种潜规则，他的很多同僚都收过，可他不敢。一次次拒受别人的红包，妻子骂他窝囊。结果，前不久，他单位的一个同僚因收受红包、贪污受贿而成了阶下囚。

　　听了朋友的话，我想起美国鲍威尔关于"勇敢"一词的解释，他说：所谓勇敢，应该包括两个含义：一是迎战不应该害怕的任何东西；二是害怕应该害怕的东西。

　　8. 灾难

　　2004 年 9 月，一场名叫"珍妮"的飓风袭击了拉美三个毗邻的国家：波多黎各、多米尼加和海地。面对同样强度的飓风，三个国家所遭受的损失程度却迥然不同：波多黎各死亡 7 人，多米尼加死亡 19 人，而海地死亡人数则达到几千人。

　　海地的损失为什么会如此惨重呢？20 世纪 50 年代，海地的绿色植被还保持在 25%。但海地人为了摆脱贫困，大量砍伐树木，开辟庄稼地，种植甘蔗等经济作物。到 1994 年，海地的植被面积锐减到 4%。另外，海地人发现林木中有一种红桃木十分值钱，于是他们又大量砍伐红桃木。到 2004 年，海地的植被面积只剩下 1.4%。

　　科学家认为，在"珍妮"飓风的袭击下，海地之所以会付出如此惨重的代价，原因有二：一是给了海地人暂时"甜头"的甘蔗；二是给了海地人眼前"实惠"的红桃木。

　　为暂时的"甜头"和眼前的"实惠"而疯狂，而失去理智，不只是给生命的个体带来致命的打击，而且会给一个国家一个民族带来深重的灾难。

　　所以，对于灾难来说，最可怕的不是天灾，而是人祸。

　　9. 价值观

　　人，必须时刻反躬自省，才能进德修业；耳中能常闻逆耳之言，心中常有拂心之事，也是进德的砥石。此外，建立正确的人生观与价值观，也是进德之道。人应该建立什么样的价值观呢？有四点看法：

　　第一，无财非贫，无学为贫：有的人觉得自己没有钱，自己很贫穷。其实，没有钱财不算贫穷，不学无术才是真正的贫穷。一个人没有知识、没有学问、没有技能，将来如何谋生？即使祖先遗留再多的家产，也总有坐吃山空的一天。再说，自己没有一点学养、内涵，这种精神上的贫乏，才是真正的贫穷。所以过去说"万贯家财，不及一技随身"，自己有智能、有学问，才最重要！

　　第二，无位非贱，无耻为贱："位高权重"，说话可以呼风唤雨，这是多少人所向往的，多少人因此每天汲汲于功名利禄。其实，没有当官、没有地位，并非卑贱，无耻才是贱。有的人虽然身居高位，但因为是用不正当的手段贿选而当选，如此纵使有了官位，也是给人瞧不起。所以人格的贵贱，不是看表面上的地位高低，而是看他能否知廉耻、有惭愧心；懂得崇廉尚义，才是人最大的尊严。

　　第三，无寿非夭，无志为夭：人的寿命长短也不在岁月，而在有志无志。有的人年纪轻轻就去世，人家就说这是夭亡，是短命鬼。其实，短命不怕，历史上一些有声望的人，他们在世上的寿命并不长，却留给后人无限的怀念。例如，对台湾最有贡献的郑成功活了 38 岁、精忠报国的岳飞活了 39 岁、基督教的耶稣活了 36 岁、孔子门下第一贤者颜回活了 35 岁、佛门中有名的《肇论》作者僧肇活了 32 岁、亚历山大活了 33 岁。一个人的功业并非靠年岁所成就，有志不在年高；在世间上的寿命长短并不重要，重要的在于精神上的寿命，所以人要立志。

　　第四，无子非孤，无德为孤："养儿防老"是中国人根深蒂固的观念。其实，养儿不见得能防老，积德才能防老。我们看社会上，有的人儿女成群，但因子孙不孝，老来孤苦无依者有之；有的人虽然无儿无女，但是他到处行善，照顾孤苦，他把天下人当成是自己的儿女，他就拥有天下人为儿女。

所以,没有儿女不要紧,就怕没有道德,所谓"人有德,必有芳邻",有德的人,自然不会孤独。

需要再一次提醒的是,挣足够的钱并不就是价值的实现。遗憾的是,在价值实现中,许多人还不能区分目标和手段。比如,赚钱是手段,花钱是目标。其实花钱才是手段。赚多少钱表明一个人的能力,钱怎么花才体现他的人生价值。赚钱之后,是沉湎于声色犬马,还是投入公益事业,体现出截然不同的人生价值。

十六、受用一辈子的生活经典

1. 啼笑人生十原则

(1)也许火车可能有99次晚点,但你迟到的那次肯定正赶上它唯一的一次准时。因此,你还是提前去等它吧,尽管它可能要你浪费许多时间。

(2)不要急于向人兜售你的所谓经验,对他人而言,那只是一个过时的衣服,永远都不会有人觉得适合。

(3)你的配偶一定是你所认识的异性中脾气最坏的一个。不过,不要抱怨,对方的想法和你是一致的。

(4)领会金钱的妙处并不是在你拥有它们的时候,而是在你刚刚失去它们的时候。

(5)不要相信恋爱能激励你进步,恰恰相反,只有失恋才能做到这些。

(6)你久等不见的海市蜃楼只有当你转身去时才会突然出现。

(7)宁可借用他人的牙刷,也别借用他人的眼镜。

(8)除了你急着要找的那件东西以外,你什么都可以找到。

(9)你的彩票号码永远与中奖号码只相差一个数。

(10)永远不要为已经遭遇的失败或不幸仰天长叹,要知道,空中也许还有一团鸟粪在等待着你张开大嘴!

2. 生活经典

说话多用脑子,敏事慎言,话多无益,嘴只是一件扬声器而已,平时一定要注意监督、控制好调频旋钮和音控开关,否则会给自己带来许多麻烦。说话切不要只顾一时痛快、信口开河,以为人家给你笑脸就是欣赏,没完没了地说个不停。

遇事不要急于下结论,即便有了答案也要等等,也许有更好的解决方式。站在不同的角度就有不同答案,要学会换位思维,特别是在遇到麻烦的时候,千万要学会等一等、靠一靠,很多时候不但麻烦化解了,说不准好运也来了。

要学会大事化小、小事化了,把复杂的事情尽量简单处理,千万不要把简单的事复杂化。掌握办事效率是一门学问,要控制好节奏。

这世道没有无缘无故的爱,也没有无缘无故的恨,不要参与评论任何人,做到心中有数就可以了。所谓盖棺论定的道理多简单,就是有人操之过急。谁也没有理论依据来界定好人与坏蛋,往往就是利益关系的问题。

做事情一定要事先设立道德底线,小偷也清楚有些东西是绝对不能偷的。所以说事情万万不可做绝,落井下石的事绝对不要干,给别人让出退路就等于自己前进了。

患有心理疾病的人是不负法律责任的,可以没有理由地咬你一口,所以对待疯狗级的人物要敬而远之,保持不来往、不交流,退一步,海阔天空。相信疯狂也是一种人格,虽不值得尊重,但自有其存在的道理,生物链少不了这一环。

乐观的心态来自宽容,来自大度,来自善解人意,来自与世无争。坏心情是失眠时折磨出来的,其实现实并没有你想的那样糟糕,生命有高峰也有低谷,根本没有一帆风顺的人生。

所谓的缘分无非只有善恶两种,珍惜善的,也不要绝对排斥恶的,相信擦肩而过也是缘吧,全世界近60亿人口,碰上谁也不容易,所以遇到恶缘,也要试着宽容,给对方一次机会,不能一上来就全盘否定。

不要让事业上的不顺影响家人，更不要让家庭的纠纷影响事业。那样做很不划算，家人和事业都受影响，甚至损失。男人要善于扛事，要把眼泪咽下去。

待人接物要摆正自己的位置，不可以老把自己当人物，老拿自己当领导，老把自己当富翁，老以为自己是情圣，老是自我感觉良好。即便真是小有作为，业绩斐然，也要谨慎，要虚怀若谷，要大智若愚。其实人的最终结局都是一样的，只是你把自己看复杂了。

骗你一次的人绝不会放弃第二次骗你的机会，对骗子不要抱任何幻想。靠贬低别人提高自己的身份，其结果就是暴露自己的无知与贫乏。

无论你心里多么沉重、多么哀伤忧郁（在本书中找排解渠道），你都不要让别人知道（好友除外）。把烦恼留给自己，让别人相信你现在非常愉快。让人以为你是愉快的总是好的……即使你在不想笑的时候，你仍然要保持微笑。每当你感到最不想笑的时候，就应该是你笑得最多的时候。

看一个国家的国民教育，要看它的公共厕所。看一个男人的品位，要看他的袜子。看一个女人是否养尊处优，要看她的手。看一个人的气血，要看他的头发。看一个人的心术，要看他的眼神。看一个人的身价，要看他的对手。看一个人的底牌，要看他身边的好友。看一个人的性格，要看他的字写得怎样。看一个人是否快乐，不要看笑容，要看清晨梦醒时的一刹那表情。看一个人的胸襟，要看他如何面对失败及被人出卖。看两个人的关系，要看发生意外时，另一方的紧张程度。

重要的是要时刻相信：人间正道是沧桑！

3. 一生要解决的20个关键问题

（1）定位

一个人怎样给自己定位，将决定其一生成就的大小。

（2）完美

世界并不完美，人生当有不足。

（3）缺憾

让不幸赋予你生命的动力，企图以自己的不幸博取别人同情的人永远只能躺在自己的不幸上哀鸣。

（4）进退

人生贵在把握进退之机。"进"与"退"都是处世行事的技巧，该进则进，该退则退。

（5）舍得

学会舍弃方能得到。放弃是一种境界，大弃大得，小弃小得，不弃不得。

（6）贫穷

穷人最缺少的是野心。野心决不是成就，但没有野心，肯定不会有成就。

（7）免费的午餐

不要希望不劳而获。成功不会从天而降，需要自己去争取，需要自己去寻找，去创造。

（8）金钱

不要做金钱的奴隶。人赚钱是为了活着，但活着绝不是只为了赚钱。

（9）浮躁

人生浮躁要不得。一个人如果有轻浮急躁的缺点，是什么事情都做不成的。

（10）失业

一切只不过是从头再来。被解雇不一定是坏事，只要树立信心，定会有柳暗花明又一村的新景象。

（11）面子

面子只是小问题，成功才是硬道理。

（12）压力

潜能在压力中诞生。潜能就像是装在牙膏袋中的牙膏,只有经受压力的挤压之后,才会迸发出来。

（13）小事

平凡成就大业。在欧洲,有一首流传很广的民谚:因为一根铁钉,我们失去了一块马蹄铁;因为一块马蹄铁,我们失去了一匹骏马;因为一匹骏马,我们失去一名骑手;因为一名骑手,我们失去了一场战争。

（14）怀才不遇

少一点哀叹,多一点慎思。你越是沉不住气,别人越是看轻你。

（15）情感隐私

给彼此一些适度的距离。健康的爱侣关系是相互尊重,包括尊重对方的隐私。

（16）孤独

勇于走出孤独,才能品尝甘美的人生。走出孤独的阴影,你的人生会变得阳光灿烂。

（17）失恋

分了再谈,将爱情进行到底。人生最怕失去的不是已经拥有的东西而是失去对未来的希望。

（18）感情变淡

走过热恋的缘分天空,每个人都要在婚姻的隧道里经受着考验。

（19）不合理的批评

从来没有人会踢一只死狗。卡耐基告诉我们:"不合理的批评往往是一种掩饰的赞美。"

（20）奴性

尊严,任何时候都不容侵犯。那些见了主子就哈腰、做了主子就张狂的人充其量只是一些没有尊严的可怜的爬行动物而已。

十七、社会送给大一新生的100条人生建议

1. 不要轻易剥夺别人的希望,也许那是对方的唯一希望。

2. 生气的时候不要做出任何决定。

3. 小心那些一无所有的人。

4. 学会礼貌而灵活地说"不"。

5. 参加一个自己喜欢的组织或者社团。

6. 如果一场战役的失败会为你赢来整场战争的胜利,不要犹豫,果断地放弃。

7. 不要怕说"不知道"。

8. 每天至少称赞3个人。

9. 多看别人的眼睛。

10. 别以为在学生会你能得到你曾经想要的。工作的热情很可能因为你所看到的、所经历的一些事而改变,但是也不必惧怕。你有大一一年来适应或者承受,并做出是继续坚持还是退出的决定。

11. 经常说"谢谢"。

12. 用你希望别人对待你的方式去对待别人。

13. 结交新朋友,巩固旧朋友。切记:见富贵而生谄容者,最可耻;遇贫穷而作骄态者,贱莫甚。

14. 保守秘密。

15. 及时承认自己的错误。

16. 学会倾听,有时机遇就在倾听时轻轻地敲你的门。

17. 对坏话充耳不闻。

18. 能够改变世界的绝妙主意往往来自独立工作的人。

19. 如果你决定站在哪一边,就要有决心和信心。

20. 如果你有一个柠檬,就要想办法把它变成柠檬汁。

21. 如果你的家庭境况一般的话,那么记得你在大学有很多意外用钱的地方。比如二专业或者将来的各种学习班。为了你的家人和你自己的前途,永远别乱花钱。记住:永远!

22. 很多事情别人通知你了,要说谢谢;没有通知你,不要责怪,因为那些事你其实应该自己弄清楚。

23. 很多事情当你再回忆时会发现其实没什么。所以,不管你当时多么愤怒,都告诉自己不必这样,你会发现其实真的不必。

24. 面试时很多老总会问你——你会做什么? 你现在其实就可以记得这个问题,这样以后可以好好回答——尤其对文科学生来说。

25. 别说脏话,你应该知道习惯的力量。找工作或者和别人接触时,你随便的一个字或者几个字会让你在别人心中的形象大打折扣。

26. 好好利用在公共场合说话的机会,展示或者锻炼,都可以。

27. 别为你自己和别人下定论,这无比重要。你所看到听到的可能只是一面,为这个失去朋友,很不值。

28. 你大学的朋友很可能就是你将来事业的一部分。他们会帮助你,但是你也应该让自己有帮助他们的实力,所以,你要努力!

29. 别总请人吃饭,别总让别人请你吃饭! (可以每学期开学时和朋友们一起吃顿饭,联络一下感情)

30. 尊严是最重要的,但是在大学里,要懂得利用这个空间锻炼自己,要让自己的尊严有足够大的承受力。要知道,社会是一个最喜欢打碎人的尊严的地方,除了你自己,没人会为你保护它。

31. 你有足够的理由佩服每天早起的人,不信的话,你去试着早起,你会发现有很多人佩服你呢。

32. 经常给家里打个电话,即使他们说不想你。

33. 你可以有喝醉的时候,但是你要明白和真正的朋友一醉才能让伤心事方休;否则,你只会是别人的谈资和笑柄。

34. 要积极参加公益活动,敢于尝试不同的生活。

35. 不论男人还是女人,如果在大学里还把容貌当做重要的东西而过分重视的话,可能当时不会吃亏,但是早晚会吃亏。

36. 痛痛快快地和朋友们一起出游,那是你一生中美好的记忆。

37. 新学期如果你接新生的话,当被问到学校怎么样之类的问题时,你要记住你不但是这个学校的一分子,你更要给你学弟学妹带来信心。你走过大一,你应该知道新生对学长的信任多深。

38. 要写一份情书、送一束花给喜欢的女孩(男孩),表白自己的心。

39. "我爱你",别对很多人说这句话。在大学里,我的意思是,希望你只对一个人说,这是尊重你爱的人,更是尊重你自己的感情。

40. 如果你的个性让很多人对你敬而远之,那么你的个性是失败的。个性的成功在于能吸引,而不是能排斥。

41. 要学会忍耐。

42. 如果你发现很久了你一直是一个人去食堂吃饭或者去上自习,别在意,大学里一个人是正常的。你觉得孤独? 你的朋友是怕你觉得你没有自由的空间,所以别以为你没有朋友。

43. 从绝望中寻找希望,人生终将辉煌。

44. 如果你不抽烟的话,你的精力将比抽烟的时候好得多。

45. 你的确要学得有心计。但是记住,在社会上要胜利的唯一的方法永远只是一个,那就是实力。这一点你永远不用怀疑。

46. 面对不公平的事情,不要抱怨,你的不公平可能恰恰是别人的公平。所以,你不如去努力地奋斗,争取你自己最合适的公平。

47. 在大学里就开始训练自己的冷静力,这是一种能力。有事发生时,能安静并能快速想出办法的人,很让人佩服。

48. 学会把事情做对,而不是做好。(参考第二章《我们靠什么来解决问题》里子贡的做法)

49. 脸皮厚的人最常说的一句话是"我待你不薄"。

50. 对某些有成就的人来说,"失恋"才是成功之母。

51. 严格遵守作息时间。

52. 小得小失不必在意。(小得小失,偏偏就有人喜欢在这种小事上纠缠不清,而且联想多,所值无几,却给人一个斤斤计较的印象,何苦来哉?)

53. 尽量别借钱,万不得已借了,千万记着还。好信用很重要,坏信用如鬼魅,会经年纠缠着你。

54. 别人批判你,无论对错,不必忙着解释。错了,理所当然要接受。对了,对方在气头上,你还一味找理由,只会火上浇油,让对方觉得你态度不好。最好的办法是当时沉默不做声,待事后再慢慢解释。

55. 说话要算数。无论公事或私事,该不该答应、能否办到,事前要多考虑,既然答应就要完成。别一时冲动则信誓旦旦,过后冷静下来想一想,根本心有余而力不足,此时再拒绝则是世界上最难的事之一。

56. 腿要放勤,嘴要放甜;情况不清,免开尊口。

57. 心情不好,没有理由摆在脸上:谁该看你的脸色?

58. 在人际关系中,不要需求无度。即使这个朋友很有用,可以帮你很多的忙,你总该记得《渔夫与金鱼的故事》里的那个贪婪老妇最后的下场。不断地索取,渐渐的,对方会认为你是有求而来,没有人会心甘情愿被利用。

59. 别人请你帮忙,先分清该不该帮。不要因为是老乡、同学,人家又苦苦相求,就做出令你后悔不迭的事。但正当的事,能帮尽量帮。

60. 找人帮忙,务必还情。切勿事过不理,下次再用。下次?哪还有下次?

61. 不要对朋友无限施压,一边还口口声声:"我相信我真正的朋友会理解我的。"这是最好的失去朋友的方法。

62. 如果你家财万贯,不必炫耀;如果你是苦孩子出身,也别当做本钱,觉得别人该照顾你。

63. 别把小孩子的友谊观带入成年人之间的交往。

64. 别人做任何事,你可以不参与,但不可心存鄙视,觉得他们是市井小民。

65. 每个人都有权利按自己的方式生活,很难说谁的活法更正确一些。而事实上,你慢慢会发现,他们对生活真面目的了解绝对不比你差!

66. 要向敢想敢做的人致敬(只包括正当事业)。

67. 大了,成熟了,稳重了,但是这和激情不矛盾,一种对工作和学习的冲击力及持久力会让你有特殊的魅力和个人实力。

68. 永远不要嘲笑你的教师无知或者乏味,因为有一天当你发现你用瞌睡来嘲乔教师实际上很愚蠢时,你在社会上已经碰了很多钉子了。

69. 不要幻想自己成为招聘会上的宠儿,当你明白百分之七十的初中生都可以上大学时,你应该明白人们不会去崇拜一个群体的大多数的。

70. 英语一定要学好,但英语绝对不会是你生活的全部保障,所以多学点东西可能有时会救命的。

71. 你可以看不惯一些东西,但是你应该学会接受——如果你没法改变那一切的话。

72. 对陌生人,或者把对方当做一张白纸,或者把对方当做你的朋友,总之别当做敌人,即使你听到再多的关于他(她)的不好的传闻。

73. 爱你的人,不管你接不接受,你都应该报以感谢,这是对你自己的尊重。

74. 每个星期都要抽出时间锻炼身体。好处多多!

75. 如果周围有人嫉妒你,那么你可以把他从你的竞争者之列排除了。嫉妒人之人,难以成大事。

76. 别去争论。可以回忆一下,你会发现,人不可能赢得争论。可以说,争论所提及的话题都是不值得去争论的。

77. 只有学会潇洒才可能一切潇洒。虽然因处世能力过分出众而成功的人大有人在,但是你必须牢记实力的价值。

78. 进入大学,就是一个新的环境,接触新的人,你的所有过去对于他们来说是一张白纸,这是你重新塑造自己形象最好的时机。改掉以前的缺点,每进入一个新的环境,都应该以全新的形象出现。

79. 或文或武。我是说你要有一样能行的地方,样样通样样松是为人之禁忌。能通几样更是一种境界。

80. QQ 是联系朋友的工具,也是交朋友的工具。但是别轻易相信 QQ 上的友谊,更别轻易幻想 QQ 上朋友的样子。

81. 还能冲动,表示你还对生活有激情;总是冲动,表示你还不懂生活。

82. 如果你不能拥有,那么告诉自己别忘记——如果你能承受那伤痛的话。

83. 虽然班级的概念在大学并不明显,但是也别忘记,你的同学你的朋友。

84. 准备考研,早点比晚点好。

85. 别抱怨四级六级考试之类的东西,那是证明你能力的很好方式。

86. 莫过于耿直,莫过于圆滑。外圆内方即可。

87. 永远别渴望做个任何人都不得罪的人,有人反对、有人支持,然后自己做出决定,是精彩的人生。

88. 后悔是一种耗费精神的情绪。后悔是比损失更大的损失,比错误更大的错误。所以不要后悔。

89. 我们确实活得艰难:一要承受种种外部的压力,更要面对自己内心的困惑。在苦苦挣扎中,如果有人向你投以理解的目光,你会感到一种暖意,或许仅有短暂的一瞥,就足以使你感奋不已。

90. 每个人都有潜在的能量,只是很容易被习惯所掩盖,被时间所迷离,被惰性所消磨。

91. 于千万人之中,遇见你所遇见的人;于千万年之中,时间的无涯荒野里,没有早一步,也没有晚一步,刚巧赶上了。所以要珍惜你所遇见的人。

92. 相信时间的力量,可以冲淡很多东西。把苦恼留给时间来处理。

93. 在大学里坚持每天做一件相同的事,很能锻炼我们,试试便知。

94. 要学会微笑。笑着面对生活,明白人生中多数时候是平淡和不如意,只有少数的时候是我们春风得意的时候,所以尽管总会有很多不尽如人意的事情,但是要无愧我心。多笑笑,会慢慢让自己真的快乐起来。

95. 人生有很多次"如果",但是没有一次"但是"。

96. 当你不懂得放弃的时候,你可以告诉自己你还懂得坚持。

97. 永远不要瞧不起大学里的贫困生。要体谅农村来的同学,并不是每个同学都有一样的生活经历。

98. 在大三之前去参加几场学校组织的就业招聘会吧，你会感觉到就业的危机。学习，永远别忘记她！不管别人怎么强调综合能力，如果你学习上失败了，你就什么也不是。

99. 别迷恋网络游戏，千万别！这种网络毒品会毁了你，然后是你的家庭。

100. 到毕业时要和每个同学拥抱！

十八、毕业生送给大一新生的 20 条学习忠告

1. 大学不是中学，不要带着传统高中的方法去学习，上课只是形式，关键是自学。

2. 大一的学习特别重要。第一学期往往能够决定你大学生涯整个的走向。

3. 大一你就应该思考四年后的目标:是继续深造还是就业，是考研或是争取保研，本科后出国读硕还是在国内连读(本硕连的同学)。这些都很重要，事关你制订、调整大一的学习计划和方法。

4. 考虑四年后继续深造的同学要特别注意:各学期学科的考试"绩点"都很重要。绩点是绝大多数高校衡量学生各科考试成绩的标准(请入学后详细了解)。

5. 学期或学年学分绩点的计算方法:学期或学年的平均绩点 = 所学各科课程的实际考试成绩 × 各科课程学分/本学期或学年的总学分。(学期平均绩点举例:语 85 分，数 87 分，英 92 分，各科都是 4 学分，$(85 \times 4 + 87 \times 4 + 92 \times 4)/12$ 学分 $= 88 = 3.7 = A-$)

6. 有些高校采用了"大平台"招生，或大一考试结束后，学生可根据爱好去选专业或转学院。但是，转学院和选专业是有前提的，除了有名额限制，以及需要面试外，所选学院、专业科目还有不同的单科成绩要求(如:大一不能挂科等)及高绩点(选外语学院的，英语考试要过 90 分)。

7. 第一学期各专业都要学基础课，例如:高等数学、线性代数、大学英语、大学物理、体育、毛思等，大一的科目，如学习不太适应、不太认真时，期中考试挂科(不及格)的机会还是很大的，但一般到了期末考就较容易过了，不是太离谱一般都可过，所以，相对来讲较难获取高分。

8. 如果你大一出现挂科(期末)，就意味着你以后可能会失去很多机会，包括转院、转专业、奖学金、保研等。

9. 大学并非学习付出越多成绩回报就越高，讲究的是学习方法，很用功的学生未必能获得更高的绩点。虽然学习用功的学生会觉得不公平，但这就是大学，你可以抱怨但很难改变什么。

10. 多数高校是根据你读的不同专业，同一科目教材都有难易程度之分，例如:数学与应用数学专业的学生读"高数"是 A 级难度，而文史类专业的学生读"高数"可能只有 E 级难度，各科也以此类推。重点大学与非重点大学、理工类大学与综合类大学的同专业学习要求、考题要求也不尽相同，大家不用为此太过担心。

11. 大一要学好的科目只有两门:高数和英语。这两科都非常重要，且学时长、学分高、关联大，是对以后发展有深远影响的基础科目，学习时要去理解、要用时间才能读好，高数的微积分、英语的口译比较有用(中级口译就可以了)，千万不能忽视。

12. 大一(上)学校允许或有条件时也可参与选修，但不适宜多选，应将精力放在调整和适应大学的学习方法上，平时都是几个班一起上大课，基本没有什么"班"的概念。

13. 有些学校没有补考制度，如果你这门课不及格的话，没有补考，只有重修，重修就是和下一届的同学 起重新学习、重新考试，直到修满学分为止。重修是要付费的，以学分计算。而且与下一届同学一同上课，很难保证不与你本年级上课时间冲突，所以尽可能避免重修。

14. 要重点学好一门课，并且写一份心得体会。

15. 在学习上耐心并且持久地帮助你身边的同学和朋友。

16. 选一门自己喜欢的课，拓展自己的知识面。

17. 要向自己喜欢的老教授致敬。

18. 如果你四年内很少去图书馆的话，你就等于自己浪费了一大笔财富。所以常去那里，随意翻翻,都有收获。

19. 如果把上课不睡觉当做一种锻炼并且你做到了,那么,你很强。而且记住,老师再差,也比学生强,因为他们是老师。

20. 大学的竞争范围是所有的大学生,所以,你不能放松学习。

附38:一个大四生的忏悔书

仅以此文献给刚刚入学的新生,这是一个过来人的忏悔书,这是他用三年的时间为大家积累的经验,望大家珍重,人生没有回头路!

时间过得太快了,转眼间已过三载,如今我已是大四的人了,高中毕业已三载,今天上网遇上了当年我们一起明争暗斗了三年的同窗,我震惊了……

三年前,我们四人分别报了清华、北大,他们三个人上了——两个清华,一个北大;而我,以6分之差没能跨入我梦中见过无数次的燕园,我来到了武汉大学。当时的我心高气傲,不可一世,完全没有把武大放在眼里,我是我们系的最高分(如果我没有记错的话),我应该上北大。我贪玩,我逃课,我把社会工作当成自己的第一要务,学习我从不关心,因为我还有高考成绩为我支起的自尊,让我忘记了这个世界的游戏规则:不进则退!向人谈起时,我目标远大,口若悬河,滔滔不绝。一学期结束了,我挂了一门,只考了25分,可以挑战吉尼斯纪录了。但是可惜的是我还没有警醒。第二学期,我继承第一学期的优良传统,盲目自大,目空一切。其实此时的我还有何资本可言,完全是在麻木自己而已。我整日游弋于武汉的各高校,以朋友多自居,喝酒吃肉,玩得不亦乐乎!

以后日子里,我更加没有了斗志,以各种方式来让自己相信我还是天之骄子,我在自己的专业课方面落到了整个系的第三四百名(整个专业也只不过是400多人而已),我于是给自己找了一个更加动听的理由:我不喜欢自己的专业!所以我学不好,我将要跨专业考研的!于是,我又换来赞美歌!我继续沉沦……

今天,我已是大四的学生了,大家都在忙着考研保研,而我,只有深深的自责和失落……我尽量回避这个话题,表面上装得若无其事,事实只有我自己清楚!

今晚,我碰到了当年的战友,当我得知我的这几位同学中有两个(清华的)均放弃了保研资格而去申请出国,当我知道他们的托福、GRE、雅思成绩的时候,我震惊了:这就是当年与我在同一起跑线的人(附记:北大的那个同学也放弃了本专业的保研,准备考北大光华管理学院)!

我们的区别已经很明显了。不论你是自愿的还是被迫来到武大的,记住:既来之则安之!

不论你过去是××状元,不论你是天之骄子还是……记住:这是一个全新的起点!一切从零开始……

不论你心中有如何多的想法,当你没有付之实践的时候,那就是乌托邦!

你说你是人才,就用你的成绩来证明,用现在的成绩,而不是高考成绩,高考成绩在你跨入大学的那一刻就已经一文不值了!

最后,祝你们好运!

购物篇

花别人的钱买自己的东西时，要比花自己的钱给别人买东西更加谨慎！

第十三章　大学购物清单及品牌推荐

一、电脑

1. 购买台式机十大原则

（1）永远不买最贵的，"烧钱"的以及有特殊要求者除外

原因：如果说你当时买的最贵的是因为当时它性能最突出，这个理由是看起来最充分，其实最愚蠢。以现在电子的发展水平，不会超过三个月就会有新品推出，然后当时最贵的一般情况下会做出大的价格调整，杀入主流。

（2）永远不要买最便宜的，对价格诉求太低的除外

一个简单的道理，最便宜的电脑只能由最便宜的配件组成，不买最便宜的其实和价格无关，最重要的是考虑售后。最便宜的产品一般都已经过了成熟期，称为压仓货，如果用了一段时间后坏了，换给你的一般都是翻修品。

（3）买成熟的产品

一个新生品价格贵不说，你还得成为它的实验品，如果是批量问题的产品就自认倒霉吧，成熟的产品可以帮你节省大把银子（通俗来说，上市半年以上的产品都可叫做成熟产品）。

（4）够用原则

根据需要决定配置。在决定买电脑之前，应认真考虑好自己买电脑的主要用途，避免出现高配置、低用途的情况。现在的电脑发展日新月异，各种先进的技术不断地推出，许多人一味地追求高档配置，完全不考虑自己的购买的用途，导致资源的浪费。电脑公司的推销人员一般都推荐你购买利润额较大的配件，这些配件大多是刚推出市场，比较高档，但是目前对你而言可能不需要这样好的配件，甚至有些配件你根本就不需要。

（5）要考虑易升级，兼容性强

电脑的发展日新月异，一定要有前瞻性。选购配件时要考虑配件之间能互相兼容，不至因为一些配件在另一些配件要升级换代时不支持不兼容而影响了电脑的升级，从而要买一部新的电脑，导致重复投资、资源浪费。另外，我们也要考虑硬件和软件兼容问题。一般而言，现代的电脑不会出现硬件不支持软件的问题。但是，有些软件对硬件有一定的要求，档次太低可能影响它的运行速度，甚至不能运行。所以要考虑你的电脑要安装哪些软件，再根据这些软件的要求选择合适的硬件配置。

（6）要量力而行

目前电脑市场上出售的电脑主要有三大类别：一是国际名牌机，二是国产品牌机，还有兼容机，即我们所说的组装机。三者之间很难下结论说哪一种最好，哪一种最差。事实上三者之间也不存在可比性。其核心部分大多是采用 intel 公司的奔腾系列，三者之间价格差别很大。国际品牌机价格昂贵，国产品牌机次之，相对而言，兼容机价格最低，而且可以根据你的需要任意搭配硬件。要根据经济条件决定买哪一类别的电脑。

（7）单独购买的好办法

先了解自己要什么，然后写出大致的配置出来，然后在大大小小的电脑城门市里逛逛，不会超过 5 家，大概价格就会心中有数。当然前提是别轻信业务员的吹风：什么好，什么不好！你只要相信你自己的眼光或专家的眼光就好，然后你会发现，当这几家的成交价格都相差无几，它的价格就是实际价格，找个信誉好点的公司装掉它就 OK，因为信誉不好的商家可能会以次充好，或售后问题一大堆。

（8）如何选择信誉好的公司

①参考专业性书籍。

②听听你周围朋友的意见，特别是曾经有过硬件问题，然后能迅速解决的。

③经营电脑IDY时间比较长（有5年以上经营时间者），这类公司一般都有稳定的客源和收入，倒闭的风险会比刚开的公司小很多。

④门市位置较好、面积较大的档口。

⑤代理品牌比较知名的公司，如果公司没实力一般都拿不到好产品的代理权，但这只是公司有实力而已，价格不见得比一般的商家便宜，这是因为价格保护和渠道维护的原因，但有点好处就是出了问题他们在权限范围内比较快就能处理。

⑥多上网看看网友评论，他们大都是最终使用者，有很大的发言权，不过新闻下的评论少信为好，大多是枪手写的，或褒或贬。

（9）售后服务

买电脑从某种意义上说买的是服务。当以上三方面的问题都考虑好了，下一步就是考虑到哪一家公司购买了。如果决定购买的是国际品牌或国产品牌，售后服务一般不成问题，因为它们都是全国联保。但如果是买组装机，建议大家到公司实力强、故障返修时间短的公司组装，这样一旦你的电脑出了故障公司能及时派人来维修，不会影响你的工作和学习。

（10）买完后永远不要去看价格变化，喜欢自虐的除外。

2. 购买笔记本电脑的附加知识

（1）笔记本电脑的特点与类型

随着价格的不断下调，笔记本电脑以其可脱离电源使用和随身携带等优点被更多需要移动办公的用户所选用。笔记本大致可以分为台式机替代型、主流轻薄型和超轻薄型。台式机替代型一般体积、重量及显示屏较大，接口齐全，可提供强大的数据、图形处理能力；主流轻薄型体积相对较小，一般采用光驱软驱互换的配置；超轻薄型体积小巧，造型时尚，通常有外接的软驱（或优盘）、光驱。

（2）选购笔记本电脑主要从以下几个方面考虑

①CPU：笔记本电脑的处理器，目前主流的为P4双核，性能好，在速度上占优势，对需要安装较复杂的应用软件的用户来说，虽然价格高也值得考虑；性能稍差一点的CPU，处理普通文档、编辑报表等已足够，没有特别需要，不必过于追求。

②显示屏幕：液晶显示器是笔记本电脑中最为昂贵的一个部件。屏幕的大小主流为14英寸，也有15英寸的。如果用户经常要带出去的话，建议选择一些超薄、超轻型笔记本电脑，屏幕在12～13寸；如果只是在寝室或教室用，不妨选择大一点，这样看起来比较舒适。

③内存：虽然1G已是够用了，但是如果加到2G，一般图形处理就比较顺了，目前内存均以DDR为主流。

④硬盘容量：目前笔记本的容量基本都在160G。但如果有多媒体档案要储存，就要选择尽量大容量的硬盘。

⑤软驱：全内置型笔记本软驱在电脑里面；但在某些超薄型机种里，没有软驱或是外接式的，最好选择USB接口，即插即用，不用时就不连接，既可以节省空间，又不影响使用。

⑥光盘驱动器：目前流行搭配DVD-ROM，甚至加CD-RW（可刻录）。从使用和经济的角度，选择CD-ROM就可以了。要注意光驱读盘的稳定性、读盘声音、读盘时的纠错能力、光驱速度等。

⑦电池和电源适配器：尽可能选购锂电池，而对于电源适配器AC Adapter，在选购时要应该注意在长时间工作以后，如果温度太高就不正常。

⑧网络功能：近来的新款笔记本电脑，把网络功能列为标配了，包括56K调制解调器（modem),以及10/100M的以太网网卡。如果是选购的,建议加装,因为modem上网对笔记本电脑来说还是很方便的,而网卡可以方便地连上局域网,或者是internet。

⑨扩充性:应充分考虑产品的扩充性能和可升级性。使用最频繁的USB接口,有多个较好用,可以很轻易地接上数字相机、扫描仪、鼠标等各种外设。

⑩是否预装操作系统:没有预装操作系统,就是所说的"裸机"。这样对系统的稳定性有一定影响。

⑪品牌:买笔记本电脑最好不要只求便宜,或规格高。品牌保证在购买笔记本电脑时是有意义的,因为一般品牌形象好的公司,通常会在技术及维修服务上有较大的投资,并反映在产品的价格上。此外,在软件以及整体应用的搭配、说明文件、配件等也会较为用心。

⑫在询问价格的同时,还应关注保修及日后升级服务的内容。尤其是保修服务方面,有些公司提供一年,有些公司则是三年的保修服务;有些公司设有快速维修中心,有些则没有;而保修期间的维修、更换零件是否收费各品牌也不尽相同。

(3)验货时的注意事项

①检查外观:验货时一定要原包装,当面拆封、解包,注意包装箱的编号和机器上的编号是否相符,这样可以防止返修机器或展品当作新品出售。

②检查屏幕:当电脑打开时,除了直接看屏幕的显示品质之外,也要检查看屏幕上有没有坏点,不良的显示器有伤眼睛。

③检查散热:散热对一台笔记本电脑而言非常重要。一台笔记本电脑散热的设计处理如果不好,轻则耗电、缩短电池持续力,重则系统不稳定、经常死机,甚至缩短笔记本电脑使用寿命。现场检查散热好坏的要诀就是直接触摸:等到笔记本电脑开机大概至少十分钟之后,用你的手掌摸键盘表面,以及笔记本电脑的底盘,可以感觉到一个最热的地方,如果觉得烫手,表示这台笔记本电脑散热不佳。

此外,还有一些问题,如:鼠标、触控板不听使唤、光标拖不动,机器过热、程序跑不动,内部有不正常杂音,屏幕不正常的闪烁、响应时间太久(正常应在一分钟左右,甚至更短),甚至死机等,都是系统不稳定的征兆,而这些征兆也都会让你有用起来很不顺畅的感觉。

(4)其他注意事项

如果打算升级,比如加大硬盘、内存等,要确定这样的升级会不会动到保修的密封贴纸,不能影响到产品的原厂保修。此外,由于内存升级太容易,你也应该要注意店家是否偷换了原厂保修的零件。

(5)与台式机的比较

一般说来,台式机的性能和稳定性优于同档次的笔记本,但是如果使用者经常需要移动使用,或频繁带离宿舍等,笔记本就是比较好的选择了。

3. 笔记本电脑常见故障和处理办法

(1)进WINDOWS系统时提示文件丢失错误

这种情况多数是内存松动或内存出现故障。处理办法:将内存拆下,用橡皮擦拭金手指,然后再装回笔记本电脑,如果仍不行可以更换内存条试试。

(2)无法开机

处理办法:①查看内存是否松动;②查看CPU是否松动;③主板故障,送专业维修机构维修;④查看电源是否已接好,电池是否还有电。

(3)花屏

处理办法:花屏一般是屏线松动或老化,建议拆下重插屏线或更换屏线。

(4)死机

死机的原因有:①CPU过热,查看CPU风扇运转是否良好;②内存质量问题,更换内存;③系统中了病毒,建议重新安装系统及驱动程序。

(5)电池不能用或待机时间短

镍氢电池可以用彻底放电的方法充放几次,效果很好。锂电池如果出现这种情况,说明电池不行了。可以更换电池芯来修复电池。

(6)屏幕暗,有字无光

这种情况一般是灯管或高压条坏了。灯管坏的可能性低,高压条坏的可能性高。处理办法只有更换高压条和灯管。

二、手机

手机作为大学生必备的一种通讯工具,几乎人手一部。做到"三个就好":手机能用就好;手机安全就好;不要低俗地攀比手机的价格及品牌就好。(大学生可以到学校后再买手机,一般新生开学,通信公司都有一些针对学生的优惠活动,比如存话费送手机一类。不过关键是购买适合自己消费的手机卡。另外,购买手机要到正规的商场,质量和售后都有保障)

三、数码相机

数码相机不是大学生必备的,特别是手机兼有照相功能以后。出游多、班级活动多的可以考虑,作为一种技术成熟的商品,只要不盲目地追求高端,在可靠的商场购买即可,并无过多说法。

四、MP3、MP4

出于音乐熏陶、英语学习以及当做 U 盘来用的目的,确实有必要购买一个 MP3 或 MP4,但在技术移形幻影般更新的时代,千万不要追求高端配置及高端价格。

五、服装

有些大学生在服装、打扮上所花费的时间和精力居然比在学习上还多。

青春和美丽值得追求,但作为"知识分子"的大学生应该赋予"青春"、"美丽"更多的内涵,否则和街头女子也就并无区别。寻找符合自己的审美标准,增添气质和智慧的含量。毕竟,朴素干净好过奢华异味,整洁笔直好过邋遢驼背,得体有形好过暴露低俗……的确,我们不被这种思潮影响,就会被那种思潮影响,而唯一可以让你作为选择的依据应该是:追求一种时间所带不走的迷人,手术刀所改变不了的美丽,持久并不断加深的魅力。

❋服装商场推荐

以哈尔滨为例,便宜实惠的商场有道外的玛克威、南岗的服装城,另外红博地下商业街也可以去看看。

参考文献

[1]詹姆斯·梅里特著.铸就一生的9种品格.郝子岩译.北京:中国戏剧出版社,2006

[2]陈少华主编.我的大学,我做主.北京:中国财政经济出版社,2008

[3]覃彪喜著.读大学,究竟读什么.广州:南方日报出版社,2005

[4]彭德修著.爱的伤害.北京:中国言实出版社,2001

[5]袁大同著.如何找对另一半.北京:中央广播电视大学出版社,2009

[6]艾伦·加纳著.谈话的力量.林华等译.北京:中国水利水电出版社,2004

[7]查尔斯·哈奈尔著.世界上最神奇的24堂课.福源译.北京:新世界出版社,2007

[8]费拉尔·凯普著.没有任何借口.金雨译.北京:机械工业出版社,2003

[9]罗娟编著.魅力商数.北京:中国农业出版社,2001

[10]向东,向阳主编.捕捉心灵老鼠.北京:中国致公出版社,2002

[11]约翰·汤森德著.为青少年立界限.蔡岱安译.成都:四川大学出版社,2007

[12]柳祯啸编著.脱口幽默.武汉:湖北辞书出版社,2002

[13]麦道卫著.相爱的秘密.许心怡译.南昌:江西人民出版社,2009

卷 末 语

大学
智慧

大 学 智 慧

过好大学生活并不容易,尤其是在思想纷杂、价值取向多维的当前更是不易。大学生因此而需要转变的观念、学习的知识及提高的能力还有很多,不过这也正是大学存在的意义,正是接受高等教育的内涵。

虽然责任繁多,但我们也不必为此苦恼,混沌而迷茫的苟且远不如清醒执著的追求,而且重担并非不可肩负,这当中只要拥有正确的方法和思路,在信心的引领下,鼓起勇气,你足可以应对一切挑战!

需要反复提醒诸位的是,不要把你的大学仅当做是简单的谋生的跳板,这就好比拿着百年灵芝只当做一块充饥的饼;寻到卞和的美玉,却弃之如顽石。大学的教育要为社会服务,其真正的目的不是为了求职,而是为了生活(生,容易;活,也容易。但加在一起,就不容易)。也许当今的大学已经丧失了部分操守,但你可以选择持守,外界的环境并不会严重干扰你的选择,除非你自甘堕落,你未来的成就来源于你现在的选择,与其抱怨不如奋起!

考虑到我们的国情,这本书从最浅显的地方入手,很大一部分内容是提供给青年大学生一些快速适应当前大学生活的很实用的指导和建议。从与人交往到与智慧交往,从实际生活到社会生活,从当班级干部培养责任意识到进入社会培养人格魅力等等,都有从浅到深的启发,会让你迅速地适应大学的生活。

在适应了大学生活以后,如果你还想度过一个真正意义上的大学时光,有更高的追求(这是作者所期望的),你就该对以下事项有特别留心:

大学似乎是孕育自由思想并能最终自由表达思想的最糟糕同时又是最理想的场所,因此,大学必须充满历史感,必须尊重进化的思想,同时,它倾向于把智慧甚至特别的真理当做一种过程及一种倾向,而不当做供奉于密室、与现实正在发生的难题完全隔绝的一种实体。大学应该坚持青年必须用文明人的好奇心去接受知识,根本无需回答它是否对公共事业有用、是否切合实际、是否具备社会价值等,反之大学教育就会偏离对知识的忠诚。

大学崇尚学术自由,是对智力和真理的恒久追求。大学教育也应当解放人的个性,培养人的独立精神,同时也增强人的集体主义精神,使人更乐意与他人合作,更易于与他人沟通。我们应当鄙视一个没有自由思想、独立精神的大学生或大学老师。我们应当远离大学的官本位，并时刻警醒，不要失去重点、迷失方向、丢掉传统，要不懈地追求课程的价值，追求效率。

最后一点，大学生也应该知晓：成功不是偶然，智慧也不是可以简单拾取的芝麻……明辨是非，节制自身，遵行公平正义，不断修身，你才能不断增长真智慧，成功也便唾手可得。

如果你想让你的大学更加有意义，这里有一个建议：选择你的人生，规划你的人生，这当是你踏入大学后的第一步。你的目标理想越是远大，你的成就也会越大。在计划之后，你的态度便决定一切。摒弃一切消极的想法，不断在内心告诉自己你想达到的目标，直至它成为习惯。尽可能挖掘你的潜能（《世界上最神奇的 24 堂课》完全可以帮助你挖掘让你受益终身的潜能）。这当中从各个渠道学习一些正确有效的方法，结交一些积极上进的朋友。最后，坚持你的理想，在逆境与困惑中毫不动摇，那么，无论你的理想是什么，它都必将成为现实！！

大学智慧，难以言尽，但只要你愿意去追求，就会收获……

面对大学，你轻轻地来了，但请绝不要挥一挥衣袖什么都不带走。不要忘了，你弃绝的，很可能是国家的未来和民族的希望！但愿一百年前，胡适先生所提倡的进步青年的影子能在所有大学校园里看到！

魏强、卢江
2009 年 10 月